임원경제지
권23-25

# 만학지

晚學志 1

임원경제지
권23-25

# 만학지

晚學志 1

과실·나무·풀열매
농사 백과사전

권1·총서(總敍)

권2·과일류[菓類]

권3·풀열매류[蓏類, 라류]

풍석 서유구 지음  추담 서우보 교정

임원경제연구소 차영익, 정명현, 최시남 옮김

풍석문화재단

이 책은 ㈜DYB교육 송오현 대표와 ㈜우리문화 백경기 대표 외
수많은 개인의 기부 및 문화체육관광부의 지원으로 완역 출판되었습니다.


## 임원경제지 만학지1

| | |
|---|---|
| 지은이 | 풍석 서유구 |
| 교 정 | 추담 서우보 |
| 옮기고 쓴 이 | 🌿 임원경제연구소 [차영익, 정명현, 최시남] |
| | 교감·교열 : 김용미, 이두순, 이동인, 박종우, 김태완, 조영렬, 이태원 |
| | 감수 : 정재민(국립수목원 정원식물자원과) |
| 펴낸 곳 | 🏛 풍석문화재단 |
| | 펴낸 이 : 신정수 |
| | 진행 : 박시현, 박소해 |
| | 전화 : 02)6959-9921  E-mail : pungseok@naver.com |
| 일러스트 | 임원경제연구소 |
| 편집디자인 | 아트퍼블리케이션 디자인 고흐 |
| 인 쇄 | 상지사피앤비 |
| 펴낸 날 | 초판 1쇄 2023년 4월 3일 |
| ISBN | 979-11-89801-60-1 |


* 표지그림 : 김영필 산수도(국립중앙박물관 소장)
* 사진 사용을 허락해 주신 국립민속박물관, 국립중앙박물관, 서울대 규장각한국학연구원, 고려대 도서관
  한적실, 네이버 블로그 수락산 스마일 운영자 선생님, 국립수목원 정재민 박사님, 국립원예특작과학원
  서정남 박사님, 윤진상회 정성섭·김복남 대표님, 이상경 선생님, 한국법제연구원 양태건 박사님, 조아제약
  대전영업소 나윤호 소장님, 김재필 선생님, 김용술 선생님, 경기대생 정윤진 님, 현강역사문화연구소 이우형
  소장님, 숙명여대생 정예진 님, 고등학생 정은진 님 여러분께 감사드립니다.

펴낸이의 글

# 《임원경제지·만학지》를 펴내며

---

《임원경제지》〈만학지(晚學志)〉를 2권으로 펴내며 《임원경제지》 총 16지 중 13지가 출간됐습니다. 이로써 《임원경제지》는 〈위선지((魏鮮志)〉(2권), 〈본리지 (本利志)〉(5권), 〈인제지(仁濟志)〉(27권)만이 남았습니다. 2003년부터 본격적으로 추진해온 《임원경제지》의 완역 완간은 앞으로 3년, 2025년까지 마무리될 것으 로 보입니다.

서유구 선생은 일흔여섯이 되던 해인 1839(헌종 5)년에야 비로소 벼슬에서 물 러날 수 있었습니다. 오늘날에도 대체로 60세가 정년이고, 조선 시대에도 아무 리 늦어도 대체로는 일흔 살이 되면 물러나는 것이 관례였는데, 서유구 선생의 은퇴는 많이 늦었습니다. 기록에 따르면 서유구 선생은 몇 차례에 걸쳐 치사(致 仕) 상소를 올림에도 불구하고, 헌종은 "조정의 원로는 오직 경만이 홀로 우뚝하 다"라며 치사를 말리곤 하였다고 합니다.

그러나, 서유구 선생의 은퇴는 은퇴가 아니었습니다. 벼슬길에서 물러난 후 선생은 번계(樊溪, 지금의 강북구 번동 지역)에 머무르시면서 《임원경제지》를 가 다듬는 한편, 다양한 생산활동에 전력을 기울였습니다. 또한 선생은 조선의 미래를 탐지할 후학들을 양성하는 데에도 많은 힘을 기울였습니다. 서유구 선 생이 번계에서 함께 한 후학 중에는 훗날 개화파의 태두가 되는 박규수(연암 박 지원의 손자)를 포함하여, 조선의 현실에 대해 고민을 하는 많은 청년이 함께 하 고 있었습니다. 다산 정약용의 두 아들들도 포함되어 있었으니, 조선 후기부터 조선의 현실을 개선하고자 하였던 반계 유형원이나 성호 이익, 연암 박지원 등 대학자들의 노력은 서유구와 다산을 정점으로 하여 훗날 개화파로 면면히 이 어졌던 것입니다.

〈만학지(晩學志)〉의 만학(晩學)을 우리 말로 풀이하면 "늦게 배운다"라는 의미입니다. "늦게 배운다"라는 의미가 책 이름이 된 것은 아마도 서유구 선생의 번계에서의 경험이 반영된 것이 아닐까 싶습니다. 번계에서 서유구 선생은 벼농사와 함께 나무 농사도 열심이었습니다. 서유구 선생이 남긴 〈종수가(種樹歌)〉라는 시에 다음과 같은 내용이 담겨 있습니다.

> 내가 들으니 산촌에 사는 방도는 나무 심고 꽃 가꾸기 가장 먼저 할 일이라.
> 하지만 나무 심기는 10년 계획인데 아, 나는 이미 산 너머로 지는 노을이라!
> …
> 근래 번계(樊溪) 가에 집 마련하니, 뒤로는 낮은 언덕, 앞으로는 산비탈.
> 날마다 임원 거닐어도 그때마다 흥취 자아내니, 두세 아이더러 삽 들고 따르게 하네.
> 한 해에 3천 그루 옮겨 심었건만, 열에 하나 살고 아홉 말랐네.
> 남쪽 이웃 늙은이 우연히 와서 보고, 졸렬한 내 솜씨 답답해하며 한숨 쉬네.
> 바둑 두거나 공 다루는 데도 법도 있거늘, 더구나 이 옮겨심기는 자연의 이치에 맡겨야 하네.
> 마침내 번樊·장張의 비법을, 하나하나 풀어서 내게 가르쳐 주네.
>
> – 《번계시고》, 〈종수가(種樹歌)〉

이 시를 보면, 서유구 선생은 노년에야 나무 심기를 시작하였던 모양입니다. 이 시에는 2가지 교훈적인 내용이 담겨 있습니다. 첫 번째는 참된 지식은 실천에서 나온다는 것으로, 《임원경제지》의 많은 내용이 우리나라 현실에 기초한 실천 활동의 결과물임을 보여줍니다. 두 번째는 생활과 생산에 있어서 대를 잇는 것에 대한 강조입니다. 나무 심기는 최소 10년 계획을 세워야 하는데, 이미 서유구 선생의 나이는 산 넘어 지는 노을이었습니다. 그럼에도 불구하고 선생은 나무 심기를 중요하게 여기고 배움을 멈추지 않았습니다. 인생을 대하는 선생의 모습에서 새삼스럽게 깊은 감동을 하게 됩니다.

《만학지》는 총 5권으로 구성되어 있습니다. 권1은 총서로 나무를 심고 가꾸는 법에 관한 전반적인 내용을, 권2는 31종의 과실에 대해 상세하게 다루며 부록으로 산과 들에서 자생하는 과일나무를 수록했습니다. 권3은 참외를 비롯한 14가지 풀열매류를 다루었으며, 권4에서는 소나무 등 25가지 나무류를, 권5에서는 13종의 기타 초목류를 살피고 있습니다. 나무를 다루는 것에서도 서유구 선생은 식(食)과 주(住)와 의(衣)라는 생활에 대한 고민을 하고 있음을 알 수 있습니다.

《임원경제지》가 번역 출간되면서 많은 곳에서 《임원경제지》를 기반으로 한 학문적·산업적 활용이 본격화되고 있습니다. 전통음식 분야에서도 큰 변화와 발전이 있었고, 파주시 등의 지자체에서 《임원경제지》〈정조지〉 학교를 개설하여 운영하고 있습니다. 나아가 《임원경제지》의 다양한 분야에 대한 시민학교나 《임원경제지》 독서그룹, 독회 모임이 전국 각지에서 활발하게 이루어지고 있으며 《임원경제지》를 기반한 우리 전통 생활문화의 원형 복원과 표준화를 위한 노력도 시작되고 있습니다.

《임원경제지》의 번역이 시작된 후 참으로 많은 세월이 흘렀고, 많은 사람이 함께 하였습니다. 그 과정에 기쁨도 많았지만, 가슴 아픈 사연들도 있습니다. 이 일에 함께 해주신 모든 분께 진심으로 감사드립니다. 앞으로도 우리 재단과 임원경제연구소는 함께 손잡고 역사의 큰 흐름을 복원하고 맥을 이어가는 데 한 치의 흔들림도 없이 최선을 다하도록 다시 한번 다짐해봅니다.

《임원경제지》를 사랑하고, 문화의 가치를 소중하게 여기고, 찬란한 문화적 번영을 누리기 위해서는 그 뿌리가 튼튼해야 함을 믿는 많은 분께 감사드리며 앞으로도 함께 할 수 있기를 기대합니다.

2023년 3월
풍석문화재단 이사장 신정수

# 차례

## 만학지 권제1 晩學志 卷第一   임원십육지 23 林園十六志 二十三

### 총서 總敍

## 만학지 권제2 晩學志 卷第二　　임원십육지 24 林園十六志 二十四

## 과일류 菓類

### 1. 자두나무[李, 이] 李

# 풀열매류[蓏類, 라류] 蓏類

## 일러두기

- 이 책은 풍석 서유구의 《임원경제지》를 표점, 교감, 번역, 주석, 도해한 것이다.

- 저본은 정사(正寫) 상태, 내용의 완성도, 전질의 구성 등을 고려하여 고려대학교 도서관 소장본으로 했다.

- 현재 남아 있는 이본 가운데 오사카 나카노시마부립도서관본, 서울대학교 규장각한국학연구원본을
  교감하고, 교감 사항은 각주로 처리했으며, 각각 오사카본, 규장각본으로 약칭했다.

- 교감은 본교(本校) 및 대교(對校)와 타교(他校)를 중심으로 하고, 필요에 따라서는 이교(理校)를
  반영했으며 교감 사항은 각주로 밝혔다.

- 번역주석의 번호는 일반 숫자(9)로, 교감주석의 번호는 네모 숫자(⑨)로 구별했다.

- 원문에 네모 칸이 쳐진 注와 서유구의 의견을 나타내는 案, 又案 등은 원문의 표기와 유사하게 네모를
  둘러 표기했다.

- 원문의 주석은 【 】로 표기했고, 주석 안의 주석도 【 】로 표기했다.

- 서명과 편명은 원문에는 모두 《 》로 표시했고, 번역문에는 각각 《 》 및 〈 〉로 표시했다.

- 표점 부호는 마침표(.), 쉼표(,), 물음표(?), 느낌표(!), 쌍점(:), 쌍반점(;), 인용부호(" ", ' '), 가운데점(·),
  모점(,), 괄호(( )), 서명 부호(《 》)를 사용했고 인명, 지명 등 고유명사에는 밑줄을 그었다.

- 字, 號, 諡號 등으로 표기된 인명은 성명으로 바꿔서 옮겼다.

# 서문

"1년 계획으로는 곡식농사가 으뜸이다. 10년 계획으로는 나무농사가 으뜸이다. 평생 계획으로는 사람농사가 으뜸이다(一年之計, 莫如樹穀; 十年之計, 莫如樹木; 終身之計, 莫如樹人)."

《관자(管子)》에 나오는 말이다. 여기서 유래한 '십년수목(十年樹木)'은, 10년 뒤를 내다보려면 나무를 심어야 한다는 의미로 자주 언급되는 성어이기도 하다. 위 구절은 나무 심기와 가꾸기를 장기적 안목 없이는 쉽게 시작하지 못하는 인간의 보편적 심성을 잘 드러내 준다. 앞에서 언급한 《관자》의 취지는 백년지대계(百年之大計)라는 사람 교육의 중요성을 강조하는 데 있음은 물론이다. 곡식이나 채소에서 얻는 이익은 1년이면 누릴 수 있다. 하지만 나무는 그보다 최소 2~3배 이상은 길다. 자신이 심은 나무에서 그 이익을 보려면 적지 않은 인내심과 아량이 필요한 것이다.

나무 싫어하는 사람, 거의 없다. 하지만 나무를 심고 관리하겠다고 결심하고 이를 실천할 수 있는 이들 또한 거의 없다. 나무 자체를 즐기고 그로 파생된 문화를 향유하려 할 뿐, 그 생산과정에 참여하기는 부담스러워 하기 때문이리라. 여기에는 여러 이유가 있겠지만, 자신에게 돌아오는 이익이 적거나 한참 뒤에 온다는 사실을 인지한 까닭이 크게 작용했을 것이다.

나무와 관련된 업에 종사하는 사람이 아닌 일반인은 나무가 주는 '열매'는 좋아하지만 열매 맺기까지의 과정에 뛰어들기는 주저한다. 게다가 요즘은 조금만 움직여도 사방에 좋은 나무들로 가득 차 있고, 나 자신이 그 나무들의 조경에 신경을 전혀 쓰지 않아도 되는 여건이 형성되었다. 부끄럽지만 나 역시 나의 나무라고 할 만한 나무를 심고 가꿔본 적이 단 한 번도 없다.

사실 나무가 사람에게 얼마나 크게 영향을 주는지를 깨닫는 데는 오랜 시간이 걸린다. 어머니의 사랑을 당연하게 여기듯, 나무의 혜택을 당연하게 여기기 때문일 것이다. 어머니처럼, 나무는 우리 일상에 너무나 밀접하게 스며들어 있다. 쉘 실버스타인(Shel Silverstein, 1930~1999)의 명저 제목《아낌없이 주는 나무(The Giving Tree)》(1964)가 이에 꼭 걸맞은 표현이다. 공기나 물처럼 잠시도 없어서는 안 되는 정도의 수준은 아니지만, 그 중요도에서는 곡식이나 채소 못지않다.

사람들은 어릴 때부터 나무를 좋아하여 그림 소재로 이를 빠트리지 않고, 나무와 함께 놀기를 좋아한다. 하지만 그 나무는 그 어린이가 심은 나무가 아니라 누군가 이미 몇 년 전이나 오래전에 심은 나무다. 또한 사람의 손을 타지 않고 자연스레 자란 나무다. 이런 나무는 이루 헤아릴 수 없다.

고등학교《국어》에서 배웠던, 이양하(李敭河, 1904~1963) 교수의 수필 〈나무〉(1964, 《아낌없이 주는 나무》와 같은 해에 출판)는 나의 나무 관(觀)에 큰 영향을 미쳤다. 이 글은 "나무는 덕을 지녔다."로 시작한다. 이어 나무는 고독을 안다, 그렇다고 친구가 없는 것은 아니다, 천명대로 살다가 흙과 물로 돌아가기를 원한다, 제 명에 못살고 인간에 이용되어도 원망하지 않는다는 등의 '목덕(木德)'을 통찰해냈다. 그리하여 "나무는 훌륭한 견인주의자(堅忍主義者)요, 고독의 철인(哲人)이요, 안분지족(安分知足)의 현인(賢人)이다."라고 사색의 결과를 정리하며, 자신도 다시 태어난다면 나무가 되고 싶다는 말로 마무리했다.

나무에게 덕이 있다는 표현이 멋스러웠다. 내가 알던 나무들의 평범한 본성에서 어쩌면 그렇게 교양미가 넘치는 언어로, 덕의 추상성을 추출할 수 있었을까. 읽고 또 읽었다(물론 시험 때문에 읽어야 했지만). 나무가 현자의 상과 매우 닮았다는 생각과 함께, 자신은 인간과 동물에게 모든 것을 주면서도 그들을 전혀 원망하지 않는 나무가 존경스럽기까지 했다. 나무의 덕을 닮고 싶었다.

하지만 《만학지》는 나무에서 얻은 철학을 말하지 않는다. 따라서 굳이 이양하 식의 고급진 철학적 고견을 찾으려 애쓸 필요는 없다. 서유구가 다루는 나무는, 나와 무관하게 잘 가꿔진 대학 캠퍼스나, 공원의 나무가 아니다. 가정을 꾸려나가는 나 자신이 몸소 심고 가꾸어야 하는, 내 관리대상의 나무다. 잘 심고 잘 가꾸기 위해 자신이 필요로 하는 나무를 잘 알아야 한다. 《만학지》는 그 지식을 전달하고자 할 뿐이다.

서유구는 〈만학지 서문〉에서 나무 재배법이 무본지도(務本之道, 근본에 힘쓰는 방도)라고 말하면서 동시에 나무의 명칭을 정확히 알아내기 위해 무실지가(務實之家, 실질에 힘쓰는 사람들)가 필요하다고 말했다. 오로지 실용적 목적을 달성하는 데만 주력했음을 알 수 있다.

나무의 용도는 끝이 없다. 건물의 재목이나 온갖 기물의 재료이기도 하고, 제사에 올리는 과일로 이용되기도 하고, 약재로 쓰이며, 나라에 공물이나 세금으로 바치기도 한다. 종교적 의례에서도 빠질 수 없는 기물이 되고 핵심적 상징이 되기도 한다. 여기에 인간의 심성을 도야(陶冶)해 주는 환경으로서의 보이지 않는 기능은 덤이다.

이런 점들을 고인들도 익히 알고 있었기 때문에 《시경》 등에서 나무 심기를 노래했고, 《서경》·《주례》 등에서도 나무의 활용을 위한 제도적 뒷받침을 보여 주었다. 맹자도 "숲에서 벌목을 알맞은 때에만 하도록 나라에서 관리하면 나라의 재목을 이루다 쓸 수 없다(斧斤以時入山林, 材木不可勝用也)."고양혜왕(梁惠王)을 설득하기도 했다. 이 제때의 산림 정책은, 식량을 충분히 공급하기 위해 농시를 어기지 않게 하고(不違農時, 穀不可勝食也), 어류 공급을 원활하게 하기 위해 촘촘한 그물코의 어망으로 물고기를 남획하지 않게 하는(數罟不入洿池, 魚鼈不可勝食也) 정책 등과 함께 왕도정치의 출발이 되는 요소임을 강조했다(《맹자》〈양혜왕〉). 또 《사기》〈화식열전(貨殖列傳)〉에서는 재산으로서 부가가치의 엄청난 확대 또한 나무 재배로 가능했음을 역사적 사례를 통해 고증했다. 〈만학지 서문〉에서 역시 서유구는 나무의 효용성이 국가나 백성에게 어떤 역할을 하는지에 대해 모두 적절하게 보여 주었다.

이양하는 나무를 철저히 의인화했다. 인간의 입장에서 사회적 관계와 감정을 나무에 이입한 것이다. 역설적으로 나무의 덕성을 빌어 인간이 얼마나 이기적인지 무반성적인지를 꼬집으려 했다. 현자로서의 나무를 이미 지화하고자 했다. 반면 《만학지》의 서유구는 나무를 있는 그대로 보았다. 인간의 입장에서 파악할 수 있는 나무의 본성을 찾아내려 했다. 있는 그대로 보아야 각 나무의 본성을 알 수 있다.

그 결과 본성을 제대로 발현할 수 있도록 나무를 기를 수 있는 지식과 지혜가 생긴다. 이렇게 얻은 지식과 지혜는 곧장 기술로 적용된다. 이때의 기술 적용은 결코 노자 식의 '방목'이 아니다. 옮겨심기나 씨뿌리기는 기본이다. 꺾꽂이·휘묻이·시집보내기·접붙이기 등 나무 심을 때의 기술만 보아도, 놀랄 만한 인위적 개입들을 수없이 알려준다. 이렇듯 《만학지》에서는 나무 자신이 덕을 기르고 있다거나 고독을 즐긴다거나 하는, 인간이 다루는 방식의 품성까지는 품지 않은 것이다.

《만학지》의 나무농사는 자급자족에 머물지 않는다. 상업 작물의 주요 대상으로 파악한 것이다. 예를 들어 느릅나무의 경우, 자식이 태어났을 때 20그루를 심으면 자식의 시집장가에 쓸 혼수 비용을 벌 수 있을 정도로 경제가치가 높다고 했다. 사시나무를 심으면 곡식농사를 짓는 농부에 비교할 때 노동력이 엄청나게 줄면서도 수익은 훨씬 많다는 조언도 챙겼다. 그렇기 때문에 나무재배를 통한 최대의, 최적의 생산량을 확보하기 위해 주력한 것이다. 정신의 수양보다는 생계형 농사가 주력임을 확인할 수 있는 대목들이다.

우리나라에는 최소 300년 이상으로 장수하는 나무도 많다. 양평 용문사 은행나무, 순천 선암사 매실나무, 서울 성균관 은행나무, 정읍 내장산 단풍나무, 정선 두위봉 주목나무, 하동 정금리 야생차나무 등등 셀 수 없을 정도다. 하지만 가계 운영을 위한 지식을 다룬 《만학지》에서 이렇게 장기적 안목으로 나무를 기를 수 없기에 장수 나무에 대해서는 다루지 않았다. 일상에서의 활용 여지가 없는 '보호수'가 아니라 현생에서 활용하는 데 주안을 두어야 하기 때문이다. 《만학지》에서 전하고자 했던 서유구의 취지는 인간생활에 가장 잘 활용할 수 있는 나무를 얻는 지식과 기술의 획득에 있었던 것이다.

여기서 잊어서는 안 되는 점이 있다. 《만학지》는 나무만 다루지 않는다는 것이다. 고구마·감자 등의 풀열매류와 대청·쪽 등의 기타 풀류도 《만학지》에 포함시켰다. 나무가 주된 소재이기는 하지만, 풀열매류나 기타 풀류도 《만학지》의 주요 주제다. 특히 나의 〈만학지 해제〉에서도 상세히 설명했지만 백성의 기아 대책으로 고구마의 재배와 활용법을 상세히 소개한 저자의 의도도 깊게 음미해야 한다. 풍석의 깊은 뜻은 현대에도 의미 있게 계승되어야 할 것이다.

이제 《만학지》 2책을 상재한다. 《만학지》를 일독하며 여러분의 10년 계획을 실행해 봄직하다. 일찍 시작할수록 10년 계획은 20년 계획, 30년 계획이 되어 뒷날까지, 후손에게까지 자연스레 이어질 것이다. 굳이 은퇴한 뒤 전원주택에 심기를 기다리며 계획을 마냥 유예할 필요는 없다.

이제까지 존사(尊師) 도올 김용옥 선생님께서 《보양지》·《향례지》·《전어지》·《전공지》·《예원지》·《관휴지》 등 6개의 지에 걸쳐 각 지에 걸맞은 명문들을, 문명사를 대관(大觀)하는 관점에서 써주셨다. 이에 수많은 독자들의 감탄이 이어졌다. 내가 《임원경제지》를 번역해야 한다는 결심을 할 수 있게 한 근본적 계기는 도올 선생님의 번역에 대한 투철하고 확고한 신념을 지속적으로 훈도 받은 데서 비롯되었다. 학문에 대한 꺼지지 않은 열정과 한국 문명의 장대한 구상에 올인 하시는 선생님과의 정기적인 세미나인 유사회(遺史會)에 참여할 때마다 숙연해지면서 나를 성찰하지 않을 수 없다. 도올 선생님께 다시 한 번 깊이 감사드린다.

《임원경제지》의 번역 완간의 기대 효과를 이미 조망한 바 있다(《임원경제지: 조선 최대의 실용백과사전》, 339~353쪽). 그 기대 효과 중 일부는 실행이 되고 있으며, 나머지도 모두 여전히 유효하다. 이렇게 많은 가능성을 함장한 채로 임원경제연구소에서는 묵묵히 완간을 향해 정진한다.

2023년 3월 15일

DMZ 속의 서유구 선생 묘소가 가까운
파주 임원경제연구소에서
정명현 쓰다

# 《만학지》 해제[1]

## 1) 제목 풀이

《만학지》는 과실·나무·풀열매 농사 백과사전이다. 5권 2책. 총 68,324자로 이루어져 있다.

'만학(晚學)'은 '늦게 배우다'라는 뜻이다. 과실이나 나무 농사의 지식을 모아 놓은 책에 왜 '만학'이라는 이름이 붙었는지는 의문스럽다. 《만학지》 본문에는 물론이고 〈만학지 서문〉에서도 전혀 밝혀 놓지 않았기 때문이다. 농사 중 과실·나무 농사를 가장 늦게 배워도 된다는 의미인지, 자신이 다른 농사 관련 지보다 가장 늦게 관심을 가졌다는 뜻인지 모르겠다.

다만 풍석의 유일한 시문집 《번계시고(樊溪詩稿)》에 그가 말년(75세경)에 지은 '종수가(種樹歌)'라는 장편시(칠언시 100구, 총 700자)가 있는데, 당시 거주한 지 얼마 되지 않은 번계산장(현 서울 강북구 번동)에서 나무심기에 열중한 이야기를 서사처럼 풀고 있다. 이로 볼 때 '만학'이라는 말이 늙어서 배우는 지식일 수도 있겠다는 추측을 자아낸다. '종수가'에 따르면 풍석은 나이 들어 산촌에 살면서 나무 재배가 삶의 가장 좋은 방도임을 알았다. 그리하여 번계산장에서 1년에 나무 3천 그루를 심으려 했으나 심은 나무의 9/10가 말라 죽었다. 이를 본 이웃 노인이 답답해하며 나무 재배법을 아주 상세히 알

---

1  이 글은 정명현, 〈만학지 해제〉, 서유구 지음, 정명현·민철기·정정기·전종욱 외 옮기고 씀, 《임원경제지 : 조선 최대의 실용 백과사전》, 씨앗을 뿌리는 사람, 2012, 595~612쪽에 실린 내용을 토대로 증보·보완한 것이다.

려 주었다. 이러한 내용을 포함한 이 시의 대부분이 재배법에 관한 실용 정보로 구성되어 있다.[2]

이 시를 지었을 당시 풍석은 이미 《만학지》의 상당량을 집필해 놓았다. 오사카본 《만학지》에는 번계산장의 서실인 자연경실(自然經室)에서 나온 원고라는 의미의 '자연경실장(自然經室藏)'이 적힌 괘지를 쓰지 않았다.[3] 이를 통해 번계로 이사 오기 전에 이미 초고가 완성되었음을 알 수 있다. 또한 나무 재배에 관한 내용이 《이운지》·《상택지》 등에서도 다뤄지고 있다. 《이운지》에서는 나무를 상당 부분 다뤘고[4], 《상택지》에서는 〈집 가꾸기〉라는 대제목에서 "나무 심기"를 소제목으로 뽑고 그 아래에 5개의 표제어를 세웠다.

그리고 집 가꾸는 과정에서 가장 먼저 해야 할 일 중 나무 심기를 꼽았다.[5] "옛날에 어떤 사람이 서광계(徐光啓)에게 물었다. '나무를 심으면 10년을 기다려야 하는데 나이가 들어 그것을 기다릴 수가 없으니 이를 어찌하면 되겠습니까?' 그러자 서광계가 그에게 '서둘러 나무를 심으시오.'라 했다. 그러므로 나도 집을 짓는 데 제일 서둘러야 할 일은 나무 심기만 한 것이 없다고 말하는 것이다."[6] 이를 보면 '늦게 배우다'는 풍석 자신을 두고 한 말이라기보다는 늘그막에 귀농하여 '전원주택' 같은 집을 짓고 여생을 즐기려는 계획을 품은 사람들에게 꼭 필요한 배움으로서의 의미로 보아야 한다. 나무 가꾸기는 젊어서 배우면 더 좋겠지만, '늦게라도 배워야 하는' 분

---

2 曹蒼錄, 《楓石 徐有榘에 대한 한 研究》, 성균관대 박사학위논문, 2002, 125~131쪽 참조.
3 오사카본 《만학지》의 맨 앞에 나오는 〈晩學志目〉 1면만 '自然經室藏' 괘지를 썼다. 이로 판단하건대 목차는 번계로 온 뒤에 완성되었을 것이다.
4 《이운지》 권1 〈은거지의 배치〉.
5 《상택지》 권1 〈집 가꾸기〉 "나무 심기" '살 곳을 골랐으면 서둘러 먼저 나무를 심어야 한다'. 풍석 서유구 지음, 임원경제연구소 옮김, 《임원경제지 상택지》, 풍석문화재단, 2019, 172~174쪽.
6 풍석 서유구 지음, 임원경제연구소 옮김, 위와 같은 책, 173~174쪽.

야로 풍석이 강조하려 했던 것이다.

〈만학지 서문〉에서는 나무를 심고 이용하는 일을 중국의 경우를 들어 이야기하면서 나무 심기가 매우 중요함을 역설한다. 나무가 많으면 부유함이 제후의 그것과 비견할 만하여 백성의 풍속이 아름다워진다는 것이다. 또한 나무 재배는 농정의 한 부분이라 중국 농서에서도 신중히 다루었으며, 근본에 힘쓰는 일이라 했다.

그러나 조선으로 오면 사정이 달라진다. 농사 전반에 대해 서투르기 때문이다. 따라서 나무 재배까지는 언감생심이라고 풍석은 보았다.

우리나라 사람들은 대부분 농사에 서투르다. 농사에 본래 어두운데, 어느 겨를에 나무 재배까지 애쓰겠는가? 높은 산 깊은 골짜기에서 제멋대로 자라다 말라 죽는 나무들이야 면면히 그렇게 이어졌다. 그중에 열매가 있는 나무의 경우는 간혹 꺾어다 심기도 하지만 그 수효가 극히 적다.

이처럼 조선의 나무 재배법이 매우 엉성한 수준임을 보여 주는 단적인 예를 들었다.

이 문제와 더불어 조선 사람의 나무 재배와 관련된 또 다른 문제는, 나무 이름을 제대로 알지 못한다는 점이다. 사물의 명칭을 제대로 익히고 사용하는 학문 분야를 '명물학(名物學)'이라 하는데, 바로 이 지점의 문제를 다음과 같이 제기했다.

이뿐만이 아니라 명물(名物, 사물의 명칭)에 대해서도 궁구하지 못한다. 그 결과 산앵두를 내(柰, 재래종 사과)라 하고, 잣나무[五粒松]를 백(柏, 실제는 측백나무)이라 하며, 분비나무[杉] 보고 회나무[檜]라 한다. 이는 말리지 않은 쥐고기[鼠]와 다듬지 않은 옥[璞]을 모두 '박(璞)'이라 한 데서 생긴 오해와 가깝지 않은가. 광대싸리나무[荆]를 초(楚)라 하지 않고 뉴(杻)라 한다. 이런 사람들을 어찌 콩[菽]

과 보리[麥]도 구별하지 못하는 사람(숙맥)보다 낫다고 할 수 있겠는가.

단단하고 질겨서 유용한 재목이 산림이나 저지대에서 자생한다. 이런 재목을 민간의 말로 '박달(朴達)'이라 하기도 하고 '가사(哥沙)'라 하기도 한다. 그러면서도 이들이 무슨 이름인지 정확히 구별하지는 못한다. 청해진(淸海鎭)과 절이섬(折爾苫) 사이의 섬들에는 겨울을 나면서도 시들지 않는 좋은 재목이 많다. 그런데 이를 싸잡아 '동생수(冬生樹)'라고 할 뿐이다. 이렇게 나무의 이름도 제대로 정리하지 못하면서 어느 겨를에 그 쓰임새까지 궁구하겠는가? 실질에 힘쓰는 사람들[務實之家, 무실지가]이 강구하여 밝혀야 할 곳이 바로 여기에 있다.[7]

이 글에서 풍석은 명물이 쓰임새를 궁구하기 위한 전제 조건이라고 말한다. 특정 사물 또는 자연물을 인간 삶에 유용하게 쓰기 위해서는 먼저 이들의 정확한 이름을 공유해야 한다는 것이다. 즉 한 사물이나 자연물을 가리키는 지시어는 지역과 시대에 따라 다양하기 마련이나, 이 지시어를 아우르는 하나의 표준 지시어에 대한 탐구가 있어야 한다는 것이다. 이것이 명물학의 시작이다.

명물학은 사물과 특정 명칭이 일대일 대응이 될 수 있도록 정리하는 데서 출발한다. 그러나 그 목표는 궁극적으로 그 사물을 인간이 어디에 어떻게 쓰느냐에 관한 지식을 전파하고 공유하는 데 있다. 특정 사물 또는 자연물에 대해 누구나 공통으로 받아들일 수 있는 특정 명칭이 성립된 뒤에야 비로소 그 쓰임새 궁구를 위한 여러 정보, 즉 재배법·보관법·치료법 등을 적용할 수 있기 때문이다. 결국 누구에게나 통용되는 자연물의 이름을 알아야만 자연물에 대한 연구와 그 결과를 보급·전파할 수 있다. '실질에 힘쓰는 사람들', 즉 '무실지가(務實之家)'가 진정으로 힘써야 할 곳이 바로 이

---

7 〈만학지 서문〉.

지점이라고 했다. 그가 했던 이 방대하고 지루한 작업도 이 무실지가를 자극하기 위함이었다.

하지만 명물학은 비단 《만학지》에서만 주의해야 할 분야는 아니다. 《임원경제지》 대부분이 이 명물학적 인식론을 근본으로 삼는다. 《본리지》의 곡식 명칭과 농기구 명칭, 《관휴지》의 채소 및 약초 명칭, 《예원지》의 각종 화훼 명칭과 수백 종에 달하는 품종명, 《전공지》의 직물 관련 식물 및 동물, 직물 기구 등의 명칭, 《전어지》에서 다룬 야생 동물, 가축, 수생 동물의 명칭과 품종, 《정조지》에서 소개한 각종 식재료의 명칭, 《보양지》·《인제지》에서 탕액 등에 사용되는 약재의 명칭과 종류, 《예규지》에서 재산 증식을 위해 소개한 전국의 산물 등이 모두 명물의 중요성을 보여주는 대목들이다. 이상에서 언급하지 않은 식재료나 약재, 기구 외에도 각종 사물에 대한 명칭도 명물학에서 다뤄야 할 중요한 분야다. 결국 《임원경제지》에 등장하는 2만 8천 여 개의 기사 대부분은 수많은 물명들을 매개로 지식의 단위가 직조되었다는 사실에 유의한다면, 〈만학지 서문〉에서 강조한 명물학의 중요성은 결코 간과되어서는 안 된다.

## 2) 《만학지》 등 《임원경제지》에 근거한 《번계시고》의 '종수가(種樹歌)'

앞서 언급한 '종수가'는 풍석이 말년까지 나무 심는 법조차 몰라 실패를 거듭한 뒤 이웃 노인에게서 그 비법을 전해 듣고 풍석이 새로 깨닫는다는 내용으로 이해할 수 있다. 그러나 이웃 노인은 조창록 박사가 지적했듯이, 가상의 화자이다. '종수가'는 풍석이 현장 적용에서 실패한 실제 상황과 문헌을 통해 본래 알고 있던 내용을 이야기 형식으로 풀어낸 작품으로 보아야 한다. 노인이 전해준 비법이라 옮겨 놓은 내용의 대부분이 《만학지》에 들어 있다. 또 시 중간중간의 소주(小註)에서도 자신이 시에서 인용한 책을 적어 놓기도 했다. 따라서 노인의 자세한 설명에 저자가 놀라는 서사 형식을 띠고는 있으나, 그 문헌들의 내용을 노인이 일일이 전해 주었다고 보기는 어려울 것이다.

'종수가'는 나무 농사에 대한 서유구의 전문 식견을 압축적으로 표현한 작품이다. 이 시의 주를 이루는 이웃 노인의 나무 농사 설명은 형식상 이웃 노인을 등장시켰을 뿐이다. 실제로는 화자인 이웃 노인을 서유구 자신으로 보아도 무방하다. 풍석 자신은 '종수가'에서 나무 농사에 무지한 인물로 등장하고, 이를 훈도해 주는 인물로서 이웃 노인을 등장시켰지만 실제로는 서유구의 자문자답으로 보는 것이 타당하다. '종수가' 한 편은 《만학지》 중 나무 농사에 관한 핵심적인 내용을 잘 전달한다. 그중 특히 권1의 〈총서〉에 나오는 개괄적 내용이 주를 이룬다. 《만학지》를 개괄하기에 좋은 내용을 담고 있는 것이다.

이런 이유로 《만학지》 목차의 내용을 설명하기에 앞서 '종수가' 전문을 소개한다. 전문은 조창록이 이미 번역해 놓았다.[8] 그러므로 여기에서는 그가 소개한 원문과 번역을 기본적으로 인용하면서, 일부에 대해 내가 수정을 가했다. 여기에다 《만학지》·《전공지》 등 《임원경제지》에 수록된 내용을 얼마나 이 시에 녹여냈는지를 보여 주기 위해 관련 내용의 번역문과 나의 의견을 주석으로 추가했다. 이를 통해 '종수가'에서, 서책을 보지 않고 들판의 경험으로만 알았다는 이웃 노인의 나무 농사에 관한 전문적 식견은 거의 대부분 《임원경제지》에, 특히 《만학지》에 수록된 내용에 근거했음을 알 수 있을 것이다.

다음은 '종수가' 전문이다.

내가 들으니 산촌에 사는 방도는
나무 심고 꽃 가꾸기 가장 먼저 할 일이라.

---

8  서유구 저, 조창록 역, 《번계시고》, 자연경실, 2018, 79~85쪽. 원고를 제공해 준 조창록 박사에게 감사드린다.

勿顧愛之太恩離其性蒋時若子置若棄郭馳自是
樹之聖我時搘杖聽其語愀然太息復瞠然問君不
曾讀古書焉從受求此真詮儂本生長郊墅者耳聞
目見于斯專用志不分疑於神何待一一古方傳子
欲學稼問老農子欲操舟問長年手熟自然合規矩
閉門造車出合轍我聞斯言如夢覺一生悠悠誰巧
拙從今以君為石師束閣林頭種藝訣園南園北幾
百方為我細細設綿蕝三百梅以供賓客八百桑以
遺子孫坐擁萬株無已侈恭祝渾天雨露恩

《번계시고》에 실린 종수가4

喜矗煙依人家梅好照水傍溪遶東桃西榆問何義

陰陽家言慎勿聽最是桑柘無不宜龍堆狐塞皆可

藝天與之時地與利嗟汝人工豈泄泄種核最忌口

中核扞枝必擇鶴膝枝移植先須記南北帶得故土

與根毦百種百活無多方移樹莫敎樹自知松欲偃

益騙宗根竹欲衍鞭筊上梢最惡楡性喜曲戾州覆

火灸始聾喬接換三訣試歷舉觀青就節暨對縫欲

識二氣一貫理何不相彼蜾蟲開砧刻成鴨嘴形

取枝削作馬耳揉皮與皮對骨對骨盎然生意始倐

暢封泥包籜防雨侵竪楖櫰籬禁畜擽旣然勿動更

〔自然經室藏〕

《번계시고》에 실린 종수가3

其次早春迎生氣雪消冰泮土脉融花花樹樹各異

俟兔目鼠耳果出沢勝之書俱木葉、出形仔細認一月之忌忌下弦

一歲之忌忌有閏移篁莫如臘月宜竹醉龍生俱無

理清明火把照桑果元日石礫嫁杏李婚家撞門酒

新醅萬億子蕃善禱祝嫁杏出文昌雜錄即時祝辭先時後時違

州里四民月令湏熟讀天時既得次辦壤管子地員

是先覺五施五沃各異宜雜登木叫音中角子見管鹵

濕坂埴一失所縱然不尨終樸樕一切花果多畏風

所以平原勝高皋嘉慶子名李一獨不喜肥百益紅一棗

名能任旱澇種棃先觀西北障栽棗還以沙白勝杏

《번계시고》에 실린 종수가2

○○○

種樹歌

如是我聞山居術　種樹蒔花居第一　雖厭種樹十年

計嗟我晚景已崦嵫　昔者玄扈有良畫　年老凡宜急

樹之通求卜等樊溪畔短麗後拱前橫陵林園日涉

仍成趣呼僮兩三採鉏隨課歲栽得三千株十株一

生九燋悴南隣之叟偶來見悶我鹵莽發一喟斸基

捄輻亦有法刓伊栽植造化寄遂將樊張秘傳方一

一戔釋向我慦種樹莫如秋冬宜一團元氣歸根叢

自然經室藏

《번계시고》에 실린 종수가1(이상 임원경제연구소, 일본 오사카 나카노시마 부립도서관 소장본)

하지만 나무 심기는 10년 계획인데

아, 나는 이미 산 너머로 지는 노을이라!

如是我聞山居術,

種樹蒔花居第一.

雖然種樹十年計,

嗟我晚景已崦嵫.


옛날 현호⁹는 좋은 계책 있었으니

나이 들수록 나무 심기 서둘러야 하리.

근래 번계(樊溪) 가에 집 마련하니

뒤로는 낮은 언덕, 앞으로는 산비탈.

昔者玄扈有良畫,

年老尤宜急樹之.

邇來卜築樊溪畔,

後拱短麓前橫陂.


날마다 임원 거닐어도 그때마다 흥취 자아내니

두세 아이더러 삽 들고 따르게 하네.

한 해에 3천 그루 옮겨 심었건만

열에 하나 살고 아홉 말랐네.

林園日涉仍成趣,

呼僮兩三操鍤隨.

課歲栽得三千株,

---

9    현호(玄扈) : 중국 명나라 말기의 학자 서광계徐光啓(1562~1633)의 호. 그의 《농정전서》는 《임원
     경제지》의 가장 중요한 인용문헌 중 하나이다. 이 시에서도 《농정전서》의 내용을 반영했다.

十株一生九憔悴.

남쪽 이웃 늙은이 우연히 와서 보고

졸렬한 내 솜씨 답답해하며 한숨 쉬네.

바둑 두거나 공 다루는 데도 법도 있거늘

더구나 이 옮겨심기는 자연의 이치에 맡겨야 하네.

南隣之叟偶來見,

悶我鹵莽發一喟.

斷棊捖鞠亦有法,

矧伊栽植造化寄.


마침내 번樊·장張10의 비법을

하나하나 풀어서 내게 가르쳐 주네.

"나무 심기는 가을과 겨울 사이만 한 때 없으니

천지의 원기 뿌리에 모일 때라오.

遂將樊張秘傳方,

一一箋釋向我慭.

"種樹莫如秋冬宜,

一團元氣歸根叢.


다음으로는 이른 봄 생기 맞을 때가 좋으니

---

10 번樊·장張: 조창록은 '번'은 공자의 제자로 농사일과 채소 가꾸는 법을 공자에게 물었던 번지樊遲
를 지칭하고, '장'은 하남 태수가 되어 나무 심기를 권장했던 장전의(張全義, 852~926)를 가리킨
다고 했다. 여기서 '장'에 대해서는 이견이 있다. 《만학지》에는 장씨 성을 가진 나무 전문가로, 장자
(張鎡, 1153~?)가 나온다. 그는 화초와 나무 심기를 다룬 저술인 《종화법(種花法)》에 주석을 추가했
다. 《만학지》에는 그의 저술이 2회 인용되었다. 아마도 여기의 '장'은 이 장자를 가리킨 듯하다.

눈과 얼음 녹아 토맥(土脈)과 화합하지요.

꽃마다 나무마다 각각 알맞은 절후가 다르니

토끼눈인지 쥐귀인지[11] 유심히 살펴야 하오.[12]

其次早春迎生氣,

雪消氷泮土脈融.

花花樹樹各異候,

兎目鼠耳仔細認.


한 달 중 하현 들 때 피하고[13]

한 해 중 윤달 들 때 피하시오.[14]

대나무 옮겨심기는 12월만 한 때 없으니[15]

죽취일(竹醉日)이니 용생일(龍生日)이니 하는 설 모두 이치 없는 말이오.[16]

一月之忌忌下弦,

一歲之忌忌有閏.

移篁莫如臘月宜,

11  토끼눈인지 쥐귀인지 : 서유구의 원주에 다음과 같이 설명했다. 《범승지서(氾勝之書)》에 나온다. 두 가지 모두는 과일나무에서 잎이 나올 때의 모양이다. 出《氾勝之書》. 俱果木葉出形."

12  "나무 심기는 정월이 가장 좋은 시기이고, 2월이 무난한 시기이며, 3월이 너무 늦은 시기이다. 그러나 대추나무는 닭부리 같은 싹이 날 때, 느티나무는 토끼눈 같은 싹이 날 때, 뽕나무는 두꺼비눈 같은 싹이 날 때, 느릅나무는 싹이 혹모양으로 뭉쳐 났다가 펴질 때 심어야 한다. 나머지 잡목들은 쥐의 귀[鼠耳]나 송에의 날개[虫翅] 같은 모양의 싹이 날 때, 각각 그 때에 맞게 심는다."《만학지》 권1 〈총서〉 "심기" '심는 시기'.

13  "나무들은 모두 달의 기운이 약한 하현(下弦, 매월 음력 22·23일 경) 이후, 상현(上弦, 매월 음력 7·8일 경) 이전에 옮겨 심어야 한다." 위와 같은 곳의 《농정전서(農政全書)》를 인용한 기사에 나온다.

14  이 말은 확인 안 된다.

15  "대나무를 옮겨 심을 때는 대부분 진일[辰日, 날의 지지가 진(辰)인 날]에 하고 또 납월(臘月)에 한다. 이때 옮겨 심지 않으면 살아나지 못한다. 《농정전서》"《만학지》 권5 〈기타 초목류〉 "대나무" '심는 시기'.

16  "대나무를 옮겨 심을 때는 대부분 진일(辰日)에 하고 또 납월(臘月)에 한다. 이때 옮겨 심지 않으면 살아나지 못한다. 다만 5월 13일을 '죽취일(竹醉日)'이라 하고, 또 '죽미일(竹迷日)'이라고도 하며, 또 용생일(龍生日)이라고도 한다. 이 날 대나무를 옮겨 심으면 무성해진다. 《왕정농서》"; "용생일이나 죽취일에 심는다는 말은 통할 만한 이치가 없다. 《농정전서》"《만학지》 권5 〈기타 초목류〉 "대나무" '심는 시기'.

竹醉龍生俱無理.


청명에는 햇불로 뽕나무 과일나무 아래 비춰 주고[17]

설날에는 가지 사이에 자갈 끼워 살구나무나 자두나무 시집보내지요.[18]

시집보낼 때 청혼하는 집안에서 문 두드리며 새 술 올려

자손 번창케 하소서라며 축사 간절히 하지요.[19]

淸明火把照桑果,

元日石礫嫁杏李.

婚家撞門酒新醅,

萬億子蕃善禧祝.


나무 심는 시기는 앞서거니 뒤서거니 고을마다 다르므로

---

17 "일반적으로 5종류의 과일[五果, 복숭아·자두·살구·밤·대추]은 정월 1일 닭이 울 때, 햇불로 그 나무 아래를 두루 비춰 주면 병충해가 없다.《제민요술》. 혹 청명(淸明, 양력 4월 5·6일경)에 나무 아래에 불을 비춰 주어도 괜찮다.《편민도찬》. 그해에 뽕나무와 과일나무에 벌레가 생기는 해가 있을 것 같은 경우, 정월 초하루에 이 나무에 불을 비춰 주면 반드시 병충해를 면한다.《사시찬요》"《만학지》권1〈총서〉"보호하기" '새와 벌레 물리치는 법(벽금충법)'.

18 "일반적으로 과일나무가 잎은 무성하지만 열매를 맺지 못하는 경우, 정월 초하루 5경(五更, 새벽 3~5시)에 도끼로 그 과일나무를 이리저리 두들기면 열매가 무성해지고 떨어지지 않는다. 이를 '과일나무 시집보내기[嫁果, 가과]'라 한다. 12월 그믐날 저녁에도 똑같이 한다. 자두나무를 시집보내려면 돌멩이를 나무의 가지가 갈라진 부분에 올려 둔다.《편민도찬》《만학지》권1〈총서〉"보호하기" '나무 시집보내는 법'.

19 자손……하지요: 서유구의 원주에 다음과 같이 설명했다.《문창잡록(文昌雜錄)》에 나온다. 살구나무를 시집보낼 때의 축사(祝辭)이다. 出《文昌雜錄》. 嫁杏時祝辭."
《만학지》에 인용된《문창잡록》의 전 내용은 다음과 같다. "이관경(李冠卿)의 집에 한 그루의 살구나무가 꽃은 많았으나 열매를 제대로 맺지 못하였다. 마침 한 중매쟁이가 그것을 보고 웃으면서 말하기를 "내년 봄에 이 나무를 시집보내야겠다."라고 하였다. 겨울이 깊었을 때, 그 중매쟁이가 갑자기 술 한 동이를 들고 와서 "청혼하는 집안에서 문을 두드려 술로 처녀를 구합니다."라고 했다. 그러고는 붉은 치마를 나무에 묶은 다음, 술을 올려 놓고 물러나면서 두세 차례 거듭 축사를 하고 떠나갔다【그 축사는 다음과 같다. "봄은 생명을 주관하니, 만물이 새로워집니다. 나무의 덕은 인(仁)에 속하니, 봄에 더욱 왕성해집니다. 무성한 가지에 짙은 그늘 드리웁니다. 제가 당신을 시집보내나니, 자손 번창하소서】. 다음해 봄 살구나무에 열매가 셀 수도 없을 만큼 열렸다.《문창잡록(文昌雜錄)》》《만학지》권1〈총서〉"보호하기" '나무 시집보내는 법'.

《사민월령》반드시 숙독해야 한다오.[20]

시기 알고 나면 다음으로 알맞은 토양 가려야 하니

먼저 깨달은 법도를 《관자(管子)》〈지원(地員)〉에서 알려주었지요.

先時後時違州里,

四民月令須熟讀.

天時旣得次辨壤,

管子地員是先覺.


'5시(施)'·'5옥(沃)'[21]에 따라 잘 자라는 나무 다르니[22]

5시의 소리는 꿩이 나무 올라 우는 소리처럼 '각성(角聲)'에 해당하오.[23]

---

20  심는 시기와 관련하여 《사민월령》에 소개된 내용은 다음과 같다. "1월에는 초하루에서 그믐까지 나무들을 옮겨 심을 수 있다. 옮겨 심는 나무는 대나무·옻나무·오동나무·가래나무·소나무·측백나무·잡목 등이다. 과일나무만은 정월 보름이 되면 옮겨심기를 그친다. 보름이 지나 옮겨 심으면 열매가 적다. 《사민월령(四民月令)》"《만학지》권1 〈총서〉 "심기" '심는 시기'; "2월말이나 3월에 나뭇가지를 묻어도 된다. 《사민월령》"《만학지》권1 〈총서〉 "심기" '압조법(壓條法, 휘묻이법)'; "정월말과 2월에 가지치기를 할 수 있다. 《사민월령》"《만학지》권1 〈총서〉 "관리" '가지 치는 법(박수법)'; "오과(복숭아·자두·살구·밤·대추)의 꽃이 무성할 때 서리를 만나면 열매가 없다. 늘 정원 안 곳곳에 거친 두엄을 미리 쌓아 둔다. 비가 온 후 날씨가 개이고 북풍이 매우 차면, 이날 밤에는 반드시 서리가 내린다. 이때 두엄에 불을 놓아 나무를 따뜻하게 하고 연기를 조금 쐬게 하면 서리의 해로움을 면하게 된다. 《사민월령》"《만학지》권1 〈총서〉 "보호하기" '서리 막는 법(거상법)'.

21  '5시(施)'·'5옥(沃)': 토양의 등급을 지칭하는 용어. 《관자》에 실린 이에 대한 전문은 《임원경제지 본리지》에 소개되어 있다.

22  "속토(粟土)의 다음 등급은 5가지 옥토(沃土)이다. 5가지 옥토는 붉은 것, 푸른 것, 누런 것, 하얀 것, 검은 것이 있다. 5가지 옥토의 5가지 종류는 각기 차등이 있다. (중략) 5가지 옥토는 언덕에 있든, 산에 있든, 큰 언덕에 있든, 산등성이에 있든, 산기슭의 남쪽에 있든 간에 그 좌우에 여러 나무들을 심기가 알맞으니, 오동나무·참나무류·산앵도나무[杙]·참죽나무[櫄]와 저 백재(白梓) 등이다. 매화나무·살구나무·복숭아나무·자두나무는 꽃이 피고 줄기가 뻗는다. 멧대추나무·팥배나무·홰나무·버드나무·느릅나무·뽕나무·구기자나무·다목[枋]과 같은 여러 나무들은 빨리 자라며 가지가 곧게 뻗는다. 음지에는 풀명자나무[楂]·배나무가 자라고, 양지에는 5가지의 삼[五麻]을 심는다." 이상 《관자》의 내용은 《임원경제지 본리지》권3 〈토질 분별법〉 "총서" '흙 살피기 총론'(서유구 지음, 정명현·김정기 역주, 《임원경제지 본리지(林園經濟志 本利志)》1, 소와당, 2008, 305~306쪽)에 자세히 보인다.
《만학지》에는 다음과 같이 5가지 옥토를 소개했다. "토양이 기름져서는 안 된다. 땅이 기름지면 열매가 없다【안 《관자》에서 "5가지 옥토의 토지에는 매실나무와 자두나무가 적당하다."고 하였는데 이 내용과 상반된다】. 《편민도찬》"《만학지》권2 〈과일류〉 "자두나무" '알맞은 토양'.

23  서유구의 원주에 다음과 같이 설명했다. "《관자》에 보인다. 見管子."
《본리지》에 소개된 《관자》의 해당 내용은 다음과 같다. "농지에 도랑을 파고 매년 돌려짓기를 하

소금기 있는 땅, 습한 땅과 차진 땅에 한번 잘못 심으면

비록 죽지 않는다 한들 결국 잡목 되고 말지요.

五施五沃各異宜,

雅登木呌音中角.

鹵濕坂埴一失所,

縱然不死終樸樕.


모든 꽃과 과일나무는 바람 두려워 하니

이 때문에 평원이 높은 언덕보다 낫다오.

가경자(嘉慶子)[24]는 유독 기름진 흙 싫어하고[25]

백익홍(百益紅)[26]은 가뭄과 홍수에 강하다오.

一切花果多畏風,

所以平原勝高皐.

嘉慶子獨不喜肥,

百益紅能任旱澇.


배나무 심을 곳 서북쪽이 막혔는지 우선 살피고[27]

---

면 오곡이 모두 잘 자란다. 제후(諸侯)를 세워서 실 수확량을 차지하게 한다. 나무는 원나무[杬]
와 참죽나무[櫄], 팥배나무[杜]와 소나무가 알맞으며, 풀은 가시나무가 알맞다. 이런 토양을 보고
'5시(五施)'라 하는데, 5×7=35척을 파면 샘이 나온다. 울리는 소리는 각성(角聲)에 해당한다. 물
은 푸른 빛깔이고 백성들은 굳세다."《본리지》권3〈토질 분별법〉"총서" '흙 살피기 총론'(서유구
지음, 정명현·김정기 역주, 위와 같은 책, 299~301쪽).

24 서유구의 원주에 다음과 같이 설명했다. "자두나무의 일명이다. 李一名."

25 "토양이 기름져서는 안 된다. 땅이 기름지면 열매가 없다.《편민도찬》"《만학지》권2〈과일류〉
"자두나무" '알맞은 토양'.

26 서유구의 원주에 다음과 같이 설명했다. "대추나무의 일명이다. 棗一名."

27 "배는 서풍을 싫어해서 배를 심을 때는 서북쪽이 막힌 곳이 적당하다.《행포지》"《만학지》권2
〈과일류〉"배나무" '알맞은 토양'.

밤나무는 오히려 흰 모래 섞인 흙이 낫다오.[28]

살구나무는 연기 좋아하니 인가에 의지하게 하고[29]

매화나무는 물에 비춰보기 즐기니 물가에 심지요.[30]

種梨先觀西北障,

栽栗還以沙白勝.

杏喜爨煙依人家,

梅好照水傍溪遴.


동도서유(東桃西楡)가 무슨 의미 있으리오[31]

음양가의 말 따윈 부디 듣지 마오.

뽕나무나 꾸지뽕나무는 알맞지 않은 흙 없으니

용퇴(龍堆)[32]나 호새(狐塞)[33] 같은 극악한 풍토라도 모두 재배할 만하다오.[34]

東桃西楡問何義,

陰陽家言愼勿聽.

---

28 "밤은 동남쪽의 넓게 펼쳐진 땅에 적당하다. 또 모래가 희며 딱딱한 흙을 좋아한다. 검고 비옥한 토
양에서 자라는 밤은 맛이 매우 떨어진다.《행포지》"《만학지》권2〈과일류〉"밤나무" '알맞은 토양'.

29 "살구나무를 심을 때는 인가에 가까워야 한다.《사시유요》"《만학지》권2〈과일류〉"살구나무" '심
기와 가꾸기'.

30 "매실은 대부분 옮겨 심어야 한다. 못가, 시냇가의 길, 밭두둑의 끝, 물웅덩이가 있는 담모퉁이 등
에 심으면 열매가 많다.《고금의통대전》"《만학지》권2〈과일류〉"매실나무" '알맞은 토양'.

31 동도서유(東桃西楡)는 집 동쪽에는 복숭나무를 심고, 서쪽에는 느릅나무를 심는다는 의미다. 이
와 관련하여《상택지》에서 이 견해를 소개한 점으로 보아, 배척하지는 않았으나 여기서는 음양가
의 설이라며 거부하고 있다. "일반적으로 주택에서 왼쪽에 흐르는 물(청룡)이 없고, 오른쪽에 긴
길(백호)이 없으며, 앞에 연못(주작)이 없고, 뒤에 구릉(현무)이 없다면, 동쪽(왼쪽)에 복숭아나무
와 버드나무를 심고, 남쪽(앞)에 매화나무와 대추나무를 심으며, 서쪽(오른쪽)에 치자나무와 느릅
나무를 심고, 북쪽(현무)에는 내나무[柰, 능금의 일종]와 살구나무를 심는다.《거가필용》"《임원
경제지 상택지》권1〈집 가꾸기〉"나무 심기" '나무를 심어 사상(四象)을 대신하는 법'(풍석 서유
구 지음, 임원경제연구소 옮김,《임원경제지 상택지》, 풍석문화재단, 2019, 169쪽).

32 용퇴(龍堆) : 중국 신강(新疆)의 천산(天山) 남쪽에 있는 사막. 백룡퇴(白龍堆)의 약칭. 서역의 변
방을 가리킨다.

33 호새(狐塞) : 중국 하북성(河北省) 내원현(淶源縣)의 북쪽과 울현(蔚縣)의 경계인 흑석령(黑石嶺)
에 있는 성채. 비호새(飛狐塞)의 약칭. 북쪽 변방을 가리킨다.

34 용퇴나 호새 같은 극악한 환경에서도 뽕나무류를 재배할 수 있다는 이 언급은《전공지》에 소개된

最是桑柘無不宜,

龍堆狐塞皆可藝.


시기도 알맞고 토양도 알맞을진댄

아, 그대여 사람 일 어찌 미루리오!

씨앗[核]심기에 가장 꺼릴 일은 입에 넣었던 씨이며[35]

꺾꽂이에는 반드시 학 무릎 같은 모양의 가지 골라야 하오.[36]

天與之時地與利,

嗟汝人工豈泄泄.

種核最忌口中核,

扦枝必擇鶴膝枝.


옮겨 심을 때는 원래 방향 기억해 두어야 하고[37]

뿌리에 붙은 묵은 흙과 수염뿌리 함께 묶어야 하오.[38]

---

다음과 같은 내용에 기인한다. 거기서 곡식 농사는 용퇴나 호새 같은 곳만 아니면 지을 수 있다고 했다. 이 말 속에는 뽕나무의 경우 그와 같이 나쁜 조건에서도 키울 수 있음을 암시한다. "나무는 각기 알맞은 흙이 있다. 그러나 오직 뽕나무만은 알맞지 않는 흙이 없다. 그러므로 누에치기가 안 될 일이 없다. 이는 농부가 오곡 농사를 짓는 이치와 같다. 용퇴(龍堆)나 호새(狐塞)와 같은 극한의 땅만 아니라면 오히려 오곡 농사는 여전히 어디서든 밭 갈아 수확할 수 있기 때문이다. 곽자장(郭子章)《잠론(蠶論)》" 《전공지》 권1 〈누에치기와 길쌈(상)〉 "뽕나무 재배" '알맞은 토양'(풍석 서유구 지음, 임원경제연구소 옮김, 《임원경제지 전공지》 1, 풍석문화재단, 2022, 78쪽).

35 "입 속에 들어갔던 핵은 심어서는 안 된다. 이는 과육을 먹고 남은 핵을 말한다. 《증보산림경제》" 《만학지》 권1 〈총서〉 "심기" '씨로 심는 법'.

36 "등창우(滕昌佑)의 과일나무 심는 법은 다음과 같다. 동지 후부터 입춘 전에 곧은 가지이면서 학의 무릎 같은 모양이 있으며, 굵기는 엄지손가락만 한 좋은 과일나무를 길이 2척 이상이 되게 베어 토란뿌리 속에 꽂아 넣는다. 《모정객화(茅亭客話)》"《만학지》 권1 〈총서〉 "심기" '천삽법(扦插法, 꺾꽂이)'.

37 "일반적으로 모든 종류의 나무를 옮겨 심을 때는 그 음양(陰陽, 남북 방향)을 표시하여 옮겨 심은 곳에서도 원래의 방향이 바뀌지 않도록 해야 한다"《만학지》 권1 〈총서〉 "심기" '옮겨 심는 법'.

38 "나무를 옮겨 심을 때 뿌리를 감싼 흙덩이가 비록 작더라도 뿌리의 수염을 잘라서는 안 된다. 이런 때의 파는 법은 다음과 같다. 먼저 흙덩이를 넓게 판다. 이어서 대나무로 흙덩이 옆벽의 흙을 점점 깎아 내어 잔뿌리를 상하지 않게 한다. 사람의 힘이 미칠 만한 정도의 흙덩이크기를 대략 헤아려 끈으로 흙덩이를 묶는다. 새 구덩이는 힘써 흙을 퍼내어 넓고 크게 만든다. 그러면 수염뿌리가 곧게 퍼지므로 구부러질 수 없다. 《농정전서》"《만학지》 권1 〈총서〉 "심기" '옮겨 심는 법'.

백 번 심어 백 번 살리는 데는 여러 방법 없고

옮겨 심을 때 나무 스스로가 그런 줄 모르게 해야 한다오.[39]

移植先須記南北,

帶得故土與根顴.

百種百活無多方,

移樹莫敎樹自知.


소나무 눕듯 하늘 덮게 하려면 원뿌리 거세하고[40]

대나무 뿌리 뻗게 하려면 윗가지를 쳐내야 하오.[41]

가장 나쁜 느릅나무 본성은 잘 굽어진다는 것,

벤 나무 위에 풀 덮고 불 지펴 주어야 곧고 높게 자란다오.[42]

松欲偃蓋騸宗根,

竹欲行鞭髠上梢.

最惡楡性喜曲戾,

艸覆火炙始聳喬.

---

39 "모든 종류의 나무를 옮겨 심을 때는 가지에 남북 방위를 표기해 둔다. (중략) 각 장소에서 심는 법에 따라 옮겨 심고 북주면 나무마다 확실히 살아난다. 옛사람들은 "나무 옮겨심기는 일정한 때가 없으나 나무가 미리 알게 해서는 안 된다."라고 하였다.《무본신서(務本新書)》《만학지》권1〈총서〉"심기" '옮겨 심는 법'.
   "일반적으로 나무를 옮겨 심을 때는 뿌리수염을 상하게 해서는 안 된다. 그러므로 반드시 흙무더기를 넓게 파고, 뿌리에 붙은 흙을 제거해서는 안 된다. 흙이 없으면 뿌리를 상하게 할까 걱정되기 때문이다. 속설에 '나무 옮겨심기는 일정한 때가 없으나 나무가 미리 알게 해서는 안 된다.'라 했다.《종수서》《만학지》권1〈총서〉"심기" '옮겨 심는 법'.
40 "일반적으로 소나무가 우산모양으로 퍼지며 자라도록 하는 일은 그다지 어렵지 않다. 심을 때 소나무의 큰 뿌리를 제거하고 사방의 수염뿌리를 남기면 우산모양으로 퍼지며 자라지 않는 경우가 없다.《묵객휘서(墨客揮犀)》《만학지》권4〈나무류〉"소나무" '심기와 가꾸기'.
41 이 구절과 관련된 부분은《만학지》에 보이지 않는다.
42 "느릅나무가 나면 풀과 함께 자라게 한다. 다음해 정월 초에 땅에 바짝 붙여 느릅나무를 베어 준다. 풀로 그 위를 덮고 불을 질러 태운다. 한 해에 8~9척까지 자란다. 그 다음해 정월이나 2월에 옮겨 심는다."《만학지》권4〈나무류〉"느릅나무" '심기와 가꾸기'.

접붙이기 세 비결 거론하자면

속껍질이 청색일 것, 마디 부분을 붙이기, 마주보도록 붙이기라오.[43]

둘이 하나 되는 이치 알고 싶다면

어찌 나나니벌이 나방애벌레 업어다 자기 새끼로 키운 일 보지 않으리오?[44]

接換三訣試歷擧,

襯靑就節曁對縫.

欲識二氣一貫理,

何不相彼負螟蟲.


밑나무 벌릴 때는 오리주둥이처럼 깎고[45]

접지(椄枝)는 말귀처럼 깎는다오.[46]

껍질은 껍질, 목질은 목질과 맞추면[47]

넘치는 생기로 비로소 가지 퍼진다오.

開砧刻成鴨嘴形,

取枝削作馬耳樣.

---

43 "나무를 접붙이는 데에는 다음의 3가지 비결이 있다. 첫째, 속껍질이 청색을 띨 것, 둘째, 마디부분을 붙일 것, 셋째, 서로 마주보도록 붙일 것이다. 이 3가지 방법을 따르면 만에 하나도 잘못되지 않는다. 《농정전서》"《만학지》 권1 〈총서〉 "접붙이기" '총론'.

44 "일반적으로 뽕나무와 과일나무는 접붙여야 효과가 빼어나다. 1년 후면 접붙이기의 이로운 효과를 얻을 수 있다. 옛날 사람들이 접붙이기를 나방애벌레[螟蟲]에 비유한 까닭은 나방애벌레가 나나니벌과 빨리 같아진다는 뜻을 취했기 때문이다. (중략) 한 번 접붙이면 두 기운이 서로 통하여 나쁜 성질이 좋은 성질이 되고 저것의 성질을 이것의 성질로 바꾸므로 그 이로움은 말로 다 할 수 없는 점이 있다. 《무본신서》"《만학지》 권1 〈총서〉 "접붙이기" '총론'.

45 "[농정전서] 밑나무[砧]를 벌릴 때는 까마귀부리모양(V자모양)으로 만들어야 효과가 빼어나다." 《만학지》 권1 〈총서〉 "접붙이기" '신접법(身接法)'. 오리주둥이라는 표현은 보이지 않는다. 하지만 까마귀부리모양은 오리주둥이와 같은 모양이므로 비슷한 의미로 이해할 수 있다.

46 "근두(根頭, 접지의 아래쪽 끝)의 0.15척 되는 부분에서, 날이 얇은 칼로 아래쪽 반을 판관두(判官頭)모양으로 깎는다. 남은 반은 그 심[骨, 고갱이 또는 목질부]을 깎아 말귀모양이 되게 한다. 장자(張鎡)《종화법》주석"《만학지》 권1 〈총서〉 "접붙이기" '신접법(身接法)'.

47 "도로 벌린 틈 속에 이 접지를 꽂되, 껍질은 껍질 끼리, 속살은 속살끼리 서로 마주 닿도록 꽂는다. 《무본신서》"《만학지》 권1 〈총서〉 "접붙이기" '신접법(身接法)'.

皮與皮對骨對骨,

盎然生意始條暢.

진흙으로 봉하고 대껍질 싸서 빗물 막고[48]

말뚝 박고 울타리 쳐 짐승 막아야 하오.[49]

그런 뒤엔 흔들지도 돌아보지도 말아야 하니

아끼는 마음 너무 지나치면 나무는 본성에서 멀어지오.[50]

封泥包籜防雨侵,

竪橛環籬禁畜攛.

旣然勿動更勿顧,

愛之太恩離其性.

심을 땐 자식같이 심은 뒤에는 버린 듯이[51]

이렇게 해서 곽탁타[52]는 '수성(樹聖, 나무 달인)' 되었다오."

나는 지팡이 짚고 이야기 듣다가

---

48 "소똥 섞은 진흙으로 접붙인 면을 밀봉한 다음 대껍질로 접붙인 곳을 싸고, 삼끈으로 동여매어 고정시킨다. 위쪽에는 다시 황토진흙으로 접지의 머리 부분을 싸서 빗물이 침투하지 못하게 한다. 《모정객화》"《만학지》 권1 〈총서〉 "접붙이기" '신접법(身接法)'.

49 "대목의 바깥쪽은 가시나무로 가려 보호해서 짐승들이 가지를 건들거나 뽑아내지 않도록 한다. 봄비가 적당하게 오면 더욱 쉽게 살아난다. 《사시유요》"《만학지》 권1 〈총서〉 "접붙이기" '신접법(身接法)'. "가시나무로 접목을 둘러싸서 보호해 준다. 《무본신서》"《만학지》 권1 〈총서〉 "접붙이기" '근접법(根接法)'. 말뚝 박아 울타리 만든다는 말은 보이지 않으나, 일반적으로 많이 쓰는 방식이다.

50 "일반적으로 심기는 나무의 본성은, 뿌리는 펴지기를 바라고, 흙 북주기는 평평하게 해 주기를 바라며, 흙은 옛 것을 바라고, 다지기는 단단하게 해 주기를 바란다. 그렇게 심은 뒤에 사람은 나무를 건들지도 말고, 생각하지도 말며, 심어 둔 곳을 떠나서 다시는 돌보지 않아야 한다. (중략) 이와 반대로 하는 이들이 있다면 그들은 또 나무를 아끼는 마음이 너무 지나치거나 근심하는 마음이 너무 수고스럽다. (중략) 이 때문에 나무의 본성은 날로 떠나게 된다. 《종수곽탁타전(種樹郭橐駝傳)》"《만학지》 권1 〈총서〉 "심기" '옮겨 심는 법'.

51 "심을 때는 자식과 같이 애지중지 심고, 심은 뒤에는 버린 듯이 방치해 두면 나무의 주변환경이 온전해지면서 그 본성도 실현될 것이다. 《종수곽탁타전》"《만학지》 권1 〈총서〉 "심기" '옮겨 심는 법'.

52 곽탁타(郭橐駝): 중국 당(唐)나라의 원예사.

근심스레 한숨짓고 다시 눈 휘둥그레졌네.

蒔時若子置若棄,

郭駝自是樹之聖."

我時搘杖聽其語,

愀然太息復瞠然.


"그대는 옛 글을 읽은 적도 없는데

어디서 이런 참된 깨달음 얻었는가?"

"저는 본래 들판에서 나고 자란 몸

듣고 보는 일 오로지 여기에서 얻지요.

問"君不曾讀古書,

焉從受來此眞詮."

"儂本生長郊墅者,

耳聞目見于斯專.


한 군데 뜻 두고 정신 집중한 것이니

어찌 일일이 옛 방법 기다리리오.

농사 배우려거든 노련한 농사꾼에게 묻고

배 몰려거든 뱃사공에게 물어야지요.

用志不分疑於神,

何待一一古方傳.

子欲學稼問老農,

子欲操舟問長年.


손에 익으면 저절로 법도에 맞는 법

문 닫고 수레 만들어도 길거리 바퀴궤도와 맞는다오."

나는 이 말 듣고 꿈에서 깬 듯

인생은 다양하니 누가 더 낫다 하리오?

手熟自然合規矩,

閉門造車出合轍."

我聞斯言如夢覺,

一生悠悠誰巧拙.


이제부터 그대를 큰 스승으로 모시고

동각(東閣)[53]의 평상머리에서 나무 심기 배우리.

남북으로 이어진 임원 몇 백 묘인가?

나를 위해 자세히 그 표본 알려주오.

從今以君爲石師,

東閣狀頭種藝訣.

園南園北幾百分,

爲我細細設綿蕞.


300그루 매화나무로는 손님 접대하고

800그루 뽕나무는 자손에 남겨 주리.

임원에 들어 앉아 1만 그루 품은들 심한 사치 아니니

하늘이 주시는 비와 이슬의 은혜 삼가 축원하네.

三百梅以供賓客,

---

53 동각(東閣) : 동쪽으로 낸 작은 문. 현인들을 불러들이는 곳이라는 의미로 확대되었다. 동합(東閤)
이라고도 한다. 한나라 무제(武帝) 때 공손홍(公孫弘)이 재상이 되자 객관(客館)을 지었다. 그 동
쪽에 작은 문을 내고 현인들을 불러들여 현안을 상의했다. "弘自見爲擧首, 起徒步, 數年至宰相封
侯, 於是起客館, 開東閣以延賢人, 與參謀議." 《漢書》卷58〈公孫弘·卜式·兒寬傳〉第28. 이 말
은 여기에서 유래한다.

만학지 고대본(고려대 도서관 한적실)

八百桑以遺子孫.

坐擁萬株無已侈,

恭祝渾天雨露恩.

### 3) 목차 내용에 대한 설명

《만학지》는 모두 5권이다. 그중 권1은 〈총서〉이고, 권2는 〈과일류〉, 권3은 〈풀열매류〉, 권4는 〈나무류〉, 권5는 〈기타 초목류〉를 다루었다.

권1에서는 "심기", "접붙이기", "물주기와 거름주기", "관리", "보호하기", "거두기" 등 나무와 과일 및 풀열매와 기타 초목류의 산물을 얻기 위해 필요한 전 과정을 소개한다.

"심기"에서는 꺾꽂이법이 나오는데, 자른 가지를 바로 흙에 심지 않고 토란이나 순무에 꽂아 심는 방법이 있다는 사실이 흥미롭다. 이 방법은 먼 곳으로 옮겨 심을 때도 유용하다.[54] 나무 재배에서 중요한 과정 중 하나인

---

54 《만학지》 권1 〈총서〉 "접붙이기" '먼 곳에서 접지를 취해 오는 법'.

"접붙이기"에서는 '신접법(身接法)' 등 총 11가지 접붙이는 법을 자세히 이야기했다.

접붙이기의 효과는 "한 번 접붙이면 두 기운이 서로 통하여 나쁜 성질이 좋은 성질이 되고 저것의 성질을 이것의 성질로 바꾸므로 그 이로움은 말로 다 할 수 없는 점이 있다."[55]는 말로 요약된다. "관리"와 "보호하기"에서는 지금의 원예사들의 관리법 못지않은 인위적 조치들이 많이 소개되어 있다. 나뭇가지를 비틀어 접붙이기 효과를 보는 법, 종근을 제거해 과육은 많아지고 씨는 작게 하는 법, 나무거세법으로 열매를 크게 하는 법, 나무에 뜸을 떠주거나 시집보내서(나무에 도끼로 군데군데 찍거나 갈라진 나뭇가지에 돌멩이를 끼워서) 과일을 잘 맺게 하는 법, 해를 걸러 열매 맺게 하는 법, 열매가 잘 맺고 쉽게 떨어지지 않게 치료하는 법, 바람이나 서리 막는 법 등이 있다. 이중에는 심지어 나무에 제사를 지내거나 나무에게 열매를 많이 맺게 해달라고 '위협'하는 의식을 통해 효과를 보는 방법도 소개가 되어 있는데, 요즘 사람들이 이해하기는 쉽지 않을 것 같다. "거두기"에서는 과일을 오랫동안 신선하게 보관하는 법이 눈여겨볼 만하다.

〈그림 1〉 매실, 배, 참외, 복분자(《식물명실고도》중)

---

55 "一經接博, 二氣交通, 以惡爲美, 以彼易此, 其利有不可勝言者矣."《만학지》권1〈총서〉"접붙이기" '총론'.

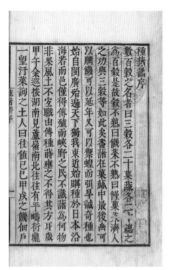

〈사진 1〉《종저보》《서문》첫 면(버클리대학본,
고려대 민족문화연구원 해외한국학자료센터)

〈그림 2〉고구마(《식물명실고도》)

재배법으로 휴종법(畦種法)을 써야 하는 식물이 있다. 밤나무·대추나무·
배나무·번시·석류·산사(아가위)나무·앵두나무·잣나무·살구나무·참나무
류·산초나무·참외·마·고구마·소나무·측백나무·전나무·구기자나무·대
청·왕골 등이 그것이다. 권2~5에 걸쳐 군데군데 소개해 두고 있다.

권2에서는 자두·매실·배 등 과일류 37종을 소개했다. 각론의 내용은
'이름과 품종', '심는 시기', '알맞은 토양', '종자 고르기', '심기와 가꾸기', '접
붙이기', '시집보내는 법', '물주기와 거름주기', '거두기', '보관하기', '종자 보
관하기', '쓰임새' 등을 다루고 있다. '이름과 품종[名品]'이라는 표제어는 모
든 나무에 빠지지 않는다. 이를 앞세워서 특정 단어가 특정 나무를 지시하
는 것을 명확히 하고자했다. 또한 "귤"과 "홍귤[柑]"에서는 제주도의 풍토와
토양을 소개한 뒤 조선에 맞는 농법을 자세히 알려준다. 번시(蕃柿)·후추나
무 같은 나무는 조선으로 품종을 전래하기를 희망하는 종들이다. 부록으

로 실린 "산과 들의 과일류"는 6종이다. 지분자·들쭉·보리장·시로미·녹각실·연복자가 그것으로, 앞의 두 종은 함경도에서 나고, 뒤의 4종은 제주도에서 난다. 그중 녹각실과 연복자는 안타깝게도 지금의 무엇인지 이번 번역에서 그 실체를 밝히지 못했다.

권3은 참외·수박·복분자 등 풀열매류 14종에 관한 내용이다. 이중 수박 재배법에 대해 풍석은 최고의 수박이라 평가받았던 경기도 광주(廣州)산의 재배법을 매우 자세히 설명했다. 포도에 대해서도 재배법·보관법 등에 상당한 일가견을 제시했다. 복분자에 대해서도 상당한 심미적 조예를 표현하며 '복분자의 8가지 특이한 점[覆盆八奇]'을 일일이 나열하기도 했다.

풀열매류 중 고구마에 대한 풍석의 애착은 지대하다. "고구마"에서는 표제어(15개)와 글자 수(7,248자, 전체의 10.7퍼센트)가 《만학지》에서 가장 많다. 우선 고구마는 1765년에 일본에서 들여왔다고 적었다.[56] 풍석이 태어난 이듬해이다. 따라서 재배법에 대해서도 그다지 알려져 있지 않았고 조선에는 다만 김장순(金長淳, ?~?)과 강필리(姜必履, 1713년~?) 이 두 사람의 책(《김씨감저보》,《강씨감저보》)과 《증보산림경제》에 일부 실려 있을 뿐이었다.

풍석은 이 작물을 구황의 측면에서 주목했다. 그가 전라관찰사로 재직하던 시절 호남 지방의 기근으로 농민들이 농지를 등지면서 생긴 너른 황무지들을 보고, 안타까운 마음에 같은 해에 고구마에 관한 모든 것을 모은 《종저보(種藷譜)》를 지은 것이다. 〈종서보 서문〉을 보자.

갑오년(1834년) 나는 호남을 시찰하다 노령 남북 지역에 있는 평야의 넓은 밭

---

56 이와 비슷한 견해로, 이규경(李圭景, 1788~1856)은 1764년에 일본에서 들여왔다고 했다. "我東自英廟朝甲申, 七灘 李匡呂從倭得來."《五洲衍文長箋散稿》〈人事篇〉"糧糶賑恤'山野荒政辨證說'. 한국고전번역원 '한국고전종합DB' 참조(이하 같음).

에 끝없이 이어진 황무지를 곳곳에서 보았다. 그 지역 사람에게 물어보니 "옛날 기사년(1809년)과 갑술년(1814년) 기근 때 농민이 떠나고서 흙에 농기구를 들이지 않은 지 오래 되었습니다."라고 했다. 아! 하늘이 때를 주고 땅이 산물을 준 이유는 모두 사람을 기르기 위함이다. 그러나 다만 사람의 기술이 미치지 못함으로 인해 만약 하늘이 준 때를 버리고 땅이 준 산물을 막는다고 하자. 그러면 공간적으로 토지를 헤아려볼 때 잃어버린 땅이 몇 천만, 몇 억이 될지 모를 것이다. 또 시간적으로 한 해를 헤아려볼 때 좋은 운수라도 어떻게 그 운수를 다 이루겠는가.[57]

재배 기술이 제대로 갖춰지지 않아 이런 기근이 왔다고 판단한 풍석은 고구마를 수십, 수백 구덩이에만 재배해도 흉년에 굶주리지는 않을 것이라 믿었다.

삶은 고구마. 구황작물로 유용하다(정은진)

---

57 "歲甲午, 余巡按湖南, 見蘆嶺南北往往有平疇衍壟一望汙萊. 詢之土人曰: '往値己巳、甲戌之饑, 佃戶流亡, 鎡基不入者久矣.' 噫! 天與之時, 地與之産, 皆所以養人也. 而特因人工之不逮, 抛天之時, 錮地之産, 橫計於土地, 所失者將不知爲幾千萬億, 竪計於歲年, 巧曆何以窮其數哉?"《種藷譜》〈種藷譜序〉《農書 36》, 亞細亞文化社, 1986, 431~4322쪽).

《종저보》에서는 고구마에 대한 조목을 총 14개로 분류하고 그 주제에 적합한 내용을 모았다. 내용은 서광계의 《감저소》와 《김씨감저보》·《강씨감저보》·《군방보》 등이 주로 이용되었고, 인용문헌을 기사 맨 앞에 내세웠다.

"고구마" 조에는 이 《종저보》의 대부분이 들어 있다. 분량으로는 《종저보》가 조금 많은데, 이는 《종저보》의 내용이 《만학지》에 반영되는 과정에서 삭제되거나 다른 지로 기사가 이동되면서 생긴 현상이다. 그러므로 《만학지》의 "고구마" 조가 《종저보》를 거의 그대로 반영했다고 보아야 한다. 하지만 "고구마" 조와 《종저보》의 표제어가 완전히 일치하지는 않는다.[58] 또한 《만학지》에서는 《종저보》라는 인용문헌이 없다. 《종저보》를 옮기면서도 이 책의 내용대로 원 출전을 밝히고 자신의 안설(案設)도 그대로 썼을 뿐이다.

또한 "고구마" 조에는 풍석의 안설 비중도 높아 총 30회 1,414자를 차지하고 있다. "고구마" 조 전체의 19.5퍼센트에 달하는 비율이다. 이는 34.7퍼센트(2,519/7,248)와 21.2퍼센트(1,540/7,248)가 들어 있는 《감저소》(서광계)와 《김씨감저보》 다음으로 비중이 높은 양이다. 이를 통해 서유구 자신도 고구마에 대해 적지 않게 연구했음을 알 수 있다.

"고구마" 조 표제어 15개 중 끝 2개는 감자와 땅콩에 관한 정보를 부록한 기사다. 이 두 기사를 뺀 13개의 표제어 안에 고구마의 유래, 심는 시기, 재배법, 수확법, 저장법, 치료법, 활용법 등에 대해 얼마나 많고 다양한 정보들이 담겨있는지 확인할 수 있다. 요즘처럼 두둑에 고구마 순을 꽂는 획일적 농법보다 훨씬 다채롭고 풍부한 면모가 드러날 것이다.

"고구마" 조에서 가장 많이 의존한 서광계의 《감저소》에서는 고구마가

---

58 이 "고구마" 조와 《종저보》의 내용 차이에 관한 분석은 아래의 '필사본 분석' 조를 참고 바람.

가장 훌륭한 구황작물이라고 했다.[59] 그의 애민의식을 엿볼 수 있는 대목
이다. 고구마를 통한 기근 해결을 위해 서둘러 책을 저술했던 풍석의 머릿
속에도 애민의식이 없을 리 없다. 그는 실제 효과를 볼 수 있도록《종저보》
와《만학지》"고구마" 조를 저술했다. 이규경은 이《종저보》의 저술을 높이
평가하며 고구마 농사를 지으면 곡식 소비를 반으로 줄일 수 있으면서도 기
근 걱정이 없어지고 풍속이 순후해질 것이니, 나라의 복이라고 했다.[60] 말
로만 애민을 외칠 것이 아니라 애민정신의 실천이 진정한 애민이다.

　고구마를 소재로 지은 두 편의 시가 그의《번계시고》에 전한다. 장(張)이
란 성씨를 가진 인천 사또가 번계산장에 살고 있는 풍석을 방문했을 때 맛
본 고구마잎을 소재로 먼저 2회에 걸쳐 지어 보낸 데 대해 화운(和韻, 남이 지
은 시의 운자를 따라 지은 답시)으로 지은 것이다. 이 두 편을 모두 소개한다.[61] 주
석과 대조해보면 그의 고구마에 대한 지식이 어떻게《임원경제지》에 연관
되었는지 알 수 있을 것이다. 다음은 첫 번째 시다.


　비 온 뒤 자색 넝쿨 꺾어다 심으니
　하늘의 조화는 아직도 사람 솜씨 기대하네.
　풍토로는 귤과 비교 말아야 하니[62]


---

59　"故農人之家不可一歲不種. 此實雜植中第一品, 亦救荒第一義也."《만학지》권3〈풀열매류〉"고
　　구마"'구황'.
60　"近世徐尙書五費公有稧輯種藷譜, 以傳于世. 若百姓以藷爲農, 則省穀一半, 穀價如土矣. 惟人更
　　不患饑, 風醇俗美, 則可爲家國之幸矣."《五洲衍文長箋散稿》, 위와 같은 곳.
61　두 편의 시 번역은 서유구 저, 조창록 역,《번계시고》, 406·409쪽 참조. 번역 일부는 내가 수정
　　했다.
62　풍토로는……하니 : 귤은 회수를 건너면 탱자로 변한다는 귤의 특성상 풍토에 영향을 받지만, 고구
　　마는 그렇지 않다는 의미이다. "우리나라의 북쪽 끝에 있는 주와 군들의 북극고도(위도)는 41°로
　　심양과 서로 일치한다. 남으로는 강진(康津)·해남(海南)에서 북으로는 삼수(三水)와 갑산(甲山)에
　　이르기까지 모두 고구마를 심어 가꿀 수 있다. 혹자가 '풍토가 알맞지 않다[風土不宜, 풍토불의].'
　　라고 한다면 이는 편견이다."《만학지》권3〈풀열매류〉"고구마"'알맞은 토양'.

기아 구제에는 촉치(蜀鴟, 토란)[63]보다 낫다오.

雨過紫藤隨截移,

天工猶復待人爲.

休將風土論淮橘,

也濟饑荒勝蜀鴟.


달고 부드러워 멥쌀산자 만들기 꼭 좋고[64]

맑고 향기로워 술 빚기 그만이네.[65]

뿌리 캐기 전 먼저 잎 거둘지니

작물의 참뜻이 하늘거리는 박잎 읊은 시[66]에 있다오.

甘膄最稱粳子好[67],

淸香更喜秫醅宜.

采根時早先收葉,

物野意眞幡瓠詩.


다음은 두 번째 시다.

---

63 "심고 가꾸는 데에 올바른 법이 있으므로 그대로 하고, 북주기를 제때에 하면 이익을 보지 않는
    경우가 없다. 토란으로 흉년을 넘기고 기근을 구제한다. 곡식의 부족분을 토란이 보충하기 때문
    이다." 풍석 서유구 지음, 임원경제연구소 옮김, 《임원경제지 관휴지》 2, 풍석문화재단, 2022,
    102~103쪽.

64 달고……좋고: 풍석이 자신의 주석에서 언급한 《군방보》의 '감저자(甘藷子, 고구마산자)·갱자(粳
    子, 멥쌀산자) 만들기'는, 풍석 서유구 지음, 임원경제연구소 옮김, 《임원경제지 정조지》 2, 풍석문
    화재단, 2020, 140~141쪽에 전문이 소개되었다.

65 맑고……그만이네: 고구마술(감저주) 빚기에 대해서는 풍석 서유구 지음, 임원경제연구소 옮김,
    《임원경제지 정조지》 4, 풍석문화재단, 2020, 94~95쪽에 상세하다.

66 하늘거리는……시: 이는 《시경》의 다음 시를 가리킨다. "하늘거리는 박잎, 따다 삶네. 그대에게
    술 있으니 잔에 따라 맛 보이네. 幡幡瓠葉, 采之亨之. 君子有酒, 酌言嘗之."《시경》〈소아〉'호엽
    (瓠葉)'.

67 이 다음에 "《군방보》에 '감저자(甘藷子, 고구마산자)·갱자(粳子, 멥쌀산자) 만들기'가 있다. 《群芳
    譜》有甘藷粳子方."라는 저자의 주석이 있다.

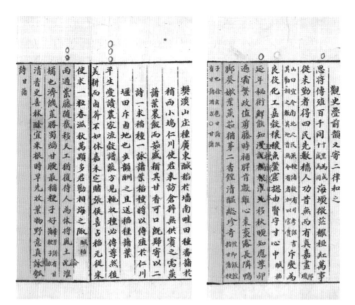

《번계시고》에 실린 첫 번째 시 '고구마'

《번계시고》에 실린 두 번째 시 '고구마'
(이상 임원경제연구소, 일본 오사카 나카노시마 부립도서관 소장본)

장수의 비법 아는 사람 드물더니

옥침(玉枕, 고구마)을 새로 일본에서 들여왔네.

가을 따뜻하면 응당 알뿌리 뻗어 가고

서리 무성하면 바로 넝쿨 자를 때라네.

延年祕術鮮能知,

玉枕新從日本移.

秋暖知應孳卵遍,

霜繁政値剪藤時.


비위(脾胃) 보양에는 대추만큼 좋고

이슬 맺히는 것은 아욱과 비슷하네.

갓 난 잎 데쳐 먹는 맛은 오히려 둘째이니

향기로운 가루, 맑은 술이 모두 진기하다네.

補脾肯數鷄心棗,

裹露長隣鴨脚葵.

嫩葉蒸茹猶第二,

香館清醠總珍奇[68].

앞서 살핀 '종수가'와 마찬가지로, 이 시들에서도 고구마에 대한 지식을 훤히 꿰고 있어야 지을 수 있는 내용이 들어 있다는 사실을 알 수 있다. 《만학지》뿐만 아니라《정조지》의 내용도 들어 있다. 이는 그의《종저보》를 이 두 지로 나누어 배치하면서 생긴 현상이다.

오늘날 감자가 고구마보다 더 대중화된 상황을 보면 감자의 보급이 고구마보다 빨랐을 것 같다는 생각도 든다. 그러나 감자는 19세기 초반에나 들어온 듯하다. 풍석은 "근래에 관북(함경도)를 통해 전래되었다."[69]고 했고, 이규경은 순조 연간에 전래되었다[70]며 구체적 연도(갑신·을유년, 1824~1825)를 밝히기도 했다. 따라서 감자 재배와 이용에 대한 정보도 거의 없던 현실이었다. 감자에 대한 기사는 풍석의《행포지》에서 온 것 하나밖에 없으나, 감자의 생태나 재배법이 비교적 소상하다. 땅콩에 대해서도 역시 그다지 많은 정보는 없지만 재배법을 잘 전달하고 있다.

권4는 소나무·측백나무·옻나무·닥나무·오가피나무 등 나무류 25종을 다룬다. 이 권에서의 표제어 내용은 권3과 비슷하나 표제어 수가 적고, 표제어가 이끌고 있는 기사의 양도 몇 개를 제외하고는 비교적 적다. 또한

---

68  이 다음에 "황(餭)은 곧 장황(餦餭)이다. 여기서는 고구마산자를 가리킨다. 서광계의《감저소》에 고구마술 빚기가 있다. 餭卽餦餭, 指甘藷粳子也. 徐玄扈《甘藷疏》有甘藷酒方."라는 저자의 주석이 있다.

69  《만학지》권3〈풀열매류〉"고구마" '부록 감자'. 풍석의《행포지》(1825년)〈서문〉에서 인용된 점에 비추어 볼 때, 근래는 적어도 19세기 이후를 가리키는 것 같다.

70  "純廟甲申, 乙酉之間, 自北徼忽出土甘藷者, 一名北甘藷."《五洲衍文長箋散稿》, 위와 같은 곳.

〈그림 3〉 측백나무, 옻나무(《식물명실고도》 중)

조선 문헌에서 인용한 부분도 대체로 소략하다. 소나무 옮겨 심는 법, 소나무 심는 법, 소나무 종자 거두기, 향나무와 노간주나무의 이름 고증, 노간주나무 재배법, 분비나무 명칭과 품종, 회화나무 치료하기, 오동나무 종자 구하기, 오동나무 쓰임새, 옻나무 전반, 가죽나무 이름과 쓰임새, 자작나무 재배, 닥나무 종자 보급과 재배법, 붉나무 전반, 회양목 쓰임새, 물푸레나무 전반, 광나무 이름과 재배법, 오구나무 이름과 품종, 오가피나무 품종 등의 내용에 조선 문헌이나 풍석의 안설이 나온다. 조선 문헌이 전혀 인용되지 않은 나무도 있다. 개오동나무·멀구슬나무·조각자나무·구기자나무 등이다.

내용이 비교적 상세한 나무는 소나무·오동나무·광나무 등이다. 소나무는 다양한 문헌이 이용되었고, 오동나무는 주로 《동보(桐譜)》에 수록된 내용이 반영되었으며, '납충 놓는 법'이 자세한 광나무는 주로 《농정전서》가 인용되었다. 소나무는 말할 필요 없고 오동나무도 비교적 우리에게 익숙한 나무이기 때문에, 예전에도 중요한 나무로 인식되어서 이 두 나무 재배법에 대해 많은 정보가 담겨 있을 수 있다.

하지만 광나무에 관한 설명이 자세하다는 점은 의외다. 지금도 광나무를 아는 사람은 극소수다. 광나무가 서유구에게 중요했던 이유는 광나무에 서식하는 곤충이 광나무줄기에 백랍을 만들어 주기 때문이다. 백랍은 그 시대 에너지로 사용되는 주요 자원이었다. 이 백랍을 만드는 곤충은 백랍충(白蠟蟲)이라는 '쥐똥밀깍지벌레'다. 사람들에게는 매우 생소한 이름이다. 본문에서는 '쥐똥밀깍지벌레 풀어 놓는 법'을 하나의 표제어로 제시하면서까지 그 방법을 상세하게 설명했다. 지금은 이 벌레를 해충으로 간주하고 살충제로 방제해서 백랍이 생길 조건을 애초에 차단해버리지만, 예전에는 이 곤충의 생산물을 인간 삶에 적극적으로 활용하려 했던 것이다.

> 쥐똥밀깍지벌레의 백랍(白蠟)은 순전히 초를 만드는 데 사용된다. 다른 초보다 10배나 낫다. 다른 기름에 섞어 사용하면 백랍을 1/100만 넣어도 그 초는 또한 촛농이 흘러 내리지 않아서 용도가 매우 넓다. 그러므로 광나무를 많이 심어도 해될 게 없다.[71]

현대에는 밀랍의 활용도가 그 중요도에서 현저히 떨어졌기 때문에 이 나

광나무·쥐똥나무 등에 서식하는 쥐똥밀깍지벌레

71 《만학지》 권4 〈나무류〉 "광나무" '쓰임새'.

백랍의 흰색으로 둘러싸인 오구씨

무에 별로 주목하지 않는다. 하지만 기후변화로 인한 환경의 변화와 석유 등의 지하자원의 고갈은 필연이므로, 지금 필요 없다 하여 백랍과 같은 에너지원을 결코 소홀히 할 수 없다.

풍석은 그의 《금화경독기》에서 여정(女貞), 즉 광나무를 쥐똥나무로 고증했다. 쥐똥나무에도 쥐똥밀깍지벌레가 서식하여 백랍을 만든다. 그러나 광나무는 '동청(冬靑)'이라는 이명에서 알 수 있듯이 상록 관목이다. 이와 대조적으로 쥐똥나무는 겨울에 잎이 지는 낙엽 관목이다. 꽃향기에 매우 향기롭고 진한 이 쥐똥나무는 지금도 울타리용으로 전국의 여기저기에 심겨 있다. 조선의 나무는 쥐똥나무이지 광나무가 아니다. 서유구의 추론은 맞지 않다.

백랍을 얻을 수 있는 또 다른 나무는 오구나무[烏臼, 오귀]다. 오구나무는 우리나라에 서식하지 않았다. 1930년대 들여왔다고 알려졌다. 고흥군 고금도에 오구나무와 유사한 나무가 서식한다는 말을 저자가 전해 들었으나 그 나무가 오구나무인지는 확신하지 않았고, 후에 확인해보아야 한다고 했다. 만약 없다면 오구나무를 들여와야 한다고 강조했다. "우리나라의 남쪽 지방에도 이 나무가 있지 않을까? 설령 없더라도 반드시 종자를 구해다가 심어 전하지 않을 수 없다."[72]

이 나무 또한 좋은 초를 만드는 에너지원이기에 풍석이 크게 주목했다. 이 나무는 곤충이 생산한 백랍을 얻는 광나무와는 달리 나무의 열매 자체에서 백랍이 만들어진다. 오구나무열매는 특이한 모양을 갖고 있다. 속씨를 감싸는 단단한 겉껍질인 핵(核)이 백랍으로 덮여 있는 것이다. 겉껍질에서는 백랍을 얻고 속씨에서도 기름을 얻는다.

오구열매 밖의 흰 껍질로는 압착하여 백유(白油)를 얻고 이것으로 밀랍초를 만든다. 열매 속의 속씨로는 압착하여 청유(淸油)를 얻고 이것으로 등을 사르면 아주 밝다. 청유를 머리카락에 바르면 머리카락이 검게 변한다. 또한 옻칠에 넣을 수가 있고 종이를 만들어 사용할 수 있다.[73]

더구나 오구나무는 버릴 게 없었다.

기름으로 사용하는 외에 기름 짜고 남은 오구깻묵은 밭에 거름줄 수 있고, 불 때서 밥을 지을 수 있고, 불을 꺼뜨리지 않고 오래 묵힐 수가 있다. 잎은 검정으로 물들일 수 있다. 나무는 글자를 새길 수 있고, 무늬를 새겨 넣은 각종 용구를 만들 수 있다. 또 나무는 오래 자라도 죽지 않기 때문에 굵기가 두 팔로 안을 정도 이상이면 열매도 더욱 많이 거두어들일 수 있다. 그러므로 한 번 심어 놓으면 자손 몇 대에 걸쳐 이익이 된다.[74]

72 《만학지》 권4 〈나무류〉 "오구나무" '이름과 품종'.
73 《만학지》 권4 〈나무류〉 "오구나무" '쓰임새'.
74 《만학지》, 위와 같은 곳.

이처럼 유익한 나무를 조선에도 퍼뜨려 거기에서 파생되는 이익을 얻게 하려 했던 풍석의 마음을 오구나무 항목에서도 확인할 수 있다.

권5는 차·대나무·잇꽃·부들·왕골·담배 등 기타 초목류 13종을 소개했다. 이중 "차"(5,539자)와 "대나무"(4,598자)는 권3의 "고구마" 다음으로 분량이 많다. 이 두 종의 가공품을 향유하는 층이 사대부에 국한되지는 않지만 주로 사대부가 향유했을 것임은 틀림없다. 특히 차는 중국과 달리 일상 음료가 아니었기 때문에 고급 문화층의 소비물에 속했다. 상층부에 속한 일부 사대부들 사이에서는 값이 비싸면서도 진품이 아닌 수입 차를 구입하는 일이 유행처럼 번졌다. 이러한 잘못된 사치 성향을 막고자 중국의 차 재배와 가공법을 상세히 소개한다고 풍석은 설명했다.

우리나라 사람들은 차를 그다지 즐겨 마시지 않아 나라에 자생하는 차 품종이 있으나 이를 아는 사람도 드물었다. 최근 50~60년 전부터 사대부나 귀족 중에 종종 즐기는 사람들이 있었다. 이 때문에 매년 북경에서 수레로 구입해 온 차가 번번이 한우충동(汗牛充棟)할 정도로 많아졌지만 진짜는 거의 없다시피 하며, (중략) 지금 중국의 차 산지와 차의 각종 이름과 품종을 대략 모아 이상과 같이 실었다. 이는 호사자(好事者)들로 하여금 종자를 구입하고 전하여 번식시키도록 하기 위함이다. 차를 심고 가꾸기와 덖어서 만들기에 알맞은 방법이 있으면, 우리나라의 고유한 진짜 차는 버리면서 다른 나라의 가격이 매우 높은 가짜 차를 구입하는 지경까지는 이르지 않을 것이다.[75]

---

75 "東人不甚啜茶. 國中自有茶種, 而知者亦鮮. 近自五六十年來, 縉紳貴遊, 往往有嗜之者, 每歲燕輈之 購來者, 動輒汗牛馬, 然眞者絶罕, (중략) 今略掇中州産茶地方及各種名品, 載錄如右, 俾好事者得以購種傳殖焉. 苟其蒔藝焙造之有術, 庶不至捨吾邦固有之眞茶, 而購他域價翔之僞茶也." 《만학지》권5 〈기타 초목류〉 "차" '이름과 품종'.

이처럼 기근에 대비하기 위해 고구마를 보급하려는 노력과 값 비싼 수입 차 소비를 막아보려는 시도가 《만학지》에 동시에 담긴 점을 보면 서민문화와 고급문화가 이원적으로 분리된 것이 아님을 알 수 있다. 풍석의 고급문화 지향성이 당시 경화사족의 지나친 소비 풍조에 일조했다는 측면만을 부각하여 서민의 입장에 대한 고려가 부족했다고 비판하는 일은 과도하다 하겠다.

〈그림 4〉 대나무(《식물명실고도》)

대나무에 대해서도 대부분 중국과 일본 문헌을 인용했다. 중국의 여러 서적에서 품종을 소개한 이유 역시, 조선에는 대나무 종류가 많지 않아 호사가들이 종자를 구입해 번식시키게 하기 위해서라고 했다.[76]

이 외에 염료로 주로 이용되는 잇꽃·대청·쪽·지치와 자리 만드는 재료인 부들·갈대·왕골·골풀·매자기, 그리고 담배를 소개했다. 대부분 경제성이 높은 상업작물이다.

## 4) 편집 체제[77]

《만학지》는 총 5권으로, 대제목이 5개, 소제목이 90개, 표제어가 494개, 소표제어가 36개, 기사 수는 1,218개, 인용문헌 수는 125개다. 각 권마다 1개의 대제목이 배치되어 있고, 소제목은 권 순서대로 각각 6개, 32개, 14개, 25개, 13개다. 표제어는 38개, 167개, 93개, 117개, 79개로 배치되어 있다.

---

76 "我國則無多種. (중략) 今撮本草, 農書竹品最著者, 列錄如右, 以備好事者購種傳殖云."《만학지》권5〈기타 초목류〉"대나무" '이름과 품종'.

77 인용문헌 및 조선 문헌의 비중에 인용된 통계자료는 최시남·김용미가 조사했다.

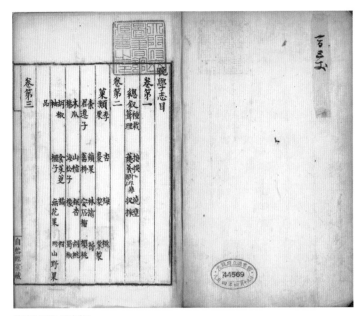

만학지 목차1 오사카본

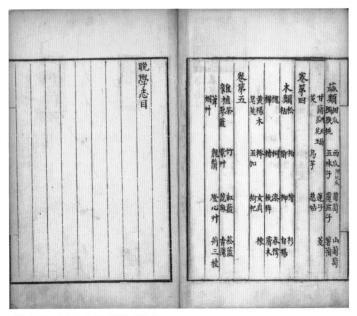

만학지 목차2 오사카본(이상 임원경제연구소)

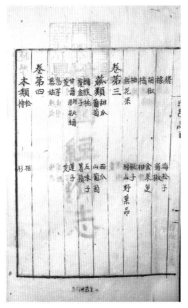
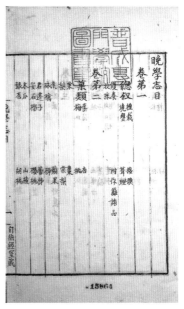

만학지 목차2(고려대본)

만학지 목차1(고려대본)

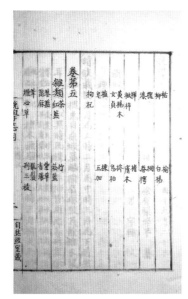

만학지 목차3. 오사카본보다 항목이 늘었다(고려대
본, 이상 고려대 도서관 한적실)

《만학지》의 개괄적인 총론 격인 권1의 〈총서〉는 전체 《만학지》의 심기에서 수확하기까지의 공통적인 재배 방법과 그 중요성을 설명하고 있다. 하지만 《관휴지》의 〈총서〉와 달리 분량이 상당하다. 안설은 기사 수 79회에 걸쳐 2,954자이며, 《행포지》는 기사 수 53회에 걸쳐 3,721자, 《금화경독기》는 기사 수 4회, 741자를 싣고 있는데, 이 3종의 서유구 글은 전체 원문의 10.9퍼센트에 해당한다.

〈표1〉 《만학지》 표제어류 및 기사 통계

| 권수 | 대제목 개수 | 소제목 개수 | 표제어 개수 | 부록 | 소표제어 개수 | 기사수 | 인용문헌수 | 원문글자수 |
|------|------|------|------|------|------|------|------|------|
| 서문 | | | | | | | | 505 |
| 목차 | | | | | | | | 202 |
| 1 | 1 | 6 | 38 | 1 | 30 | 133 | 34 | 9,201 |
| 2 | 1 | 32 | 167 | 1 | 6 | 347 | 49 | 15,255 |
| 3 | 1 | 14 | 93 | 3 | | 282 | 48 | 14,992 |
| 4 | 1 | 25 | 117 | 1 | | 228 | 41 | 13,658 |
| 5 | 1 | 13 | 79 | | | 228 | 54 | 14,511 |
| 합계 | 5 | 90 | 494 | 6 | 36 | 1,218 | 125(중복 제외) | 68,324 |

〈표2〉 《만학지》 기사 당 원문글자 수

| 원문 글자 수 | 기사 이외의 글자 수 | 기사 글자 수 | 기사 수 (안설 포함) | 기사당 원문 글자 수 |
|------|------|------|------|------|
| 68,324 | 1,475 | 66,849 | 1,218 | 55 |

〈표3〉 《만학지》 소제목별 표제어류 및 기사 통계

| 권번호 | 대제목 | 소제목 | 표제어 | 부록 | 소표제어 | 기사수 | 인용문헌수 | 원문글자수 |
|------|------|------|------|------|------|------|------|------|
| 서문 | | | | | | | | 505 |
| 목차 | | | | | | | | 202 |

| 권번호 | 대제목 | 소제목 | 표제어 | 부록 | 소표제어 | 기사수 | 인용문헌수 | 원문글자수 |
|---|---|---|---|---|---|---|---|---|
| 1 | 1 | 1 | 8 | | | 37 | 34 | 9,201 |
| | | 1 | 11 | | | 30 | | |
| | | 1 | 2 | | | 3 | | |
| | | 1 | 5 | | | 9 | | |
| | | 1 | 9 | 1 | 30 | 43 | | |
| | | 1 | 3 | | | 11 | | |
| 2 | 1 | 1 | 6 | | | 12 | 49 | 15,255 |
| | | 1 | 3 | | | 7 | | |
| | | 1 | 7 | | | 16 | | |
| | | 1 | 6 | | | 20 | | |
| | | 1 | 11 | | | 21 | | |
| | | 1 | 11 | | | 18 | | |
| | | 1 | 11 | | | 24 | | |
| | | 1 | 4 | | | 6 | | |
| | | 1 | 4 | | | 6 | | |
| | | 1 | 4 | | | 9 | | |
| | | 1 | 6 | | | 11 | | |
| | | 1 | 8 | | | 21 | | |
| | | 1 | 4 | | | 4 | | |
| | | 1 | 2 | | | 2 | | |
| | | 1 | 7 | | | 22 | | |
| | | 1 | 7 | | | 12 | | |
| | | 1 | 4 | | | 8 | | |
| | | 1 | 3 | | | 3 | | |
| | | 1 | 4 | | | 9 | | |
| | | 1 | 5 | | | 9 | | |
| | | 1 | 3 | | | 4 | | |
| | | 1 | 2 | | | 3 | | |

| 권번호 | 대제목 | 소제목 | 표제어 | 부록 | 소표제어 | 기사수 | 인용문헌수 | 원문글자수 |
|---|---|---|---|---|---|---|---|---|
| 2 | 1 | 1 | 4 | | | 6 | 49 | 15,255 |
| | | 1 | 7 | | | 15 | | |
| | | 1 | 2 | | | 4 | | |
| | | 1 | 6 | | | 8 | | |
| | | 1 | 11 | | | 40 | | |
| | | 1 | 4 | | | 5 | | |
| | | 1 | 4 | | | 5 | | |
| | | 1 | 4 | | | 5 | | |
| | | 1 | 3 | | | 4 | | |
| | | 1 | | 1 | 6 | 8 | | |
| 3 | 1 | 1 | 10 | | | 26 | 48 | 14,992 |
| | | 1 | 9 | 1 | | 24 | | |
| | | 1 | 8 | | | 28 | | |
| | | 1 | 2 | | | 2 | | |
| | | 1 | 3 | | | 3 | | |
| | | 1 | 4 | | | 6 | | |
| | | 1 | 3 | | | 4 | | |
| | | 1 | 9 | | | 19 | | |
| | | 1 | 13 | 2 | | 122 | | |
| | | 1 | 8 | | | 16 | | |
| | | 1 | 7 | | | 9 | | |
| | | 1 | 4 | | | 7 | | |
| | | 1 | 7 | | | 9 | | |
| | | 1 | 6 | | | 7 | | |
| 5 | 1 | 1 | 10 | | | 67 | 54 | 14,511 |
| | | 1 | 9 | | | 62 | | |
| | | 1 | 9 | | | 20 | | |
| | | 1 | 6 | | | 14 | | |

| 권번호 | 대제목 | 소제목 | 표제어 | 부록 | 소표제어 | 기사수 | 인용문헌수 | 원문글자수 |
|---|---|---|---|---|---|---|---|---|
| | | 1 | 7 | | | 10 | | |
| | | 1 | 7 | | | 13 | | |
| | | 1 | 3 | | | 4 | | |
| | | 1 | 4 | | | 7 | | |
| 5 | 1 | 1 | 2 | | | 7 | 54 | 14,511 |
| | | 1 | 3 | | | 5 | | |
| | | 1 | 7 | | | 7 | | |
| | | 1 | 5 | | | 5 | | |
| | | 1 | 7 | | | 7 | | |
| 합계 | | 90 | 494 | 6 | 36 | 1,218 | 125<br>(중복 제외) | 68,324 |

## 5) 필사본 분석

오사카본《만학지》는 편집 지시 사항이 비교적 많은 불완전한 초고다. 이미 말했듯이 오사카본은 '자연경실장' 괘지를 쓰지 않아 편찬 시기가 '자연경실장' 괘지를 쓴 다른 지(志)보다 앞서는 것으로 보인다. 오사카본에는 편집 과정에서 수정을 많이 했던 앞의《관휴지》보다도 편집을 지시한 곳이 40곳 가까이나 더 많았다. 이중 특정 부분에 내용을 끼워 넣으라는 '삽입' 지시가 31.7퍼센트(61개)로 가장 많았고 내용을 바꾸라는 '교체' 지시가 29.1퍼센트(56개)로 그 뒤를 이었다. 내용을 지우라는 '삭제' 지시까지(20.8퍼센트, 40개) 이 세 지시 사항이 전체 편집 지시 중 총 81.8퍼센트에 달했다. 오사카본의 편집 지시사항을 유형별로 보면 아래 〈표4〉와 같다.

〈표4〉 오사카본 《만학지》 편집 지시 유형

| 편집 유형 | 회수 | 비율(%) |
|---|---|---|
| 1. 이동 | 19 | 9.8 |

| 편집 유형 | 회수 | 비율(%) |
|---|---|---|
| 2. 삭제 | 40 | 20.8 |
| 3. 분리 편집(재배치) | 1 | 0.5 |
| 4. 교체 | 56 | 29.1 |
| 5. 삽입 | 61 | 31.7 |
| 6. 순서 바꾸기 | 5 | 2.6 |
| 7. 띄어쓰기 | 0 | 0 |
| 8. 붙여쓰기 | 2 | 1 |
| 9. 올려쓰기 | 0 | 0 |
| 10. 갱고(更考 결자, 인용문헌) | 6 | 3.1 |
| 11. 표제어 교정(교체, 삭제, 삽입, 재배치) | 2 | 1 |
| 12. 덮어씌우기(오려붙이기) | 0 | 0 |
| 13. 권두 서차의 변경 | 0 | 0 |
| 14. 사라진 원본의 삭제 | 0 | 0 |
| 15. 저자 및 교열자 지우기 | 0 | 0 |
| 합 계 | 192 | 100 |

이렇게 교정 사항이 많을 정도로 초고의 상태는 문제가 많이 노정되었지만, 가장 많은 분량을 차지하고 있는 "고구마" 조는 달랐다. 수정 사항이 단 두 곳밖에 없기 때문이다.[78] 이 두 곳은 모두 기사를 삭제하라는 지시다. 그 기사들은 본래 《종저보》에 있었던 것으로, 후일 《만학지》에 반영하면서 해당 표제어의 내용으로 적절하지 않다고 판단하여 삭제한 것 같다.

또 《종저보》에 있던 기사가 《만학지》로 오면서 삭제된 기사가 3개이다.[79]

---

78 "甘, 平, 無毒. 補虛乏, 益氣力. 健脾胃, 强腎陰. 功同薯蕷. 《本草綱目》"(넷째 기사); "久食益人有謂性冷者非.《群芳譜》"(여덟째 기사) 《만학지》(오사카본) 권3 〈풀열매류〉 "고구마" '쓰임새'.
79 《種藷譜》"製造" 第11 둘째·여섯째·일곱째 기사(《農書 36》, 473~476쪽).

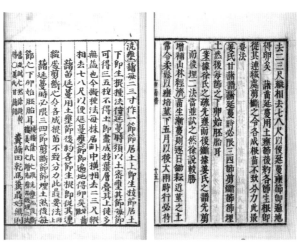

〈사진 2〉 오사카본 《만학지》(좌)와 《종저보》(우)

이 세 기사는 모두 《정조지》로 옮겨졌다.[80] "고구마" 조에서 자리 이동한 예도 있다.[81] 기사의 이 같은 이동이나 삭제 과정을 볼 때 편집 후 내용이 더 정합적으로 정리되었을 것이고, 이를 고려하면, 《종저보》가 먼저 저술되고 뒷날 이것이 《만학지》에 반영되었음을 알 수 있다. "고구마" 조 필사본의 완성도가 높았던 이유는 앞서 저술한 《종저보》의 성과를 충분히 반영할 수 있었기 때문이었다.

80  《정조지》 권3 〈과줄〉 "점과" '감저자(甘藷子, 고구마산자)'; 권6 〈조미료(미료지료)〉 "장" '고구마장(감저장)'; 권7 〈술〉 "과실주" '고구마주(감저주) 빚기'.

81  그 예로 두 개로 사례가 보인다. "[又]藷根味甘, 故土中最苦蟲蝕, 必多耕二三次, 先殺蟲卵. 糞藷田, 乾馬糞最好. 無則用剉草白灰亦可." 《種藷譜》 "耕治" 第5 다섯째 기사(《農書 36》, 459~460쪽). 이 기사는 다시 두 개로 구성되어 있는데, 앞 기사는 고구마 조의 '치료하기' 조로, 뒷 기사는 '거름주기' 조로 옮겨졌다. "[徐玄扈甘藷疏] 將藷種截斷每長二三寸種之, 以土覆深半寸許, 大略如種薯法. 每株相去數尺." 《種藷譜》 "種栽" 第6 첫째 기사(《農書 36》, 461쪽). 이 기사는 '심기와 가꾸기' 조의 첫 기사 뒤에 붙여져서 한 기사가 되었다.

## 6) 인용문헌 소개

《만학지》 인용문헌은 총 125종이다. 《만학지》에서 20회 이상으로 인용된 서적은 《제민요술》(109), 《농정전서》(105), 《본초강목》(88), 《군방보》(80), 《증보산림경제》(63), 《화한삼재도회》(44), 《행포지》(53), 《산림경제보》

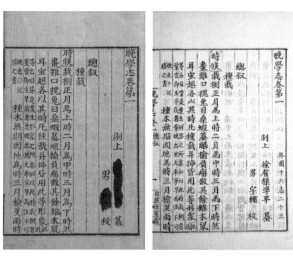

〈사진 3〉《만학지》 오사카본(좌)과 고려대본(저본)

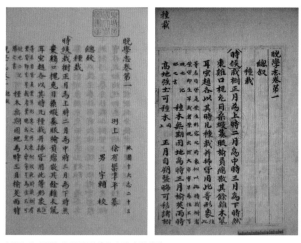

〈사진 4〉《만학지》 규장각본(좌)과 연세대본(우)

⑵⑼, 《왕씨농서》⑵⑷, 《김씨감저보》⑵⑵ 등이다. 인용한 분량으로는 《제민요술》⑻,⑷⑷⑴, 《농정전서》⑺,¹³⁹, 《군방보》⑷,₈₂₄, 《본초강목》⑷,₈₂₁, 《행포지》⑶,₇₂₁ 순이다. 이중 《행포지》·《증보산림경제》·《김씨감저보》·《산림경제보》는 조선문헌이다. 그리고 이외의 조선문헌으로 《해동농서》⑴⑼, 《강씨감저보》⑴⑴, 《청천양화록》⑴⁰, 《금화경독기》·《탐라지》⑷, 《본사》⑶, 《북학의》·《지봉유설》⑵, 《제주풍토기》·《어우야담》·《반계수록》·《파한집》·《색경》·《제주풍토록》·《한정록》·《동의보감》⑴ 등이 이용되었다. 이중 서유구의 저술은 《행포지》·《금화경독기》 2종이다.

서유구의 안설은 총 79회에 걸쳐 2,954자를 차지하여 총 4.3퍼센트 (2,954/68,324)의 비율을 보인다.

《만학지》 전체에서 서유구 저술 이외의 조선문헌 비율은 10.8퍼센트를, 서유구 저술의 비율은 13.9퍼센트를 차지하고 있어 《만학지》 전체에서 조선문헌이 차지하는 비율은 총24.7퍼센트다. 전체 분량의 1/4에 가까운 많은 양임을 알 수 있다.

〈표5〉 《만학지》에서 서유구 저술 이외의 조선문헌 비중

| 인용 조선 문헌 | 글자 수 | 기사 수 |
|---|---|---|
| 증보산림경제 | 2,081 | 63 |
| 김씨감저보 | 1,540 | 22 |
| 해동농서 | 820 | 19 |
| 산림경제보 | 685 | 29 |
| 강씨감저보 | 569 | 11 |
| 청천양화록 | 452 | 10 |
| 본사 | 251 | 3 |
| 제주풍토기 | 207 | 1 |
| 어우야담 | 144 | 1 |
| 북학의 | 135 | 2 |

| 인용 조선 문헌 | 글자 수 | 기사 수 |
|---|---|---|
| 탐라지 | 108 | 4 |
| 지봉유설 | 89 | 2 |
| 반계수록 | 82 | 1 |
| 파한집 | 59 | 1 |
| 색경 | 51 | 1 |
| 제주풍토록 | 47 | 1 |
| 한정록 | 38 | 1 |
| 동의보감 | 25 | 1 |
| 합계 | 7,383 | 173 |
| 비율 | 10.8(7,383/68,324) | 14.2(173/1,218) |

〈표6〉《만학지》에서 서유구 저술의 비중

| 구분 | 글자수 | 비고 |
|---|---|---|
| 서문 | | |
| 목차 | | |
| 권수, 권차, 권미제, 저자명, 교열자명 | 160 | |
| 대제목, 소제목, 표제어, 소표제어 | 1,315 | |
| 안설 | 2,954 | 79회 |
| 금화경독기 | 741 | 4회 |
| 행포지 | 3,721 | 53회 |
| 기타 | 602 | |
| 합계 | 9,493 | |
| 비율 | 13.9(9,493/68,324) | |

〈표7〉《만학지》에서 조선문헌의 비중

| 구분 | 글자 수 | 비고 |
|---|---|---|
| 서유구 저술 이외의 조선문헌 | 7,383 | |

| 구분 | 글자 수 | 비고 |
|---|---|---|
| 서유구 저술 | 9,493 | |
| 합계 | 16,876 | |
| 비율 | 24.7(16,876/68,324) | |

〈표8〉《만학지》에서 중국문헌의 비중

| 인용 중국 문헌 | 글자 수 | 기사 수 |
|---|---|---|
| 제민요술 | 8,441 | 109 |
| 농정전서 | 7,139 | 105 |
| 군방보 | 4,824 | 80 |
| 본초강목 | 4,821 | 88 |
| 감저소 | 2,519 | 33 |
| 종수서 | 1,916 | 51 |
| 동보 | 1,588 | 16 |
| 편민도찬 | 1,514 | 46 |
| 허씨다소 | 1,350 | 9 |
| 무본신서 | 1,078 | 20 |
| 농상집요 | 929 | 18 |
| 왕정농서 | 843 | 24 |
| 귤록 | 632 | 9 |
| 도경본초 | 631 | 14 |
| 사시찬요 | 620 | 13 |
| 모정객화 | 504 | 4 |
| 박문록 | 488 | 16 |
| 고씨다보 | 480 | 5 |
| 거가필용 | 461 | 8 |
| 고금의통대전 | 423 | 11 |
| 사시유요 | 383 | 10 |
| 대관다론 | 336 | 4 |

| 인용 중국 문헌 | 글자 수 | 기사 수 |
|---|---|---|
| 종화법 주 | 317 | 2 |
| 개다전 | 316 | 4 |
| 물류상감지 | 299 | 15 |
| 동계시다록 | 285 | 1 |
| 범승지서 | 271 | 3 |
| 사민월령 | 269 | 7 |
| 피서록화 | 257 | 4 |
| 계신잡지 | 249 | 3 |
| 식경 | 222 | 5 |
| 구선신은서 | 207 | 6 |
| 동파잡기 | 206 | 3 |
| 다경 | 204 | 4 |
| 도씨다전 | 197 | 3 |
| 유양잡조 | 177 | 6 |
| 죽서산방잡부 | 167 | 5 |
| 증보도주공치부기서 | 157 | 5 |
| 산가청사 | 153 | 2 |
| 당본초 | 141 | 6 |
| 산거록 | 135 | 2 |
| 종수곽탁타전 | 134 | 1 |
| 산거요술 | 125 | 2 |
| 다전 | 121 | 2 |
| 패사유편 | 119 | 2 |
| 동파지림 | 107 | 2 |
| 남월필기 | 103 | 1 |
| 문창잡록 | 103 | 1 |
| 쾌설당만록 | 92 | 1 |
| 다해 | 89 | 3 |

| 인용 중국 문헌 | 글자 수 | 기사 수 |
|---|---|---|
| 범씨매보 | 88 | 1 |
| 본초연의 | 86 | 3 |
| 오잡조 | 86 | 3 |
| 광군방보 | 78 | 2 |
| 운남지 | 68 | 1 |
| 비아 | 67 | 4 |
| 일본종저방 | 65 | 1 |
| 자천소품 | 65 | 1 |
| 북원별록 | 64 | 1 |
| 남방초목상 | 57 | 3 |
| 다능비사 | 57 | 2 |
| 망회록 | 57 | 2 |
| 지리경 | 53 | 1 |
| 산가청공 | 51 | 2 |
| 이물지 | 49 | 2 |
| 대리부지 | 46 | 1 |
| 수시통고 | 46 | 1 |
| 전이기 | 44 | 1 |
| 둔재한람 | 43 | 2 |
| 쇄쇄록 | 43 | 2 |
| 문자 | 42 | 1 |
| 이원 | 41 | 1 |
| 가숙사친 | 39 | 1 |
| 옥간잡서 | 38 | 1 |
| 동정육씨설 | 37 | 1 |
| 풍토기 | 36 | 1 |
| 고려도경 | 35 | 1 |
| 난매유필 | 33 | 1 |

| 인용 중국 문헌 | 글자 수 | 기사 수 |
|---|---|---|
| 연북잡지 | 33 | 2 |
| 우산잡설 | 32 | 1 |
| 황정요람 | 32 | 1 |
| 연경당잡초82 | 31 | 1 |
| 육서정온 | 31 | 1 |
| 학림신편 | 31 | 1 |
| 도주공술 | 30 | 1 |
| 묵객휘서 | 30 | 1 |
| 황산지 | 28 | 1 |
| 자설 | 26 | 1 |
| 광지 | 24 | 2 |
| 사류전서 | 24 | 1 |
| 왕우군첩 | 24 | 1 |
| 회남만필술 | 22 | 1 |
| 설문해자 | 21 | 1 |
| 광주기 | 20 | 1 |
| 완릉시주 | 20 | 1 |
| 귤보 | 19 | 1 |
| 본초습유 | 17 | 1 |
| 동백산지 | 16 | 1 |
| 본초보유 | 15 | 1 |

82 연경당잡초 : 이 책에 관한 사항은 미상이다. 권2의 "능금나무" 조에 1회 나온다(《만학지》권2 〈과
일류〉 "능금나무" '치료하기'). '연경재(研經齋)'가 서유구와 절친했던 성해응의 호인데다, 그의 저
술에 《연경당전집》이 있어서 《연경당잡초》가 성해응의 저술일 것으로 추정했다. 그러나 "능금나
무" 조에 배치된 기사는 《군방보》→《연경당잡초(研經堂雜抄)》→《물류상감지》→《종수서》→《증보
산림경제》의 순이다. 이 책의 기사가 중국 저술들인 《군방보》·《물류상감지》·《종수서》 사이에 배
치된 것이다. 대체로 중국 저술을 먼저 소개하고 조선 저술을 나중에 소개하는 서유구의 일반적인
편집 순서와 다르다는 점에서, 《연경당잡초》는 성해응의 저술이 아닐 가능성이 더 크기 때문에
중국 문헌으로 간주했다. 《연경당집(研經堂集)》을 저술한 청나라 학자 완원(阮元, 1764~1849)의
저술일 가능성도 있다.

| 인용 중국 문헌 | 글자 수 | 기사 수 |
|---|---|---|
| 초계시화 | 15 | 1 |
| 박물지 | 14 | 1 |
| 귀전록 | 13 | 1 |
| 이아익 | 12 | 1 |
| 개보본초 | 11 | 1 |
| 약록 | 10 | 1 |
| 합계 | 49,257 | 867 |
| 비율 | 72.1(49,257/68,324) | 71.2(867/1,218) |

〈표9〉《만학지》에서 일본문헌의 비중

| 인용 문헌 | 글자 수 | 기사 수 |
|---|---|---|
| 화한삼재도회 | 1,484 | 44 |
| 합계 | 1,484 | 44 |
| 비율 | 2.2(1,484/68,324) | 3.6(44/1,218) |

정명현(임원경제연구소 소장)

# 《만학지》 서문

# 晩學志引

《시경》〈용풍(鄘風)〉에 "개암나무와 밤나무 심고, 의나무[椅, 의]·오동나무·개오동나무·옻나무 심네."[1] 라고 했다. 개암나무와 밤나무의 열매로는 제사에 올린다. 의나무·오동나무·개오동나무·옻나무로는 쓰임새에 필요한 기물을 갖춘다. 이 시는 대개 집을 먼저 짓고 이어서 나무 심는 일이 있었다는 뜻이다. 그러므로 나무 심는 일이 어찌 중요하지 않겠는가?

이런 까닭에 공물로 바치는 참죽나무[杶][2]·노송나무[栝, 괄]·귤·유자에 대해서는 《서경》〈우공(禹貢)〉에 실려 있다.[3] 또 옻나무숲[漆林]에서 거둬들이는 세금[4]과 제사에 올리는 복숭아와 매실에 대해서

《衛詩》曰:"樹之榛、栗、椅、桐、梓、漆." 榛、栗以供祭祀, 椅、桐、梓、漆以備器用. 此蓋先有宮室之營, 而繼有栽植之政者也. 栽植之政不其要務與?

是故杶、栝、橘、柚載於《夏貢》. 漆林、桃、梅領於《姬典》, 虞衡謹材木之刊, 場圃頒果蓏之式.

---

1 개암나무와……심네:《毛詩正義》卷3〈鄘風〉"定之方中"(《十三經注疏整理本》4, 233쪽). 이 시는《詩經》〈鄘風〉에 나온다. 패풍(邶風)·용풍(鄘風)·위풍(衛風)이 모두 위(衛)나라와 관련되었기에 원문에 "위시(衛詩)"라고 했다. 이 시는 위(衛)나라 문공(文公)이 초구에 도읍을 정하면서 나라를 잘 경영한 결과 나라가 부강해졌기 때문에, 백성이 이를 기뻐하여 지었다고 알려졌다. 원문은 다음과 같다. "정(定)이라는 별 초저녁 정남쪽에 뜰 시기에 초구(楚丘)에 궁실 지었네. 해그림자 길이 헤아려 초구에 궁실 지었지. 개암나무와 밤나무 심고, 의나무·오동나무·개오동나무·옻나무 심네. 이를 베어 금(琴)이나 비파 만들지(定之方中, 作于楚宫. 揆之以日, 作于楚室. 樹之榛栗, 椅桐梓漆, 爰伐琴瑟)."
2 참죽나무[杶]: 춘(杶)은 춘(椿)과 같은 의미이다.
3 참죽나무[杶]……있다:《尚書正義》卷6〈禹貢〉(《十三經注疏整理本》2, 176·179쪽).
4 옻나무숲[漆林]에서……세금:《周禮注疏》卷13〈地官司徒〉"載師"(《十三經注疏整理本》7, 397쪽).

衛詩曰樹之榛栗椅桐梓漆榛栗以供祭祀椅桐梓
漆以備器用此蓋先有宮室之營而繼有栽植之政
者也栽植之政不其要務與是故杶栝橘柚載於夏
貢漆林桃梅領於姬典虞衡謹材木之刊場圃頒果
蓏之式大社之植各有其品而以柏以栗沃施之土
亦辨所宜而或樗或榆其培植之政收用之道若是
乎勤且摯矣如是也故山藪之間巨幹林林焉圓圍
之內碩實離離焉千章之材千樹之橘可與千戶侯
等皆其人民所喜好謠俗養生送死而物不可勝用

는 《주례》에 기록되어 있다.[5] 우형(虞衡)[6]은 재목의
벌목을 신중하게 관리하였고, 장포(場圃)[7]에서는 장
포를 관장하는 관리인 장인(場人)이 과일과 풀열매류
의 재배법을 널리 퍼뜨렸다.[8]

사직(社稷)[9]에 심는 나무에는 각각 알맞은 품종이
있으니, 측백나무나 밤나무를 심었다. 비옥하거나
척박한 여러 종류의 흙에는 그에 적당한 나무를 변별
하여 참죽나무[樗]나 느릅나무를 심었다. 땅에 거름
주고 나무를 심는 일과 열매나 재목을 수확해서 쓰는
방도가 이와 같이 부지런하고 신중하였던 것이다.

大社之植, 各有其品, 而以
柏以栗. 沃塉之土, 亦辨
所宜, 而或樗或楡. 其培
植之政、收用之道, 若是乎
勤且摯矣.

이와 같기 때문에 산과 소택(沼澤)[10]에는 큰 줄기
의 나무들이 빽빽하고, 동산이나 과수원에는 큰 열
매가 주렁주렁 매달렸다. 천 그루의 큰 나무의 목재
와 천 그루의 귤이 있는 곳은 식읍(食邑, 신하에게 주는

如是也, 故山藪之間, 亘榦
林林焉; 囿園之內, 碩實
離離焉. 千章之材、千樹之
橘可與千戶侯等, 皆其人民

---

5 제사에……있다: 《周禮注疏》卷5 〈天官冢宰〉 "籩人"(《十三經注疏整理本》7, 159쪽). 《周禮》에 나오는 "건
료(乾䕩)"는 "건매(乾梅)"이다.

6 우형[虞衡]: 고대에 산과 못의 물산을 관리하는 관직. 주(周)대와 한(漢)대에는 우와 형 두 관직으로 나누
었다. 위진(魏晉) 시대에는 우조(虞曹, 또는 虞部)로 부르기 시작했다. 수(隋) 이후로 공부(工部)에 속했다.
《주례》에 우형의 전거가 있다. "9직(九職)을 두어 만민을 다스리게 하였다. (중략) 셋째가 우형으로, 산택
(山澤)의 물산을 관리하였다. 〔주〕 우형은 산택을 관장하는 관직으로, 산택의 백성들을 주관하였다(以九職
任萬民: (중략) 三曰虞衡, 作山澤之材. 〔注〕 虞衡, 掌山澤之官, 主山澤之民者)."《周禮注疏》卷2 〈天官冢
宰〉 "大宰"(《十三經注疏整理本》7, 38쪽).

7 장포(場圃): 봄・여름에 채소를 심고 가을・겨울에는 이들을 수확하는 장소.

8 장포(場圃)에서는……퍼뜨렸다: 《周禮注疏》卷16 〈地官司徒〉 "場人"(《十三經注疏整理本》8, 500쪽).

9 사직(社稷): 국가에서 토지신과 곡물신에게 제사를 지내는 곳.

10 소택(沼澤): 물이 적고 초목이 무성한 못.

토지) 천호(千戶)인 제후와 부유함이 같다.[11] 이는 모두 나무를 기르는 백성이 풍속을 좋아하면서 부모를 잘 모시고 후하게 장사지내고도 그 산물을 이루 다 쓸 수가 없었다는 말이다.[12]

所喜好謠俗養生送死, 而物不可勝用者也.

그러나 이것은 농정(農政, 농사 경영)의 한 부분과 관계된다. 그러므로 가사협(賈思勰)의 《제민요술(齊民要術)》과 서광계(徐光啓) 공(公)의 《농정전서(農政全書)》에서도 모두 나무 심기와 보호하기의 법을 신중하게 다루었다. 이것이 실로 또한 근본에 힘쓰는 방도이기 때문이다.

然此係於農政之一端, 故賈氏之術、徐公之書, 皆謹其種植、護養之法, 實亦務本之道也.

우리나라 사람들은 대부분 농사에 서투르다. 농사에 본래 어두운데, 어느 겨를에 나무 재배까지 애쓰겠는가? 높은 산 깊은 골짜기에서 제멋대로 자라다 말라 죽는 나무들이야 면면히 그렇게 이어졌다. 그중에 열매가 있는 나무의 경우는 간혹 꺾어다 심기도 하지만 그 수효가 극히 적다.

我邦之人多粗鹵稼穡之事. 本自昧方, 何暇及於種樹乎? 喬嶽邃谷任其自生而櫃者, 滔滔皆是也. 至其有實者, 時或收而扦之, 然猶零星極矣.

이뿐만이 아니라 명물(名物, 사물의 명칭)에 대해서

不寧猶是, 並其名物不之

---

11 천……같다 : 이와 관련하여 다음과 같은 내용을 참조할 수 있다. "안읍(安邑)의 대추나무 1,000그루와 연(燕)나라와 진(秦)나라 사이의 밤나무 1,000그루는 (중략) 식읍(食邑)이 1,000호(戶)인 제후와 같다(安邑千樹棗、燕、秦千樹栗, (중략) 與千戶侯等)."《史記》卷129〈貨殖列傳〉第69, 3272쪽.《만학지》권1〈총서〉 "5. 보호하기" '9) 과수원 울타리 만드는 법(작원리법)'에 자세히 보인다.

12 산과……말이다 :《史記》〈貨殖列傳〉에 이 문맥과 비슷한 표현이 나온다. "대체로 산서(山西) 지방에는 재목과 대나무, 닥나무, 무명실, 소꼬리깃대, 옥석 등이 풍부하고(중략)…. 이렇게 풍부한 물산들은 모두 나라의 인민들이 좋아하여 풍속을 노래하는 대상으로써 의복, 음식, 부모를 잘 봉양하고 후하게 장사지내는 데에 쓰이는 용구들이다(夫山西饒材、竹、榖、纑、旄、玉石(중략)…, 皆中國人民所喜好謠俗被服飮食奉生送死之具也)."《史記》卷129〈貨殖列傳〉第69, 3253~3254쪽을 참조 바람.

者也照此條於農政之一端故賈氏之術徐公之書
皆謹其種植護養之法實亦務本之道也我邦之人
多粗鹵稼穡之事本自昧方何暇及於種樹予喬嶽
遂谷任其自生而檔者滔滔皆是也至其有實者時
或收而扦之然猶零星極矣不寧猶是並其名物不
之究焉以山櫻為柰以五粒松為柏指杉曰檜不幾
於鼠璞乎舍楚曰杻羨翅於菽麥乎堅韌有用之林
自生於山澤呼之以俚語曰朴達也曰哥沙也苾然
不辨為何名至於清海鎮杝价苦之內橐多美材之
經冬不凋者總呼曰冬生樹名猶不綜羨暇究其用

도 궁구하지 못한다. 그 결과 산앵두를 내(柰, 재래종 사과)라 하고, 잣나무[五粒松]를 백(柏, 실제는 측백나무)이라 하며, 분비나무[杉] 보고 회나무[檜]라 한다.[13] 이는 말리지 않은 쥐고기[鼠]와 다듬지 않은 옥[璞]을 모두 '박(璞)'이라 한 데서 생긴 오해와 가깝지 않은가.[14] 광대싸리나무[荊]를 초(楚)라 하지 않고 뉴(杻)라 한다.[15] 이런 사람들을 어찌 콩[菽]과 보리[麥]도 구별하지 못하는 사람(숙맥)보다 낫다고 할 수 있겠는가.

단단하고 질겨서 유용한 재목이 산림이나 저지대에서 자생한다. 이런 재목을 민간의 말로 '박달(朴達)'이라 하기도 하고 '가사(哥沙)'라 하기도 한다. 그러면서도 이들이 무슨 이름인지 정확히 구별하지는 못한다. 청해진(淸海鎭)[16]과 절이섬(折爾苦)[17] 사이의 섬들

究焉. 以山櫻爲柰, 以五粒松爲柏, 指杉曰檜, 不幾於鼠璞乎. 舍楚曰杻, 奚翅於菽麥乎?

堅靭有用之材自生於山澤, 呼之以俚語曰"朴達"也, 曰"哥沙"也, 茫然不辨爲何名. 至於淸海鎭, 折爾苦之內, 槪多美材之經冬不凋

---

13 잣나무[五粒松]를……한다 : 민간에서 명칭을 잘못 부르는 사례를 지적한 이 같은 내용을 정약용의 다음의 저술에서도 다루고 있다. 《雅言覺非》〈柏〉·〈檜〉(《與猶堂全書》3, 604쪽).

14 이는……않은가 : 정(鄭)나라 사람은 다듬지 않은 옥을 '박(璞)'이라 하고, 주(周)나라 사람은 말리지 않은 쥐고기를 박이라 했다. 주나라 사람이 박을 가져다 정나라 상인에게 말했다. '박을 사겠소?' 정나라 상인이 말했다. '그러리다.' 주나라 사람이 박을 꺼내자 정나라 상인이 보니, 그것은 옥이 아니고 쥐고기였다. 그 때문에 정나라 상인은 사양하고 사지 않았다(鄭人謂玉未理者爲璞, 周人謂鼠未腊者爲璞, 周人懷璞, 過鄭賈, 曰: '欲買璞乎?' 鄭賈曰: '欲之'. 出其璞, 視之, 乃鼠也, 因謝不取).《戰國策》卷5〈秦〉3(《文淵閣四庫全書》406, 277쪽).

15 광대싸리나무[荊]를……한다 : 이에 대해서도 《아언각비》의 다음의 내용에서 다룬다. 《雅言覺非》〈杻荊〉(《與猶堂全書》3, 609쪽). 이수광의 《芝峰類說》卷19〈宮室部〉 "宮殿"에서 "서울의 종각은 싸리나무[杻木]로 기둥을 만들었다. 대개 싸리나무에도 큰 종류가 있다(鍾樓以杻木爲棟, 蓋杻亦有大者)."라고 했다. 그런데 정약용은 《雅言覺非》〈杻荊〉에서 "뉴(杻)는 억(檍)이다. 형(荊)은 초(楚)이다. 우리나라의 민간에서는 형을 뉴라고 하니, 잘못이다. (중략) 이공(李公), 이수광은 대개 형을 뉴라고 여긴 것이다(杻者, 檍也; 荊者, 楚也. 東俗以荊爲杻. (중략) 李公蓋以荊爲杻也)."라고 하여 오류를 지적했다. 종각의 기둥은 뉴(杻)나 억(檍)의 큰 종류가 아니라 형(荊)이나 초(楚)라는 것이다. 이상에서 들었던 사례들이 《아언각비》에서 거론한 내용과 유사한 점으로 보아, 서유구가 이 대목의 저술을 위해 《아언각비》를 참조했을 가능성도 있다.

16 청해진(淸海鎭) : 전라남도 완도군 완도읍 장좌리의 장도 일대.

17 절이섬(折爾苦) : 거금도(居金島). 전라남도 고흥군 금산면에 속한 섬. 조선 시대에는 도양목장(道陽牧場)에 속한 섬으로 절이도(折爾島)라고 했다.

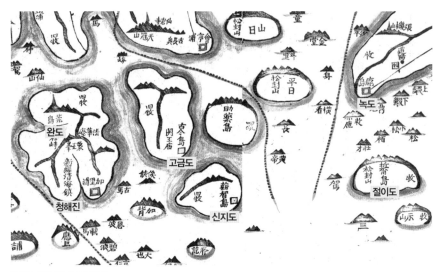

청해진·절이도《대동여지도》

에는 겨울을 나면서도 시들지 않는 좋은 재목이 많다. 그런데 이를 싸잡아 '동생수(冬生樹)'라고 할 뿐이다. 이렇게 나무의 이름도 제대로 정리하지 못하면서 어느 겨를에 그 쓰임새까지 궁구하겠는가? 실질에 힘쓰는 사람들[務實之家, 무실지가]이 강구하여 밝혀야 할 곳이 바로 여기에 있다.

지금《만학지》는 총 5권이다. 제1권은 옮겨 심기와 접붙이기, 가꾸기와 거두기를 통틀어 서술한다. 제2권은 자두·살구·매실·복숭아 같은 과일류를 서술한다. 제3권은 참외·포도 같은 풀열매류를 서술한다. 제4권은 소나무·측백나무·느릅나무·버드나무 같은 나무류를 서술한다. 제5권은 차나무·대·람(藍, 대청·쪽)·갈대 같은 기타 초목류를 서술한다.

者, 總呼曰"冬生樹". 名猶不綜, 奚暇究其用乎. 務實之家所講明者, 政在於此矣.

今《晚學志》五卷. 第一卷總敍栽接、養收之法者也. 第二卷敍果類若李、杏、梅、桃者也. 第三卷敍蓏類若甛瓜、葡萄者也. 其四卷敍木類若松、柏、楡、柳者也. 第五卷敍雜植若茶、竹、藍、葦者也.

여기에 서술한 내용은 단지 오늘날 쓰임에 적당한 방도를 취한 것이다. 그러므로 예를 들어 양매(楊梅)[18]·비파나무[枇杷][19]·감람나무[橄欖][20]·녹나무[柟樟, 남장][21] 같이 우리나라에서 나지 않는 나무들은 여기에 수록하지 않았다. 이런 나무에 대해서는 읽는 사람들이 자세하게 살피기 바란다.

其所敍但取今日適用之道, 非我邦産者, 若楊梅、枇杷、橄欖、柟樟之類, 在所不收耳. 覽者詳焉.

---

18  양매(楊梅): 소귀나뭇과에 속한 상록 활엽 교목. 잎은 어긋나고 두꺼우며, 봄에 누런 빛을 띤 붉은색 꽃이 암수딴그루에 핀다. 여름에 자줏빛 열매가 앵두처럼 둥글게 맺으며 껍질은 물감으로 쓰인다. 산기슭 양지에서 잘 자란다.

19  비파나무[枇杷]: 식물 장미과에 속한 상록 교목. 높이는 5~10미터이다. 잎은 어긋나고 넓은 도피침형이며 가장자리에 치마모양의 톱니가 있다. 10~11월에 원추 꽃차례로 흰 꽃이 달리며, 다음해 6월에 구형 또는 타원형의 지름 3~4센티미터 되는 황색 열매가 익는다. 열매는 식용하고 잎은 진해(鎭咳), 건위(健胃), 이뇨의 효과가 있다.

20  감람나무[橄欖]: 감람과에 속한 상록 교목. 잎은 어긋맞게 나며 짧은 자루가 있다. 5월에 세 장의 꽃잎을 가진 흰색 꽃이 핀다. 열매는 약용되거나 식용된다. 아시아 열대 지방에 분포한다.

21  녹나무[柟樟, 남장]: 녹나뭇과에 속한 상록 활엽 교목. 높이는 20미터, 밑동의 지름은 2미터에 달한다. 꽃은 양성으로 5월에 피는데 백색에서 황색으로 되고 새 가지의 잎겨드랑이에서 나오는 원추 꽃차례에 달린다. 열매는 지름 8밀리미터쯤의 구형(球形)이고 10월에 흑자색으로 익는다. 재목은 건축이나 가구의 재료로 쓰이며, 가지·잎·뿌리를 증류하여 장뇌유(樟腦油) 및 장뇌(樟腦)를 얻는다.

乎務實之家所講明者政在於此矣今晚學志五卷
第一卷總叙栽接養收之法者也第二卷叙果類若
李杏梅桃者也第三卷叙蓏類若甜瓜葡萄者也其
四卷叙木類若松柏榆柳者也第五卷叙雜植若茶
竹藍葦者也其所叙但取今日通用之道非我邦産
者若楊梅枇橄欖栟樟之類在所不收耳覽者詳
焉

# 만학지 권제 1

## 晚學志卷第一

임원십육지 23

林園十六志二十三

1

I. 총서

일반적으로 일체의 신선한 과일을 수확한 후 납수(臘水)를 박하 한 움큼, 명반 약간
과 함께 부진기(不津器)에 넣고서 담그면 색과 맛이 모두 좋다. 혹자는 "물 기운에 가
까이 하되 물에 넣지 않는 것이 빼어난 점이다."라고 한다. 이는 모두 기름과 술의 기
운 및 기름과 술을 담는 그릇에 닿기를 피하기 위함이다.《군방보》

- Ⅰ -

# 충서

總敍

# 1. 심기

## 種栽

### 1) 심는 시기

나무 심기는 정월이 가장 좋은 시기이고, 2월이 무난한 시기이며, 3월은 너무 늦은 시기이다. 그러나 대추나무는 닭부리 같은 싹이 날 때, 회화나무는 토끼눈 같은 싹이 날 때, 뽕나무는 두꺼비눈 같은 싹이 날 때, 느릅나무는 싹이 혹모양으로 뭉쳐 났다가 퍼질 때¹ 심어야 한다. 나머지 잡목들은 쥐의 귀[鼠耳]나 등에의 날개[虻翅] 같은 모양의 싹이 날 때, 각각 그 때에 맞게 심는다.

일반적으로 심기[種栽]와 꺾꽂이까지도 아울러서 모두 이러한 모양일 때 한다【주 위의 이런 이름들은 모두 잎이 막 나올 때의 모양을 본 딴 것이다. 이때 나무를 심으면 잎이 모두 바로 난다. 너무 일찍 심으면 잎이 늦게 난다. 그러나 대체로 일찍 심어야 좋고, 늦게 심어서는 안 된다】.《범승지서(氾勝之

### 時候

栽樹, 正月爲上時, 二月爲中時, 三月爲下時. 然棗, 鷄口; 槐, 兎目; 桑, 蝦蟇眼; 楡, 負瘤散; 其①餘雜木鼠耳、虻翅②, 各以其時.

凡種栽幷揷皆用此等形象【注 此等名目, 皆是葉生形容之所象似. 以此時栽樹者, 葉皆卽生. 早栽者, 葉晚出, 然大率寧早爲佳, 不可晚也】.《氾勝之

---

1 싹이⋯⋯때 : "부류산(負瘤散)"을 옮긴 것으로, 아래 주석에 따라 '負瘤散'을 싹의 모양으로 보고 옮겼다. 이를 중국 위진남북조(魏晉南北朝) 시대에 사대부들이 즐겨 복용하던 뜨거운 성질의 산약(散藥)이라는 약으로 보는 견해도 있다.
① 其 :《齊民要術·栽樹》에는 "自".
② 翅 : 저본에는 "超".《齊民要術·栽樹》에 근거하여 수정.

書》

나무 심는 일은 정해진 시기가 따로 없고, 토양에 따라 그 시기를 정한다. 3월에 느릅나무의 꼬투리가 나고, 비가 올 때면 지대가 높은 곳의 땅심이 강한 토양이라도 나무를 심을 수 있다.4《범승지서》5

種木③無期, 因地爲時. 三月楡莢雨時, 高地强土可種木④. 同上

1월에는 초하루에서 그믐까지 나무들을 옮겨 심을 수 있다. 옮겨 심는 나무는 대나무·옻나무·오동나무·가래나무·소나무·측백나무·잡목 등이다. 과일나무만은 정월 보름이 되면 옮겨심기를 그친다. 보름이 지나 옮겨 심으면 열매가 적다.《사민월령(四民月令)6》7

正月, 自朔曁晦, 可移諸樹, 竹, 漆, 桐, 梓, 松, 柏, 雜木. 唯有果實者, 及望而止. 過十五日, 則果少實.《四民月令》

나무들은 모두 달의 기운이 약한 하현(下弦, 매월 음력 22·23일경) 이후, 상현(上弦, 매월 음력 7·8일경) 이전에 옮겨 심어야 한다. 땅기운은 달기운의 변화에 따

諸木俱宜在下弦後, 上弦前移種. 地氣隨月而盛, 觀諸潮汐, 此理易哲矣. 方

---

2  범승지서(氾勝之書): 기원전 1세기경의 중국 농학자 범승지(氾勝之)가 찬술한 농서. 최초의 농서로 알려져 있으며,《제민요술》이나《농상집요》에 큰 영향을 끼쳤다. 원본은 일실되었다.

3  출전 확인 안 됨;《齊民要術》卷4〈栽樹〉第32(《齊民要術校釋》, 256쪽).

4  나무……있다:《제민요술》에는 나무가 아니라 조[禾] 심는 법으로 소개되었으나,《廣群芳譜》에는 '禾'가 '木'으로 바뀌어 있다.

5 《齊民要術》卷1〈種穀〉第3(《齊民要術校釋》, 81쪽);《廣群芳譜》卷74〈木譜〉 "楡", 1767쪽.

6  사민월령(四民月令): 중국 후한(後漢)의 농학가이자 관리인 최식(崔寔, 103~170)이 지은 농서. 낙양(洛陽) 일대 지역을 중심으로 여러 작물의 파종 시기와 가축의 사육, 양잠, 방직, 약 제조법 등 매월 농가에서 해야 할 일을 정리해 놓은 농가력(農家曆)이다. 원서는 유실되었지만《제민요술》등의 다른 저술에 그 내용의 일부가 남아 있다.

7  출전 확인 안 됨;《齊民要術》卷4〈栽樹〉第32(《齊民要術校釋》, 257쪽);《農桑輯要》卷5〈果實〉 "諸果"(《農桑輯要校注》, 196쪽).

③ 木:《齊民要術·種穀》에는 "禾".

④ 木:《齊民要術·種穀》에는 "禾".

라 왕성해진다. 조수[潮汐]를 살피면 이 이치는 쉽게 밝혀진다. 땅기운이 한창 성할 때는 생기가 가지와 잎에 고스란히 있다. 그러므로 이때 옮겨 심으면 나무의 본성을 상하게 하고, 접붙이면 그 기운을 잃게 된다. 나무의 가지와 잎을 쳐서 심으면 윤기가 속에 가득 차기 때문에 오래지나 좀이 생긴다. 《농정전서(農政全書)8》9

氣盛時, 生氣全在枝葉, 故移則傷其性, 接則失其氣. 伐用則潤氣滿中, 久而生蠹也.《農政全書》

동지(冬至, 12월 22·23일경)가 지나고 15일[三候] 이후부터 춘사(春社)10일 전까지 소나무·측백나무·삼나무·회화나무 등 일체의 나무를 모두 옮겨 심을 수 있다.《군방보(群芳譜)11》12

過冬至三候以後, 至春社以前, 松、柏、杉、槐一切樹, 皆可移栽.《群芳譜》

봄철에 각 나무 옮겨심기는 보름 이전에 해야 한다. 그렇게 하면 무성해져 열매를 잘 맺는다. 소나무·측백나무·회화나무·버드나무·뽕나무·산뽕나무[柘]·등자나무[橙]13·귤나무 등 각종 나무들을 모

春月移栽各樹, 宜上半月前, 則茂而結實. 移栽松、柏、槐、柳、桑、柘、橙、橘各色樹皆可.《廣群芳譜》

---

8　농정전서(農政全書) : 1639년에 명나라 서광계(徐光啓, 1562~1633)가 중국의 농학서를 집대성하여 펴낸 농학백과서. 서광계가 죽은 뒤 1639년에 진자룡(陳子龍)이 소주(蘇州)에서 간행했다. 이 책은 명대(明代) 당시까지 농학자의 여러 설을 총괄·분류하고 사이사이에 저자의 견해를 덧붙여 집대성한 것이다. 마테오리치(Matteo Ricci, 1552~1610)와 친교가 있었던 서광계는 유럽의 수리와 지리학의 발전된 성과를 이 책에 수용하여 담았다. 서유구의《임원경제지》, 연암 박지원(朴趾源, 1737~1805)의《과농소초》등에 많은 영향을 주었다.

9　《農政全書》卷37〈種植〉"種法"(《農政全書校注》, 1026쪽).

10　춘사(春社) : 입춘이 지난 뒤 5번째 무일(戊日)에 토지신에게 풍년을 기원하며 지내는 제사.

11　군방보(群芳譜) : 중국 명나라의 왕상진(王象晉, 1561~1653)이 편찬한 식물서. 청나라의 왕호(汪灝, ?~?) 등이 이를 증보하여《광군방보(廣群芳譜)》를 편찬했다.

12　《二如亭群芳譜》〈利部〉"木譜" 1 '松'(《四庫全書存目叢書補編》80, 625쪽).

13　등자나무[橙] : 운향과 감귤나무속 나무. 오렌지와 같은 종류로, 달고 시며 향긋한 열매가 열린다.

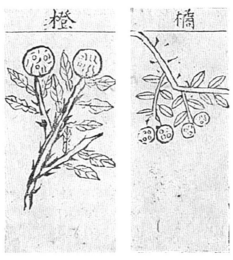

등자나무[橙]　　　　　　　귤나무[橘](이상 《본초강목》)

두 이때 옮겨 심어도 좋다. 《광군방보(廣群芳譜)[14]》[15]

　춘분 뒤에는 모든 나무를 심지 말아야 한다. 추　　春分後, 勿種諸樹, 秋分
분 뒤에야 심을 수 있다. 《산림경제보(山林經濟補)[16]》[17]　　後方可種. 《山林經濟補》

---

14　광군방보(廣群芳譜) : 청나라 강희(康熙) 연간(1662~1722)에 왕호(汪灝), 장일소(張逸少) 등이 《군방보(群
　　芳譜)》에 내용을 증보·편집하여 100권을 만들었다
15　《廣群芳譜》卷1〈天時譜〉"春", 29쪽.
16　산림경제보(山林經濟補) : 조선 후기 학자인 홍만선(洪萬選, 1643~1715)의 《산림경제(山林經濟)》를 보충
　　하여 펴낸 서적. 농사·잠상·식생활·의료 등 각 분야의 지식을 담고 있는 농사 겸 가정생활서이다. 저자는 미
　　상이고, 원본은 일실되었다.
17　출전 확인 안 됨.

## 2) 종자 보관하는 법

청자두[靑李]·능금[來禽]·앵두[櫻桃]·일급(日給)[18]·
등나무[籐][19]의 씨는 모두 주머니에 담아 보관하는
방법이 좋다. 상자에 넣어서 봉해 두면 심어도 대부
분 나지 않는다【 농정전서 [20] 진(晉)나라 지역의 사람
이 "상자에 넣어서 봉하면 대부분 난다."라 한 것은
잘못이다】.《왕우군첩(王右軍帖)[21]》[22]

## 藏種法

靑李、來禽、櫻桃、日給、籐
⑤子皆囊盛爲佳. 函封多不
生【 農政全書 晉人謂"函
封多⑥生者, 謬也"】.《王右
軍帖》.

---

18　일급(日給):능금과 비슷한 종류의 과실수.《본초강목》권30〈果部〉"내(柰)"에서 "두서(杜恕)의《독론(篤
論)》에 '일급(日給)의 꽃은 내와 유사하다. 내의 열매가 익으면 일급이 시들어 떨어지니, 두 나무의 허위
와 진실이 서로 유사하다.'라고 하였다. 그렇다면 일급은 열매를 맺지 않는 내(柰)이다. 그렇지만《왕희지첩
(王羲之帖)》에서는 '내금(來禽)과 일급(日給) 모두 주머니에 담아 보관하는 방법이 좋다.'라고 하였다.' 그렇
다면 왕희지는 내(柰)를 가리켜서 일급이라 한 듯하다(杜恕《篤論》云: '日給之花似柰, 柰實而日給零落, 虛
僞與眞實相似也.' 則日給乃柰之不實者, 而《王羲之帖》云: '來禽、日給, 皆囊盛爲佳果.' 則又似指柰爲日給
矣)."《本草綱目》, 1776쪽.
19　일급(日給)·등나무[籐]:왕희지(王羲之)의《십칠첩(十七帖)》에는 "日給籐"으로 적혀 있고 하나의 식물로
구분되어 있다. 다른 표점본도 마찬가지이다. 籐은 藤과 같다. 하지만 일급등에 대한 자세한 정보가 없어
《본초강목》의 해설을 따라 일급과 등나무로 옮겼다.
20　《農政全書》卷6〈農事〉"營治 上"(《農政全書校注》, 143쪽).
21　왕우군첩(王右軍帖):중국 진(晉)나라 때의 명필 왕희지(王羲之, 307~365)의 17첩. 왕희지가 우군장군을
지낸 데서 붙은 이름. 위 인용문은 17첩 중〈청이래금첩(靑李來禽帖)〉의 내용이다.
22　《王羲之十七帖》, 56~57쪽;《廣群芳譜》卷55〈果譜〉"李", 1305쪽.
⑤　籐:《王羲之十七帖》에는 "籐".
⑥　多:저본에는 "不".《農政全書·農事·營治 上》에 근거하여 수정.

## 3) 씨로 심는 법

일반적으로 과실나무는 반드시 과육이 문드러지기를 기다렸다가 핵(核)이 함께 있는 상태로 심어야 한다. 그렇지 않으면 그 씨를 제대로 보전하지 못한다.《종수서(種樹書)[23]》[24]

일반적으로 씨[子]나 핵(核)을 거두어들일 때 반드시 좋은 놈을 가려서 종자로 삼아야 한다. 그리고 반드시 과실이 충분히 익기를 기다렸다가 과실을 쪼개어 씨를 취해야 한다. 담장 밑이면서 볕이 들어 따뜻한 곳에, 깊고 넓게 구덩이를 판 다음 소똥이나 말똥을 흙과 섞어 그 반은 구덩이 밑에 평평하게 깐다.

핵을 뾰족한 부분이 위로 향하도록 세워 고정시키고 다시 거름흙을 덮되, 두께는 1척 남짓이 되게 한다. 봄에 싹이 나면 만의 하나라도 잃지 않는다.

물이 스며들거나 바람이 들어 속씨가 모두 썩게 되는 일을 꺼린다. 따라서 일체의 풀이나 나무의 종자는 모두 표주박에 담아 매달아 두는 방법이 좋다. 일반적으로 종자를 취할 때는 반드시 실하고 오래되어 검은 씨를 햇볕에 말리고 병에 보관하여 높이 매

## 子種法

凡果須候肉爛, 和核種之. 否則不類其種.《種樹書》

凡收子核, 必擇其美者作種, 必待果實熟甚擘取. 于墻下向陽煖處, 深寬爲坑, 以牛、馬糞和土, 以半于坑底鋪平.

取核尖頭向上排定, 復以糞土覆之, 令厚尺餘. 至春生芽, 萬不失一.

忌水浸風吹, 皆令仁腐. 一切草木種子, 俱瓢盛懸掛爲佳. 凡取種子, 必充實老黑者, 曬乾, 以瓶收貯高懸. 弗近地氣, 恐生白醭

---

23 종수서(種樹書) : 중국 당(唐)나라의 원예사(園藝師) 곽탁타(郭橐駝)가 쓴 농서. 나무의 천성을 거스르지 않고 그대로 온전히 얻게 함으로써 나무들이 절로 번성하는 방법을 수록했다. 탁타는 낙타(駱駝)인데, 그의 등이 불룩 솟아 마치 낙타와 닮았기 때문에 그렇게 불렸다고 한다. 중국 원나라 유종본(兪宗本, ?~?)이 지은《종수서(種樹書)에서는 "곽탁타(郭橐駝)라는 이름은 가탁한 것일 뿐이고,《종수서(種樹書)는 본래 유씨(兪氏)에게서 나왔다."라고 했다. 유씨(兪氏)는 명(明)나라 유정목(兪貞木)으로 추정된다.
《총서집성초편(叢書集成初編)(1469책)에 실린 두 본인 곽탁타(郭橐駝) 저술본과 유종본의《종수서(種樹書)를 참고하여 원문과 일치율이 높은 쪽을 따라 출전 각주를 달았다. 따라서 이후《種樹書》의 출전 각주의 양식이 서로 다를 수 있다.
24 《種樹書》〈果〉(《叢書集成初編》1469, 9쪽);《農政全書》卷37〈種植〉"種法"(《農政全書校注》, 1033쪽).

달아 두어야 한다. 이렇게 땅기운에 가깝지 않은 곳에 보관하는 까닭은 곰팡이가 생기면 쓸모없게 되어 해를 넘겨도 싹이 나지 않을까 걱정되기 때문이다.

則無用, 隔年亦不生.

때에 맞게 씨를 심어, 늦어져 잘못되지 않게 해야 한다. 그렇다고 너무 일찍 심어서도 안 된다. 땅은 높아도 무방하며, 흙은 비옥해야 제일 좋다. 김매기는 자주 해도 무방하며, 흙은 푸석푸석할수록 더 좋다.

及時秧子, 勿使遲誤, 亦不宜太早. 地不厭高, 土肥爲上; 鋤不厭數, 土鬆彌良.

각각 때와 절기를 살펴서 심어야 한다. 씨를 심을 때는 반드시 낮 동안 햇볕에 말리고 깨끗한 것으로 고른다. 그러나 물에 가라앉을 만한 놈은 가라앉히고, 뜨는 놈은 곧 흙속에 흩어 뿌린다. 씨가 잔 놈은 흙 표면에 흩어 뿌린다. 씨 뿌리기를 마치면 곧 그 위에 똥거름을 준다. 줄을 내어 심는 방식과 혈종[打潭]25법으로 심는 방식도 그렇게 한다.

各要按時及節. 臨下子時, 必日中曬曝擇淨, 然合浸者浸之, 不浸, 便用撒入土內. 子細者, 撒在土面. 下子訖, 卽以糞沃其上. 成行與打潭種者亦然.

씨를 뿌릴 때는 반드시 날씨가 맑아야 한다. 비가 올 때 씨를 뿌리면 싹이 나지 않는다. 파종하고 3~5일 후에는 또 비가 와야 한다. 가물면 싹이 나지 않으므로 반드시 자주 물을 주어야 한다. 《농정전서》26

下子者必要晴, 雨則不茁. 三五日後, 又要雨, 旱則不生, 須頻澆水. 《農政全書》

일반적으로 핵째로 심을 때 흙속으로 깊이 심으면 싹이 나지 않는다. 흙속으로 들어가는 깊이가 겨우 0.1척 정도여야 겨울철에 얼었던 핵이 녹아 터지

凡核種, 入土深者不生, 入土纔寸許, 冬月凍拆易生. 《四時纂要》

---

25 혈종[打潭] : 구멍을 파서 씨를 심는 방법. 혈종(穴種).
26 《農政全書》 卷37 〈種植〉 "種法"(《農政全書校注》, 1032쪽).

면서 싹이 쉽게 나온다. 《사시찬요(四時纂要)[27]》[28]

입 속에 들어갔던 핵은 심어서는 안 된다. 이는  口中核不宜種, 言啖餘者.
과육을 먹고 남은 핵을 말한다. 《증보산림경제(增補  《增補山林經濟》

山林經濟)[29]》[30]

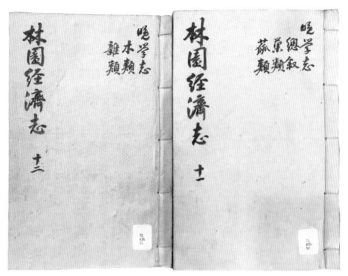

만학지 저본(고려대 도서관 한적실)

---

27  사시찬요(四時纂要) : 중국 당(唐)나라 말기 966년에 시인 한악(韓鄂, ?~?)이 지은 농서.

28  출전 확인 안 됨 ;《山林經濟》卷2〈種樹〉《農書》2, 172쪽).

29  증보산림경제(增補山林經濟) : 조선 영조 때 내의(內醫) 유중림(柳重臨, 1705~1771)이 홍만선(洪萬選,
    1643~1715)의 《산림경제》를 증보하여 엮은 가정생활 종합서. 1766년(영조 42)에 완성했으며, 16권 12책
    이다. 《임원경제지》의 핵심 인용문헌이다.

30  《增補山林經濟》卷3〈種樹〉"核種法"《農書》3, 159쪽).

## 4) 옮겨 심는 법

일반적으로 모든 종류의 나무를 옮겨 심을 때는
그 음양(陰陽)31을 표시하여 옮겨 심은 곳에서도 원래
의 방향이 바뀌지 않도록 해야 한다【주 음양이 위
치를 바꾸면 싹이 나기 어렵다. 작은 나무인 경우에
는 번거롭게 방위를 표기할 필요가 없다】. 큰 나무
는 가지를 쳐 준다【주 가지를 치지 않아 바람에 흔
들리면 죽는다. 작은 나무는 가지를 치지 않는다】.

먼저 구덩이를 깊게 파고 구덩이에 나무를 넣
은 다음 물을 준다. 묽은 진흙과 같이 흙이 뿌리에
붙으면 동서남북으로 나무 흔들기를 한참 동안 한
다【주 이때 나무를 흔들면 진흙이 뿌리 사이로 들
어가므로 살지 못하는 경우가 없다. 반면 흔들지 않
으면 뿌리 사이가 비어서 대부분 죽는다. 작은 나무
는 번거롭게 흔들 필요가 없다】.

그런 다음에 흙을 넣어 단단하게 다진다【주 위
쪽에서 0.3척까지는 다지지 않는다. 이는 흙의 부드
럽고 윤택함을 취하기 위해서이다】.

수시로 물을 주어 항상 촉촉하게 해 준다.

【주 매번 물을 다 주고나면 마른 흙으로 덮어 준
다. 덮어 주면 흙의 촉촉함을 보존하고, 덮어 주지
않으면 말라버린다.

## 移栽法

凡移栽一切樹木, 欲記其
陰陽, 不令轉易【注 陰陽
易位則難生. 小小栽者, 不
煩記之焉】. 大樹髠之【注
不髠, 風搖則死. 小則不
髠】.

先爲深坑, 內樹訖, 以水
沃之, 著土令如薄泥, 東西
南北搖之良久【注 搖則泥
入根間, 無不活者; 不搖,
根虛多死. 其小樹則不煩
爾】.

然後下土堅築【注 近上三
寸不築, 取其柔潤也】.

時時灌漑, 常令潤澤.

【注 每澆水盡, 卽以燥土
覆之, 覆則保澤, 不覆則乾
涸.

---

31 음양(陰陽) : 옮겨 심을 나무가 원래 났던 곳에서 해를 바라보는 쪽이 양(陽)이고, 해를 등지고 있는 쪽이 음
(陰)이다. 이를 나무에 표시해 두라는 말이다.

구선신은서(臞仙神隱書) 32 33 옮겨 심고서 3~4일 후에야 물을 줄 수 있다】

臞仙神隱書 三四日後, 方可用水澆】

나무를 심을 때 깊이 묻어야 하는 이유는 나무가 흔들리지 않도록 하기 위해서이다. 일반적으로 나무 심기를 마치면 모두 손으로 잡지 말게 하거나 육축(六畜, 소·말·돼지·양·닭·개)이 들이박지 않게 한다. 《제민요술(齊民要術)34》35

埋之欲深, 勿令搖動. 凡栽樹訖, 皆不用手捉, 及六畜觝突.《齊民要術》

일반적으로 심기는 나무의 본성은, 뿌리는 펴지기를 바라고, 흙 북주기는 평평하게 해 주기를 바라며, 흙은 옛 것을 바라고, 다지기는 단단하게 해 주기를 바란다. 그렇게 심은 뒤에 사람은 나무를 건들지도 말고, 생각하지도 말며, 심어 둔 곳을 떠나서 다시는 돌보지 않아야 한다. 심을 때는 자식과 같이 애지중지 심고, 심은 뒤에는 버린 듯이 방치해 두면 나무의 주변환경이 온전해지면서 그 본성도 실현될 것이다.

凡植木之性, 其本欲舒, 其培欲平, 其土欲故, 其築欲密. 既然已, 勿動勿慮, 去不復顧. 其蒔也若子, 其置也若棄, 則其天者全, 而其性得矣.

그러나 나무를 심는, 다른 이들은 이와 같이 하지 않는다. 뿌리는 구부러지게 심고, 흙은 새 흙으

他植者則不然, 根拳而土易. 其培之也, 若不過焉則

---

32 구선신은서(臞仙神隱書) : 중국 명(明)나라 태조 주원장의 제17자인 주권(朱權, 1378~1448)이 신선·은둔·섭생 등을 다룬 서적. 구선(臞仙)은 주권의 호(號)이다.

33 《臞仙神隱書》卷下〈正月〉 "種木"(《四庫全書存目叢書》260, 39쪽);《山林經濟》卷2〈種木〉(《農書》2, 171쪽).

34 제민요술(齊民要術) : 중국 북위(北魏)의 학자 가사협(賈思勰, ?~?)이 지은 농서. 곡물·채소·과수 등의 종식법(種植法)과 가축의 사육법, 술·간장의 양조법 그리고 농산물의 가공·판매·조리의 과정을 상세히 기록했다. 화북 지방의 밭농사에 대한 정보가 집대성되어 있고, 지금은 사라진 많은 관련 서적들을 인용하였다. 《임원경제지》의 주요 인용 농서이다.

35 《齊民要術》卷4〈栽樹〉第32(《齊民要術校釋》, 256쪽).

로 바꾼다. 북주기는 흙이 너무 많게 하거나 그렇지
않으면 너무 적게 한다.

이와 반대로 하는 이들이 있다면 그들은 또 나무
를 아끼는 마음이 너무 지나치거나 근심하는 마음
이 너무 수고롭다. 아침에 들여다보고 저녁에 어
루만지며, 이미 떠났다가 다시 와서 돌본다. 심한
경우에는 손톱으로 껍질을 긁어서 나무가 살았는
지 죽었는지를 확인해 보며, 그 뿌리를 흔들어 흙이
다져진 상태가 엉성한지 단단한지를 살핀다. 이 때
문에 나무의 본성은 날로 떠나게 된다. 유종원(柳宗
元)³⁶《종수곽탁타전(種樹郭橐駝傳)³⁷》³⁸

모든 종류의 나무를 옮겨 심을 때는 가지에 남북
방위를 표기해 둔다. 뿌리가 깊어 흙속으로 멀리 뻗
은 경우는 흙을 넓게 판다. 그런 다음 위쪽은 헌 자
리로 싸서 해를 보지 않게 한다. 이를 큰 수레 위에
옮겨 싣고서 사람들에게 끌고서 천천히 가게 한다.
수레가 지나갈 전방의 수백 보의 길은 그 위에 난 수
레바퀴자국을 골라 평평하게 만들어 수레바퀴가 흔

不及.

苟有反是者, 則又愛之太
恩, 憂之太勤. 朝視而暮
撫, 已去而復顧. 甚者爪其
膚以驗其生枯, 搖其本以
觀其疏密, 而木之性日以
離矣. 柳柳州《種樹郭橐駝
傳》

一切栽⑦, 枝記南北. 根深
土遠, 寬掘, 上以蓆包包⑧
裹, 不令見日. 大車上般
載, 以人捧拽, 緩緩而行.
車前數百步, 平治路上車
轍, 務要平坦, 不令車輪搖
擺.

---

36  유종원(柳宗元):773~819. 중국 당나라의 관리·문학가. 원문의 유유주(柳柳州)는 중국 당(唐)나라 관리
    이자 문학가인 유종원(柳宗元)이 유주자사(柳州刺史)로 벼슬을 마쳤으므로 붙여진 별호이다. 이외에 하동
    (河東) 사람이라는 이유로 유하동(柳河東)·하동선생(河東先生)이라고도 불렸다. 시와 문장이 6백여 편에
    달하며, 시보다 문장에서 더 큰 성취를 이루었다. 한유(韓愈, 768~824)와 더불어 고문운동(古文運動)을
    제창했다.

37  종수곽탁타전(種樹郭橐駝傳):당(唐)나라 문장가 유종원(柳宗元)이 지은 전(傳) 형식의 글. 나무 기르는
    법을 통해 자신의 무위(無爲, 인위적 조장이 없음) 철학을 우회적으로 표현한 내용이다.

38 《柳河東集》卷17〈種樹郭橐駝傳〉(《文淵閣四庫全書》1076, 163쪽);《農政全書》卷37〈種植〉"種法"(《農
    政全書校注》, 1026쪽).

⑦  栽:《農桑輯要·竹木·諸樹》에는 "截".

⑧  包包:《農桑輯要校注·竹木·諸樹》에는 '包包'가 '包'로 바로잡아져 있다.

들리지 않도록 한다.

각 장소에서 심는 법에 따라 옮겨 심고 북주면 나무마다 확실히 살아난다. 옛사람들은 "나무 옮겨 심기는 일정한 때가 없으나 나무가 미리 알게 해서는 안 된다."라고 하였다. 옮겨 심을 구덩이는 넓고 깊게 파고, 물을 흙에 섞어 진흙을 만들어야 한다. 이어서 햇 좁쌀과 보리 100여 알을 여기에 뿌려 넣고 곧 나무를 심는다.

큰 나무는 다른 나무로 만든 지지대를 대 주어야 한다. 만약 뿌리가 흔들리지 않으면 10척 정도 되는 큰 나무라도 살 수 있다. 이어서 반드시 무성한 가지를 베어 내야 바람의 피해를 초래하지 않을 수 있다. 《무본신서(務本新書)[39]》[40]

于處所依法栽培, 樹樹決活. 古人有云: "移樹無時, 莫令樹知." 區宜寬深, 以水攪土成泥, 仍糝新粟、大麥百餘粒, 卽下樹栽.

樹大者, 須以木扶架. 若根不動搖, 雖丈許之木可活. 仍須芟去繁枝, 不可招風. 《務本新書》

수목을 옮겨 심은 다음 곡물과 진흙을 섞은 걸쭉한 물을 뿌리 아래에 매일 주면 다시 살아나지 않는 나무가 없다. 《종수서》[41]

移樹木, 用穀調泥漿水, 於根下日沃之, 再無有不活者.《種樹書》

일반적으로 나무를 옮겨 심을 때는 뿌리수염을 상하게 해서는 안 된다. 그러므로 반드시 흙무더기를 넓게 파고, 뿌리에 붙은 흙을 제거해서는 안 된

凡移樹, 不要傷根鬚, 須闊垜, 不可去土, 恐傷根. 諺云: "移樹無時, 莫敎樹知."

---

39 무본신서(務本新書):중국 원(元)나라 때, 또는 그 이전 시기에 서술된 작자 미상의 농서로 추정된다. 원나라 때 농업 진흥을 위해 설치한 중앙기구인 대사농사(大司農司)에서 이 책과 《제민요술(齊民要術)》에 근거하여 중국 최초의 관찬 농서인《농상집요(農桑輯要)》를 출간했다.
40 출전 확인 안 됨;《農桑輯要》卷6〈竹木〉"諸樹"(《農桑輯要校注》, 233쪽);《農政全書》卷37〈種植〉"種法"(《農政全書校注》, 1024쪽).
41 《種樹書》卷中〈木〉(《叢書集成初編》1469, 35쪽);《農政全書》卷37〈種植〉"種法"(《農政全書校注》, 1025쪽).

다. 흙이 없으면 뿌리를 상하게 할까 걱정되기 때문이
다. 속설에 "나무 옮겨심기는 일정한 때가 없으나 나
무가 미리 알게 해서는 안 된다."라 했다.《종수서》[42]

同上

일반적으로 나무를 심을 때는 서풍을 피한다.
《종수서》[43]

凡栽植, 忌西風. 同上

일반적으로 과일나무를 심을 때는 먼저 상강(霜
降, 양력 10월 23·24일경) 후에 호미로 뿌리 주위를 둥글
게 판다. 그리하여 공모양의 뿌리를 감싼 흙덩이를
만들어 놓는다. 새끼줄로 이 흙덩이를 둘둘 감싸 고
정시킨다. 다시 푸석푸석한 흙을 공모양 흙덩이의
사방 둘레에 채워 넣고, 기름진 흙을 부어 채운다.

凡植果木, 先于霜降後,
鋤掘轉成圓埭, 以草索盤
定泥土. 復以鬆土塡滿四
遭, 用肥土澆實.

다음해 1월이나 2월에 지금의 심을 곳으로 나무
를 옮겨 온다. 구덩이를 널찍하게 만든 다음 새끼줄
로 감싸 두었던 흙덩이를 안정되고 바르게 놓는다.
그런 다음에 흙을 구덩이의 반 정도까지 넣고 나무
방망이로 뿌리가 닿을 흙무더기 아래 부분을 비스
듬히 다지되, 단단하게 다져 주어야 한다.

次年正、二月, 移至今種處.
宜寬作區, 安頓端正. 然後
下土半區, 將木棒斜築根
埭底下, 須實.

그 위쪽에는 푸석푸석한 흙을 더하되, 지면보다
0.2~0.3척 높게 한다. 뿌리 깊이의 알맞은 정도를
헤아려 너무 높게 북주어서는 안 된다. 큰 뿌리가 드
러나지 않을 때까지만 북준다. 본줄기가 높은 나무
는 반드시 나무말뚝을 박아 본줄기를 지탱할 수 있

上以鬆土加之, 高于地面
二三寸. 度其淺深得所, 不
可培壅太高, 但不露大根爲
限. 若本身高者, 必用椿木
扶縛, 庶免風雨搖動.

---

42 《種樹書》卷中〈木〉(《叢書集成初編》1469, 36쪽);《農政全書》, 위와 같은 곳.
43 출전 확인 안 됨;《農政全書》, 위와 같은 곳.

도록 서로 묶어 주어야 한다. 이렇게 하면 비바람이
흔드는 사태를 면하게 된다.

　비수(肥水, 짐승 튀한 물처럼 기름진 물)를 준다. 날씨가
맑으면 매일 아침 이 물을 준다. 보름이 되어 뿌리가
실해지고 생기가 돌면 매일 아침 물주기를 그친다.

　큰 나무는 가지를 쳐 주지만, 작은 나무는 가지
치기를 할 필요가 없다. 만약 길이 멀어 바로 심지
못하면 반드시 햇빛을 가려 주어야 한다. 공모양의
흙덩이가 부서져 나무가 햇볕에 익으면 살아나기 어
렵다.《종수서》[44]

灌以肥水. 天晴, 每朝水
澆. 半月根實, 生意動則
已.
大樹[9]禿, 稍小, 不必禿.
若路遠未能便種, 必須遮
蔽日色. 垜碎日炙, 則難活
矣. 同上

　일반적으로 과일나무를 옮겨 심을 때는 땅을 넓
고 깊게 파야 한다. 먼저 구덩이에 똥거름을 진흙과
섞어 넣고 말린다. 다음날 과일나무를 구덩이에 넣
고 흙으로 나무의 뿌리를 덮는다. 이때 묵은 흙이
없으면 진흙 속에 깊이 심은 다음 나무뿌리를 살짝
살짝 끌어 올리면서 지면과 수평이 되게 한다. 그러
면 뿌리가 잘 펴져서 쉽게 살아난다. 반드시 3~4일
후에야 물을 줄 수 있다. 이때 나무가 흔들리게 해
서는 안 된다.《종수서》[45]

凡移果樹, 宜寬深開掘.
先入糞和泥乾. 次日用土
蓋根. 無宿土者, 深栽泥
中, 輕輕提起樹根, 使與
地平, 則其根舒暢易活. 必
三四日後, 方可用水澆灌,
勿令搖動. 同上

　요즘 나무를 옮겨 심는 사람은 미리 작은 패찰로
남쪽 가지를 표기해 두었다가 심는다. 하지만 이는

今移樹者, 以小牌記取南
枝, 不若先鑿窟, 沃水攪

44　출전 확인 안 됨;《農政全書》, 위와 같은 곳.
45　출전 확인 안 됨;《農政全書》, 위와 같은 곳.
⑨　朝視而暮撫……大樹(384자) : 저본에는 없음. 오사카본·규장각본에 근거하여 보충.

먼저 구덩이를 파서 물을 주고 진흙을 섞은 다음에 비로소 심는 법만 못하다.

다져서 단단하게 할 때 발로 밟아 다져서는 안 된다. 심은 다음 곧이어 대부분 다른 나무를 그 옆에 박아 심은 나무를 지탱하게 한다. 이는 바람이 나무 꼭대기를 흔들면 뿌리까지 흔들릴까 걱정해서이다. 뿌리가 흔들리면 비록 1척 정도 길이의 나무라도 살아나지 못한다. 뿌리가 흔들리지 않으면 큰 나무라도 살 수 있다. 또 줄기 위쪽에 가지와 잎이 무성하지 않게 하면 바람의 피해를 초래하지 않는다. 《종수서》[46]

일반적으로 큰 나무를 구덩이에 옮겨 심을 때 가을보리 10두 남짓을 깔고 심으면 100그루를 심어도 100그루 모두 살아난다. 《사시찬요》[47]

나무를 옮겨 심을 때 뿌리를 감싼 흙덩이가 비록 작더라도 뿌리의 수염을 잘라서는 안 된다. 이런 때의 파는 법은 다음과 같다. 먼저 흙덩이를 크게 만들 수 있도록 주위 흙을 넓게 판다. 이어서 대나무로 흙덩이 옆벽의 흙을 점점 깎아 내어 잔 뿌리를 상하지 않게 한다. 사람의 힘이 미칠 만한 정도의 흙덩이크기를 대략 헤아려 끈으로 흙덩이를 묶는다. 새 구덩이는 힘써 흙을 퍼내어 넓고 크게 만든다. 그

泥, 方栽.

築令實, 不可踏. 仍多以木扶之, 恐風搖動其顚則根搖. 雖尺許之木, 亦不活. 根不搖, 雖大可活. 更莖上, 無使枝葉繁, 則不招風. 同上

凡移大樹於坑中, 布秋麰十餘斗而種之, 百種百活. 《四時纂要》

移樹, 土封縱小, 無絶根鬚. 其法: 宜先寬掘土封. 漸用竹木剔去傍土, 勿傷細根. 約量人力可致者, 以繩束之. 新坑, 務揢令闊大, 令根鬚條直, 不可卷曲.《農政全書》

---

46 출전 확인 안 됨;《農政全書》, 위와 같은 곳.
47 출전 확인 안 됨;《山林經濟》卷2〈種樹〉(《農書》2, 171쪽).

러면 수염뿌리가 곧게 퍼지므로 구부러질 수 없다.
《농정전서》[48]

큰 나무이면 흙을 넓게 남겨야 한다. 예를 들면 10척의 나무는 흙 2척을 남기고, 멀리 옮기는 나무는 흙 2.5척을 남긴다. 그런 뒤에 새끼줄로 뿌리를 감싼다. 나무가 큰 경우 아래로부터 가지의 2~3층을 제거한다.

大樹須廣留土, 如一丈樹留土二尺, 遠移者二尺五寸. 用草繩纏束根土. 樹大者從下去枝三二層.

남북을 표시하고 심는 곳까지 운반한다. 그런 다음 구멍을 깊이 파고 먼저 물을 충분히 준 뒤에 나무를 심고 마른 흙을 더해 준다. 나무지지대를 세우고 나무를 흔들어 마른 흙이 뿌리의 바닥까지 모두 두루 내려가게 한다. 흙을 채울 때는, 옮겨 오기 전 옛 뿌리 사방 주위의 단단하게 다져진 흙과 같이 한다.

記南北, 運至栽處, 深鑿穴, 先用水足, 然後下樹, 加乾土. 將樹架起搖之, 令土至根底皆徧, 實土, 如舊根四圍築實.

그런 후에 충분히 물을 준다. 물이 마르면 다시 흙 0.1~0.2척을 더 넣어 흙이 말라서 갈라지는 현상을 막고, 바람이 들어가 뿌리를 상하지 않게 한다. 그러면 100그루를 심어도 100그루 모두 살아난다.
《군방보》[49]

然後澆水令足, 俟乾, 再加土一二寸, 以防乾裂, 勿令風入傷根, 百株百活. 《群芳譜》

일반적으로 수목을 옮겨 심을 때는 빽빽하게 모여 나도록 심기를 가장 피한다. 옛날부터 떨기로 자라는 잡목들은 무성하고 크게 자랄 수가 없다. 육우

凡移栽樹木, 最忌密窄攅簇. 終古樸樕不能滋長. 陸友仁《研北雜志》云"宋 鞏、

48 《農政全書》卷37〈種植〉"種法"(《農政全書校注》, 1025쪽).
49 《二如亭群芳譜》〈利部〉"木譜" 1 '松'(《四庫全書存目叢書補編》80, 625쪽).

(陸友)[50]의 《연북잡지(研北雜志)》[51]에서는 "송(宋)나라의 공[鞏, 하남(河南)]과 낙[雒, 낙양(洛陽)] 지방의 능침(陵寢, 왕릉)에는 해마다 4월이면 측백나무 가지치기를 해 준다. 4월 전에 관리를 파견하여 능침의 상황을 아뢰게 한다."[52]라고 하였으니, 또한 옆가지가 서로 닿는 것을 우려했기 때문이다. 《행포지(杏蒲志)》[53][54]

雒陵寢, 歲以四月科柏, 前期遺官奏告", 亦慮傍枝交戛也.《杏蒲志》

50 육우(陸友) : 1290~1338. 중국 원(元)나라 서법가(書法家)·장서가. 자는 우인(友仁), 호는 연북(研北). 5 언율시에 뛰어났으며, 예서(隷書)와 해서(楷書)에도 능했다. 오(吳) 땅에서 서재 이름을 지아재(志雅齋)라 짓고 고금의 서적을 모아 놓고서, 손님이 찾아오면 차를 끓이고 청담을 나누기를 즐겼다. 저술로 《묵사(墨史)》와 《연북잡지(研北雜志)》 등이 있다.
51 연북잡지(研北雜志) : 중국 원(元)나라 육우(陸友)가 편찬한 잡저. 자신의 호를 따서 서명으로 삼았다.
52 송(宋)나라의……한다 :《研北雜志》卷下.
53 행포지(杏蒲志) : 조선 순조 25년(1825)에 서유구(徐有榘, 1764~1845)가 저술한 농서. 실제로는 그 뒤로도 내용이 보충되었다. 《임원경제지(林園經濟志)》보다 먼저 농업기술과 농지경영에 관해 저술한 책이다. 서유구의 농학 연구과정을 보여 주는 중요한 자료로, 총 5권이다. 내용은 대부분 《본리지》·《관휴지》·《만학지》 등 농사 관련 내용에 나뉘어 실려 있다.
54 《杏蒲志》卷3〈總論果蓏〉(《農書》36, 172쪽).

## 5) 분근법(分根法, 뿌리 나누어 심는 법)

뿌리를 나누어 심을 때는 나무의 뿌리 옆에 작은 그루가 나면, 그루마다 본 뿌리와 연결된 곳을 절단한다. 바로 옮겨 심어서는 안 되고, 반드시 다음 해가 오기를 기다린 다음에야 다른 곳에 옮겨 심을 수 있다. 혹 떨기로 나도, 반드시 계절과 달에 따라서 뿌리를 나누어 심으면 쉽게 살아난다. 《농정전서》[55]

分根法

分栽者, 于樹木根傍生小株, 每株就本根連處截斷. 未可便移, 須待次年, 方可移植別處. 或叢生, 亦必按時月分植, 則易活也. 《農政全書》

---

[55] 《農政全書》卷37〈種植〉"種法"(《農政全書校注》, 1026쪽).

## 6) 압조법(壓條法, 휘묻이법)

2월말이나 3월에 나뭇가지를 묻어도 된다【주 흙속에 나뭇가지를 묻어 2년 이상 살게 해야 옮겨 심을 수 있다】.《사민월령》[56]

휘묻이할 때는 가지 몸체의 반을 절단하고, 가지를 지면에 거꾸로 굽혀 흙에 묻는다. 숙토(熟土)[57]를 구덩이 하나에 넣되, 손가락 다섯 개 겹친 두께 남짓의 깊이로 하면 된다. 그 흙속에 가지를 눕히고 나무갈고리로 걸고 눌러 땅에 고정시킨다. 이어서 마른 흙으로 나무 몸체에 가까운 쪽 반을 덮어 주고, 가지 끝 쪽 반은 드러내 놓고 덮어 주지 않는다. 비수(肥水)를 구덩이에 부어 준다.

장맛비 내리는 때가 되면 가지와 잎이 그 상태로 무성해지면서 뿌리는 반드시 살아나게 될 것이다. 다음해 이날, 처음 잎이 싹트려 할 때 비로소 몸체와 연결된 곳을 자른다. 그해 상강이 지난 후에 옮겨 심으면 효과가 더욱 빼어나다.《농정전서》[58]

## 壓條法

二月盡三月可掩樹枝【注 埋樹枝土中, 令生二歲已上, 可移種矣】.《四民月令》

壓條者, 身截半斷, 屈倒于地. 熟土兜一區, 可深五指餘, 臥條于內, 用木鉤子, 攀拗在地, 以燥土壅近身半段, 露稍頭半段勿壅. 以肥水灌區中.

至梅雨時, 枝葉仍茂, 根必生矣. 次年此日, 初葉將萌, 方斷連處. 是年霜降後移栽尤妙.《農政全書》

---

56 출전 확인 안 됨;《農政全書》, 위와 같은 곳.
57 숙토(熟土):작물을 심을 수 있도록 잘 조성된 부드럽고 좋은 흙.
58 《農政全書》, 위와 같은 곳.

## 7) 탈지법(脫枝法, 가지를 옮겨 심는 법)

일반적으로 키 작은 과일나무나 화초를 옮겨 심을 때는 좋은 황토를 햇볕에 말려 체로 친 다음 소변에 담가 둔다. 또 햇볕에 말려 체로 치고 다시 소변에 담가 둔다. 이 과정을 모두 10여 차례 한다. 진흙으로 나무껍질을 봉하고, 대나무통을 두 쪽으로 쪼개어 이것으로 봉한 다음 싸매면 그 속에서 뿌리가 곧 난다. 다음해에 싸매 놓은 대나무통껍질을 자르고 뿌리를 잘라 가지를 옮겨 심는다. 《종수서》[59]

## 脫枝法

凡移⑩矮果及花, 用好黃土⑪曬乾, 篩過, 以小便浸之. 又曬乾, 篩過, 凡十餘度, 以泥封⑫樹皮⑬, 用竹筒破兩半⑭, 封裹之, 則根立生. 次年斷其皮, 截根栽之. 《種樹書》

## 8) 천삽법(扦揷法, 꺾꽂이)

먼저 기름진 땅에서 고운 흙을 충분히 파내어 휴전[畦][60]을 만들고, 물을 스며들게 하여 안정시킨다. 정월과 2월 사이에 나무의 싹이 트려고 할 때, 살지고 왕성하게 뻗은 가지를 골라 1척 남짓 길이로 자른다. 그런 다음 가지마다 위아래 쪽을 비스듬히 깎아서 말귀모양을 만든다.

작은 지팡이로 흙을 쑤셔 구멍을 파되, 깊이는

## 扦揷法

先于肥地熟劚細土成畦, 用水滲定. 正、二月間, 樹芽將動時, 揀肥旺發條, 斷長尺餘, 每條上下削成馬耳狀.

以小杖刺土, 深約與樹條

---

59 《種樹書》卷中〈果〉(《叢書集成初編》1469, 52~53쪽);《農政全書》卷37〈種植〉"種法"(《農政全書校注》, 1030쪽).

60 휴전(畦田) : 물을 오래 저장할 수 있도록 밭의 사방에 두렁을 만들어 채소를 심는 농지. 땅을 파내어 길이는 길되 너비는 1보 정도가 되도록 두렁을 만들고, 두렁 안에 거름과 흙을 섞어 넣은 다음 이를 단단하게 다진다. 여기에 물을 대면 물이 흙속에 오래 남아 채소가 잘 자란다. 두둑을 만들어 심는 채소 농법과는 거름 주는 방식과 물 주는 법이 다소 다르다. 보다 자세한 사항은 《임원경제지 관휴지》권1〈총서〉"농지 가꾸기" '휴전 만드는 법'(풍석 서유구 지음, 임원경제연구소 옮김, 《임원경제지 관휴지》1, 풍석문화재단, 2022, 80~86쪽)을 참조 바람.

⑩ 移 :《種樹書·果》·《農政全書·種植·種法》에는 "接".

⑪ 土 :《種樹書·果》·《農政全書·種植·種法》에는 "泥".

⑫ 封 :《種樹書·果》에는 "對".

⑬ 皮 :《種樹書·果》에는 "枝".

⑭ 半 :《種樹書·果》에는 "片".

대략 나뭇가지길이의 반을 넘게 한다. 그런 뒤에 여기에 가지를 꽂아 넣고 흙으로 북준다. 구멍마다의 간격은 1척 정도가 되게 한다.

늘 물을 주어 흙을 촉촉하게 해 주고, 시렁을 만들어 해를 가려 준다. 겨울이 되면 거적으로 바꾸어 따뜻하게 덮어 두었다가 이듬해에 걷어 낸다. 높이 자랄 때까지 기다렸다가 옮겨 심는다.

처음에 꺾꽂이를 하려고 할 때 날씨가 흐려야 손을 쓸 수가 있다. 비를 충분히 맞은 뒤에 꺾꽂이한다. 비가 없으면 꺾꽂이해도 살아나기 어렵다. 대체로 초목의 가지에 여유가 있는 경우에는 모두 가지를 취해 심을 수 있다.

어리고 곧은 가지를 골라 칼로 가지 아래쪽의 껍질을 0.2척 정도 깎아 내고 꿀로 밑동을 발라 막는다. 그런 다음 생 마[山藥]를 잘게 찧어 꿀 위에 바르고, 곱고 연한 황토진흙으로 껍질 깎은 바깥쪽을 감싼다. 이를 그늘에 묻으면 저절로 뿌리가 생긴다. 《농정전서》[61]

3월 상순에 곧고 좋은 가지를 베어 취하되, 굵기는 엄지손가락만 하고 길이 5척인 가지로 벤다【안 《사시유요(四時類要)》[62]에서는 "1.5척이다."[63]라 했

過半, 然後以條插入, 土壅入. 每穴相去尺⑮許.

常澆令潤, 搭棚蔽日. 至冬換作煖蔭, 次年去之. 候長高, 移栽.

初欲扦插, 天陰方可用手. 過雨十分, 無雨難有分數矣. 大凡草木有餘者, 皆可採條種.

尋枝條嫩直者, 刀削去皮二寸許, 以蜜固底, 次用生山藥擣碎, 塗蜜上, 將細軟黃泥裹外, 埋陰處, 自然生根.《農政全書》

三月上旬, 斫取直好枝, 如大拇指, 長五尺【按《類要》云: "一尺五寸"】. 納著

---

61 《農政全書》卷37〈種植〉"種法"(《農政全書校注》, 1026~1027쪽).
62 사시유요(四時類要) : 저자와 시기 미상. 중국 당(唐)나라의 시인 한악(韓鄂)이 996년 농민의 생활과 민속을 월령체로 쓴 농서인 《사시찬요(四時纂要)》를 계승한 책으로 보인다.
63 1.5척이다:《사시찬요 역주》권2〈삼월〉"농경과 생활" '이름난 과일나무들 심기'(한악 저, 최덕경 역주, 《사시찬요 역주》, 세창출판사, 2017, 217쪽).
⑮ 尺 : 저본에는 "凡". 오사카본·《農政全書·種植·種法》에 근거하여 수정.

다】. 토란뿌리에 꽂아 심는다. 토란이 없으면 큰 순무뿌리에 꽂아도 괜찮다. 핵(씨)을 심는 것보다 낫다. 핵은 3~4년이 지나야 이와 같이 커질 수 있을 뿐이다. 줄지어 심을 수 있다. 《식경(食經)[64]》[65]

芋魁中種之. 無芋, 大蕪[16]菁根亦可. 勝種核, 核三四年乃如此大耳. 可得行種. 《食經》

등창우(滕昌佑)[66]의 과일나무 심는 법은 다음과 같다. 동지 후부터 입춘(立春, 양력 2월 4·5일경) 전에 곧은 가지이면서 학의 무릎 같은 모양이 있으며, 굵기는 엄지손가락만 한 좋은 과일나무를 길이 2척 이상이 되게 베어 토란뿌리 속에 꽂아 넣는다.

滕處士栽果法: 以冬至後立春前, 斫美果直枝有鶴膝, 大如母指者, 長可二尺以來, 箚於芋魁中.

땅을 파서 구덩이를 넓게 만들고, 진흙물을 섞은 다음 생파 1승 정도를 잘게 썰어 진흙물에 섞는다. 가지를 꽂은 토란뿌리를 진흙 속에 심고, 고운 흙으로 덮어 주되, 단단해지도록 다져서는 안 된다. 그러면 그해에 꽃이 피고 그 다음해에 열매를 맺는다. 핵을 심는 법보다 훨씬 낫다. 《모정객화(茅亭客話)[67]》[68]

掘土令寬, 調泥漿, 細切生葱一升許, 攪於泥中. 將芋魁致泥中, 以細土覆之, 勿令堅實. 卽當年有花, 來年結實, 絕勝種核.《茅亭客話》

일반적으로 좋은 나무의 큰 가지에는 가로로 뻗

凡佳樹大枝之中, 有橫生小

---

64 식경(食經) : 신원 미상의 이씨(李氏)라는 중국의 인물이 쓴 음식조리서. 이 외에도 최호(崔浩)·축훤(竺暄)·회남왕(淮南王)·신농(神農) 등의 《식경》이 전한다.
65 출전 확인 안 됨 ; 《農桑輯要》 卷5 〈瓜菜〉 "諸果" 《農桑輯要校注》, 196쪽).
66 등창우(滕昌佑) : 중국 당(唐)나라 말엽 화가. 자는 성화(胜華). 혼인도 하지 않고 벼슬도 하지 않았다. 서책과 그림을 애호하여 항상 거주하는 곳에는 나무·대·돌·국화 등을 갖추어 놓고 가꾸며 그림을 그리다가 85세에 세상을 떠났다고 한다.
67 모정객화(茅亭客話) : 중국 송(宋)나라의 화가 황휴복(黃休復, ?~?)의 저술. 촉(蜀)나라의 문헌에 빠진 일화나 풍취 있는 이야기들을 모아 수합하였다. 총 10권.
68 《茅亭客話》 卷8 〈滕處士〉 《文淵閣四庫全書》 1042, 952쪽).
[16] 蕪 : 저본에는 없음. 《農桑輯要·瓜菜·諸果》에 근거하여 보충.

은 작은 가지가 있다. 이 작은 가지를 중심으로 위쪽과 아래쪽의 길이가 수 척이 되도록 큰 가지를 잘라, '정(丁)'자모양을 만든다. 그리고 나서 쇠로 만든 기구를 불에 달구어 양끝의 잘린 곳을 지진다. 이를 땅에 횡으로 묻어 큰 가지는 뿌리가 되고, 작은 가지는 그루가 되게 한다. 날마다 물을 주면 반드시 살아난다. 《청천양화록(菁川養花錄)[69]》[70]

일반적으로 가지를 꺾꽂이할 때 먼저 별도의 대꼬챙이를 땅에 꽂았다가 뽑아 낸다. 그런 뒤에 비로소 여기에 가지를 꽂아서 가지 끝의 껍질이 역방향으로 벗겨져 손상되지 않게 미리 손을 쓰고, 가벼운 손놀림으로 흙을 토닥거려서 치밀하고 단단하게 한다. 꺾꽂이한 나무는 항상 매우 그늘진 곳에 있도록 한다. 《청천양화록》[71]

枝. 從小枝上下數尺斷其大枝, 作丁字形. 以鐵器火燒, 烙定兩頭斷處. 橫埋[17]於地, 使大枝爲根, 小枝爲株. 日日澆之, 必活. 《菁川養花錄》

凡揷枝[18], 先將別籬子揷土而拔之, 然後始揷枝, 勿逆損枝端皮, 輕手按之, 令土密固. 常置陰濃處. 同上

---

69 청천양화록(菁川養花錄) : 조선의 문신이자 서화가인 강희안(姜希顔, 1417~1464)이 직접 꽃을 키우며 지은 원예서. 노송·만년송·오반죽·국화·매화·난혜·서향 등 16종의 식물과 괴석에 대해 재배법, 종자 보관법 등이 자세히 기술되어 있다. 그의 동생 강희맹(姜希孟, 1424~1483)이 편찬한 《진산세고(晉山世稿)》에 《양화소록(養花小錄)》이라는 서명으로 수록되어 있다. 《임원경제지 예원지》에 대부분의 내용이 인용되었다.
70 출전 확인 안 됨; 《增補山林經濟》 卷3 〈種樹〉 "枝種法" '丁字埋法'(《農書》 3, 160쪽).
71 《養花小錄》 〈養花法〉, 162쪽.
[17] 埋 : 《增補山林經濟·種樹·枝種法》에는 "臥".
[18] 枝 : 《養花小錄·養花法》에는 "花枝".

## 2. 접붙이기

接換

### 1) 총론

일반적으로 뽕나무와 과일나무는 접붙여야 효과가 빼어나다. 1년 후이면 접붙이기의 이로운 효과를 얻을 수 있다. 옛날 사람들이 접붙이기를 나방애벌레[螟子]¹에 비유한 까닭은 나방애벌레가 나나니벌과 빨리 같아진다는 뜻을 취했기 때문이다.

凡桑果以接博爲妙. 一年後便可獲利. 昔人以譬螟子, 取其速肖之義也.

일반적으로 가지를 접붙일 때는 좋은 가지를 골라야 한다【햇볕을 향해 난 묵은 가지[宿條]를 사용해야 한다. 기운이 굳세면서 무성해지기 때문이다. 새로 나서 연약하고 그늘진 곳의 가지를 사용하면 성목이 되기 어렵다】.

凡接枝條, 必擇其美【宜用宿條向陽者, 庶氣壯而茂, 嫩條陰弱而難成】.

대목(臺木, 뿌리를 가진 밑나무)이 되는 뿌리그루는 각각 접지(接枝, 대목에 붙이는 가지)와 비슷한 종을 따른다. 접붙이는 일은 가는 이빨 절단용 톱 1개, 두꺼운 칼등과 날카로운 날을 가진 작은 칼 1개가 반드시 있어야 한다.

根株各從其類. 接工, 必有用其①細齒截鉅一連, 厚脊利刃小刀一把.

접지와 대목의 심이 맞닿아야 하고, 손놀림은 차분해야 한다. 또 반드시 제때가 되어서 접붙여야 한

要當心, 手凝穩, 又必趁時【以春分前後十日爲宜, 或

---

1 나방애벌레[螟子] : 명나방과의 곤충을 통틀어 이르는 말. 또는 명충나방의 애벌레.
① 其 : 《農政全書·種植·種法》에는 "具".

다【춘분 전후 10일이 적당하다. 또는 그 가지의 속껍질이 청색일 때를 적기로 삼는다. 그러나 반드시 기후가 따뜻해지면 접붙이는 게 좋다. 이는 대개 따뜻하고 온화한 기운의 도움을 받고자 해서이다】.

한 번 접붙이면 두 기운이 서로 통하여 나쁜 성질이 좋은 성질이 되고 저것의 성질이 이것의 성질을 바꾸므로 그 이로움은 말로 다 할 수 없는 점이 있다. 《무본신서》[2]

取其條襯靑爲期, 然必待時暄可接, 蓋欲藉陽和之氣也】.

一經接博, 二氣交通, 以惡爲美, 以彼易此, 其利有不可勝言者矣.《務本新書》

다만 열매 안의 핵이 서로 비슷하고, 잎이 서로 같은 종류를 취하면 모두 접붙일 수 있다. 예를 들어 복숭아나무에 살구나무를 접붙이거나 매화나무를 접붙이는 경우, 상수리나무에 밤나무를 접붙이는 경우가 대개 이러한 류이다. 또한 같은 종끼리 접붙이는 경우는 같은 종 중에서 등급이 좋은 나무로 접붙여야 효과가 가장 빼어나다. 장자(張鎡)[3]의 《종화법(種花法)[4]》주석[5]

但取實內核相似, 葉相同者, 皆可接換. 如桃貼接杏, 接梅, 櫟貼接栗, 蓋此類也. 亦宜本色接換, 本色美者最妙. 張約齋《種花法》注

나무를 접붙일 때 반드시 남쪽을 향하여 자라고, 나온 지 한 해가 지난 가지를 취하여 접붙여야 한다. 그러면 열매가 많이 열린다. 여러 번 접붙이면 핵이 작아진다. 이런 핵만은 심어서는 안 된다. 《종수서》

接樹, 須取向南隔年者接之, 則着子多. 經數次接者核小, 但核不可種耳.《種樹書》

---

2　출전 확인 안 됨 ; 《農政全書》卷37 〈種植〉 "種法"(《農政全書校注》, 1027~1028쪽).
3　장자(張鎡) : 1153~?. 중국 송나라 관리. 자는 공보(功甫), 호는 약재(約齋). 매화에 대한 시를 잘 지었다고 한다. 저서로《남호집(南湖集)》10권과《사학규범(仕學規範)》40권이 있다.
4　종화법(種花法) : 장자(張鎡)가 지은 화초와 나무 심기에 대한 책. 그 내용의 일부가 여러 농서에서 확인된다.
5　출전 확인 안 됨 ; 《農政全書》卷37 〈種植〉 "種法"(《農政全書校注》, 1029~1030쪽).

수서》[6]

나무를 접붙이는 데에는 다음의 3가지 비결이 있다. 첫째, 속껍질이 청색을 띨 것, 둘째, 마디부분을 붙일 것, 셋째, 서로 마주보도록 붙일 것이다. 이 3가지 방법을 따르면 만에 하나도 잘못되지 않는다. 《농정전서》[7]

接樹有三訣: 第一襯靑, 第二就節, 第三對縫. 依此三法, 萬不失一. 《農政全書》

접붙이는 법에는 다음의 4가지가 있다. 첫째는 '삽접(揷接)'[8]이라 한다【안 이 법은 《제민요술》〈종리(種梨)〉 조에 보이고[9], 또 《사농필용(士農必用)》[10]에 삽접법이 있다[11]】. 둘째는 '벽접(劈接, 쐐기접)'[12]이다. 속칭 '산접(蒜接)'이라 한다. 혹은 '침접(砧接)'이라 한다【도마접. 안 이 법은 《전공지(展功志)》[13][14]와 《사농필용》〈종상법(種桑法)〉에 보인다[15]】. 셋째는 '근접(根

接換之法有四: 一曰"揷接"【按 法見《齊民要術·種梨》條, 又《士農必用》有揷接法】, 二曰"劈接", 俗[2]稱"蒜接", 或稱"砧接"【도마접. 按 法見《展功志》,《士農必用·種桑法》】, 三

---

6  출전 확인 안 됨;《農政全書》卷37〈種植〉"種法"(《農政全書校注》, 1030쪽).

7  《農政全書》卷37〈種植〉"種法"(《農政全書校注》, 1031쪽).

8  삽접(揷接): 접지를 대목에 꽂아 접붙이는 법. 서유구 지음, 임원경제연구소 옮김, 《임원경제지 전공지》1, 풍석문화재단, 2022, 122~126쪽에 삽접법이 그림과 함께 자세히 나온다.

9  제민요술……보이고:《齊民要術》卷4〈種梨〉第37(《齊民要術校釋》, 287쪽).

10 사농필용(士農必用): 중국 금원대에 성립되어 《농상집요(農桑輯要)》·《왕정농서(王禎農書)》 등에 다수 인용되고 실전된, 작자 미상의 농서.

11 사농필용에……있다: 출전 확인 안 됨;《農桑輯要》卷3〈栽桑〉"接換"(《農桑輯要校注》, 99~100쪽).

12 벽접(劈接, 쐐기접): 접지 끝이 들어갈 만큼 대목을 메밀낱알모양으로 도려내고 접지를 꽂아 접붙이는 법.

13 전공지(展功志):《임원경제지》16지 중에 5번째(권28~권32) 지(志). 직물농사를 다룬 책으로, 2022년 3월에 번역 출판되었다.

14 이……전공지(展功志): 서유구 지음, 임원경제연구소 옮김, 위와 같은 책, 126~128쪽에 벽접법이 그림과 함께 자세히 나온다.

15 사농필용……보인다: 출전 확인 안 됨;《農桑輯要》卷3〈栽桑〉"種椹"(《農桑輯要校注》, 86쪽).

[2] 俗:《增補山林經濟·種樹·揷接法, 腰接法, 根接法, 搭接法》에는 "今".

接)'16이라 한다【안 아래의 《무본신서》에 보인다】.
넷째는 '탑접(搭接, 혀접)'17이라 한다【안 아래의 《무
본신서》에 보이고, 또 《사농필용》에 탑접법이 있으
며,18 《전공지》에 보인다19】. 《증보산림경제》20

曰"根接"【按 見下《務本新
書》, 四曰"搭接"【按 見下
《務本新書》, 又《士農必用》
有搭接法, 見《展功志》】.
《增補山林經濟》

---

16 근접(根接) : 대목의 뿌리에 눈이 붙은 접지를 붙이는 법. 《산림경제》 권2 〈종수(種樹)〉에 "뿌리접[根接]
은, 대목의 밑동을 지표(地表)에 바짝 잘라 내고 쪼갠 다음 접지를 뾰족하게 깎아 꽂는다. 진흙으로 단단
히 봉하고 똥으로 거름을 준 다음 자주 물을 주면 살아난다(根接, 附地截去劈開, 以接頭削尖挿之. 黃泥
封固, 以糞壅之, 頻澆水卽活)."라 했다.
17 탑접(搭接, 혀접) : 두 접지를 각각 말귀모양으로 깎아 아래 접지 위에 위의 접지를 태워 붙여서 묶어 주는
방식의 접붙이는 법.
18 사농필용에……있으며 : 출전 확인 안 됨;《農桑輯要》 卷3 〈栽桑〉 "接換"(《農桑輯要校注》, 101쪽);《農政
全書》 卷32 〈蠶桑〉 "栽桑法"(《農政全書校注》, 895쪽).
19 전공지에 보인다 : 서유구 지음, 임원경제연구소 옮김, 위와 같은 책, 130~132쪽에 탑접법이 그림과 함께
자세히 나온다.
20 《增補山林經濟》 卷3 〈種樹〉 "揷接法·腰接法·根接法·搭接法"(《農書》 3, 162~166쪽).

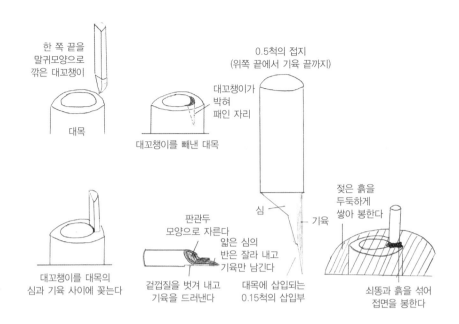

한 쪽 끝을
말귀모양으로
깎은 대꼬챙이

대목

대꼬챙이가
박혀
패인 자리

대꼬챙이를 빼낸 대목

0.5척의 접지
(위쪽 끝에서 기육 끝까지)

심

기육

젖은 흙을
두둑하게
쌓아 봉한다

대꼬챙이를 대목의
심과 기육 사이에 꽂는다

판관두
모양으로 자른다

겉껍질을 벗겨 내고
기육을 드러낸다

얇은 심의
반은 잘라 내고
기육만 남긴다

대목에 삽입되는
0.15척의 삽입부

쇠똥과 흙을 섞어
접면을 봉한다

삽접법(이 그림의 수치는 《전공지》의 내용에 준한 것임. 《임원경제지 전공지》 1, 123쪽)

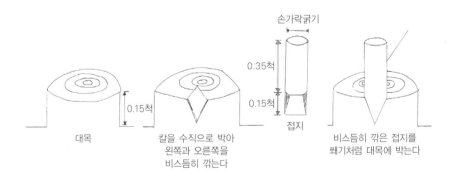

손가락굵기

0.35척

0.15척

접지

0.15척

대목

칼을 수직으로 박아
왼쪽과 오른쪽을
비스듬히 깎는다

비스듬히 깎은 접지를
쐐기처럼 대목에 박는다

벽접법(이 그림의 수치는 《전공지》 벽접법 내용에 준한 것임. 《임원경제지 전공지》 1, 127쪽)

## 2) 신접법(身接法)[21]

먼저 잔 톱날의 톱으로 원 나무의 가지와 줄기를 잘라 내고 밑나무[盤砧, 접붙일 때의 바탕나무]를 만든다. 높이는 어깨 정도이면 된다. 날카로운 날을 가진 작은 칼로 그 밑나무[盤]의 양옆 가장자리 쪽에, 작은 틈을 조금 내되, 깊이는 0.15척이면 된다.

먼저 대나무꼬챙이로 찔러 그 깊이를 헤아린 다음, 도로 약 0.5척 길이인 접지로 한쪽 끝을 깎아서 작은 빗치개모양을 만든다. 이를 먼저 입속에 머금어 입속의 진액(침)을 빌려서 그 기운을 돕는다.

도로 벌린 틈 속에 이 접지를 꽂되, 껍질은 껍질끼리, 속살은 속살끼리 서로 마주 닿도록 꽂는다. 다 꽂은 다음 나무껍질로 밀봉하면서 묶되, 묶는 정도는 적당하게 해 준다.

소똥을 진흙과 섞어 적당한 양을 가늠하여 이것

身接法

先用細鋸截去元樹枝莖, 作盤砧, 高可及肩. 以利刃小刀, 際其盤之兩傍, 微啓小罅, 深可寸半.

先用竹籤之, 測其深淺, 却以所接條, 約五寸長, 一頭削作小篦子. 先嚙口中, 假津液以助其氣.

却內之罅中, 皮肉相對挿之. 訖, 用樹皮封繫, 寬緊得所.

用牛糞和泥, 斟酌封裹之.

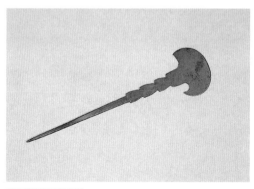

빗치개(국립민속박물관)

---

21  신접법(身接法) : 어떤 나무의 몸체를 잘라 밑나무로 삼고 밑나무 단면 옆쪽에 대꼬챙이로 먼저 찔러 구멍을 낸 다음 접지를 접붙이는 법.

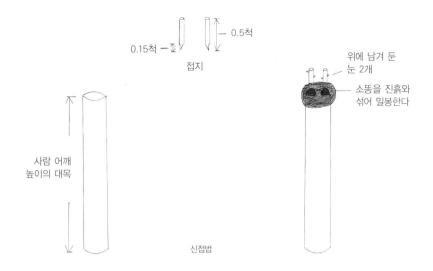

0.15척 ─ 0.5척

접지

위에 남겨 둔
눈 2개

소똥을 진흙와
섞어 밀봉한다

사람 어깨
높이의 대목

신접법

으로 밀봉하고 싸 준다. 그리하여 바람을 통하지 않게 하고 밖으로는 그 상태로 위쪽에 2개의 눈만 남겨서 그 기운이 그곳으로 새어 나가게 한다.

【농정전서 [22] 밑나무[砧]를 벌릴 때는 까마귀부리 모양(V자모양)으로 만들어야 효과가 빼어나다. 밑나무가 높은 것은 말만 하고, 낮은 것은 기와만 하다】《무본신서》[23]

정월에 몸체가 되는 나무[樹本]를 고른다. 그 굵기가 도끼자루만 하거나 팔뚝만 하면 모두 접붙일 수 있다. 이를 '대목[樹砧, 수침][24]이라 한다. 대목이 조금

勿令透風, 外仍上[3]留二眼
以泄其氣.

【農政全書 開砧, 宜用老
鴉嘴爲妙. 高如馬, 低如
瓦】《務本新書》

正月取樹本, 大如斧柯及臂
者, 皆堪接, 謂之"樹砧".
砧若稍大, 卽去地一尺截

---

22 《農政全書》卷37〈種植〉"種法"(《農政全書校注》, 1028쪽).

23 출전 확인 안 됨;《王禎農書》〈農桑通訣〉5 "種植" 13, 54~55쪽;《農政全書》卷37〈種植〉"種法"(《農政全書校注》, 1028쪽).

24 대목[樹砧]: 접붙이기에서 뿌리가 있거나 접지의 밑부분이 되는 나무를 대목(臺木)이라고 한다.

[3] 上:《王禎農書·農桑通訣·種植》에는 "用".

크면 땅에서 1척 떨어진 곳을 자른다.

땅에서 거리가 가까운 곳을 자르면 지력이 너무 왕성하기 때문에 접지를 조여 죽이게 된다. 접붙일 접지가 조금 작으면 땅에서 0.7~0.8척 떨어진 곳을 자른다. 만약 대목이 작은데도 높은 곳을 자르면 땅 기운이 접지에 이르기 어렵다.

반드시 잔 톱날을 가진 톱으로 잘라야 한다. 톱날이 굵으면 대목의 껍질을 손상시킨다. 잘 드는 칼로 대목 가장자리 쪽에서 대목과 접지가 서로 마주볼 수 있도록 대목 측면의 양쪽을 쪼개되, 깊이는 0.1척이 되게 한다. 대목마다 접지 2개를 마주보도록 접붙인다. 접지 2개가 모두 살아나면 잎이 나기를 기다려 약한 가지 하나를 제거한다.

접붙일 나무로는 양지쪽으로 난, 젓가락굵기만 하면서 가늘고 연한 가지를 고르되, 길이는 0.4척 정도로 한다. 그늘진 곳에 난 가지[陰枝]를 접붙이면 열매가 적다. 접붙일 가지는 두 마디라야 하고, 아울러 2년 된 가지라야 비로소 접붙일 수 있다.

접붙일 때는 접지의 한 끝을 조금 깎아서 대목에 넣는다. 대목 가장자리의 쪼개놓은 곳에 꽂아서 0.05척 깊이로 들어가게 한다. 꽂을 때는 접지의 껍질 양쪽 부분을 깎아서 꽂아야 한다. 이 때 접지의 껍질이 대목의 껍질과 나란해지도록 꽂는다.

접붙인 부위의 조이는 정도는 아주 적절하게 해

之.

若去地近截之, 則地力太壯矣, 夾煞[4]所接之木. 稍小則去地七八寸截之. 若砧小而高截, 則地氣難應.

須以細齒鋸截, 鋸齒麤, 卽損其砧皮. 取快刀子於砧緣相對側劈開, 令深一寸, 每砧對接兩枝. 候俱活, 卽待葉生, 去一枝弱者.

所接樹, 選其向陽細嫩枝如筯麤者, 長四寸許. 陰枝卽少實. 其枝須兩節, 兼須是二年枝, 方可接.

接時微批一頭入砧處, 揷砧緣劈處, 令入五分. 其入須兩邊批所接枝皮處揷了, 令與砧皮齊.

切令寬急得所, 寬卽陽氣

---

0.4척

젓가락굵기의 접지

대목 단면의
양쪽 측면을
0.1척 깊이로 쪼갠다

너비 0.02~0.03척의
본 나무 껍질로 붙인
면을 동여맨다

황토진흙으로
바른다

1척
(또는 0.7~0.8척)
높이로 자른
밑나무

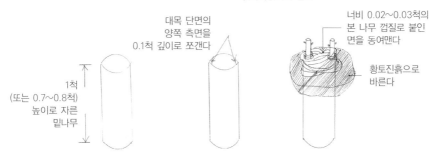

본문에서 설명한 접붙이는 법

야 한다. 너무 헐거우면 양기가 접지에 이르지 않고, 너무 꽉 조이면 힘이 커지므로 접지를 매우 조여 죽이게 된다. 그러므로 접붙이기 성공 여부는 전적으로 그 정도를 세심하게 헤아려 조절해 주는 데 달려 있다.

접지를 대목에 다 꽂았으면 따로 본래 나무의 껍질 한 조각을 취하되, 길이 1척 남짓, 너비 0.02~0.03척이 되도록 한다. 이를 접지와 대목 가장자리의 생채기 부분에도 껍질을 대고 동여매 준다. 이는 접붙인 곳에 빗물이 들어갈까 걱정되기 때문이다. 다 동여맸으면 동여맨 곳을 황토 진흙으로 바른다. 이어 대목의 절단면과 접지의 끝도 모두 황토진흙으로 봉해 준다. 맞은편에 꽂아 붙인 접지도 모두 이 법과 같이 한다.

진흙을 다 바르면 그 상태에서 종이로 접지의 끝을 싸고 삼끈으로 묶는다. 이는 진흙이 떨어질까 걱

不應, 急則力大夾煞, 全在
細意酌度.

揷枝了, 別取本色樹皮一
片, 長尺餘, 闊三二分. 纏
所接樹枝并砧緣瘡口, 恐
雨水入. 纏訖, 卽以黃泥泥
之. 其砧面并枝頭, 并以黃
泥封之. 對揷一邊, 皆同此
法.

泥訖, 仍以紙裹頭, 麻繩
縛之, 恐其泥落故也. 砧上

정되기 때문이다. 대목 위에 잎이 나면 종이를 바로 제거한다. 그제서야 재 섞은 똥거름으로 대목의 뿌리를 북주고, 대목의 바깥쪽은 가시나무로 가려 보호해서 짐승들이 가지를 건들거나 뽑아내지 않도록 한다. 봄비가 적당하게 오면 더욱 쉽게 살아난다. 《사시유요》[25]

有葉生, 卽旋去之. 乃以灰糞壅其砧根, 外以刺棘遮護, 勿使有物動撥其枝[5]. 春雨得所[6], 尤易活.《四時類要》

등창우의 과일나무 접붙이는 법: 일반적으로 과일나무를 접붙이려면 먼저 야생하면서[野樹] 그 열매가 시고 떫으며 맛없는 나무[26]를 얻는다. 그 굵기는 팔뚝굵기 이상이면 모두 접붙일 수 있다.

滕處士接果法: 凡欲接果, 先得野樹子酸澁不美者, 如臂已上, 皆堪接也.

그런 다음에 좋은 과일나무가지를 찾는다. 가지는 2년 된 가지 중에 학의 무릎 같이 두툼한 마디가 있으면서 양지바른 곳의 가지로 선택한다. 가지의 길이는 2척을 넘지 않도록 한다. 2척을 넘으면 살아나기 어렵다.

然後尋美果枝, 選隔年有鶴膝向陽者, 枝長不過二尺. 過則難活.

접붙일 때가 되면 접지를 잘라 바로 무에 꽂는다. 이는 그 기운을 새어나가게 하지 않기 위해서이다. 동지 후 10일부터 입춘 전 7일까지 야생나무(밑나무)의 껍질에 윤기가 나지만 아직 싹이 나지 않았을 때가 접붙이기 알맞은 시기이다.

至時, 剪下便箚於蘿蔔中, 欲不洩其氣也. 冬至後十日, 立春前七日, 其野樹皮潤, 萌芽未發, 是其時也.

야생나무를 톱으로 자를 때는 땅에서 0.5~0.7

將野樹以鋸截, 令去地

25 《사시찬요 역주》권1〈정월〉"농경과 생활" '나무 접붙이기', 97~99쪽;《農桑輯要》卷5〈果實〉"接諸果"(《農桑輯要校注》, 197쪽).

26 야생하면서[野樹]……나무: 밑나무는 재배한 나무가 아니라 야생하는 나무로 골라야 한다는 의미이다.

5 其枝:《사시찬요 역주·정월·농경과 생활》에는 "根枝".

6 所: 저본에는 "野". 오사카본·규장각본·《사시찬요 역주·정월·농경과 생활》·《農桑輯要·果實·接諸果》에 근거하여 수정.

척 떨어진 부분을 자른 다음 중심부를 쪼개되, 깊이는 0.2척 정도가 되게 한다. 좋은 가지 1~2개를 청색 껍질이 상하지 않도록 비스듬하게 깎는다. 야생나무를 쪼갠 틈 속에 접지를 꽂을 때 접지의 바깥쪽이 야생나무의 껍질과 서로 나란하면서도 꽉 붙도록 한다.

소똥 섞은 진흙으로 접붙인 면을 밀봉한 다음 죽순껍질로 접붙인 곳을 싸고, 삼끈으로 동여매어 고정시킨다. 위쪽에는 다시 황토진흙으로 접지의 머리 부분을 싸서 빗물이 침투하지 못하게 한다. 혹 야생나무 옆에 싹잎이 생기면 곧 제거한다. 그러면 그해에 꽃이 핀다. 《모정객화》[27]

五七寸, 中心劈破, 深二寸許. 取美枝或一枝或兩枝, 斜剚勿傷靑[7]皮. 揷於野樹罅中, 外與野樹皮相齊等緊密.

用牛糞泥封之, 與筍籜苞裹其接處, 以麻紉纏定. 上更以黃土泥, 搭頭裹之, 勿使雨水透入. 或有野樹旁生芽葉, 卽取去之, 當年有花.《茅亭客話》

2척 이하

학의 무릎처럼
마디가 굵은 2년 된 접지

0.5~0.7척

0.02척 깊이로
대목을 쪼개
접지를 꽂는다

접지를 무에 꽂는다

죽순껍질로
접면을 싼다

삼끈으로
동여맨다

등창우의 접붙이는 법

---

27 《茅亭客話》卷8〈滕處士〉(《文淵閣四庫全書》1042, 952~953쪽).
[7] 靑:《茅亭客話·滕處士》에는 "其".

대목을 다 자른 다음 날카로운 칼로 대목 위의 울퉁불퉁한 톱날자국을 깎아 낸다. 좋은 수목을 찾아 취하여 접지로 삼는다. 이때 반드시 2년 된, 살지고 무성하면서도 연하며, 굵기가 젓가락과 같은 가지로 골라야 한다. 이를 길이 0.3~0.4척 이상이 되도록 자른다.

근두(根頭, 접지의 아래쪽 끝)의 0.15척 되는 부분에서, 날이 얇은 칼로 아래쪽 반을 판관두(判官頭)[28]모양으로 깎는다. 남은 반은 그 심[骨, 고갱이 또는 목질부]을 깎아 말귀모양이 되게 한다.

또 말귀모양으로 만든 접지의 뾰족한 끝부분의 얇은 심은, 그 반을 뒤집어 잘라 낸다. 접지를 입에 머금고 따뜻한 기운을 배게 하여 사람의 생기를 빌려 준다.[29]

그런 뒤에 칼을 대목 좌우의 껍질 안쪽과 막(膜, 형성층을 보호하는 막) 바깥쪽에 대고 두 곳이나 세 곳을 깎아서 홈을 낸다. 입에 머금었던 접지를 대목의 이 홈[槊子] 안에 꽂아 넣되, 매우 빠르게 꽂아 꽉 끼도록 한다. 이때 늙은 밑나무의 기육(肌肉)[30]이 접지의 기육과 서로 마주 닿도록 붙여야 한다. 밑나무 하나에 만든 홈의 수에 따라 2개나 3개를 붙인다.

樹貼[8]截訖, 用利刀銛貼上齒痕. 尋樹木佳者, 取到接頭, 須經二年肥盛嫩枝, 如筋大者, 斷長三四寸以上.

根頭一寸半, 用薄刀子刻下中半, 刻成判官頭樣, 削其骨, 成馬耳狀.

又將馬耳尖頭薄骨, 翻轉割去半分. 將接頭口內噙養溫煖, 以借生氣.

然後將刀于貼盤左右皮內膜外, 批豁兩道或三道. 納所噙接頭于槊子內, 極要快捷緊密. 須使老樹肌肉, 與接頭肌肉相對着, 或二或三.

---

28 판관두(判官頭) : 말에 앉은 사람이 앞으로 쏠리지 않게 막아 주는 역할을 하는, 말안장 앞쪽의 높이 솟은 부분의 명칭. 위쪽은 튀어 나오고, 아래쪽으로 비스듬히 내려가면서 좁아지는 모양이다.

29 또⋯⋯준다 : 이 단락은 풍석 서유구 지음, 임원경제연구소 옮김, 《임원경제지 전공지》1, 123~124쪽과 내용이 거의 유사하다

30 기육(肌肉) : 겉껍질과 심재 사이에 있는 속껍질과 살을 가리키는 말로, 체내물질의 이동 통로. 나무의 체관을 말한다.

[8] 貼 :《農政全書·種植·種法》에는 “貼小, 宜近地截”.

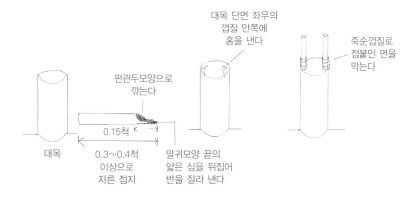

대목 단면 좌우의
껍질 안쪽에
홈을 낸다

죽순껍질로
접붙인 면을
막는다

판관두모양으로
깎는다

0.15척

대목

0.3~0.4척
이상으로
자른 접지

말귀모양 끝의
얇은 심을 뒤집어
반을 잘라 낸다

접지를 판관두모양으로 깎아 접붙이는 법

이 과정을 모두 마치면 죽순껍질로 0.1척 정도 되도록 접붙인 곳을 막는다. 이어서 죽순껍질을 쪼갠 다음 두 손가락으로 접지 바깥면의 베어 낸 자국에다 쪼갠 죽순껍질을 나란히 댄다. 이를 싸서 고정시킨 다음 삼껍질로 동여맨다.

다시 죽순껍질로 대목 꼭대기를 싼 다음 묶어 고정시킨다. 다음으로 질퍽한 진흙으로 동여맨 곳을 봉하고, 묵은 삼끈으로 묶어 진흙을 부착시킨다. 그 위에는 넓은 두건에다 흙을 채워 접목을 북주어 기른다. 접지는 바람이 통하거나 해를 보지 않게 한다. 흙이 마르면 싸고 있는 흙 위에 물을 뿌려 준다.

가지와 싹이 자라 나오면 접지의 것이 아닌 놈은 모두 제거하여 접목의 기력이 분산되는 일을 막는다. 북준 흙 위로 접지의 눈 1~2개를 노출시켜서 활

皆了, 用竹籜攔寸許, 劈開, 雙指[9]齊貼面于接頭外面所批痕處, 包裹定, 麻皮纏[10].

復用竹籜包其貼頂, 縛定. 次用爛泥, 封其纏處, 舊麻縛着. 上用寬兜, 盛土培養. 接頭勿令透風見日, 土乾則灑之所包土上.

條芽長出, 非接頭上者, 悉去之以防分力. 培土上, 露接頭一二眼, 通活氣. 上用

---

[9] 指:《農政全書·種植·種法》에는 "手".
[10] 纏: 저본에는 없음.《農政全書·種植·種法》에 근거하여 보충.

기를 통하게 한다. 그 위쪽은 죽순껍질로 가려 해나 竹籜蔽之, 以防日雨. 張約
비를 막는다. 장자《종화법》주석[31] 齋《種花法》注

---

31 출전 확인 안 됨;《農政全書》卷37〈種植〉"種法"(《農政全書校注》, 1030쪽).

## 3) 근접법(根接法)[32]

원 나무의 몸통을 톱으로 자를 때는 지면에서 0.5척 정도 떨어진 곳을 자른다. 접지를 빗치개모양으로 깎아서 대목에 꽂는 법은 신접법과 똑같이 해 준다. 그런 다음 흙으로 북주어 봉해 준다. 가시나무로 접목을 둘러싸서 보호해 준다.《무본신서》[33]

## 根接法

鋸截斷元樹身, 去地五寸許. 以所接條削箄, 挿之, 一如身接法, 就以土培封之. 以棘圍護之.《務本新書》

---

32 근접법(根接法) : 밑나무의 밑동을 땅에 바짝 붙여서 잘라 내고 쪼갠 다음 접가지를 뾰족하게 깎아 꽂아 접 붙이는 법. 신접법(身接法)보다 더 뿌리에 가까운 부분을 잘라 내기 때문에 근(根)자를 붙였다.

33 출전 확인 안 됨 :《王禎農書》〈農桑通訣〉 5 "種植" 13, 55쪽 ;《農政全書》卷37〈種植〉 "種法"(《農政全書校注》, 1028쪽).

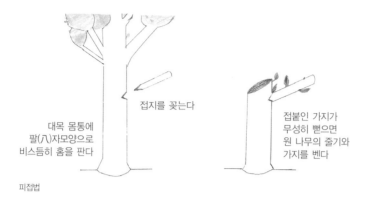

접지를 꽂는다

대목 몸통에
팔(八)자모양으로
비스듬히 홈을 판다

접붙인 가지가
무성히 뻗으면
원 나무의 줄기와
가지를 벤다

피접법

## 4) 피접법(皮接法)[34]

작고 날이 날카로운 칼을 사용하여 원 나무의 몸통에 "팔(八)"자모양으로 비스듬하게 판다. 작은 대꼬챙이로 판 깊이를 헤아려 본 다음 접지의 껍질과 기육(肌肉)이 대목의 그것과 서로 마주 닿도록 꽂는다. 봉해 주고 보호해 주는 일은 앞의 법과 같다. 접붙인 가지가 무성하게 뻗으면 원 나무의 가지와 줄기는 베어 낸다.《무본신서》[35]

나무를 꽂아 접붙일 때 도끼자루나 팔뚝굵기만한 본 가지를 취하면 모두 꽂을 수가 있다. 큰 놈에는 4~5가지, 작은 놈에는 2~3가지를 꽂는다. 잎이 나서 조금 흔들거릴 때가 가장 좋은 시기이고, 씨의

## 皮接法

用小利刃刀子, 於元樹身八字斜剄之. 以小竹籤測其淺深, 以所接枝條皮肉相向揷之. 封護如前法. 候接枝發茂, 卽斬去其元樹枝莖.《務本新書》

揷樹, 取本枝如斧柯及臂者, 皆堪揷. 大者四五枝, 小者二三枝. 葉微動爲上時, 將欲開荑爲下時.

---

34 피접법(皮接法): 대목을 자르지 않고 대목의 껍질 쪽에 접지를 붙이는 법. 《증보산림경제》 권3 〈종수(種樹)〉 "첩접법(貼接法)"에서는 "첩접은 과접(過接)이다. 지금은 '의접(倚接)'이라 하거나 '피접(皮接)'이라 한다(卽過接. 今稱倚接, 或稱皮接)."라 했다(《農書》3, 166쪽). 하지만 아래 '8) 과접법(過接法)'의 방법은 여기의 피접법과 확연히 다른 법이다.

35 출전 확인 안 됨;《王禎農書》〈農桑通訣〉5 "種植" 13, 55쪽;《農政全書》卷37 〈種植〉 "種法"(《農政全書校注》, 1028쪽).

껍질이 터지려고 할 때는 너무 늦은 시기이다.

먼저 자를 나무를 삼끈[麻紖]【인(紖)은 지(支)와 진(殄)의 반절(反切)[36]이다】으로 10여 번 동여맨 다음 톱으로 나무를 자른다. 이때 지면으로부터 0.5~0.6척 떨어진 곳을 자른다. 삼끈으로 동여매지 않으면 접지를 꽂아 붙일 때 대목의 껍질이 부서질까 걱정되기 때문이다. 높은 쪽에 남아 있는 가지는 바람을 만나면 꺾이므로 대바구니로 덮어야 한다.[37]

대나무를 비스듬하게 잘라 꼬챙이를 만든다. 이 꼬챙이로 대목의 기육과 껍질 사이를 찌르되, 0.2척 정도의 깊이로 한다. 좋은 과일나무가지를 잘라서 접지로 삼는다. 접지로는 양지바른 곳의 가지가 좋다. 그늘진 곳의 가지는 나중에 열매가 적다.

접지의 길이는 0.5~0.6척으로 한다. 역시 대꼬챙이처럼 비스듬하게 자르되, 칼날이 접지의 중심을 지나가도록 해야 한다. 굵기와 길이는 대꼬챙이와 같게 하고, 칼로 접지를 살살 자른다[劖]【안 영(劖)은 자른다[剡]는 뜻이다】. 접지를 비스듬하게 자를 때는 검은 겉껍질을 벗겨 내고, 푸른 속껍질을 상하지 않게 한다. 푸른 속껍질이 상하면 죽는다.

대꼬챙이를 뽑아 내고 대꼬챙이로 찔러 생긴 홈에 접지를 꽂는다. 이때 대목의 기육이 접지의 기육에 딱 닿고, 대목의 껍질은 또 접지의 껍질에 닿

先作麻紖【支殄反】纏樹十餘匝, 以鋸截樹, 去地五六寸. 不纏則恐挿時皮破. 留高者遇風則披折, 宜以籠盛之.

斜劖竹爲籤, 刺木皮之際, 令深二[11]寸許. 折取美好果枝, 陽中者妙, 陰中者少實.

長五六寸, 亦斜劖之, 令過心. 大小、長短, 與竹籤等, 以刀微劚【按 劚也】樹枝. 斜劖之際, 剝去黑皮, 勿令傷靑皮. 傷則死.

拔出竹籤, 挿枝令到劚處, 木適向木, 皮還近皮. 挿訖, 以綿冪樹本頭, 封

---

36 반절(反切): 한자의 음을 나타낼 때 다른 두 한자의 음을 각각 반씩만 따서 합쳐 발음하는 방법.
37 높은……한다: 이 문장의 의미를 잘 모르겠다. 대목을 0.5~0.6척 지점에서 잘랐는데, 높은 쪽에 가지가 남아 있다는 점이 의아하다. 대바구니로 덮어야[원문의 "성(盛)"은 "담다"는 의미] 한다는 점도 이해 안 된다.
[11] 二:《居家必用·竹木類》에는 "一".

게 한다. 꽂기를 마치면 솜으로 나무의 근두[本頭, 접붙인 위쪽]를 덮고 그 위쪽은 잘 삭힌 소똥을 섞은 진흙으로 봉한다【안《구선신은서》에 "접지의 껍질로 동여매거나 뽕나무껍질로 싸서 묶고 진흙으로 봉한다."38라 했다】.

흙으로 북주어 덮을 때, 접지는 겨우 머리만 나오도록 하여 흙으로 사방을 북주고, 가지 위에 물을 흠뻑 준 다음 흙으로 덮는다【산림경제보 39 민간의 방법은, 짚둥구미로 나무 위를 덮은 다음 짚둥구미 위에 물을 뿌려서 습기가 있게 해 줄 뿐이다. 이는 가지 위쪽에는 물을 줄 수 없기 때문이다】.

흙은 단단하게 다지지 말고, 접붙인 가지를 잡아당기거나 흔들지 말아야 한다. 접지가 살아서 나무 옆에 잎이 나오면 북준 흙을 바로 제거한다. 그렇게 하지 않으면 기운을 분산시켜 접붙는 속도가 매우 더뎌진다【안 이것은《제민요술》의 삽리법(揷梨法, 배나무 접붙이는 법)을 따랐으나, 내용에는 약간의 출입이 있다40】.《거가필용(居家必用)41》42

熟牛糞泥於上【按《臞仙神隱書》: "用所接樹皮纏之, 或用桑皮裹縛, 以泥封之"】.

以土培覆, 令樹枝僅得出頭, 以土壅四畔, 當枝上沃水盡, 以土覆之【山林經濟補 俗方以藁篇覆其上, 灑水篇上, 使有濕氣而已. 枝上則不得沃水】.

勿令堅固, 勿使掌撥. 接枝既生, 樹傍有葉出輒去之. 不爾則分氣, 長遲【按 此用《齊民要術》揷梨法而略有出入】.《居家必用》

---

38 접지의……봉한다:《臞仙神隱書》卷下〈二月〉"種木"(《四庫全書存目叢書》260, 42쪽);《山林經濟》卷2〈種木〉(《農書》2, 173쪽).

39 출전 확인 안 됨;《山林經濟》卷2〈種樹〉(《農書》2, 173쪽).

40 이것은……있다:《齊民要術》卷4〈揷梨〉第37(《齊民要術校釋》, 288쪽).

41 거가필용(居家必用):중국 원(元)나라 때에 편찬된 저자 미상의 가정백과전서. 원 제목은《거가필용사류전집(居家必用事類全集)》이다. 갑집(甲集)에서 계집(癸集)까지 10집으로 구성되며, 건축·식품·의류·주거 생활 등 각 가정에서 필수적으로 활용할 수 있는 사항을 수록하고 있다. 고려 말 우리나라에 도입되어 조선 후기까지 널리 활용되고 읽혔다.《만학지》뿐만 아니라《임원경제지》16지(志) 곳곳에 인용되었다.

42 《居家必用》〈戊集〉"竹木類" "種樹"(《居家必用事類全集》, 195쪽).

## 5) 지접법(枝接法)[43]

피접법(皮接法)과 같은 점이 있으나 조금 유사할 뿐이다. 《무본신서》[44]

**枝接法**

如皮接之法, 而差近之耳. 《務本新書》

## 6) 엽접법(靨接法, 눈접법)[45]

작은 나무가 좋다. 먼저 원 나무에서 옆으로 뻗은 가지 위쪽을 잘라 내고, 1척 정도를 남긴다. 접지의 나무에서 싹눈을 포함하여 싹눈 바깥쪽 사방 0.1척을 취하되, 껍질과 기육을 칼끝으로 파낸다. 이때 칼끝이 심까지 닿으면 조심스럽게 껍질과 기육을 모두 한 조각으로 들어 낸다.

이어서 반드시 아심(芽心)[46]이 포함되도록 이 조각을 입 속에 넣어 머금어야 한다. 잠깐 머금었다가 꺼낸 다음 옆으로 뻗은 대목의 가지에다 입에서 꺼낸 이 눈 조각으로 침 자국을 찍는다. 칼끝으로 이 자국을 따라 원 나무에 눈접할 자리(침 자국)를 파되,

**靨接法**

小樹爲宜, 先於元樹橫枝上截了, 留一尺許. 於所取接條樹上, 眼外方半寸, 刀尖刻斷皮肉, 至骨, 併帶款[12]揭皮肉一方片.

須帶芽心□丁[13][14]口嚼, 少時取出, 印濕痕於橫枝上. 以刀尖依痕, 刻斷元樹靨處, 大小如之, 以接按之.

---

43 지접법(枝接法):피접법과의 유사성을 설명한 출전을 찾지 못했다. 대목의 윗부분을 잘라 내고 대목 단면에 접붙이는 일반적인 방식과 달리 피접법은 측면의 껍질 쪽에 꽂아 접지를 붙이는 점으로 미루어 볼 때 지접법 역시 이와 같은 방식일 것으로 추정된다.

44 출전 확인 안 됨;《農政全書》卷37〈種植〉"種法"(《農政全書校注》, 1028쪽).

45 엽접법(靨接法, 눈접법):대목에 접지의 눈을 도려 내어 붙이는 법. 풍석 서유구 지음, 임원경제연구소 옮김,《임원경제지 전공지》1, 128~130쪽에 엽접법을 그림과 함께 자세히 소개했다.

46 아심(芽心):심의 위쪽과 눈의 아래쪽에 있는 쌀알 같은 작은 알갱이. 싹눈의 생기의 근원이다.

⑫ 款:《農政全書·蠶桑·栽桑法》에는 "凝".

⑬ □丁:《農政全書·蠶桑·栽桑法》(사고전서본)에는 "納于". 저본에는 "丁"자 앞이 결자이다. 알맞은 글자를 고심하며 우선 비워 두었다가 추후 보충 또는 삭제하려 했던 흔적으로 여겨 그대로 두고,《農政全書·蠶桑·栽桑法》(사고전서본)에 따라 옮겼다. 오사카본 두주에는 "탈자는 다시 상고해 보아야 한다. 정(丁)자는 연자(衍字)인 듯하다(頉字更考. 丁字疑衍)."라고 적혀 있다.《欽定授時通考》卷58〈農餘〉"接果"에 인용된《務本新書》의 이 내용에는 "須帶芽心口嚼"으로 되어 있어 "□丁"에 해당하는 글자가 아예 없다.

⑭ 須帶芽心□丁:《農政全書校注》에는 보이지 않는 구절이다.《士農必用》의 엽접법을 인용한《農桑輯要》에도 이 구절은 보이지 않는다. 다만 사고전서본《農政全書·蠶桑·栽桑法》세주에서 "須帶芽心納于"가 확인되었다. 석성한(石聲漢, 1907~1971)이《農政全書校注》를 펴내면서 삭제한 것으로 보인다.

아심

그 크기는 떼어 낸 눈 조각과 같게 판 뒤에 눈 조각
을 넣어 붙인다.

눈 조각 붙인 가지 위쪽과 아래쪽의 양 끝은 뽕
나무껍질로 봉하여 묶어 준다. 이때 묶는 강도는 적
당하게 해 준다. 그 상태에서 소똥을 섞은 진흙을
발라 보호해 준다. 나무의 크기에 따라 눈 조각의
수를 가늠하여 접붙인다.《무본신서》[47]

上下兩頭, 以桑皮封繫, 緊
慢得所, 仍用牛糞泥塗護
之. 隨樹大小, 酌量多少接
之.《務本新書》

0.05척

접지에서 눈의 쌀알 같은
알갱이를 포함한 기육과
심의 윗부분을 파낸다

1척

접지의 눈 조각
형태로 대목의
껍질과 기육을 도려낸다

접지에서 떼어 낸
눈 조각을 대목의
가지에 끼운다

새 뽕나무껍질로
눈 붙인 부분을 묶어 준다

쇠똥과 진흙을 섞어
눈 붙인 주변에 바른다

엽접법(《임원경제지 전공지》1, 130쪽)

---

47 출전 확인 안 됨;《農政全書》卷32〈蠶桑〉"栽桑法"(《農政全書校注》, 897쪽).

## 7) 탑접법(搭接法)[48]

심어서 싹이 난 가지에서 지면으로부터 0.3척 정도 떨어진 곳을 잘라 내고 위 부분을 말귀모양으로 깎아 만든다. 접지를 가져다 아울러 말귀모양으로 깎는다. 서로 위아래로 맞붙인 다음 앞의 법과 같이 봉하여 묶어 주고서 거름 주고 북준다. 《무본신서》[49]

## 搭接法

將已種出芽條, 去地三寸許, 上削作馬耳. 將所接條, 倂削馬耳. 相搭接之, 封繫如前法, 糞壅. 《務本新書》

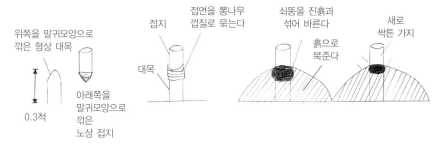

위쪽을 말귀모양으로 깎은 형상 대목

0.3척

아래쪽을 말귀모양으로 깎은 노상 접지

접지

접면을 뽕나무 껍질로 묶는다

대목

쇠똥을 진흙과 섞어 바른다

흙으로 북준다

새로 싹튼 가지

탑접법(《임원경제지 전공지》1, 131쪽)

---

48 탑접법(搭接法) : 두 접지의 접면을 위아래로 맞붙여 접붙이는 법. 풍석 서유구 지음, 임원경제연구소 옮김, 위와 같은 책, 130~134쪽에 탑접법을 그림과 함께 자세히 소개했다.

49 출전 확인 안 됨;《農政全書》卷37〈種植〉"種法"(《農政全書校注》, 1028쪽).

## 8) 과접법(過接法)[50]

민간에서는 '의접(倚接)'이라 한다. 이 법은 대부분 매화나무 접붙이기에 적당하다. 먼저 작은 나무를 화분에 심어서 접붙일 나무 위쪽에 걸어 둔다. 대목과 접지 두 나무 모두 한 쪽 껍질을 깎아 낸 다음 마주대고 붙인다. 붙인 부분을 생 칡껍질로 동여맨다. 기운이 통하여 껍질이 서로 붙은 뒤에 본 나무에서 잘라 내어 접붙인 가지를 다른 화분에 심는다.《증보산림경제》[51]

## 過接法

俗稱"倚接". 其法多宜於接梅. 先將小樹栽盆, 懸於可接樹上. 兩樹皆削去一邊皮接合, 用生葛皮纏束, 待氣通皮縫相接, 然後斷去本樹, 安下盆樹[15].《增補山林經濟》

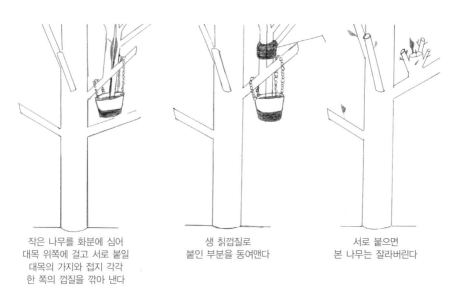

작은 나무를 화분에 심어
대목 위쪽에 걸고 서로 붙일
대목의 가지와 접지 각각
한 쪽의 껍질을 깎아 낸다

생 칡껍질로
붙인 부분을 동여맨다

서로 붙으면
본 나무는 잘라버린다

과접법

---

50 과접법(過接法) : 대목과 접지의 껍질만 벗겨 내고 접붙였다가 기운이 껍질에까지 통하여 붙으면 접붙인 가지를 본 나무에서 잘라 내어 심는 법.
51 《增補山林經濟》卷3〈種樹〉 "貼接法"(《農書》3, 166쪽).
15 樹 :《增補山林經濟·種樹·貼接法》에는 "水".

## 9) 행접법(行接法)[52]

밑나무용 나무를 옮겨와서 아직 심기 전에 뿌리 위쪽의 자를 지점을 헤아린 다음 잘라 내어 대목을 만든다. 벽접법이나 삽접법이나 근접법으로 접붙인 뒤에 심는다. 물을 주어 살아나면 접지도 살아난다. 그러나 여러 법 중에서는 가장 효과적이지 못한 법이다.《증보산림경제》[53]

## 行接法

本樹移來, 未及栽, 量根上截去作砧, 或劈接或挿接或根接, 然後截[16]之. 澆水活之, 則接枝亦活. 然諸法中最劣也.《增補山林經濟》

## 10) 꽃나무 접붙이는 법[接花膠法, 접화교법]

촉(蜀)[54] 지역 사람들은 꽃이나 과일나무를 접붙일 때 모두 우교(芋膠)[55]로 그 대목과 접지의 틈을 붙인다. 토란 자체는 하나의 채소이지만 그다지 먹을 만하지 않아서 '과일나무 접붙이는 토란[接果芋, 접과우]'이라 한다.[56]《동파잡기(東坡雜記)[57]》[58]

## 接花膠法

蜀人接花果, 皆用芋膠合其罅. 其芋自是一種, 不甚堪食, 名"接果芋".《東坡雜記》

---

52 행접법(行接法) : 밑나무를 옮겨와서 접붙이는 법.
53 《增補山林經濟》卷3〈種樹〉"行接法"(《農書》3, 166쪽).
54 촉(蜀) : 지금의 중국 사천성(四川省) 일대. 현재도 사천성의 별칭으로 쓰인다.
55 우교(芋膠) : 토란의 끈끈한 점액을 이용하여 만든 아교로 추정된다.
56 촉(蜀)……한다 : 중국 서쪽 촉(蜀) 지역 일대에서는 토란을 식용하기보다 나무 접붙이기에 많이 쓰였던 것으로 추정된다.《동파잡기》의 저자인 소식(蘇軾, 1036~1101)이 태어난 미주(眉州)는 바로 이 촉 지역에 해당하는 사천성(泗川省)에 있다.
57 동파잡기(東坡雜記) : 중국 북송의 저명한 문학가이며 미식가인 소식(蘇軾, 1037~1101)의 저술.
58 출전 확인 안 됨;《廣群芳譜》卷16〈蔬譜〉"芋", 380쪽.
[16] 截 :《增補山林經濟·種樹·行接法》에는 "栽".

## 11) 먼 곳에서 접지를 취해 오는 법

일반적으로 먼 곳에서 접지를 취해 오는 경우에 접지 아래 부분 0.3~0.4척을 그을리면 또한 수 백리를 가도 살 수 있다. 또 먼 곳에서 접붙이려는 싹을 취해 오는 경우에, 거리가 지나치게 멀면 대그릇 안에 부들대[蒲穰]59와 함께 넣고 바깥쪽을 밀봉하여 공기가 통하지 못하게 한다. 그러면 비록 천 리를 가더라도 손상되지 않는다.

【안 아래 부분을 태우는 법은 《제민요술》〈접리(接梨)〉조에 나오고,60 부들대를 깔아 같이 보관하는 법[蒲穰同藏法]은 《사농필용》〈접상(接桑)〉조에 보인다61】《색경(穡經)62》63

순무뿌리·무뿌리·토란알뿌리에 꽂아도 역시 4~5일 간의 여정에는 살 수 있다. 《증보산림경제》64

## 遠地取接枝法

凡遠地取枝者, 燒下頭三四寸, 亦可行數百里, 猶生. 又取接萌遠處, 過遠則可於籚⑰中與蒲穰捲了, 外密封不透, 雖行千里, 不損⑱.

【按 燒下頭法出《齊民要術·接梨》條, 蒲穰同藏法見《士農必用·接桑》條】《穡經》

或插蔓菁根、蘿蔔根、芋魁, 亦可致四五日程. 《增補山林經濟》

---

59 부들대[蒲穰] : 부들대[蒲穰]의 '穰'은 부드러우며 탄성이 있는 고체를 가리키는 말로, 곡물 명칭에 붙으면 그 곡물의 줄기 즉, '짚'을 의미한다는 《農桑輯要校注》, 122쪽의 72번 각주를 참고하여 옮겼다.

60 아래……나오고 : 《齊民要術》卷4〈接梨〉第37《齊民要術校釋》, 288쪽).

61 부들대를……보인다 : 《農桑輯要》卷3〈栽桑〉"接換"《農桑輯要校注》, 101쪽).

62 색경(穡經) : 조선 후기 문신이자 학자인 박세당(朴世堂, 1629~1703)이 1676년에 저술한 농서. 상권에는 토지·농작물·과일·화훼·가축 등을 다루었고, 하권에는 양상(養桑)과 양잠경(養蠶經)으로 크게 나누어 자세히 다루었다.

63 《穡經》卷上〈種諸花藥法〉"接諸果"《農書》1, 391·397쪽).

64 《增補山林經濟》卷3〈種樹〉"挿樹雜法"《農書》3, 161쪽).

⑰ 籚 : 《穡經·種諸花藥法·接諸果》에는 "蔞".

⑱ 損 : 《穡經·種諸花藥法·接諸果》에는 "凍損".

## 3. 물주기와 거름주기

澆壅

### 1) 물 주는 법

일반적으로 나무는 아침저녁으로 그 위에 물을 주되, 즐통(喞筒, 물뿌리개)[1]으로 물을 뿌려 준다.[2] 이 때 반드시 오래되고 식은 똥을 써야 하며, 12월이 제일 적당하다. 또한 물을 전체의 1/3 분량으로 섞어야 한다. 풀 종류는 사계절에 거름으로 쓰기에 좋다.

정월에는 5/10의 똥과 5/10의 물을 사용하고, 2월에는 3/10의 똥과 7/10의 물을, 3~4월에는 2/10의 똥과 8/10의 물을, 5~12월에는 8/10의 똥과 2/10의 물을 사용한다. 하지만 12월에는 순전히 똥만 사용해도 무방하다.

날씨가 가물 때는 맹물만 주어야 한다. 혹 1/10의 똥을 더하기도 한다. 2월에는 혹 거름물을 주기도 하지만 피해야 할 점이 많다. 만약 2월에 나무에 어린 가지가 이미 났다면 반드시 새로운 뿌리가 생

灌澆法

凡木早晚以水沃其上, 以喞筒喞水其上. 必須用停久冷糞, 正宜臘月; 亦必和水三之一. 草之類, 宜四季用肥.

如正月, 則用五分糞, 五分水; 二月, 三分糞, 七分水; 三、四月, 二分糞, 八分水; 五、六、七、八、九[①]、十、一二月, 八分糞, 二分水; 臘月, 純糞無妨.

遇天旱只宜白水澆, 或加一分糞. 二月, 或用澆肥, 多有所忌. 假如二月樹上已發嫩條, 必生新根, 澆肥

---

1 즐통(喞筒, 물뿌리개): 대나무통에 구멍을 뚫고 솜을 만 막대를 끼워 물을 빨아들이고 분사할 수 있는 도구. 농사·원예·불끄기 등에 사용되었다.
2 일반적으로……준다:《種樹書》〈木〉(《叢書集成初編》1469, 1쪽). 이하의 내용은 《종수서》에서 확인 안 됨.
① 九:《農政全書·種植·種法》에는 "月".

기기 마련이다. 이때 거름물을 주면 뿌리가 말라서 죽는다. 만약 싹이 아직 나지 않은 경우에는 상관없다. 3월도 마찬가지다.

또 거름을 주어도 한결같이 피해를 입지 않는 나무들이 있다. 석류·말리(茉莉) 등과 같은 종류는 거름이 많더라도 상관없다. 5월의 하지 무렵에 장맛비가 올 때 거름물을 주면, 뿌리가 반드시 썩어 문드러진다. 8월에도 거름물을 주어서는 안 된다. 백로(白露, 양력 9월 8·9일경)에 비가 오면 반드시 잔뿌리가 나는데, 이때 거름을 주면 죽는다.

6~7월에 꽃과 가지가 나서 이미 안정되었으면 모두 조금씩 거름을 사용해도 된다. 월령(月令)의 등급에 따라 필요한 거름물을 조심스럽게 주면 10월[小春]이 되어 곧 왕성하게 자란다. 《종수서》[3]

則根枯[2]而死. 如萌未發者, 不妨. 三月亦然.

又有一等不怕肥者, 如石榴、茉莉之屬, 雖多肥不妨. 五月、夏至梅雨時, 澆肥, 根必腐爛. 八月亦不可澆肥. 白露雨至, 必生細根, 肥之則死.

六、七月, 花木發生已定者, 皆可輕輕用肥. 謹依月令等級澆之, 及小春時, 便能發旺. 《種樹書》

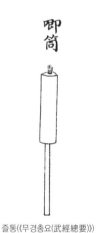

즐통(《무경총요(武經總要)》)

---

3 출전 확인 안 됨;《農政全書》卷37〈種植〉"種法"(《農政全書校注》, 1031~1032쪽).

[2] 枯:저본에는 "桔".《農政全書校注》(1043쪽, 주 66번)에 근거하여 수정.

꽃이 피는 여러 과일나무는 싹이 날 때 아래쪽에서는 뿌리가 뻗어나간다. 그러므로 이때 똥물을 주어서는 안 된다. 어린 가지가 다 자라 꼭대기의 꽃이 필 때를 기다렸다가 맑은 똥물만 줄 수가 있다. 농도가 짙은 똥은 피한다. 꽃이 피었을 때 또한 똥물을 주어서는 안 된다.

날이 가물면 맑은 물만 준다. 처음 열매를 맺었을 때 똥물을 주면 열매가 떨어진다. 열매가 커지면 상관없다. 대략 꽃이 피는 나무는 농도가 짙은 똥은 피하고, 오래되고 식은 똥을 물처럼 사용해야 한다. 새 똥을 주는 일은 단지 12월에만 좋다. 이때 물도 거름 전체 분량의 1/3을 반드시 섞어야 한다.

일반적으로 거름을 사용하는 일은 적당한 때를 살펴야 한다. 정월에는 물과 똥을 같은 비율로 타야 한다. 2~3월에 나무에 어린 가지가 나면 새 뿌리가 난다. 이때 거름물을 주면 뿌리를 손상시켜 죽인다. 하지만 싹을 아직 틔우지 않은 나무는 상관없다.

5월에 비가 올 때 거름물을 주면 뿌리는 반드시 썩어 문드러진다. 6~7월에 꽃과 가지가 나서 이미 안정되면 조금씩 거름물을 주어도 된다. 8월에도 거름물 주는 일을 피한다.

백로에 비가 오면 반드시 여린 잔뿌리가 나는데, 이때 거름을 만나면 죽는다. 오직 석류와 같은 종류는 거름을 좋아한다. 홍귤나무[柑]·귤나무 종류는

諸花果芽時, 下便行根. 此時不宜澆糞. 俟嫩條長成生頭花時, 止可澆淸糞水, 忌濃糞. 花開時, 又不可澆糞.

遇旱③只澆淸水. 初結實澆糞卽落. 實大則無妨. 大約花木忌濃糞, 須用停久冷糞如水. 澆新糞, 止宜臘月, 亦必和水三之一.

凡用肥宜審時. 如正月, 須水與糞等, 二·三月, 樹發嫩枝, 則下生新根. 澆肥則損根而死. 未發萌者不妨.

五月雨時澆肥, 根必腐爛. 六·七月發生已定, 可輕輕澆肥. 八月亦忌澆肥.

白露雨至, 必生嫩根, 見肥則死. 惟石榴④之屬喜肥. 柑·橘之屬用肥, 反皮

---

③ 旱 : 저본에는 "早".《二如亭群芳譜·亨部·果譜簡首》에 근거하여 수정.
④ 石榴 :《二如亭群芳譜·亨部·果譜簡首》에는 "石榴茉莉".

거름을 주면 오히려 껍질이 상하고 수지가 흐르다가 겨울이 되면 반드시 죽는다. 월령에 따라서 나무에 거름물을 줄 수 있다면 가지나 뿌리가 저절로 왕성하게 나면서 무성해진다. 《군방보》[4]

破脂流, 至冬必死. 能依月令澆灌, 自然發旺暢茂. 《群芳譜》

---

4  《二如亭群芳譜》〈亨部〉"果譜簡首" '澆果'(《四庫全書存目叢書補編》80, 357쪽).

## 2) 북주는 법

똥을 흙과 섞거나 깻묵가루를 흙과 섞어 뿌리를 북줄 때는 0.3~0.5척 높이로 한다. 여기에 물을 주어 다지고 안정시키는 일은 너무 지나치게 해서는 안 된다. 《종수서》[5]

## 培壅法

糞和土, 或麻餅屑和土, 壅根, 高三五寸. 澆水實[5]定, 不可太過. 《種樹書》

---

5  출전 확인 안 됨;《農政全書》卷37〈種植〉"種法"(《農政全書校注》, 1032쪽).
[5] 實:《農政全書·種植·種法》에는 "有".

## 4. 관리

## 葺理

### 1) 가지 치는 법(박수법)

정월말과 2월에 가지치기를 할 수 있다. 《사민월령》[1]

**剝樹法**

正月盡二月, 可剝樹枝. 《四民月令》

정월에 낮은 가지 중에 조금 어지럽게 난 것을 쳐서 나무의 기력이 분산되지 않게 하면 열매를 맺을 때 저절로 살지고 크다. 《편민도찬》[2]

正月間, 削去低枝小亂者, 勿令分樹氣力, 則結子自肥大. 《便民圖纂》

일반적으로 과일나무는 모두 무성한 가지를 잘라 내서 힘이 분산되지 않게 해야 한다. 가지가 뻗어 나가지 않았을 때 꽃 피고 과실 맺는 시기를 시험삼아 살펴본다면, 대체로 꽃과 과실이 없는 잔가지는 뒤에 또한 반드시 잎을 낼 것이다. 그러니 이것이 어찌 과일나무의 힘을 감소시키지 않겠는가?

凡果木, 皆須剪去繁枝, 使力不分. 不信時, 試看開花結果之際, 凡無花無果細枝, 後來亦須發葉, 豈不減力?

미리 잔가지들을 잘라 내면 힘은 꽃과 과일에 모일 것이다. 또 대부분의 과일은 모두 3년 된 가지 위에 달린 것이 크고 달다. 《농정전서》[3]

若預先芟去, 則力聚於花果矣. 又凡果, 俱三年老枝上所生則大而甘. 《農政全書》

---

1　출전 확인 안 됨; 《農政全書》 卷37 〈種植〉 "種法"(《農政全書校注》, 1034쪽).
2　《便民圖纂》 卷5 〈樹藝類〉 上 "種諸果花木" '修諸果樹', 57쪽.
3　《農政全書》 卷37 〈種植〉 "種法"(《農政全書校注》, 1031쪽).

일반적으로 나무에서 재목을 취하려고 할 때는 거(椐)나무, 느릅나무, 분비나무, 측백나무의 종류는 곧게 뻗어나간 줄기에 곁가지가 없게 해야 한다. 그밖에 꽃과 잎, 싹과 열매를 취하려고 할 경우에는 모두 가지를 옆으로 나게 해야 한다.

옆으로 난 가지를 친 부분의 높이가 6~7척이 되게 하면 그 아래로 사람의 통행이 가능하다. 이와 같이 하면 과일을 따거나 줍는 데 편하다. 일반적으로 본 나무가 싹을 틔우기 전 보름까지는 모두 손질해도 된다. 《농정전서》[4]

凡樹欲取材, 如椐、榆、杉、栢之類, 可令挺枝無旁枝. 其他取花葉、芽實者, 皆令枝旁生.

剝[1]削令至六七尺, 其下可通人行可也. 如此便于探掇. 凡本樹未發芽前半月以上, 俱可修理. 同上

## 2) 가지 비트는 법(열지법)

경험 많은 채소농사꾼의 말을 들어보면, "오구나무는 접붙여서는 안 된다. 단지 봄에 나뭇가지를 일일이 비틀어[捩] 돌린다. 이때 가지의 중심은 부수되 껍질을 상하지 않게만 하면 열매가 난다. 이렇게 하면 접붙이는 효과와 같다."라 했다. 이를 시험해보면 좋겠다.

거리가 멀어 좋은 대목을 취할 수 없으면 이 법을 사용해야 한다. 이 법은 농서에 실려 있지 않고 농가에서도 듣지 못했다. 다른 나무들도 그러할 듯하니, 하나하나 시험해 보아야 한다. 《농정전서》[5]

## 捩枝法

聞之老圃云: "烏臼樹不須接博, 但于春間將樹枝一一捩轉, 碎其心無傷其膚卽生子, 與接博者同." 試之良然.

若地遠無從取佳貼者, 宜用此法. 此法農書未載, 農家未聞, 恐他樹木亦然, 宜逐一試之. 《農政全書》

---

4 《農政全書》, 위와 같은 곳.
5 《農政全書》 卷38 〈種植〉 "木部" '烏臼'(《農政全書校注》, 1066쪽).
[1] 剝: 《農政全書·種植·種法》에는 "剗".

## 3) 원뿌리 제거법(거종근법)

심괄(沈括)[6]의 《몽계필담(夢溪筆談)》[7]에서는 "민중(閩中) 땅의 여지(荔枝) 중에는 씨가 작아 정향만 한 것이 있는데, 과육이 많고 달다. 그 토박이들도 그런 나무로 키울 수 있다. 여지나무에서 원뿌리[宗根]를 제거하고 그 상태로 잘라 낸 부분을 불로 그을린 다음 다시 심어 큰 돌로 원뿌리를 눌러 놓는다. 그리하여 단지 곁뿌리만 살게 하면 핵이 작아진다. 이 핵을 심어도 더 이상 싹이 나지 않는다. 이는 육축(六畜)[8]이 거세되면 살은 많으나 더 이상 새끼를 가지지 못하는 이치와 꼭 같다."[9]라 했다. 핵을 가진 모든 과일나무는 모두 이 법을 사용해야 한다고 나는 생각한다. 《행포지》[10]

## 去宗根法

沈括《筆談》云: "閩中荔枝, 核有小如丁香者, 多肉而甘. 土人亦能爲之, 取荔枝木去其宗根, 仍火燔令焦, 復種之, 以大石抵其根. 但令旁根得生, 其核乃小, 種之不復芽, 正如六畜去勢, 則多肉而不復有子耳." 余謂凡核果, 皆當用此法.《杏蒲志》

---

6  심괄(沈括) : 1031~1095. 중국 북송의 학자·정치가. 자는 존중(存中) 호는 몽계옹(夢溪翁). 사천감(司天監)이 되어 천체관측법·역법(曆法) 등을 창안하였고 지방관을 지내며 요나라와의 국경선 설정에 공을 세웠다. 저서로 《몽계필담(夢溪筆談)》·《보필담(補筆談)》 등이 있다.

7  몽계필담(夢溪筆談) : 중국 북송의 학자·정치가인 심괄(沈括)의 저서. 문학·예술·역사·행정·수학·물리·동식물·약학·기술·천문학 등 자신의 연구 결과를 만년에 집대성한 책. 송나라 과학사 연구의 중요한 자료이다.

8  육축(六畜) : 집에서 기르는 대표적인 6가지 가축. 소·말·돼지·개·닭·양을 이른다.

9  민중(閩中)……같다 : 《夢溪筆談》 卷24 〈雜誌〉 1(《夢溪筆談校證》, 774쪽).

10  《杏蒲志》 卷3 〈總論果蓏〉(《農書》 36, 171~172쪽).

## 4) 나무거세법(선수법)

정월에 뿌리의 싹이 아직 나지 않았을 때, 뿌리 곁을 넓고 깊게 판 다음, 땅에 못 박고 있는 원뿌리를 찾아서 잘라버리는 일을 '나무거세[騸樹, 선수]'라 한다. 사방의 어지러운 뿌리는 남겨 움직이지 않게 하고, 그 상태로 흙으로 덮고 단단히 다진다. 그러면 맺은 열매가 살지고 커서 접붙이기의 효과보다 낫다. 《편민도찬》[11]

## 騸樹法

正月間, 根芽未生, 於根傍寬深掘開, 尋攢心釘地根鑿去, 謂之"騸樹". 留四邊亂根勿動, 仍用土覆蓋築實, 則結子肥大, 勝插接者.《便民圖纂》

## 5) 김매는 법(서예법)

일반적으로 나무의 밑둥 아래는 늘 풀을 매어 깨끗하게 한다. 풀이 많으면 벌레를 끌어들여 나무의 힘을 훔쳐서 나무를 피폐하게도 한다. 나무는 밑둥 아래에 구덩이가 있게 해서는 안 된다. 비가 온 다음 구덩이에 물이 차면 뿌리는 썩고 잎은 노래지기 때문이다. 그러므로 구덩이를 채우고 평평하게 하되, 지면보다 0.3~0.5척 높게 만들어야 한다. 《편민도찬》[12]

## 鋤薉法

凡樹脚下, 常令耘草淸淨. 草多則引蟲蠧, 亦能偸力乏樹. 弗使下有坑坎, 雨後水漬, 根朽葉黃, 宜令平滿, 高如[2]地面三五寸.《便民圖纂》

일반적으로 꽃과 과일나무 아래는 자주 풀을 매어 깨끗하게 하고, 자주 다지듯이 밟아서 땅을 단단하게 해 주어야 한다. 나무 아래의 땅이 깨끗하고

凡花果樹下, 宜數鋤薉令淨, 數踐春令實. 旣淨且實, 子繁蟲稀.《杏蒲志》

---

11 《便民圖纂》卷5〈樹藝類〉上 "種諸果花木" '騸諸果樹', 57쪽.
12 출전 확인 안 됨;《農政全書》卷37〈種植〉"種法"(《農政全書校注》, 1031쪽);《二如亭群芳譜》〈亨部〉"果譜簡首" '衛果'(《四庫全書存目叢書補編》80, 353~354쪽).
[2] 如: 저본에는 "於". 오사카본·《農政全書·種植·種法》에 근거하여 수정.

단단하면 열매는 무성하고 굼벵이[蠐]<sup>13</sup>는 적을 것이

다. 《행포지》<sup>14</sup>

---

13 굼벵이[蠐] : 변태를 하는 곤충류에서 나타나는 유충.
14 《杏蒲志》 卷3 〈總論果蓏〉 (《農書》 36, 171쪽).

## 5. 보호하기

## 護養

### 1) 나무에 뜸 뜨는 법(구수법)

나무는 남에서 북으로 갈수록 대부분 시들고 날씨가 추워서 열매를 맺지 못한다. 단지 12월에 뿌리 옆의 흙을 제거한 다음 보릿짚을 두텁게 덮고 여기에 불을 놓는다. 다시 깊게 북돋우기를 이전과 같이 하면 1~2년이 지나지 않아 모두 열매를 맺는다. 해마다 이 법을 사용하면 그 효과는 남쪽과 북쪽이 다르지 않다. 이는 사람들이 쑥뜸을 뜨는 이치와 같다.《종수서》[1]

여러 나무들 중 갑자기 시들려고 하는 나무가 있으면, 급히 지면에서 0.3척 위 햇빛을 향한 곳에 뜸을 떠야 한다. 그러면 대부분 살아난다.《화한삼재도회》[2]

### 灸樹法

木自南而北, 多枯寒而不實, 只於臘月去根旁土, 麥穰厚覆之, 燃火, 深培如故, 則不過一二年, 皆結實. 若歲用此法, 則南北不殊, 猶人炷艾耳.《種樹書》

諸木卒然將枯者, 急宜灸地上三寸向陽處, 多活.《和漢三才圖會》

---

1 《種樹書》卷中〈木〉(《叢書集成初編》1469, 38쪽);《農政全書》卷37〈種植〉"種法"(《農政全書校注》, 1035쪽).
2 《和漢三才圖會》卷86〈果部〉"五果類"'種果法'(《倭漢三才圖會》10, 339쪽).

## 2) 나무 시집보내는 법

일반적으로 정월 초하루에 해가 아직 나오지 않았을 때, 수목을 도끼로 이리저리 두들겨 준 다음 대추나무나 자두나무 등을 접붙인다. 이 일을 '나무 시집보내기[嫁樹, 가수]'라고 한다.《종수서》[3]

이관경(李冠卿)[4]의 집에 한 그루의 살구나무가 꽃은 많았으나 열매를 제대로 맺지 못하였다. 마침 한 중매쟁이가 그것을 보고 웃으면서 말하기를 "내년 봄에 이 나무를 시집보내야겠다."라고 하였다.

겨울이 깊었을 때, 그 중매쟁이가 갑자기 술 한 동이를 들고 와서 "청혼하는 집안에서 문을 두드려 술로 처녀를 구합니다."라고 했다. 그러고는 붉은 치마를 나무에 묶은 다음, 술을 올려 놓고 물러나면서 두세 차례 거듭 축사를 하고 떠나갔다.

【그 축사는 다음과 같다. "봄은 생명을 주관하니, 만물이 새로워집니다. 나무의 덕은 인(仁)에 속하니, 봄에 더욱 왕성해집니다. 무성한 가지에 짙은 그늘 드리웁니다. 제가 당신을 시집보내나니, 자손 번창하소서】

다음해 봄 살구나무에 열매가 셀 수도 없을 만큼

嫁樹法

凡樹木, 當元日日未出時, 以斧斑駁椎, 接棗、李等樹, 謂之"嫁樹".《種樹書》

李冠卿家, 一杏樹, 花多而不實. 適一媒姥見之, 笑曰: "來春與嫁此樹."

冬深, 忽携一樽酒來, 云: "婚家撞門, 酒索處女." 紅裙[1]繫樹上, 奠酒, 辭祝再三而去.

【其詞曰: "靑陽司命, 庶彙維新. 木德屬仁, 更旺於春. 森森柯幹, 簇簇[2]繁陰. 我令嫁汝, 萬億子孫"】

來春杏果, 結子無數.《文

---

3 《種樹書》〈果〉《叢書集成初編》1469, 9쪽);《農政全書》卷10〈農事〉"授時"(《農政全書校注》, 228쪽).
4 이관경(李冠卿):?~?. 중국 북송 때의 관리. 조의대부(朝議大夫)를 지냈다.
① 裙:저본에는 "綢". 규장각본·《文昌雜錄》에 근거하여 수정.
② 簇:저본에는 없음. 오사카본·규장각본·《文昌雜錄》에 근거하여 보충.

열렸다. 《문창잡록(文昌雜錄)⁵》⁶

일반적으로 과일나무가 잎은 무성하지만 열매를 맺지 못하는 경우, 정월 초하루 5경(五更, 새벽 3~5시)에 도끼로 그 과일나무를 이리저리 두들기면 열매가 무성해지고 떨어지지 않는다. 이를 '과일나무 시집보내기[嫁果, 가과]'라 한다. 12월 그믐날 저녁에도 똑같이 한다. 자두나무를 시집보내려면 돌멩이를 나무의 가지가 갈라진 부분에 올려 둔다. 《편민도찬》⁷

또한 "정월 초닷샛날[辰日]⁸에 도끼로 과일나무를 찍으면 열매가 잘 열리고 떨어지지 않는다."라 했다. 《고금의통대전(古今醫統大全)⁹》¹⁰

昌雜錄》

凡果樹茂而不結實者, 元日五更, 以斧斑駮雜砧③, 則子繁而不落, 謂之"嫁果". 十二月晦日夜同. 若嫁李樹, 以石頭安樹丫中. 《便民圖纂》

一云: "辰日, 將斧砍④果樹, 結子不落."《古今醫統》

## 3) 과일나무 대전법(代田法)[11](대과법)

일반적으로 과일나무는 한 해 열매를 맺고 나면, 다음해 반드시 가지를 쉬게 한다. 한나라 사람들은 "매실나무와 자두나무의 열매가 많은 경우 다음해에는 그 때문에 나무가 쇠하게 된다."라 했다. 이것은 분명한 이치이다.

여기에 하나의 방법이 있다. 복숭아·자두나무 30그루가 있다고 하자. 이 나무들이 꽃이 필 때 15그루만 남기고 나머지는 꽃을 모두 딴다. 다음해가 되면 또 작년에 열매를 맺은 나무의 꽃을 딴다. 이 방법은 옛 사람들의 대전법(代田法)과 같다. 이렇게 하면 나무는 상하지 않고 늘 과일을 얻을 것이다. 《군방보》[12]

### 代果法

凡果樹結實一年, 次年必歇枝. 漢人云: "梅、李實多者, 來年爲之衰." 此定理也.

兹有一法, 如有桃、李三十株, 花時, 只留十五株, 花悉摘去. 至來年則又摘其結實者, 如古人代田法, 木不傷而常得果矣. 《群芳譜》

---

11 대전법(代田法) : 지력을 유지하기 위해 격년으로 작물 재배하는 땅을 바꾸는 농법. 농지 1묘에 고랑 3개와 두둑 3개를 조성하여, 올해는 고랑 3곳에 농작물을 재배하고 이듬해에는 밭을 다시 갈고 두둑 3곳이 있던 곳을 고랑 3개로 조성하고 이곳에 재배한다.

12 《二如亭群芳譜》〈亨部〉"果譜簡首"'息果'(《四庫全書存目叢書補編》80, 357쪽).

## 4) 새와 벌레 물리치는 법(벽금충법)

나무에 좀벌레[蠹蟲]가 있으면 좀벌레가 쏠은 구멍 속에 왕골[莞]13꽃을 넣거나 백부(百部)14잎을 넣으면 좀벌레가 바로 죽는다.《농상집요》15

辟禽蟲法

木有蠹蟲, 以莞花納孔中, 或納百部葉, 蟲立死.《農桑輯要》

왕골

왕골꽃(이상 네이버 블로그 수락산 스마일)

백부《본초도경》

좀벌레 처리하는 법: 정월에 분비나무를 깎아서 못을 만든 다음 좀벌레의 구멍을 막으면 좀벌레는 바로 죽는다.《편민도찬》16

治蠹蟲法: 正月間, 削杉木作釘, 塞[5]其穴, 則蟲立死.《便民圖纂》

산 사람의 머리카락을 과일나무에 걸어 두면 까마귀도 그 열매를 함부로 먹지 못한다.《유양잡조(酉

生人髮挂菓[6]樹, 烏鳥不敢食其實.《酉陽雜俎》

---

13 왕골[莞]: 사초과의 한해살이풀. 줄기가 질겨서 돗자리, 방석 따위를 만드는 데 쓰인다.
14 백부(百部): 백부과의 여러해살이풀. 뿌리는 약용한다.
15 《農桑輯要》 卷5 〈果實〉 "諸果"(《農桑輯要校注》, 197쪽).
16 《便民圖纂》 卷5 〈樹藝類〉 上 "種諸果花木" '治果木蠹蟲', 57쪽.
[5] 塞: 저본에는 "寒". 오사카본·규장각본·《便民圖纂·樹藝類·種諸果花木》에 근거하여 수정.
[6] 菓: 저본에는 "葉". 오사카본·《酉陽雜俎·廣知》에 근거하여 수정.

과일나무에 작은 청충(青蟲)[19]이 생겼을 경우, 잠자리[虹蜻]가 소리를 내도록 나무에 걸어 두면 청충이 저절로 없어진다. 《종수서》[20]

果樹生小靑蟲, 虹蜻肦挂樹, 自無. 《種樹書》

일반적으로 5종류의 과일[五果, 복숭아·자두·살구·밤·대추]은 정월 1일 닭이 울 때, 횃불로 그 나무 아래를 두루 비춰 주면 병충해가 없다. 《제민요술》[21]

凡五果, 正[7]月一日鷄鳴時, 把火遍照其下, 則無蟲災. 《齊民要術》

혹 청명(清明, 양력 4월 5·6일경)에 나무 아래에 불을 비춰 주어도 괜찮다. 《편민도찬》[22]

或淸明日亦可. 《便民圖纂》

그해에 뽕나무와 과일나무에 벌레가 생기는 해가 있을 듯한 경우, 정월 초하루에 이 나무에 불을 비춰 주면 반드시 병충해를 면한다. 《사시찬요》[23]

時年有桑·果生蟲者, 元日照者必免災. 《四時纂要》

일반적으로 나무의 좀벌레를 처리하려면 유황을 아주 고운 가루로 간 다음 이를 강가에서 채취한 진

凡治樹中蠧蟲, 以硫黄硏極細末, 和河泥少許, 令稠

---

17 유양잡조(酉陽雜俎):중국 당나라의 학자 단성식(段成式, ?~863)이 지은 수필집. 이상한 사건·도서·의식(衣食)·풍습·동식물·의학·종교·인사(人事) 등을 탁월한 문장으로 기술했다. 당나라 때의 사회·문학·역사연구의 중요한 자료이다.

18 《酉陽雜俎》卷11〈廣知〉《叢書集成初編》276, 84쪽).

19 청충(青蟲):나비나 개미 등의 유충.

20 《種樹書》〈木〉《叢書集成初編》1469, 9쪽);《農政全書》卷37〈種植〉 "種法"《農政全書校注》, 1033쪽).

21 《齊民要術》卷4〈種棗〉第33《齊民要術校釋》, 263쪽).

22 출전 확인 안 됨;《農政全書》, 위와 같은 곳.

23 《四時纂要》卷1〈春令〉《四時纂要譯註》, 89쪽).

[7] 正:《齊民要術·種棗》에는 "五".

흙 약간에 갠 뒤, 좀벌레가 만든 구멍을 촘촘하게 두루 막는다. 그 구멍이 많고 작으면 가지와 줄기에도 두루 바른다. 그러면 벌레는 모두 죽는다.

또 다른 법: 철사로 갈고리를 만들어 좀벌레를 잡는다. 또 유황이나 웅황(雄黃)[24]으로 연기를 지펴 벌레구멍에 채우면 바로 죽는다. 혹 동유(桐油)[25]나 닥나무기름[紙油][26]을 태워서 구멍을 막아도 효험이 있다. 모충[毛蟲, 송충이·쐐기벌레 등 털이 있는 애벌레]이 생기면 생선 부산물 삭힌 액을 뿌리에 뿌리거나 나무 아래에 누에유충을 묻는다.《농정전서》[27]

遍塞蠹孔中. 其孔多而細, 卽遍塗其枝幹. 蟲卽盡死.

又法: 用鐵線作鉤, 取之. 又用硫黃、雄黃作煙塞之, 卽死. 或用桐油紙油燃塞之, 亦驗. 如生毛蟲, 以魚腥水潑根, 或埋蠶蛾于下. 《農政全書》

일반적으로 새가 와서 과일을 먹을 경우 간혹 그물을 펼쳐 나무를 덮으면 나뭇가지를 훼손시키는 경우가 많다. 혹은 장대를 잡고 소리가 나도록 두드리면 매우 힘이 든다. 이때는 활로 새를 쏘아 한두 마리를 잡아서 장대 끝에 묶어 두고, 장대를 과일나무에 기대 놓는다. 그러면 그와 같은 종의 새가 일체 오지 않는다.《농정전서》[28]

凡鳥來食果, 或張網罩樹, 多損樹枝, 或持竿鼓柝, 甚費力. 須用弩射取一二, 置竿首, 倚竿于樹. 其鳥悉不來. 同上

---

24 웅황(雄黃) : 삼류화비소를 주성분으로 하는 광석. 석웅황(石雄黃)이라고도 한다. 복통·피부병·종기 등에 약으로 쓴다.

25 동유(桐油) : 기름오동나무의 열매에서 짠 기름. 우리나라에서는 옛날부터 장판지 및 우산지의 도장유, 등유(燈油), 해충퇴치제, 설사제 등으로 많이 사용되어 왔다.《임원경제지 섬용지(林園經濟志 贍用志)》권3 〈색을 내는 도구〉 "기름과 옻" '동유'(풍석 서유구 지음, 임원경제연구소 옮김, 《임원경제지 섬용지》 2, 풍석문화재단, 2016, 313~314쪽)에 만드는 법이 자세히 보인다.

26 닥나무기름[紙油] : 미상.

27 《農政全書》卷37〈種植〉"種法"《農政全書校注》, 1033~1034쪽).

28 《農政全書》卷37〈種植〉"種法"《農政全書校注》, 1033쪽).

도롱이벌레

참깨대를 나무에 걸어 두면 도롱이벌레[蓑衣蟲]29 가 없다. 《물류상감지》30

芝麻柴挂樹上, 無蓑衣蟲. 《物類相感志》

청명일 삼경(三更, 밤 11시~새벽 1시)에 볏짚을 나무 위에 묶으면 나무를 상하게 하는 대모충(戴毛蟲, 등에 털이 있는 애벌레)이 생기지 않는다. 《군방보》31

淸明日三更, 以稻草縛樹上, 不生戴毛蟲傷樹. 《群芳譜》

벌레가 아직 나오지 않았을 때, 모든 쌓인 나뭇잎과 썩은 가지는 모두 벌레들의 소굴이다. 그러니 모두 제거해야 한다. 《군방보》32

當蟲未出時, 凡聚葉腐枝, 皆蟲所窟穴, 宜盡去之. 同上

일반적으로 과일나무에 대모충이 생기면 감초가 루를 뿌리 근처에다 문지른다. 《종수서》33

凡果樹生戴毛蟲, 以甘草末擦於根下. 《種樹書》

---

29 도롱이벌레[蓑衣蟲]: 곡식좀나방과의 곤충. 주머니나방·도롱이나방이라고도 한다.
30 《物類相感志》〈花竹〉(《叢書集成初編》1344, 24쪽).
31 《二如亭群芳譜》〈亨部〉 "果譜簡首" '衛果'(《四庫全書存目叢書補編》80, 354쪽).
32 《二如亭群芳譜》, 위와 같은 곳.
33 《種樹書》〈木〉(《叢書集成初編》1469, 2쪽).

과일나무에 벌레들이 토해 덮어 놓은 실 처리하는 법: 헌 솜에 유황가루를 섞고 이를 대나무장대 끝에 묶은 다음 솜에 불을 붙여 실을 훈증한다. 석웅황(石雄黃)[34]을 사용하기도 한다. 《종수서》[35]

治果樹蟲絲罪法: 以敗絮和硫黃末, 縛竹竿頭, 用火薰之, 或用石雄黃. 同上

---

34 석웅황(石雄黃) : 앞의 '웅황' 주석 참조.
35 출전 확인 안 됨:《山林經濟》卷2 〈種樹〉 "總論"(《農書》2, 176쪽).

## 5) 치료법과 푸닥거리법(의양법)

일반적으로 나무는 모두 암수의 구별이 있다. 수나무는 대부분 열매를 맺지 못한다. 이때는 수나무를 파서 사방 0.1척의 구멍을 만들고 암나무로 구멍을 채우면 수나무가 열매를 맺는다.《박문록》[36]

사일(社日)[37]에 절굿공이로 모든 과일나무의 아랫부분을 찧으면 맺은 열매가 튼실하다. 열매를 맺지 못하는 나무 또한 이 법을 사용해야 한다.《박문록》[38]

수나무는 쓸모가 없지만, 여러 암나무 중에 한두 그루의 수나무가 있으면 효과가 더욱 빼어나다. 속담에 "암나무 가운데 수나무 1그루면, 열매맺기를 아주 주렁주렁한다."라고 하였다.《농정전서》[39]

과일나무를 치료할 때 종유석(鍾乳石)[40]가루 약간을 나무에 넣으면 열매가 많고 맛도 좋다. 또 나무가 오래되었으면 종유석가루를 진흙에 갠 다음 뿌리 윗부분에서 껍질을 들추어 이를 발라 주면 다시 무

## 醫禳法

凡木皆有雌雄. 雄者多不結實. 可鑿木作方寸穴, 取雌木塡之, 乃實.《博聞錄》

社日以杵舂百果樹下, 則結實牢. 不實者, 亦宜用此法. 同上

雄木無用, 而衆雌之中, 間有一二雄者更妙. 諺云: "群雌間一雄, 結實飽蓬蓬."《農政全書》

醫⑧果樹, 納⑨少鍾乳粉, 則子多且美. 又樹老, 以鍾乳末和泥, 於根上揭皮⑩, 抹之, 復茂.《種樹書》

---

36 출전 확인 안 됨;《農桑輯要》卷5〈果實〉"諸果"(《農桑輯要校注》, 196쪽).

37 사일(社日): 토지신에게 풍년을 기원하는 제삿날. 일년간 사일(社日)은 봄과 가을 2번 있는데, 춘사일(春社日)은 입춘 후 제5의 무일(戊日)이고 추사일(秋社日)은 입추 후 제5의 무일(戊日)이다.

38 출전 확인 안 됨;《農桑輯要》, 위와 같은 곳.

39 《農政全書》卷37〈種植〉"種法"(《農政全書校注》, 1034쪽).

40 종유석(鍾乳石): 동굴 천장에 고드름같이 달려 있는 탄산칼슘 덩어리.

⑧ 醫:《種樹書·木》에는 "鑿".

⑨ 納: 저본에는 "細". 오사카본·규장각본·《農政全書·種植·種法》에 근거하여 수정.

⑩ 皮:《農政全書·種植·種法》에는 "去皮".

성해진다.《종수서》[41]

일반적으로 과일나무가 오랫동안 열매를 맺지 못하는 경우에는 토지신에게 제사를 지내고 남은 술을 뿌려 주면 평상시보다 배로 무성해진다.《둔재한람(遯齋閑覽)[42]》[43]

凡果木久不實者, 以祭社餘酒灑之, 則繁茂倍常.《遯齋[11]閑覽》

과일나무가 열매를 맺지 못하는 경우, 섣달 그믐날 밤에 한 사람은 나무 위에 올라가고, 한 사람은 그 나무 아래에 있으면서 아래에 있는 사람이 이렇게 꾸짖는다. "네가 열매를 맺어야 하겠느냐, 맺지 않아야 하겠느냐? 지금 당장 도끼로 찍어 내버릴 테다." 그러면 나무 위의 사람은 이렇게 대답한다. "예. 지금부터 열매를 맺어야겠습니다." 이렇게 했더니 과연 다음해에 열매를 많이 맺었다.《화한삼재도회》[44]

果樹不結實者, 除夜, 一人在樹上, 一人在其下, 誚曰: "汝宜結子乎否? 今當斫棄也." 樹上人答曰: "諾, 自今以後宜結子也." 果翌年多結子.[12]《和漢三才圖會》

---

41 《種樹書》〈木〉(《叢書集成初編》1469, 7쪽);《農政全書》, 위와 같은 곳.

42 둔재한람(遯齋閑覽):중국 송나라 범정민(范正敏, ?~?)이 지은 산문 저술. 인물·시화(詩話)·풍토 등 다양한 주제를 담았다. 원본은 전하지 않고《설부(說郛)》에 44조목이 전한다.

43 출전 확인 안 됨;《農桑輯要》卷5〈果實〉"諸果"(《農桑輯要校注》, 197쪽).

44 《和漢三才圖會》卷86〈果部〉"五果類" '種果法'(《倭漢三才圖會》10, 339쪽).

[11] 齋 : 저본에는 "齊". 오사카본·규장각본·《農桑輯要·果實·諸果》에 근거하여 수정.

[12] 果樹……結子 : 이 항목은 오사카본의 '가양법(嫁樹法)' 말단에 있었으나, 두주의 "'과수(果樹)' 운운한 조항은 의양법(醫禳法) 말단으로 옮겨 적어야 한다(果樹云云條移書醫禳法末端)."는 편집지시에 의해 이곳으로 옮겨졌다.

## 6) 주의사항

열매를 맺을 때, 흰옷 입은 사람이 그 밑을 지나가는 일을 가장 꺼린다. 그러면 그 열매가 모두 떨어지기 때문이다.《둔재한람》[45]

꽃나무나 과일나무가 거상(居喪) 중인 사람[孝子]이나 임부(妊婦)의 손에 꺾이면 여러 해 동안 꽃이 피지 않거나 그다지 열매를 잘 맺지 못한다.《종수서》[46]

과일은 사람이 먼저 하나라도 몰래 따먹으면, 날짐승이 곧 와서 먹는다.《종수서》[47]

계수나무로 못을 만들어 나무 아랫부분에 박으면 나무가 시들고, 윗부분을 가볍게 갈아 주면 무성해진다.《종수서》[48]

양이 먹은 풀과 나무는 자라지 않는다.《종수서》[49]

꽃이 사향 냄새를 쐬면 열매를 맺지 못한다.《종수서》[50]

宜忌

結實時, 最忌白衣人過其下, 則其實盡落.《遯齋[13]閑覽》

花果樹, 如曾經孝子及孕婦手折, 則數年不着花, 或不甚結子.《種樹書》

果子先被人盜喫一枚[14], 飛禽便來喫. 同上

以桂爲丁, 在下釘則枯, 在上磋則茂. 同上

草木羊食者, 不長. 同上

花見麝香薰, 則不結子. 同上

---

45 출전 확인 안 됨;《農桑輯要》, 위와 같은 곳.
46 《種樹書》, 위와 같은 곳.
47 《種樹書》, 위와 같은 곳.
48 《種樹書》〈木〉(《叢書集成初編》1469, 2쪽).
49 《種樹書》〈木〉(《叢書集成初編》1469, 1쪽);《農政全書》卷37〈種植〉"種法"(《農政全書校注》, 1034쪽).
50 《種樹書》〈木〉(《叢書集成初編》1469, 8쪽).
[13] 齋 : 저본에는 "齊". 규장각본·《農桑輯要·果實·諸果》에 근거하여 수정.
[14] 枚 : 저본에는 "枝". 오사카본·규장각본·《種樹書·木》에 근거하여 수정.

오이류는 향을 싫어하는데, 향 중에 사향을 더욱 꺼린다. 《유양잡조》[51]

瓜惡香, 香[15]中尤忌麝.
《酉陽雜俎》

51 《酉陽雜俎》卷19〈廣動植類〉4(《叢書集成初編》277, 156쪽).
[15] 香 : 저본에는 없음. 오사카본·《酉陽雜俎·廣動植類》에 근거하여 보충.

## 7) 바람 막는 법(어풍법)

일반적으로 정원을 만들 때 서쪽과 북쪽 양쪽에 대나무를 심어 바람을 막으면 추위를 두려워하는 과일나무가 얼어서 상하는 피해가 없다. 정원 가운데 토지를 측량하고 연못을 판 다음 물고기를 기르고 정원에 물을 대는 데 편하게 했다면, 파낸 흙은 서쪽과 북쪽 양쪽에 퍼다가 쌓아 언덕을 만들고서, 그 위에 대나무를 심으면 더욱 좋다.

서쪽과 북쪽에는 이미 대밭이 있어 바람을 막는다. 하지만 댓잎이 높은 데 나기 때문에 아랫부분은 여전히 바람을 통과시키게 된다. 경험 많은 채소농사꾼은 볏짚으로 이엉을 엮은 다음 이를 대나무에 동여매서 바람을 막는다. 여기에 자죽(慈竹)[52]을 심으면 위아래가 모두 가려질 것이다.

【안】 볏짚이엉이 큰비를 만나면 썩어서 오래 견딜 수 없다. 그러므로 이는 언덕 위의 대숲 안에 소나무, 분비나무, 두충(杜沖)[53]과 같은 종류를 따로 심고 이들이 서로 얽혀서 바람막이가 되느니만 못하다. 그러면 바람을 막기도 하고 나무들도 충분히 감상할 수 있으며, 또 해마다의 번거로운 비용을 없앨 수도 있다】《농정전서》[54]

## 禦風法

凡作園, 於西北兩邊種竹以禦風, 則果木畏寒者, 不至凍損. 若於園中度地開池, 以便養魚灌園, 則所起之土, 挑向西北二邊, 築成土阜, 種竹其上尤善.

西北既有竹園禦風. 但竹葉生高, 下半仍透風, 老圃家作稻草苫, 縛竹上遮隔[16]之. 若種慈竹, 則上下皆穩[17]蔽矣.

【按】 稻草苫遇潦, 腐敗不能耐久, 不如就土阜上竹林內, 另栽松·杉·杜沖之類, 仍縮縛爲屏. 既可禦風, 且㣱觀翫[18], 又可除每年煩費】《農政全書》

---

52 자죽(慈竹) : 대나무의 일종. 의죽(義竹)·자효죽(慈孝竹)·자모죽(子母竹)이라고도 한다. 크고 작은 수십 수백 줄기가 주간(主竿)을 둘러싸고 뭉쳐 나는 모양이 마치 모자(母子)가 서로 돕고 있는 모습처럼 보이므로 이러한 이름이 붙었다.

53 두충(杜沖) : 두충과에 속하는 낙엽교목. 말린 껍질은 약재로 쓴다.

54 《農政全書》卷37〈種植〉"種法"(《農政全書校注》, 1022쪽).

⑯ 隔:《農政全書·種植·種法》에는 "滿".

⑰ 穩:《農政全書·種植·種法》에는 "隱".

⑱ 翫:저본에는 "覩". 오사카본·규장각본에 근거하여 수정.

정월 초하룻날 아침 해가 아직 나오지 않았을 때, 붉은 깃발에 해와 달, 북두칠성[七星]⁵⁵【어떤 본에는 오성(五星)⁵⁶이라고 적혀 있다】을 그려서 바람이 불 때마다 정원 안의 동쪽 담장 아래에 세워 둔다. 그러면 큰바람이 집과 나무를 뽑을 정도로 세게 분다고 하더라도 정원의 꽃과 과일은 상하지 않는다. 《전이기(傳異記)⁵⁷》⁵⁸

元朝日未出時, 用朱旛畫日月七星【一作五星】, 每遇風起, 豎園內東墙下, 卽大風發屋扳木, 園內花果無損. 《傳異記》

---

55 북두칠성[七星] : 칠성(七星)은 이십팔수(二十八宿)의 하나로 남쪽에 일곱 별자리 가운데 일곱 개의 별로 구성된 네 번째 별자리를 뜻하기도 하고, 북두칠성을 뜻하기도 한다. 여기서는 문맥상 북두칠성으로 번역한다.
56 오성(五星) : 금성(金星)·목성(木星)·수성(水星)·화성(火星)·토성(土星)을 통틀어 일컫는 말.
57 전이기(傳異記) : 미상.
58 출전 확인 안 됨.

## 8) 서리 막는 법(거상법)

오과(복숭아·자두·살구·밤·대추)의 꽃이 무성할 때 서리를 만나면 열매가 없다. 늘 정원 안 곳곳에 거친 두엄을 미리 쌓아 둔다. 비가 온 후 날씨가 개고 북풍이 매우 차면, 이날 밤에는 반드시 서리가 내린다. 이때 두엄에 불을 놓아 나무를 따뜻하게 하고 연기를 조금 쐬게 하면 서리의 해로움을 면하게 된다.《사민월령》[59]

가시나무는 서리를 물리칠 수 있다. 꽃과 과일을 가시나무로 두르면 무성해진다.《종수서》[60]

옛부터 "살구나무를 심을 때는 인가에 가깝게 해야 한다."[61]라 했다. 이는 살구나무뿐만 아니라 모든 과일나무가 모두 그러하다. 그러므로 지금 속담에 "과일은 사람의 기운을 좋아한다."고 하는데, 이 말의 참뜻은 사람의 기운을 좋아한다는 말이 아니라 연기를 좋아한다는 말이다.

초봄에 아직 추위가 꺾이지 않았을 때 꽃과 과일나무가 연기로 자욱하게 덮이면 서리를 막고 추위를 피할 수 있다. 이 때문에 모든 나라의 수도에 인가의 연기가 가장 많으므로 모든 과일들이 가장 먼저 익

## 拒霜法

五果花盛時, 遭霜則無子. 常預於園中, 往往貯惡草糞. 天雨新晴, 北風寒切, 是夜必霜. 此時放火作煴, 少得煙氣, 則免於霜矣.《四民月令》

棘能辟霜, 花果以棘圍[19]中卽茂.《種樹書》

古謂"種杏, 宜近人家", 匪獨杏也, 凡果皆然. 故今之俚語云"果喜人氣", 非喜人氣也, 喜煙氣也.

初春類多頑寒, 花果得煙氣冪罩, 則能距霜辟寒也. 是以京轂人煙最稠盛, 百果最先熟. 其次通都大邑,

---

59 출전 확인 안 됨;《農政全書》卷37〈種植〉"種法"(《農政全書校注》, 1034쪽).
60 《種樹書》〈花〉(《叢書集成初編》1469, 13쪽);《農政全書》卷37〈種植〉"種法"(《農政全書校注》, 1021쪽).
61 살구나무를……한다:《農政全書》卷29〈樹藝〉上 "杏"(《農政全書校注》, 771쪽).《사시유요(四時類要)》를 인용한 글이다.
⑲ 圍:《種樹書·花》에는 "園".

는다. 그 다음은 도시와 통하는 큰 읍이고, 그 다음은 이름난 촌락이나 번성한 마을이다.

그러나 일반적으로 "인가에 가까이 심어야 한다."고 말하는 경우는 단지 좁은 땅에 심은 것을 가리킬 뿐이다. 만약에 넓은 땅에 심기를 고산(孤山)[62]의 300그루의 매실나무와 여산(廬山)[63]의 10만 그루의 살구나무와 같이 한다면 어찌 일일이 인가에 가깝게 심을 수 있겠는가?

과수원에는 곳곳에 땅을 파 구덩이를 만들어야 한다. 정월과 2월에 저녁마다 썩은 잎과 잘린 짚과 왕겨를 이 구덩이에 모으고 태워서 연기가 밤새도록 흘러 나무들을 덮게 한다. 그러면 서리로부터 나무를 보호할 수 있고, 지력을 일으킬 수 있으며, 벌레와 개미를 물리칠 수 있다. 그러니 이것이 일거삼득(一擧三得)이 되는 일이다. 《행포지》[64]

其次名村盛塢.

然凡云"栽近人家"者, 卽指狹種者耳. 苟其廣種, 如孤山之三百梅, 廬山之十萬杏, 何得一一近人家種之?

宜於果園中, 處處掘地作坑. 正、二月之間, 每夕聚敗葉、斷藁、礱糠而爇, 令煙氣終夜羃流, 則可以護霜, 可以發地力, 可以辟蟲蟻. 一擧而三得者也.《杏蒲志》

---

62 고산(孤山) : 중국 절강성(浙江省) 항주시(杭州市)에 있는 산. 해발 38m. 북송의 시인 임포(林逋, 967~1028)가 고산에 은거하여 학 2마리를 기르며 365그루의 매실나무를 심었다고 한다.
63 여산(廬山) : 중국 강서성(江西省) 구강시(九江市) 남쪽에 있는 산. 해발 1,474m. 웅장하고 기이한 산세로 유명하다. 광산(匡山)·광려(匡廬)라고도 불린다. 전설에 의하면 주(周)나라 때 광(匡)씨 7형제가 이곳에서 오두막[廬]을 짓고 은거하여 붙여진 이름이라고 한다.《신선전(神仙傳)》권10에 의하면 동봉(董奉)이 여산(廬山)에 살며 병자를 치료했는데, 치료비로 병이 심한 사람에게 살구나무 5그루, 경미한 사람에게는 1그루를 심게 했다. 드디어 10만여 그루가 숲을 이루자 자기의 호를 동선행림(董仙杏林)이라 했다고 한다. 이후 행림(杏林)은 의원(醫員)의 미칭(美稱)이 되었다.
64 《杏蒲志》卷3〈總論果蓏〉《農書》36, 170~171쪽).

### 9) 과수원 울타리 만드는 법(작원리법)

울타리 삼을 곳을 정돈하고 깊이 간다. 일반적으로 땅을 갈 때는 3개의 두둑을 만들고, 그 사이의 간격은 각각 2척이 되게 한다. 가을에 멧대추[酸棗][65]가 익었을 때 이를 거두어들여 두둑에 배게 심는다.

다음해 가을이 되어 높이 3척 정도 자라면 사이사이 나쁜 그루를 제거하여 1척 거리마다 1그루를 남겨 둔다. 반드시 나무의 간격을 고르게 조정하고 나무들의 줄이 곧게 이어지도록 한다.

다음해 봄이 되면 마구 자란 가지를 가지치기하여[剗]【주 천(剗)은 칙(勅)과 전(傳)의 반절이다】제거한다. 가지칠 때는 반드시 이웃나무와 거리를 두어야 한다【주 만약 거리를 두지 않으면 서로 껍질을 상하게 하여 자국이 커지기 때문에 추위를 만나면 죽는다. 이것이 나무 가지치기의 일반적인 법이다】.

가지치기를 다 하면 울타리를 짜서 적당하게 울타리를 나무에 끼고 묶어 준다. 이때 울타리가 느슨하도록 힘쓴다【주 울타리가 너무 팽팽하면 나무가 더 이상 자랄 수 없기 때문이다】.

또 다음해 봄이 되면 다시 가지 끝을 쳐 준 다음 또다시 울타리를 엮어 주되, 높이 7척이면 충분하다【주 울타리를 이보다 더 높게 만들려면 또한 생각하는 대로 높인다】. 이렇게 하면 과일을 훔치려 하는 간사한 사람이 부끄러운 마음에 웃으며 돌아

### 作園籬法

于墻基之所, 方整耕深. 凡耕, 作三壟, 中間相去各二尺. 秋上酸棗熟時, 收, 于壟中概種之.

至明年秋, 生高三尺許, 間剧去惡者, 相去一尺留一根, 必須稀概均調, 行伍條直相當.

至明年春, 剗【注 勅傳反】去橫枝. 剗必留距【注 若不留距, 侵皮痕大, 逢寒卽死. 此剗樹常法也】.

剗訖, 卽編爲巴籬, 隨宜夾縛, 務使舒緩【注 急則不復得長故也】.

又至明年春, 更剗其末, 又復編之, 高七尺便足【注 欲高作者, 亦任人意】. 匪直姦人慙笑而返, 狐狼亦息望而迴.

---

65 멧대추[酸棗] : 쌍떡잎식물 갈매나무목 갈매나무과의 낙엽관목. 잘 익은 열매의 씨를 건조한 것을 산조인(酸棗仁)이라 하며 약용한다.

갈 뿐만 아니라, 여우나 이리도 또한 멈춰 서서 바라
보다가 돌아간다.

버드나무를 심어 울타리를 만드는 경우에는 1척
에 1그루씩 심는다. 처음에는 비스듬하게 꽂고, 꽂
을 때 바로 울타리를 엮는다. 느릅나무[楡莢]⁶⁶를 심
는 경우에는 항상 멧대추나무와 같이 심는다. 느릅
나무와 버드나무를 심는 경우에도 비스듬하게 심
고, 사람 키와 같은 높이로 자란 뒤에 울타리를 엮
어 준다.

수년 동안 자라나면 두 나무가 서로 밀착하여 나
뭇가지가 교차하고 잎들이 뒤섞여 창살과 매우 비슷
해진다. 줄기는 용이나 뱀의 모양을 그리기도 하고,
다시 새나 짐승의 형상을 드러내기도 한다. 형세에
따라 고르지 않으니, 그 모양이 하나가 아니다. 솜
씨 좋은 장인을 만나 나무의 자연스러운 형상을 살

其種柳作之者, 一尺一樹,
初卽斜揷, 揷時卽編. 其
種楡莢者, 一同酸棗. 如
其栽楡與柳, 斜植, 高共人
等, 然後編之.

數年長成, 共相蹙迫, 交柯
錯葉, 特似房櫳[20]. 旣圖
龍、蛇之形, 復寫鳥獸之
狀, 緣勢嵌崎, 其貌非一.
若値[21]巧人, 其便採用, 則
無事不成, 尤宜作杌.《齊

느릅나무열매(정재민)

유협전

---

66 느릅나무[楡莢]:쌍떡잎식물 쐐기풀목 느릅나무과의 낙엽활엽 교목. 봄에 어린 잎은 식용하며 껍질은 약용한
다. 중국 한(漢)나라 때 사용하던 동전이 느릅나무열매처럼 작고 가벼워서 유협전(楡莢錢)이라고도 부른다.
[20] 櫳:《齊民要術·園籬》에는 "籠".
[21] 値:저본에는 "植".《齊民要術·園籬》에 근거하여 수정.

려서 제작한다면 만들지 못하는 물건이 없을 것이 《民要術》
다. 의자를 만들면 더욱 좋다. 《제민요술》[67]

사마천(司馬遷)[68]은 "안읍(安邑)[69]의 대추나무 1,000 太史公云 : "安邑千樹棗,
그루와 연(燕)나라와 진(秦)나라 사이의 밤나무 1,000 燕、秦之間千樹栗, 與千戶
그루는 식읍(食邑)이 1,000호(戶)인 제후와 같다."[70]라 侯等." 由今觀之, 殆虛言
했다. 지금 상황에 비추어 살펴보면 이는 빈말인 듯 也. 漢之租稅, 一戶歲出
하다. 한(漢)나라의 조세가 1호(戶)당 한 해에 200을 二百, 則千戶之稅二十萬.
낸다면 1,000호의 조세는 20만이다. 우리나라 돈으 以我東錢法計之, 恰爲二千
로 계산하면 꼭 2,000민(緡)[71]이 된다. 緡[22]矣.

지금 양주(楊州)[72]·양근(楊根)[73] 지방의 밤과 보은 今楊州·楊根之栗、報恩·
(報恩)[74]·청산(靑山)[75] 지방의 대추는 사방 10리의 땅 靑山之棗, 十里一大園, 五
이 하나의 큰 과수원이고, 사방 5리의 땅이 하나의 里一小園. 多者毋慮累千

---

67 《齊民要術》卷4〈園籬〉第31(《齊民要術校釋》, 254쪽).
68 사마천(司馬遷) : B.C. 145 ?~B.C. 86 ?. 중국 전한(前漢) 시대의 역사가. 48세 때 이릉(李陵) 장군을 변호
하다 무제(武帝)의 노여움을 사서 궁형(宮刑)을 받았다. 기원전 91년 《사기(史記)》를 완성했다.
69 안읍(安邑) : 현재 중국 산서성(山西省) 운성시(運城市) 일대. 중국 고대 하(夏)나라의 도시. 전국 시대 초기
에는 위(魏)나라의 수도였다.
70 《史記》卷129〈貨殖列傳〉第69, 3272쪽.
71 민(緡) : 화폐의 단위. 1,000문(文)이 1민이다.
72 양주(楊州) : 1466년부터 1895년까지 경기도 양주 지역에 설치되었던 행정 구역인 양주목(楊州牧). 현재 고
양시 덕양구 북한동·오금동·지축동·효자동, 구리시, 남양주시 시내, 별내면, 수동면 송천리·수산리·지
둔리, 오남읍, 와부읍 팔당리 제외, 조안면 시우리, 진건읍, 진접읍, 퇴계원면, 화도읍, 동두천시 탑동 제
외, 서울특별시 광진구, 노원구, 도봉구, 성동구 성수동, 송파구 신천동·잠실동, 은평구, 중랑구, 양주시
시내, 광적면, 백석읍, 은현면, 장흥면, 연천군 전곡읍, 청산면, 의정부시, 파주시 광탄면 기산리·영장리,
포천시 신북면 갈월리·금동리·덕둔리·삼정리 일대.
73 양근(楊根) : 경기도 양평군 양평읍 일대의 옛 행정구역. 현재 양평군 강상면, 강하면, 서종면, 양서면, 양
평읍, 옥천면, 가평군 설악면, 청평면 삼회리, 광주시 남종면 검천리·귀여리·분원리·수청리·우천리 일
대. 1908년 양근군과 지평군(砥平郡)이 합쳐서 양평군이 되었다.
74 보은(報恩) : 충청북도 남동부에 위치했던 군. 현재 충청북도 보은군 마로면·보은읍·산외면·삼승면·속리
산면·수한면·장안면·탄부면, 내북면 두평리·상궁리·서지리·세촌리·이원리·하궁리 일대.
75 청산(靑山) : 충청북도 남부에 있었던 군. 현재 충청북도 옥천군 청산면·청성면, 보은군 내북면 도원리·동
산리·봉황리·성암리·성치리·아곡리·적음리·창리·화전리 일대.
22 緡 :《杏蒲志·總論果蓏》에는 "兩".

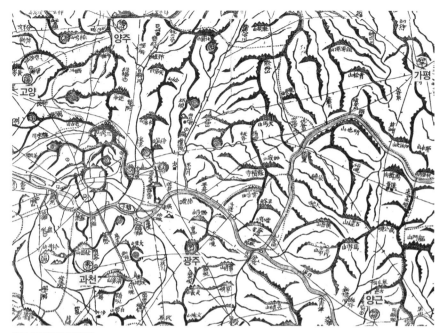

양주·양근(《대동여지도》)

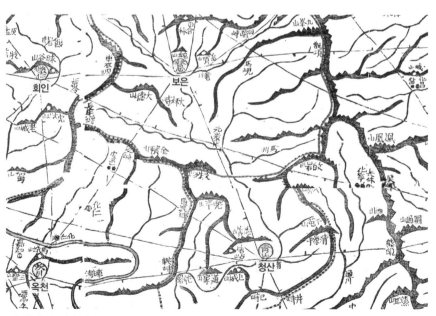

보은·청산(《대동여지도》)

작은 과수원이다. 많게는 무려 수천 그루가 되는데도 한 해 1,000그루의 수입은 대체로 수십 곡(斛)[76]에 불과하다. 그 이유가 무엇인가?

대개 재배하는 법이 그 올바른 방법을 잃었기 때문은 아니다. 나무 수천 그루에서 1만 그루 가까이를 심으면 땅을 광활하게 차지하게 된다. 그러면 성의 담처럼 주위를 빙 둘러 쌓을 수가 없는데다가 또한 멀리 바라보고 살펴서 도둑을 지킬 수도 없다. 그래서 반을 넘게 잃어버려 2/10~3/10도 거두지 못하게 된다. 거주지가 성시(城市, 도시)에 가까이 있으면 더욱 도둑을 막기 어렵다.

이런 경우에는 가사협(賈思勰)의 울타리를 두르는 법[77]을 따라서, 정원 주위의 가로와 세로로 탱자나무·멧대추나무·무궁화나무·버드나무 등의 종류를 심어야 한다. 그런 다음 이들을 끼고 묶어서 울타리를 만들어 포악한 도둑을 막아야 한다. 과일나무를 지키는 데 기술이 있어서 잃어버리는 게 없다면 1그루에 200개 정도로 넉넉하게 남음이 있다.

이로 볼 때 사마천이 "1,000호인 제후와 같다."고 한 말은 지나친 말은 아니다. 산을 등진 과수원이면, 산허리나 산등성이를 막론하고 아무데나 땅의 형세에 따라 심을 수 있다. 다만 높고 메마른 곳도 꺼리지 않는 나무로 가려 심으면 이루어지지 않

株, 而一歲千株之收, 率不過數十斛. 此其故何哉?

蓋非栽培之失其方也. 種樹千萬, 占地廣闊, 旣不得圍築城垣, 又無以瞭望守察, 所以過半抛失, 十不收二三也. 居近城市尤難防盜.

此當倣賈氏圍籬之法, 繞園之廣袤種枳、棘、槿、柳之屬, 夾縛爲籬以禦暴竊. 苟能衛果有術, 無所抛費, 則一樹二百綽有餘裕.

太史公所謂"與千戶侯[23]等"者, 非過語矣. 其負山之園, 毋論山腰、山脊, 皆可隨地種植. 但擇不畏高燥者種之, 蔑不成也.

---

76 곡(斛): 부피 단위. 10두(斗)가 1곡이다. 《행포지》에는 "곡(斛)"의 아래에 "이것은 '1곡=10두'를 기준으로 말한 것이다(此以一斛十斗言)."라는 소주가 있다.

77 바로 위 항목인 《제민요술》의 내용을 말한다.

[23] 侯: 저본에는 없음. 《杏蒲志·總論果蓏》·《史記·貨殖列傳》에 근거하여 보충.

을 일이 없다.

또 우기(尤玘)[78]의 《만류계변구화(萬柳溪邊舊話)》[79]를 보면 다음과 같은 이야기가 있다. "허사(許舍)[80]는 산이 깊고 호랑이가 많아 남자아이들과 여자아이들이 낮에도 감히 문을 나가지 못하였다. 이에 멀구슬나무씨[棟子] 수십 곡(斛)을 주었다. 이어서 짚으로 큰 새끼줄을 만든 다음 그 새끼의 갈라지는 부분에 멀구슬나무의 열매를 넣은 뒤, 산의 사방둘레에 묻었다.

4~5년이 되지 않아 멀구슬나무가 크게 자라서 성이 마을을 둘러싸고 있는 모습과 같게 되었다. 그 토박이들이 이를 '멀구슬나무성[棟城, 연성]'이라 불렀다. 마을 사람들은 멀구슬나무성의 사방에 문을 만들어 낮에는 열고 밤에는 닫아걸었다. 이때부터 호랑이가 함부로 성을 넘어 들어오지 못했다."[81]

정말로 이 방법을 사용하면 도적을 막을 뿐만 아니라 호랑이나 표범의 해도 멀리할 수 있다. 이것이 곧 산에 사는 데 으뜸이 되는 경제(經濟)이다. 《행포지》[82]

又按尤氏《萬柳溪邊舊話》云: "許舍山深多虎, 童男女晝不敢出戶. 乃拾棟子數十斛, 用藁作大繩, 置棟子于繩股中, 埋於山之四圍.

不四五年, 棟樹長大, 如城圍, 土人號曰"棟城", 造門四方, 晝啓夜閉, 自是虎不敢踰城而入."

誠用此法, 不寧禦盜, 亦可遠虎豹之害. 此乃山居第一經濟也. 《杏蒲志》

---

78 우기(尤玘) : ?~?. 중국 원(元)나라의 관리. 자는 수원(守元), 호는 지비자(知非子). 자칭 송 사대가의 한 사람인 우무(尤袤)의 후손이라고 하나 정확한 세계(世系)는 미상이다. 저서에 《귀한당고(歸閑堂稿)》등이 있다.

79 만류계변구화(萬柳溪邊舊話) : 중국 원나라 우기(尤玘)의 산문집. 1권만 전한다.

80 허사(許舍) : 중국 강소성(江蘇省) 무석시(無錫市)에 있는 마을. 송나라 때 양만리(楊萬里, 1127~1206) · 육유(陸游, 1125~1210) · 범성대(范成大, 1126~1193)와 함께 송 사대가로 일컬어진 우무(尤袤, 1127~1194) 등 많은 명인을 배출했다. 허사산 · 설랑산(雪浪山) · 노호산(老虎山) 등과 큰 강으로 둘러싸여 있다. 허사산(許舍山)은 무석시(無錫市) 서남부에 있는 산으로, 원래 이름은 학계산(鶴溪山)이었으나 북송(北宋)의 호부상서(戶部尙書) 허덕지(許德之, 1076~1142)가 이 산에 정자를 짓고 독서를 하여 뒤에 허사산으로 바뀌었다.

81 허사(許舍)는……못했다: 《萬柳溪邊舊話》《江西詩社宗派圖錄 · 江西詩派小序 · 萬柳溪邊舊話》, 72쪽).

82 《杏蒲志》卷3〈總論果蓏〉(《農書》36, 167~170쪽).

## 10) 부록 울타리 만드는 나무의 종류

附 作籬諸品

### 10-1) 사철나무[冬青, 동청][83]

冬青

줄기로 울타리뼈대를 만들 수 있다. 열매로는 약을 만든다. 잎이 겨울과 여름에도 시들지 않는 점을 취한다. 단점은 20년 후에 문드러져 부서지는 데 있다. 혹자는 돼지똥으로 거름 주면 오래간다고 한다. 2~3월, 8~9월에 옮겨 심는다.

取其幹可作骨, 取子作藥, 取其葉冬夏不凋. 病在二十年後卽爛壞. 或云以猪糞壅之則久. 二三、八九月移.

사철나무(서정남)

사철나무열매(임원경제연구소, 파주시 금촌동에서 촬영)

---

83 사철나무[冬青, 동청]:노박덩굴과에 속하는 상록관목. 관상수로 많이 이용한다. 말린 껍질은 왜두충이라 하여 이뇨·강장약으로 사용하고 있으나 두충의 약효와는 전혀 다르다.

작매열매　　　　　　　　작매꽃

## 10-2) 작매나무[爵梅, 작매][84]

가지와 잎으로 쇄록포(刷綠布)[85]를 만든다. 줄기로 울타리뼈대를 만들 수 있다. 오래된 뿌리와 그루가 둥글게 서리면 안석과 걸상 등의 기구를 만들 수 있다. 정월과 2월에 옮겨 심는다.

### 爵梅

取其條、葉作刷綠布, 取其幹可作骨, 取其遠年者根株盤結, 可作几、机等器. 正、二月移.

---

84 작매나무[爵梅, 작매]:쌍떡잎식물 장미과 낙엽관목 욱리(郁李, 이스라지)의 이칭. 당체(唐棣)라고도 한다. 씨를 말린 욱리인(郁李仁)은 약용한다.
85 쇄록포(刷綠布):미상.

## 10-3) 오가피나무[五加皮, 오가피][86]

줄기로는 울타리뼈대를 만들 수 있다. 가시로는 간사한 도둑을 물리칠 수 있다. 싹으로는 먹을 수 있다. 뿌리와 껍질은 약과 술을 만들 수 있다. 정월에 꺾꽂이를 한다.

## 五加皮

取其幹可作骨, 取其刺可却姦, 取其芽可食, 取其根皮作藥作酒. 正月揷.

오가피나무

오가피나무순(이상 임원경제연구소, 국립원예특작과학원에서 촬영)

오가피나무

오가피나무잎

---

86 오가피나무[五加皮, 오가피]：쌍떡잎식물 이판화군 산형화목 두릅나무과의 낙엽관목. 뿌리껍질을 오가피라고 하며 약용한다. 수피로는 오가피술을 만든다. 《임원경제지 만학지》 권4 〈나무류〉 "24) 오가피나무"에 자세히 보인다.

## 10-4) 금앵자(金櫻子)[87]

가시로는 간사한 도둑을 물리칠 수 있다. 꽃향기로는 즐길 수 있다. 열매로는 약을 만들 수 있다. 정월에 꺾꽂이를 한다.

金櫻子

取其刺可却姦，取其花香味可翫，取其子可作藥．正月揷．

금앵자열매

금앵자꽃

---

87 금앵자(金櫻子) : 쌍떡잎식물 장미목 장미과의 상록관목. 학명은 Rosa laevigata Michaux.이다. 찔레와 장미 등과 유사한 수종. 중국의 중남부 지역과 대만에 분포한다. 줄기는 덩굴성으로 가시가 있다. 꽃은 6~7월에 작은 가지 끝에 백색으로 피며, 꽃자루와 꽃받침통에 가시가 밀생한다. 한방에서 만성 설사·만성 장염 등의 치료에 처방한다.

## 10-5) 매실나무[梅, 매][88]

꽃으로는 향기를 즐길 수 있다. 줄기로는 울타리 뼈대를 만들 수 있다. 줄기 위에 약간의 가시가 있는 점을 취한 것이다. 옮겨심기는 시기에 구애받지 않는다.

梅

取其花香味可翫, 取其幹可作骨, 取其幹上微有刺. 移種不拘時.

남명매(산청군 시천면 사리 남명 조식 선생의 서재 산천재에서 촬영. 남명 선생이 61세에 심었다고 전한다. 나무 너머로 지리산 정상인 천왕봉이 보인다.)

매화(순천시 승주읍 선암사 선암매. 천연기념물 488호)

홍매1(광양시 다압면 도사리 매화마을에서 촬영)

홍매2(이상 임원경제연구소, 순천시 승주읍 선암사에서 촬영)

---

88 매실나무[梅, 매] : 쌍떡잎식물 장미목 장미과의 낙엽소교목. 꽃을 매화라고 하며 열매를 매실(梅實)이라고 한다. 열매와 씨를 약용한다. 《임원경제지 만학지》 권2 〈과일류〉 "3) 매실나무"에 자세히 보인다.

구기자나무싹(국립원예특작과학원에서 촬영)　구기자꽃과 열매(이상 임원경제연구소, 파주 시 파주읍 파주리에서 촬영)

## 10-6) 구기자나무[枸杞, 구기][89]

순으로는 먹을 수 있다. 씨로는 약을 만들 수 있 다. 뿌리로는 약을 만들 수 있다. 줄기로는 울타리 뼈대를 만들 수 있다. 1월과 8~9월에 꺾꽂이 한다.

枸杞

取其芽可食, 取其子作藥, 取其根作藥, 取其幹作骨. 正、八九月揷.

## 10-7) 비래자(飛來子)[90]

꽃으로는 먹을 수 있다. 심기는 시기에 구애받지 않는다.

飛來子

取其花可食, 種不拘時.

---

89 구기자나무[枸杞, 구기] : 쌍떡잎식물 통화식물목 가지과의 낙엽 관목. 어린잎은 나물로 먹고 잎과 열매는 차로 달여 먹거나 술을 담그기도 한다. 열매를 말린 것을 구기자, 뿌리껍질을 말린 것을 지골피(地骨皮)라 하여 약용한다.《임원경제지 만학지》권4〈나무류〉"25) 구기자나무"에 자세히 보인다.

90 비래자(飛來子) : 미상.

## 10-8) 산초나무[椒, 초][91]

가시로는 간사한 도둑을 물리칠 수 있다. 줄기로는 울타리뼈대를 만들 수 있다. 열매로는 먹을 수 있고 약을 만들 수 있다. 잎으로는 조미료를 만들 수 있고, 씨로는 기름을 낼 수 있다. 4월에 심는다.

椒

取其刺可却姦, 取其幹可作骨, 取其實可食, 可作藥. 取其葉可作味, 核可油[24]. 四月種.

산초나무꽃

산초나무잎(이상 임원경제연구소, 파주시 파주읍 연풍리 명학산에서 촬영)

산초나무

산초나무열매(이상 이상경, 영월군 무릉도원면 운학리에서 촬영)

---

91 산초나무[椒, 초] : 쌍떡잎식물 쥐손이풀목 운향과의 낙엽관목. 열매는 먹고 씨는 기름을 짜거나 약재로 쓴다. 《임원경제지 만학지》 권2 〈과일류〉 "24) 산초나무[蜀椒]"에 자세히 보인다.
24 油 : 《農政全書·種植·種法》에는 "作油".

수유나무꽃

수유나무열매(이상 정재민)

10-9) 수유나무[茱萸, 수유][92]

줄기로는 울타리뼈대를 만들 수 있다. 열매로는 따서 먹을 수 있고, 약을 만들 수 있다.

茱萸

取其幹可作骨, 取其實可食, 可作藥.

---

[92] 수유나무[茱萸, 수유] : 운향과 쉬나무속에 속하는 낙엽 활엽 교목. 수유나무기름은 불을 밝히는 용도 외에도 머릿기름, 해충구제약 또는 피부병 치료제로 사용되었다. 꿀도 많이 난다. 《임원경제지 만학지》 권2 〈과일류〉 "26) 수유나무"에 자세히 보인다.

## 10-10) 치자나무[梔子, 치자]<sup>93</sup>

줄기로는 울타리뼈대를 만들 수 있다. 꽃으로는 향기를 취한다. 홑꽃[單臺]인 치자는 열매로 약을 만들 수 있고, 염색할 수 있다. 잎이 시들지 않는 점을 취한다.

梔子

取其幹可作骨, 取其花香, 單臺者取其子作藥, 作染色, 取其葉不凋.

치자나무1

치자나무2(이상 임원경제연구소, 국립 원예특작과학원에서 촬영)

치자나무꽃

치자나무열매

치자나무(이상 서정남)

치자열매(임원경제연구소, 파주시 금촌동 통일시장에서 촬영)

---

93 치자나무[梔子, 치자] : 쌍떡잎식물 합판화군 용담목 꼭두서니과의 상록관목. 열매는 타원형이며 약용한다. 《임원경제지 예원지》권2 〈꽃류(상)(꽃나무)〉 "4. 치자(巵子)"에 자세히 보인다.

## 10-11) 묘잉자(猫仍子)[94]

줄기로는 울타리뼈대를 만들 수 있다. 가시로는 간사한 도둑을 물리칠 수 있다. 잎이 겨울이나 여름에도 시들지 않는 점을 취한다. 꽃으로는 향기를 취한다. 여린 잎으로는 먹을 수 있다. 그 잎을 '신선차(神仙茶)'라 한다. 이것은 옮겨 심는 나무이다.

猫仍[25]子

取其幹可作骨, 取其刺可却姦, 取其葉冬夏不凋, 取其花香, 取其嫩葉可食, 名 "神仙茶". 此移種者.

## 10-12) 영춘화(迎春花)[95]

꽃이 빨리 피는 점을 취한다. 울타리 안에 심는다.

迎春花

取其花早, 種于籬內.

영춘화1

영춘화2(이상 네이버 블로그 수락산 스마일)

---

94 묘잉자(猫仍子) : 미상.
95 영춘화(迎春花) : 쌍떡잎식물 합판화군 용담목 물푸레나무과의 낙엽관목. 원산지는 중국이며, 주로 관상용으로 심는다.《임원경제지 예원지》권2〈꽃류(상)(꽃나무)〉"21. 영춘화"에 자세히 보인다.
25 仍 :《農政全書·種植·種法》에는 "奶".

멧대추나무

10-13) 멧대추나무[酸棗, 산조][96]

    줄기로는 울타리뼈대를 만들 수 있다. 가시로는 간사한 도둑을 막을 수 있다. 열매로는 먹을 수 있다. 속씨(산조인)로는 약을 만들 수 있다. 옮겨심기는 시기에 구애받지 않는다.

**酸棗**

取其幹可作骨, 取其刺可却姦, 取其子可食, 取其仁可作藥. 移種不拘時.

---

[96] 멧대추나무[酸棗, 산조] : 갈매나뭇과의 낙엽 활엽 교목. 대추나무와 비슷하나 가시가 나고 열매가 둥근 점이 다르다. 열매는 식용하고 씨는 약용하며, 정원수로 재배한다.

## 10-14) 목련[木筆, 목필][97]

줄기로는 울타리뼈대를 만들 수 있다. 꽃으로는
아름다운 정취를 준다. 묘목을 나누어 울타리 안에
옮겨 심는다.

木筆

取其幹可作骨, 取其花美.
分移於籬內.

목련

붓끝모양 같은 자목련 꽃봉오리

---

97 목련[木筆, 목필] : 쌍떡잎식물 목련과의 낙엽 교목. 우리나라 전 지역에 분포하며, 꽃이 필 때 끝이 북쪽을
향하기 때문에 북향화(北向花), 꽃눈이 붓을 닮았기 때문에 목필(木筆)이라 한다. 중국에서는 우리와 다
른 종을 가리킬 수 있다는 견해도 있다.

## 10-15) 뽕나무[桑, 상]⁹⁸

줄기로는 울타리뼈대를 만들 수 있다. 잎으로는
누에에게 먹일 수 있다. 오디[葚]로는 먹을 수 있고,
약을 만들 수 있다. 휘묻이 한다.

## 桑

取其幹可作骨, 取其葉可
飼䗋㉖, 取其葚可食, 可作
藥. 壓條.

뽕나무

오디(이상 임원경제연구소, 파주시 파주읍 연풍리에서 촬영)

뽕나무잎과 오디(정재민)

---

98 뽕나무[桑, 상] : 뽕나무과 뽕나무속의 낙엽교목, 또는 관목을 통틀어 이르는 말. 잎은 견직물의 재료인 고
치를 만드는 누에의 먹이로 이용되며, 나무 전체 부위가 중요한 약재로 쓰이므로 귀한 나무로 재배되었다.
한국에는 산상(山桑, Morus bombycis)·백상(白桑, Morus alba)·노상(魯桑, Morus lhou)의 3종이 재배되
고, 그중에서 백상이 가장 많이 재배된다. 《임원경제지 전공지》 권1 〈누에치기와 길쌈(상)〉 "1. 뽕나무 재
배"(풍석 서유구 지음, 임원경제연구소 옮김, 《임원경제지 전공지》 1, 풍석문화재단, 2022, 72~179쪽)에
자세히 보인다.
㉖ 䗋 : 저본에는 "蠶". 오사카본·규장각본·《農政全書·種植·種法》에 근거하여 수정.

탱자나무(임원경제연구소. 국립원예특작과학      탱자
원에서 촬영)

10-16) 탱자나무[枳, 지][99]

줄기로는 울타리뼈대를 만들 수 있다. 가시로는 간사한 도둑을 물리칠 수 있다. 가지로는 담장을 덮을 수 있고, 팔 수 있다. 씨로는 새 탱자나무를 전파할 수 있다. 접붙여서 옮겨 심는다.

枳

取其幹可作骨, 取其刺可却姦, 取其枝可蓋墻, 可賣, 取其子可傳生. 接博移種.

---

[99] 탱자나무[枳, 지] : 쌍떡잎식물 무환자나무목 운향과의 낙엽관목. 열매는 약용하며 나무는 울타리로 쓰고 귤나무의 대목(臺木)으로도 쓴다.

무궁화나무

무궁화꽃(이상 임원경제연구소, 경주시 손곡동에서 촬영)

10-17) 무궁화나무[槿, 근][100]

줄기로는 울타리뼈대를 만들 수 있다. 꽃으로는 감상할 수 있다. 시기에 구애받지 않고 꺾꽂이 한다.

槿

取其幹可作骨, 取其花. 不拘時挿.

---

[100] 무궁화나무[槿, 근] : 쌍떡잎식물 아욱목 아욱과의 낙엽관목. 목근(木槿)·훈화초(薰花草)라고도 한다. 《임원경제지 예원지》 권2 〈꽃류(상)(꽃나무)〉 "22. 목근(木槿, 무궁화)"에 자세히 보인다.

## 10-18) 들장미[野薔薇, 야장미][101]

가시로는 간사한 도둑을 물리칠 수 있다. 꽃으로는 술을 증류할 때 쓸 수 있다. 꺾꽂이 할 수 있고, 옮겨 심을 수 있다.

野薔薇

取其刺可却姦, 取其花可蒸露. 可揷可移.

들장미의 일종인 찔레나무(서정남)　　　찔레나무

---

[101] 들장미[野薔薇, 야장미] : 장미과의 낙엽 활엽 관목. 열매는 약용하고, 관상용·산울타리용으로 재배한다. 《임원경제지 예원지》 권2 〈꽃류(상)(꽃나무)〉 "9. 장미(薔薇)" 조항 참조 바람.

## 10-19) 꾸지나무[穀樹, 곡수]102

줄기로는 울타리뼈대를 만들 수 있다. 즙으로는 금가루글자를 쓰는 데 사용하는 아교를 만들 수 있다. 씨로는 약재로 쓰기에 적합하다. 껍질로는 종이를 만들 수 있다. 나무로는 버섯을 심을 수 있다.

穀樹

取其幹可作骨, 取其汁可作膠書金字, 取其子中藥材, 取其皮可造紙, 取其木可種蕈.

꾸지나무암꽃

꾸지나무수꽃

꾸지나무열매(이상 정재민, 통영시 욕지면 동항리 욕지도에서 촬영)

---

102 꾸지나무[穀樹, 곡수] : 뽕나뭇과에 속한 낙엽 소교목. 활엽수이며 높이는 12미터 정도이다. 달걀모양인 잎은 어긋나며, 꽃은 단성화(單性花)이다. 수꽃의 이삭은 원기둥모양이고, 암꽃의 이삭은 원형으로 잎겨드랑이에서 난다. 어린잎은 식용하고 열매는 약용하며, 나무껍질은 종이의 원료로 쓴다. 산기슭이나 밭에서 자라며, 우리나라·타이완·인도 등지에 분포한다.

멀구슬나무(임원경제연구소, 포천 국립
수목원에서 촬영)

멀구슬나무꽃

멀구슬나무열매

10-20) 멀구슬나무[棟, 연]¹⁰³

棟

줄기로는 울타리뼈대를 만들 수 있고, 게다가 빨리 자란다.

取其幹可作骨, 且速成.

---

103 멀구슬나무[棟, 연] : 쌍떡잎식물 쥐손이풀목 멀구슬나무과의 낙엽교목. 구주목이라고도 한다. 열매는 약용하며 가로수·정원수로 심는다. 《임원경제지 만학지》 권4 〈나무류〉 "22. 멀구슬나무"에 자세히 보인다.

## 10-21) 느릅나무[楡, 유]<sup>104</sup>

줄기로는 울타리뼈대를 만들 수 있고, 게다가 빨리 자란다. 열매는 먹을 수 있다.

楡

取其幹可作骨, 且速成. 莢可食.

참느릅나무

처진느릅나무(이상 임원경제연구소, 포천 국립수목원에서 촬영)

---

104 느릅나무[楡, 유]: 쌍떡잎식물 쐐기풀목 느릅나무과의 낙엽활엽 교목. 춘유(春楡)·가유(家楡)라고도 한다. 어린잎은 먹고 껍질은 약용한다. 목재는 건축재·기구재·선박재·세공재·땔감 등으로 쓰인다. 《임원경제지 만학지》 권4 〈나무류〉 "6. 느릅나무"에 자세히 보인다.

사시나무(임원경제연구소. 석모도 수목
원에서 촬영)

사시나무

사시나무잎(정재민)

10-22) 사시나무[白楊, 백양]105

줄기로는 울타리뼈대를 만들 수 있다. 빨리 자란
다. 다듬어 땔감으로 삼는다. 게다가 버드나무만큼
좀이 많지 않다. 꺾꽂이 해야 한다.

白楊

取其幹可作骨. 速成, 修取
爲薪, 且不若楊柳之多蛀
也. 宜揷.

---

105 사시나무[白楊, 백양] : 쌍떡잎식물 버드나무목 버드나무과의 낙엽활엽 교목. 백양나무라고도 한다. 조림수
로 심으며 나무껍질은 약재, 목재는 성냥·종이·조각·화약 재료로 쓴다. 《임원경제지 만학지》 권4 〈나무
류〉 "8. 사시나무"에 자세히 보인다.

조각자나무가시

조각자나무꼬투리

## 10-23) 가시분비나무[刺杉, 자삼]<sup>106</sup>　　　刺杉

줄기로는 울타리뼈대를 만들 수 있다. 가시로는　　取其幹可作骨, 刺可却姦.
간사한 도둑을 물리칠 수 있다.

## 10-24) 조각자나무[皂莢, 조협]<sup>107</sup>　　　皂莢

줄기로는 울타리뼈대를 만들 수 있다. 게다가 빨　　幹可<sup>27</sup>作骨, 且速成. 芽可
리 자란다. 싹은 먹을 수 있다. 가시가 있어서 간사　　食. 有刺, 可却姦.
한 도둑을 물리칠 수 있다.

---

106 가시분비나무[刺杉, 자삼] : 미상. 겉씨식물 구과목 낙우송과 상록교목의 일종으로 추정된다. 《임원경제지
　　만학지》 권4 〈나무류〉 "4. 분비나무" 조항 참조 바람.
107 조각자나무[皂莢, 조협] : 쌍떡잎식물 장미목 콩과의 낙엽교목. 가시를 조각자(皂角刺)라고 하며 각종 종기
　　에 약으로 쓴다. 《임원경제지 만학지》 권4 〈나무류〉 "23. 조각자나무"에 자세히 보인다.
27 可 :《農政全書·種植·種法》에는 없음.

10-25) 검은재나무[山礬, 산반][108]                    山礬

시들지 않는다. 꽃은 향기롭다. 쉽게 자란다. 씨    不凋, 花香, 易成. 宜種.[28]
를 심어야 한다.

검은재나무

검은재나무꽃

---

108 검은재나무[山礬]:쌍떡잎식물 감나무목 노린재나무과의 상록활엽 소교목. 열매는 길쭉한 달걀모양이고
   가을에 검게 익는다.
[28] 宜種:《農政全書·種植·種法》에는 없음.

인동덩굴1

인동덩굴2(이상 네이버 블로그 수락산스마일)

10-26) 인동덩굴[金銀花, 금은화]¹⁰⁹                    金銀花

  꽃은 향기롭다. 약으로 적당하다. 꺾꽂이 해야     花香, 中藥. 宜挿.㉙
한다.

---

¹⁰⁹ 인동덩굴[金銀花] : 인동(忍冬)과의 인동덩굴 또는 그 변종의 품종. 추운 겨울에도 시들지 않는다. 금은화
    란 이름은 처음 피는 꽃이 흰색이지만 점차 노랗게 변하는 특징 때문에 붙여졌다.
㉙ 宜挿 : 《農政全書·種植·種法》에는 없음.

참죽나무

참죽나무순

10-27) 참죽나무[椿樹, 춘수][110]                              椿樹

　쉽게 자란다. 어린 순은 먹을 수 있다. 옮겨 심어　　易成, 芽可食. 宜移.[30]
야 한다.

---

110 참죽나무[椿樹, 춘수]:쌍떡잎식물 이판화군 쥐손이풀목 멀구슬나무과의 낙엽교목. 새순은 붉은빛으로
　아름답고, 먹을 수 있다. 뿌리껍질은 약용한다. 목재는 흑갈색이며 무늬가 아름다워 가구재로 이용한다.
　[30] 宜移:《農政全書·種植·種法》에는 없음.

비파나무

비파

10-28) 비파나무[枇杷, 비파]111

  쉽게 자란다. 겨울에 꽃이 핀다. 꽃은 약재로 쓰기에 적합하다. 줄기와 잎은 모두 청색이다. 옮겨 심어야 한다.

枇杷

易成, 冬月開花. 花中[31]藥材, 幹葉俱靑. 宜移.[32]

10-29) 소엽수(小葉樹)112

  쉽게 자란다. 싹은 먹을 수 있다. 꺾꽂이해야 한다.

小葉樹

易成, 芽可食. 宜揷.[33]

---

111 비파나무[枇杷, 비파]:쌍떡잎식물 장미목 장미과의 상록소교목. 열매는 식용 또는 통조림으로 하고 잎을 약용한다. 종자는 행인(杏仁) 대용으로 쓴다.

112 소엽수(小葉樹):미상.

[31] 中:《農政全書·種植·種法》에는 없음.

[32] 宜移:《農政全書·種植·種法》에는 없음.

[33] 宜揷:《農政全書·種植·種法》에는 없음.

10-30) 왕머루[木龍, 목룡][113]          木龍

　　쉽게 자란다. 잎은 독창(毒瘡, 악성 종기)에 붙인다.          易成. 葉貼毒瘡. 不凋.
시들지 않는다.《농정전서》[114]          《農政全書》

머루꽃(네이버 블로그 수락산 스마일)

왕머루잎

왕머루(정재민)

---

113 왕머루[木龍, 목룡] : 쌍떡잎식물 이판화군 갈매나무속 포도과의 낙엽 덩굴식물. 산포도(山葡萄)라고도 한
　　다. 열매는 장과(漿果, 과육과 액즙이 많고 속에 씨가 들어 있는 과실)로 9월경에 흑자색으로 익으며 2~3
　　개의 종자가 들어 있다. 생식하기도 하고 술을 담가 먹기도 한다.
114 《農政全書》 卷37 〈種植〉 "種法"(《農政全書校注》, 1022~1023쪽).

## 6. 거두기

# 收採

### 1) 과일 따는 법(적과법)

겨울 얼음으로는 자를 수 있고 여름 나무로는 얽을 수 있다. 어떤 일을 할 때 적절한 시기를 얻기는 어렵지만 잃기는 쉽다. 나무가 한창 무성할 때는 비록 과일을 날마다 따더라도 다시 난다. 하지만 가을 바람과 서리가 내리면 하룻저녁에 떨어진다. 그러므로 과일을 따는 때를 삼가지 않을 수 없다. 《문자(文子)》[1][2]

### 摘果法

冬氷可折, 夏木可結, 時難得而易失. 木方盛, 雖[1]日探之而復生. 秋風下霜, 一夕而零. 故採摘不可不慎也.《文子》

일반적으로 과일은 완전히 익지 않았을 때 딴다. 열매가 완전히 익고 나면 나무의 근맥(筋脈)을 지나치게 소진시킨다. 그러면 다음해에 반드시 무성해지지는 않는다. 《종수서》[3]

凡果未全熟時摘, 若熟了, 卽抽過筋脈, 來歲不必[2]盛.《種樹書》

일반적으로 과일이 처음 익었을 때, 두 손으로

凡果實初熟, 用雙手摘,

---

1 문자(文子): 노자의 제자 문자(文子, ?~?)가 지었다고 전해지는 도가 서적. 《통현진경(通玄眞經)》이라고도 하며 다양한 판본이 존재한다.

2 《文子》卷上〈上德〉(《文淵閣四庫全書》1058, 336쪽);《農政全書》卷37〈種植〉"種法"(《農政全書校注》, 1033쪽).

3 《種樹書》〈果〉(《叢書集成初編》1469, 7쪽);《農政全書》, 위와 같은 곳.

[1] 雖:《文子·上德》에는 "終".

[2] 不必:《農政全書·種植·種法》에는 "必不".

따면 해마다 과일이 열린다. 《편민도찬》[4]

과일이 익었을 때는 단 한 번에 좋은 과일을 따야
한다. 지체해서 남겨 두면 비록 과일이 익기를 기다
린다고 하더라도 좋지는 않다. 《편민도찬》[5]

則年年生果. 《便民圖纂》[3]

果子熟時, 須一頓摘其美
者. 遲留之, 雖待熟亦不
美. 同上[4]

---

4  《便民圖纂》卷5〈樹藝類〉上 "種諸果花木"'採果實法', 57쪽;《農政全書》, 위와 같은 곳.
5  출전 확인 안 됨;《農政全書》, 위와 같은 곳.
[3] 便民圖纂 : 저본에는 "同上".《農政全書·種植·種法》에 근거하여 수정.
[4] 同上 : 저본에는 "便民圖纂".《임원경제지》편집체제에 근거하여 수정.

## 2) 나무 베는 법

일반적으로 나무베기를 4월과 7월에 하면 벌레가 생기지 않으면서 견고하고 질기다. 느릅나무꼬투리가 질 때나 오디가 떨어질 때가 또한 그 나무를 베기에 적당한 때이다. 그렇다면 일반적으로 열매가 있는 나무는 그 열매가 익으려 할 때가 모두 베기에 적당한 때이다【주 베기에 적당한 때가 아닐 때 베면 벌레가 생기는 데다 견고하지도 않다】.

일반적으로 벨 때가 아닌 나무를 베었을 때는 물에 1개월 동안 담그거나 불에 말려[煏]【주 '핍(煏)'은 피(皮)와 핍(逼)의 반절이다】건조하게 하면 벌레가 생기지 않는다【주 물이 스며든 나무는 더욱 부드러우면서도 질기기 때문이다】.

《주례(周禮)》〈지관(地官)·사도(司徒)〉 "산우(山虞)"에서 다음과 같이 말했다. "한겨울에는 산 남쪽에서 자라는 나무[陽木]를 베고, 한여름에는 산 북쪽에서 자라는 나무[陰木]를 벤다."

【주 정중(鄭衆)[6]이 "산 남쪽에서 자라는 나무는 봄과 여름에 자라는 것이고, 산 북쪽에서 자라는 나무는 가을과 겨울에 자라는 것으로 소나무와 측백나무 따위이다."라고 하였다. 정현(鄭玄)[7]이 "양목(陽木)은 산 남쪽에서 자라는 나무이고, 음목(陰木)은

## 伐木法

凡伐木, 四月、七月, 則不蟲而堅靭. 楡莢下, 桑椹落, 亦其時也. 然則凡木有子實者, 候其子實將熟, 皆其時也【注 非其時者, 蟲而且脆也】.

凡非時之木, 水漚一月, 或火煏【注 皮逼反】取乾, 蟲則不生【注 水浸之木更益柔靭】.

《周官》曰: "仲冬斬陽木, 仲夏斬陰木."

【注 鄭司農云: '陽木, 春夏生者; 陰木, 秋冬生者, 松柏之屬.' 鄭玄曰: '陽木, 生山南者; 陰木, 生山北者. 冬則斬陽, 夏則斬陰,

---

6 정중(鄭衆): ?~83. 중국 후한(後漢)의 관리·경학자. 자는 중사(仲師). 저명한 경학자 정흥(鄭興, ?~?)의 아들. 정중이 중랑장(中郞將)과 대사농(大司農) 등을 지냈기에 '정사농(鄭司農)'이라 부름으로써 동명이인의 환관 정중(鄭衆, ?~114)과 구별했다.

7 정현(鄭玄): 127~200. 중국 후한(後漢) 말기의 대표적 경학자. 자는 강성(康成). 《주역(周易)》·《상서(尙書)》·《모시(毛詩)》·《주례(周禮)》·《의례(儀禮)》·《예기(禮記)》·《논어(論語)》·《효경(孝經)》 등에 주석을 했다.

산 북쪽에서 자라는 나무이다. 겨울에는 남쪽의 나무를 베고, 여름에는 북쪽의 나무를 베어서 나무의 견고하고 부드러운 상태를 조절한다."[8]고 하였다.

북쪽 지방 측백나무의 본성을 살펴보면 벌레가 생기지 않는다. 네 계절 모두 벨 수가 있어 가리는 때가 없다. 산 속의 잡목은 7월과 4월의 두 시기에 베지 않으면 대부분 벌레가 생긴다. 이는 산 남쪽과 북쪽의 차이가 없다.

그러므로 정중과 정현의 설 또한 취할 필요가 없다. 그렇다면 《주례》에서 말하는 벌목은 대개 천도(天道, 자연의 이치)를 따르고 음양을 조절하는 점을 강조한 말일 뿐이다. 나무를 견고하고 부드럽게 만드는 일이 벌레와 반드시 관계가 있다고 할 수는 없다】

《예기(禮記)》〈월령(月令)〉에서 다음과 같이 말했다. "초봄(1월)에는 나무베기를 금지한다【주 정현의 주에서 "나무는 성덕(盛德)[9]의 소재가 되기 때문이다."라고 하였다】"[10]

"초여름(4월)에는 큰 나무를 베지 못하게 한다【주 나무가 한창 자라려는 때의 기운을 거스리기 때문이다】."[11]

調堅韌也.'"

案北⑤柏之性, 不生蟲蠹, 四時皆得, 無所選焉.⑥ 山中雜木, 自非七月、四月兩時⑦殺者, 率多生蟲, 無山南、山北之異.

鄭君之說, 又無取. 則《周官》伐木, 蓋以順天道, 調陰陽, 未必爲堅韌之與蟲蠹者也】

《禮記·月令》: "孟春之月, 禁止伐木【注 鄭玄注云: "爲盛德所在也"】"

"孟夏之月, 無伐大樹【注 逆時氣也】."

---

8  한겨울에……조절한다:《周禮注疏》卷16〈地官司徒〉第2 "山虞"(《十三經注疏整理本》8, 490쪽).
9  성덕(盛德): 사계절의 왕성한 기운.
10 초봄에는……하였다:《禮記正義》卷14〈月令〉第6(《十三經注疏整理本》13, 545쪽).
11 초여름에는……때문이다:《禮記正義》卷15〈月令〉第6(《十三經注疏整理本》13, 573~578쪽).
⑤ 北:《齊民要術·伐木》에는 없음.
⑥ 焉: 저본에는 "馬". 오사카본·규장각본·《齊民要術·伐木》에 근거하여 수정.
⑦ 時: 저본에는 "水". 오사카본·규장각본·《齊民要術·伐木》에 근거하여 수정.

"늦여름(6월) 수목이 무성할 때 이에 우인(虞人)12에게 산에 들어가 나무를 순시하게 하여 나무를 베지 못하게 한다【주 나무가 아직 견고하고 질겨지지 않았기 때문이다】."13

"늦가을(9월)에 초목이 낙엽지면 그제야 땔나무를 베어 숯을 굽는다. 한겨울(11월) 해가 아주 짧아지면 나무를 베고 화살대를 취한다【주 이것은 나무의 견고함이 지극해진 때이기 때문이다】."14

《회남자(淮南子)》15에서 다음과 같이 말했다. "초목의 잎이 아직 떨어지지 않았을 때, 도끼를 들고 산림에 들어가지 않는다【주 9월은 초목의 잎이 떨어지는 때이다】."16

최식(崔寔)17은 다음과 같이 말했다. "정월부터 늦여름(6월)이 끝날 때까지 나무를 베어서는 안 된다. 이때 베면 반드시 벌레가 생기기 때문이다. 혹자는 '상순에 나무를 베면 봄여름이라도 좀이 쏠지 않는다.'고 하지만, 오히려 쪼개지고 갈라지는 해로움이 있다. 또 이는 시령(時令, 절기)을 어기는 일이기 때문에, 급하지 않으면 베지 않는다. 11월에 대나무와

"季夏之月, 樹木方盛, 乃命虞人入山行木, 無爲⑧斬伐【注 爲其未堅韌也】."

"季秋之月, 草木黃落, 乃伐薪爲炭. 仲冬之月, 日短至, 則伐木, 取竹箭【注 此其堅成之極時也】."

《淮南子》曰: "草木未落時, 斧斤不入山林【注 九月, 草木解也】."

崔寔曰: "自正月以終季夏, 不可伐木, 必生蠹蟲. 或曰 '以上旬伐之, 雖春夏不蠹', 猶有剖析間解之害, 又犯時令, 非急不伐. 十一月, 伐竹木.

---

12 우인(虞人): 고대에 산림과 천택(川澤), 원유(苑囿, 궁궐 안에 있는 동산)를 맡아보았던 벼슬아치.

13 늦여름(6월)……때문이다: 《禮記正義》卷16 〈月令〉 第6(《十三經注疏整理本》13, 593~598쪽).

14 늦가을에(9월)……때문이다: 《禮記正義》卷17 〈月令〉 第6(《十三經注疏整理本》13, 622~650쪽).

15 회남자(淮南子): 중국 전한(前漢)의 회남왕(淮南王) 유안(劉安, B.C. 179?~B.C. 122)이 저술한 책. 21권. 유안이 빈객과 방술가(方術家) 수천을 모아서 편찬한 책으로, 원래 내외편(內外編)과 잡록(雜錄)이 있었으나 내편 21권만 전한다. 유가(儒家)·법가(法家)·노장(老莊)·도가(道家)·음양오행가(陰陽五行家) 등의 내용이 섞여 있다.

16 《淮南鴻烈解》卷15 〈主術訓〉下《中華道藏》24, 603쪽).

17 최식(崔寔): 103~170 추정. 중국 후한의 학자. 자는 자진(子眞). 저서로 《사민월령(四民月令)》이 있다.

⑧ 爲: 《禮記正義·月令》에는 "有".

나무를 벤다.

　12월에 대나무와 나무를 베면 좀[蛀]이 쏠지 않는다. 소나무 베기를 하현 후에서 상현 전 사이에 하면 오래도록 흰개미가 생기지 않는다. 다른 나무도 이와 같다."18《제민요술》19

十二月, 斬竹伐木不蛀. 斫松, 在下弦後上弦前, 永無白蟻. 他樹亦同."⑨《齊民要術》

---

18　정월부터……같다 : 출전 확인 안 됨.

19　《齊民要術》卷5〈伐木〉第55(《齊民要術校釋》, 379~380쪽);《農政全書》卷37〈種植〉"種法"(《農政全書校注》, 1035쪽).

⑨　十二月……他樹亦同:《齊民要術》에는 이 내용이 없고《農政全書》에 보인다.

## 3) 과일 저장하는 법(장과법)

藏果法

일반적으로 일체의 신선한 과일을 수확한 후 납수(臘水)[20]를 박하 한 움큼, 명반 약간과 함께 부진기(不津器)[21]에 넣고서 담그면 색과 맛이 모두 좋다. 혹자는 "물 기운에 가까이 하되, 물에 넣지 않는 것이 빼어난 법이다."라고 한다. 이는 모두 기름과 술의 기운 및 기름과 술을 담는 그릇에 닿기를 피하기 위함이다. 《군방보》[22]

凡收一切鮮果, 用臘水同薄荷一握、明礬少許, 入不津器浸之, 色味俱美. 一云 "只近水氣, 不入水爲妙", 皆忌近油酒氣及盛油酒之器.《群芳譜》

홍귤[柑][23]·귤·복숭아·자두 따위가 7/10~8/10 익었을 때, 이를 가지째 무나 토란 속에 꽂는다. 그런 다음 그 상태로 종이나 마른 짚으로 감싸 새로운 옹기 안에 보관하되, 바람을 통하지 않게 한다. 그러면 다음해에 꺼내어 먹어도 새것처럼 신선하다. 《군방보》[24]

柑、橘、桃、梨之類七八分熟時, 帶枝揷蘿蔔或大芋中, 仍用紙或乾稤草包護, 藏新甕內, 勿令通風, 來年取食如新. 同上

능금, 비파, 양매(楊梅) 등의 과일을 저장할 때는 납수(臘水)를 박하 한 움큼과 명반 약간과 함께 옹기 안에 넣는다. 그런 다음 여기에 과일을 넣으면 색깔은 변하지 않고 맛은 더욱 시원하고 상쾌하다. 《편민도찬》[25]

林檎、枇杷、楊梅等果, 用臘水同薄荷一握、明礬少許入甕內, 投果於中, 顏色不變, 味更涼爽.《便民圖纂》

---

20 납수(臘水) : 납설수(臘雪水). 납일[臘日, 동지부터 셋째 미일(未日)]에 내린 눈이 녹은 물.

21 부진기(不津器) : 기름기나 습기가 없는 그릇.

22 《二如亭群芳譜》〈亨部〉"果譜簡首" '收果'(《四庫全書存目叢書補編》80, 358쪽).

23 홍귤[柑] : 운향과의 상록 활엽 소교목. 열매는 등황색 장과이며 약용한다. 한국의 제주, 중국 남부에 분포한다. 《임원경제지 만학지》권2〈과일류〉"홍귤"에 자세히 보인다.

24 《二如亭群芳譜》, 위와 같은 곳.

25 출전 확인 안 됨.

모든 청색 과일을 저장하는 법: 단지 안을 깨끗이 씻은 다음 12월에 여기에 납수를 넣고, 구리의 녹가루 약간을 넣는다. 이를 빈틈없이 봉하고 오랫동안 두면 과일의 청색은 변하지 않는다. 일반적으로 청매실, 비파, 능금, 포도, 소조(小棗)[26], 감람(橄欖)[27], 마름, 가시연, 등(橙), 오이, 자두, 내(柰)[28]와 같은 종류를 모두 거두어서 저장하기를 이와 같이 한다.

또 생 대죽(大竹)을 사용하여【안 생 대죽은 곧 땅속에 심는 대죽을 가리킨다】 하나의 구멍을 파 신선한 과일을 넣는다. 이때 과일의 껍질을 상하지 않게 하고, 나무로 구멍을 막고 진흙으로 봉하면 오래되어도 상하지 않는다. 복숭아, 자두, 살구를 모두 이와 같이 저장한다.《고금의통대전》[29]

연경(燕京)의 과일 저장하는 법이 가장 좋다. 연경에서는 전년의 여름과일과 금년의 햇과일을 섞어서 판다. 산사, 배, 포도 등과 같은 과일은 그 색이 나무에서 새로 딴 것 같았다. 이 방법을 행하면 또한 한 시기의 이로움을 취하기에 충분하다.

諸般靑果收貯法: 淨罈中, 十二月下臘水, 入些小銅靑末, 密封久留, 靑色不變. 凡有靑梅、枇杷、林禽、葡萄、小棗、橄欖、菱、芡、橙、瓜、李、柰之類, 皆收如此.

又用生大竹【按 卽指地種大竹也】, 鑿一孔, 以鮮果投入, 不可傷[10]皮, 以木塞孔, 泥封之, 久留不壞. 桃、李、杏皆然.《古今醫統》

燕京藏果之法最佳. 去年夏果與今年新果雜賣, 如樝、梨、葡萄之屬, 色若新摘于樹者. 得此一方, 亦足以取一時之利.

---

26 소조(小棗): 갈매나무과 낙엽활엽 교목인 대추나무의 열매.
27 감람(橄欖): 쌍떡잎식물 이판화군 감람과에 속하는 감람나무의 열매.
28 내(柰): 장미과 사과나무속의 낙엽 교목의 열매.《임원경제지 만학지》권2〈과일류〉"내(재래종 사과)"에 자세히 보인다.
29 출전 확인 안 됨:《和漢三才圖會》卷86〈果部〉"五果類" '收貯果'(《倭漢三才圖會》10, 340쪽).
[10] 傷:《和漢三才圖會·果部·五果類》에는 "傷破".

《물리소지(物理小識)》30를 살펴보니, "배와 무를 같이 보관하면 상하지 않는다. 혹 무에 포도송이의 꼭지를 꽂기도 한다."31라고 했다. 또 다른 방법을 살펴보니, 땅을 파서 큰 대나무를 심고 대나무통에 감을 저장한 다음 그 상태로 진흙알맹이로 입구를 봉하여 감쌌다가 여름이 지나 꺼낸다고 했다. 《북학의(北學議)》32

만학지 권제1 끝

按《物理小識》："梨與蘿蔔同收則不壞，或插蒂於蘿蔔." 又按他方，截地種大竹，貯栖於筒，仍以泥丸封裹其口，經夏出之. 《北學議》

晚學志卷第一

---

30 물리소지(物理小識)：중국 명말(明末)의 학자 방이지(方以智, 1611~1671)가 편찬한 백과전서. 12권. 물리학·의학·지리학 등의 내용이 풍부하다.
31 배와……한다：《物理小識》卷9〈草木類〉"留果法"(《文淵閣四庫全書》867, 945쪽).
32 《北學議》〈外編〉"桑菓"(《완역정본 북학의》, 419쪽).

# 2

## 만학지 권제 2
晚學志卷第二

Ⅰ. 과일류

중국에서는 북쪽 근방의 주와 군에서 나는 대추가 좋다. 그러므로 청주(靑州)의 대추
를 가장 귀하게 여긴다.《왕정농서》에서도 "남쪽의 대추는 단단하고 건조하여 북쪽의
살지고 맛있는 대추만 못하다."라 했다. 우리나라는 중국의 상황과는 다르다. 충청도
의 보은(報恩)·청산(靑山) 등지에서 생산되는 대추가 나라 안에서 제일이고, 열매는 번성
하며 굼벵이가 적다. 다른 곳에서 생산된 대추는 끝내 이에 미치지 못한다. 보은·청산
에는 또한 옮겨심기와 거름주기에서 알맞은 방법이 있기 때문이기도 하다.《행포지》

# - I -

# 과일류

## 菓類

# 1. 자두나무[李, 이]¹

李

## 1) 이름과 품종

名品

일명 '가경자(嘉慶子)'이다.²

一名"嘉慶子".

【본초강목³《황제내경소문(黃帝內經素問)》⁴에 "자두는 맛이 시고, 간(肝)에 속하며, 동방의 과일이다."⁵라고 하였다. 대개 자두는 오과(복숭아·자두·살

【本草綱目】《素問》言"李, 味酸, 屬肝, 東方之果也." 蓋李於五果屬木, 故字從

자두나무

자두나무꽃(이상 임원경제연구소, 파주시 월롱면 덕은리에서 촬영)

---

1　자두나무[李, 이] : 장미과에 속한 낙엽 활엽 교목. 높이 10미터 정도로 자란다. 4월에 흰 꽃이 잎보다 먼저 피고 열매는 7월에 황색 또는 적자색으로 익는다.

2　일명 '가경자(嘉慶子)'이다 :《本草綱目》卷29〈果部〉"李", 1727쪽에 보인다.

3　《本草綱目》, 위와 같은 곳.

4　황제내경소문(黃帝內經素問) : 중국에서 가장 오래된 저자 미상의 의학 이론서. 9권 81편.《황제내경영추(黃帝內經靈樞)》와 자매편이다. 양생기공의 원리, 사람과 자연의 상응, 병의 발생과 예방, 음양오행 등 각 방면을 논술했다.

5　자두는……과일이다 :《黃帝內經素問》卷7〈臟氣法時論篇〉第22(《黃帝內經素問語譯》, 145쪽);《黃帝內經素問》卷20〈氣交變大論篇〉第69(《黃帝內經素問語譯》, 400쪽);《黃帝內經素問》卷20〈五常政大論篇〉第70(《黃帝內經素問語譯》, 409쪽).

구·밤·대추)에서 목(木)에 속한다. 그러므로 글자는 목 　木.
(木)을 따른다.

그 종류는 백 가지에 이른다. 그중 열매가 큰 것　其種近百. 其子大者如杯
은 잔만 하고 알만 하다. 작은 것은 탄알만 하고 앵　如卵, 小者如彈如櫻. 其味
두만 하다. 그 맛은 단맛·신맛·쓴맛·떫은맛 등의　有甘、酸、苦、濇數種. 其色
여러 종류가 있다. 그 색은 청색·녹색·자색·주(朱)　有靑、綠、紫、朱、黃、赤、縹
색·황색·적색·표기(縹綺)색6·연지(胭脂)색7·청피(靑　綺、胭脂、靑皮、紫灰之殊.
皮)색8·자회(紫灰)색9이 있다.

그 모양은 소의 염통모양, 말의 간모양·내(柰, 능금　其形有牛心、馬肝、柰李、
의 일종)모양·살구모양·수리(水李)10모양·핵이 분리된　杏李、水李、離核、合核、無
모양·핵이 합쳐진 모양·핵이 없는 모양·납작하면서　核、匾縫之異. 早則麥李、
솔기가 있는 모양[匾縫] 등처럼 다르다. 이르게는 맥　御李, 四月熟; 遲則晚李、
리(麥李)·어리(御李)가 4월에 익고, 더디게는 만리(晚　冬李, 十月、十一月熟.
李)·동리(冬李)가 10월과 11월에 익는다.

자두나무(《본초강목》)　　자두1　　　　　　　　　　자두2(이상 네이버 블로그 수락산 스마일)

---

6　표기(縹綺)색 : 청백색. 표(縹)와 기(綺)는 청백색의 윤기나는 견직물이다.
7　연지(胭脂)색 : 붉은색. 연지는 화장할 때 입술이나 뺨에 찍는 붉은색 염료이다.
8　청피(靑皮)색 : 초록색. 청피는 청귤의 껍질이다.
9　자회(紫灰)색 : 자줏빛을 띤 회색.
10　수리(水李) : 복숭아나무에 접붙인 자두나무. 도접리(桃接李)

안 우리나라에서 생산되는 자두에는 황색자두[黃李]·자색자두[紫李] 등의 여러 종류가 있다. 자색자두는 민간에서 '자도(紫桃)'라고 부른다. 또 맛이 떫어 먹을 수 없는 품종이 있으니, 이는 들에서 나는 자두이다】

按 我東之產只有黃李、紫李數種. 紫李, 俗呼"紫桃". 又有一種味㿃而不堪食者, 野李也】

## 2) 알맞은 토양

토양이 기름져서는 안 된다. 땅이 기름지면 열매가 없다【안 《관자》에서 "오옥(五沃)의 토지에는 매실나무와 자두나무가 적당하다."[11]고 하였는데, 이 내용과 상반된다】.《편민도찬》[12]

## 土宜

不宜肥地, 肥則無實【按《管子》云"五沃之土, 其木宜梅李". 與此相反】.《便民圖纂》[1]

---

11  오옥의……적당하다 : 《管子》卷19〈地員〉第58(《管子校釋》, 471쪽) ; 《林園經濟志 本利志》卷3〈辨壤〉"總敍"‘相土統論’(서유구 지음, 정명현·김정기 역주, 《임원경제지 본리지(林園經濟志 本利志)》1, 소와당, 2008, 305~306쪽)에 자세히 보인다.

12  《便民圖纂》卷5〈樹藝類〉上"種諸果花木"‘李’, 49쪽 ; 《農政全書》卷29〈樹藝〉"果部"上‘李’(《農政全書校注》, 768쪽).

[1] 오사카본에는 이 내용이 ‘심기와 가꾸기(種藝)’ 항목에 적혀 있다가 지워진 흔적이 있다.

## 3) 심기와 가꾸기

자두나무와 복숭아나무는 모두 무성한 잡초를 제거해야 하지만, 갈아 개간할 필요는 없다【주 갈면 나무가 살지만 열매가 없다. 나무 아래를 갈아 엎어도 죽는다】. 복숭아나무와 자두나무는 대체로 2보마다 1그루씩 심는다【주 대개 여러 날 흐리면 열매는 잘고 맛도 좋지 않다】. 《제민요술》[13]

복숭아나무와 자두나무, 은행나무는 열매째로 심는다. 가지가 위로 향하면 각각이 살아나지만 아래로 향하면 살아나는 경우가 적다. 《종수서》[14]

뿌리 위에 뻗어 올라간 작은 가지를 다른 곳에 옮겨 심는다. 옮겨 심을 가지가 자라면 또 옮겨 심어 줄을 짓는다. 심을 때는 간격을 성글게 해야 한다. 섣달에 옮겨 심는다. 《편민도찬》[15]

봄에 뿌리에서 가까운 작은 가지를 옮겨 심고 큰 나무의 뿌리에서 멀리 있는 가지는 자라기를 기다릴 필요 없이 다른 곳에 옮겨 심는다. 본성이 주위가 탁 트여 상쾌한 곳을 좋아하므로 간격이 성기게 옮겨 심어야 한다. 남북으로 줄을 지어 대체로

## 種藝

李樹、桃樹, 竝欲鋤去草穢, 而不用耕墾【注 耕則肥而無實, 樹下犂撥亦死】. 桃、李大率方兩步一根【注 大槪連陰, 則子細而味亦不佳】. 《齊民要術》

桃、李、銀杏栽帶子. 向上者個個生, 向下者少. 《種樹書》

取根上發起小條, 移栽別地. 待長, 又移栽成行. 栽宜稀. 臘月移栽.[2]《便民圖纂》

春月取近根小條栽之, 離大樹遠者不用待長, 移之別地. 性喜開爽, 宜稀栽. 南北成行, 率兩步一株. 太密聯陰, 則子小而味不佳.

---

13 《齊民要術》卷4〈種李〉第35(《齊民要術校釋》, 277쪽).
14 《種樹書》〈果〉(《叢書集成初編》1469, 6쪽).
15 《便民圖纂》, 위와 같은 곳;《農政全書》, 위와 같은 곳.
2 臘月移栽:오사카본에는 이 내용을 지웠다가 다시 적은 흔적이 있다.

2보에 1그루씩 심는다. 너무 **빽빽**하게 심어 그늘이 　《群芳譜》

이어지면 열매는 잘고 맛은 좋지 않다.《군방보》[16]

---

16 《二如亭群芳譜》〈亨部〉"果譜" '李'(《四庫全書存目叢書補編》80, 405쪽).

## 4) 접붙이기

복숭아나무에 자두나무가지를 접붙이면 자두가 홍색이면서 달다.《종수서》[17]

자두나무에 복숭아나무나 매실나무를 접붙이면 쉽게 살아나고, 오래 견디며 거름에도 잘 견딘다.《농정전서》[18]

接換

桃樹接李枝, 則紅而甘. 《種樹書》

李接桃·梅, 易活, 且耐久, 亦耐糞.《農政全書》

## 5) 시집보내는 법

자두나무 시집보내는 법: 정월 1일이나 15일에 벽돌을 자두나무의 갈라진 곳에 놓으면 열매를 번성하게 한다.

【주】 또 다른 법: 섣달 중에 갈라진 곳을 막대로 가볍게 치고 정월 그믐날 다시 치면 열매가 또한 충분히 맺힌다. 또 다른 법: 한식에 단술을 끓일 때 썼던 부지깽이를 가지 사이에 올려 두어도 좋다】《제민요술》[19]

嫁法

嫁李法: 正月一日或十五日, 以磚石著李樹岐中, 令實繁.

【注】 又: 臘月中以杖微打岐間, 正月晦日復打之, 亦足子也. 又: 以煮寒食醴酪火橈著樹枝間, 亦良③】.《齊民要術》

## 6) 치료하기

복숭아나무와 자두나무에 벌레가 생겼을 경우 돼지머리 삶은 물을 식혀서 뿌려 주면 좀이 쏠지 않는다.《종수서》[20]

醫治

桃、李蛀者, 以煮猪頭汁冷澆之卽不蛀.《種樹書》

---

17 《種樹書》, 위와 같은 곳.
18 《農政全書》卷29〈樹藝〉"果部"上 '李'(《農政全書校注》, 768쪽).
19 《齊民要術》, 위와 같은 곳.
20 《種樹書》〈果〉《叢書集成初編》1469, 8쪽).
③ 오사카본에는 이 아래에 '樹寒樹多者故多束之以取火焉' 13자를 적었다가 지운 흔적이 있다.

## 2. 살구나무[杏, 행][1]

杏

### 1) 이름과 품종

名品

일명 '첨매(甜梅)'이다.[2]

一名"甜梅".

【본초강목[3]】 행(杏)자의 전서체는 열매가 나뭇가지에 있는 모양을 본떴다. 《강남록(江南錄)》[4]에 "양행밀(楊行密)[5]이 행(杏)을 첨매로 이름을 바꾸었다."[6]라고

【本草綱目】 杏篆文, 象子在木枝之形.《江南錄》云: '楊行密改杏名甜梅.'

살구나무(《본초강목》)

행(杏)자 전서체(《설문해자》)

---

1 살구나무[杏, 행] : 장미과에 속한 낙엽 활엽 교목. 4월에 연한 홍색 꽃이 잎보다 먼저 피며, 7월에 황색 또는 황적색의 둥글고 털이 많은 열매가 익는다. 열매는 먹고 씨는 한방에서 약으로 쓴다.

2 일명 '첨매(甜梅)'이다 :《本草綱目》卷29〈果部〉"杏", 1729쪽에 보인다.

3 《本草綱目》, 위와 같은 곳.

4 강남록(江南錄) : 중국 남송의 시인 증극(曾極, ?~?)이 지은 시집. 증극은 주희(朱熹) 등 당대 문인들과 교유했으며《금릉백영(金陵百詠)》등의 저서가 있다.

5 양행밀(楊行密) : 852~905. 오대(五代) 오(吳)나라의 태조. 처음에는 도둑이었다가 군대에 들어가 반란을 일으켰다. 여주를 거점으로 웅거하자 당나라에서 여주자사로 임명했다. 후에 당소종(唐昭宗)으로부터 회남절도사에 임명되었고, 천복(天復) 2년(902) 오왕(吳王)에 봉해졌다.

6 양행밀(楊行密)이……바꾸었다 : 출전 확인 안됨;《格致鏡原》卷74〈果類〉1 "杏子"《文淵閣四庫全書》1032, 399쪽).

살구나무　　　　　　　　　살구나무꽃(이상 임원경제연구소, 한밭수목원
　　　　　　　　　　　　　에서 촬영)

하였다.

안 《본초강목》에는 금행(金杏)·매행(梅杏)·내행(柰杏) ·백행(白杏)·목행(木杏)·사행(沙杏)이라는 이름이 있다.[7] 우리나라에서 나는 살구나무로는 금행과 백행을 가장 좋은 것으로 친다.

　　금행은 민간에서 '당행(唐杏)'이라 하고, 백행은 민간에서 '옥황(玉黃)'이라 하거나 '유황(流黃)'이라고 일컫는다. 또 작으면서 단맛이 나는 살구나무 한 종을 '밀행(蜜杏)'이라고 한다. 이 3종은 모두 접붙인 살구나무이다. 신맛이 나서 먹을 수 없는 것은 곧 산살구의 종류이다】

按《本草》有金杏、梅杏、柰杏、白杏、木杏、沙杏之名. 我東之産以金杏、白杏爲最.

金杏, 俗名"唐杏"; 白杏, 俗名"玉黃", 或稱"流黃", 又一種小而味甘者曰"蜜杏". 皆接成者也. 其酢而不堪食者, 卽山杏之類也】

---

7 《본초강목》에는……있다:《本草綱目》, 위와 같은 곳에 보인다.

## 2) 심기와 가꾸기

옮겨 심거나 씨를 심는 법은 복숭아나무나 자두나무와 같다.《제민요술》[8]

익은 살구는 열매살과 함께 똥거름흙에 핵을 묻는다. 4척 정도 자라면 옮겨 심는다. 옮겨 심지 않으면 열매는 작고 맛이 쓰다.

【일반적으로 척박한 땅에는 싹이 나지 않는다. 싹이 나더라도 무성하지 않는다. 봄에 싹이 난 후에 바로 땅을 바꾸어 옮겨 심는다. 옮기지 않으면 열매는 작고 맛이 쓰다. 나무 아래는 1년 간 흙을 갈아서는 안 된다. 흙을 갈면 나무는 살지지만 열매가 나지 않기 때문이다】《편민도찬》[9]

익은 살구는 열매살과 함께 똥거름흙에 묻는다. 봄에 싹이 나면 3월에 실제로 키울 곳에다 옮겨 심는다. 옮길 때는 다시 똥거름흙에 옮겨서는 안 된다. 그러면 반드시 열매가 적게 열리면서 맛은 쓰게 된다. 옮길 때는 흙이 있는 채로 3보마다 1그루씩 심어야 한다. 배게 심으면 맛이 달다. 양생[服食]을 실행하는 집에서는 더더욱 살구나무를 심어야 한다.[10]

## 種藝

栽種與桃、李同.《齊民要術》

熟杏和肉, 埋核於糞土中. 待長四尺許大則移栽. 不移則實小而苦.

【凡薄地不生, 生亦不茂. 至春生後, 卽換地移栽. 不移則實小而味苦. 樹①下一年不可耕, 耕②則肥而不實】《便民圖纂》

熟杏和肉, 埋糞土中. 至春既生, 三月移栽實地. 既移, 不得更移糞地, 必致少實而味苦. 移, 須含土三步一樹, 槩卽味甘. 服食之家, 尤宜種之.

---

8 《齊民要術》卷4〈種梅杏〉第36(《齊民要術校釋》, 281쪽).
9 《便民圖纂》卷5〈樹藝類〉上 "種諸果花木" '杏', 49쪽;《農政全書》卷29〈樹藝〉 "果部"上 '杏'(《農政全書校注》, 771쪽).
10 양생[服食]을……한다:살구속씨[杏仁, 행인]는 양생을 추구하는 이들에게 꼭 필요한 약재이기 때문이다.
① 樹:《農政全書·樹藝·果部》에는 "種".
② 耕耕:《農政全書·樹藝·果部》에는 "種種".

살구나무

살구나무잎

【나무가 크면 꽃이 많이 피어 열매가 많다. 뿌리가 매우 얕으므로 긴 돌로 뿌리를 눌러 주면 꽃은 성하고 열매는 튼실하다】《사시유요》[11]

【樹大, 花多實. 根最淺, 以長石壓根, 則花盛子牢】《四時類要》

살구나무를 심을 때는 인가에 가까워야 한다【나무가 크면 옮겨심기를 주의해야 한다. 옮겨 심으면 무성해지지 않는다. 정월에 나무 아래 땅을 괭이로 파 주어 양기를 통하게 한다. 2월에 나무 아래 풀을 제거한다. 3월에 나무에서 5보 떨어진 곳에 두둑[畦]을 만들어 물을 통하게 한다. 가물면 물을 주고, 서리나 눈이 내리면 나무 아래에 연기를 피워 꽃봉오리를 보호한다】.《사시유요》[12]

種杏, 宜近人家【樹大, 戒移栽, 移則不茂. 正月钁樹下地, 通陽氣. 二月除樹下草. 三月離樹下五步作畦, 以通水. 旱則澆灌, 遇有霜雪, 則燒烟樹下以護花苞】. 同上

---

11 출전 확인 안 됨;《農政全書》卷29〈樹藝〉"果部"上 '杏'(《農政全書校注》, 771쪽).《農政全書》에는 "熟杏和肉……三月移栽實地"가《便民圖纂》을 인용한 내용으로 되어 있다.

12 출전 확인 안 됨;《農政全書》, 위와 같은 곳.

살구꽃

살구(이상 네이버 블로그 수락산 스마일)

### 3) 접붙이기

접換

복숭아나무에 살구나무를 접붙이면 맺은 열매가 붉은 데다 크다. 또 오래 견뎌서 시들지 않는다.《사시유요》[13]

桃樹接杏, 結果紅而且大, 又耐久不枯.《四時類要》

---

13 출전 확인 안 됨:《農政全書》, 위와 같은 곳.

# 3. 매실나무[梅, 매]¹

梅

## 1) 이름과 품종

名品

【본초강목² 매(梅)는 매개한다[媒]는 뜻이다. 여러 가지 맛을 매개하여 합치기 때문에 이렇게 이름 붙였다.

【本草綱目 梅者, 媒也. 媒合衆味, 故名.

범촌매보(范村梅譜)³ ⁴ 강매(江梅) 중 야생하는 것은 옮

范氏①梅譜 江梅野生者

매실나무(《본초강목》)

매실나무. 수령이 600년이 넘을 것으로 추정한다(천연기념물 488호. 순천시 승주읍 선암사에서 촬영)

홍매(이상 임원경제연구소. 광양시 다압면 도사리 매화마을에서 촬영)

---

1 매실나무[梅, 매] : 장미과에 속한 낙엽 소교목. 4월경에 희거나 불그레한 꽃이 먼저 피고 잎은 나중에 핀다. 6월에는 살구모양의 황색 열매가 열린다. 이 열매를 매실이라 하여, 먹거나 약으로 쓴다.
2 《本草綱目》卷29〈果部〉 "梅", 1736쪽.
3 범촌매보(范村梅譜) : 중국 송(宋)나라의 문인 범성대(范成大, 1126~1193)가 편찬한 책. 저자의 정원 이름이 범촌(范村)이었으므로 이렇게 이름하였다. 매화 12종에 대하여 기록하고 있다.
4 《范村梅譜》(《文淵閣四庫全書》845, 33~35쪽);《農政全書》卷29〈樹藝〉 "果部"上 '梅'(《農政全書校注》, 769~770쪽).
① 氏 : 오사카본에는 "成大"로 썼다가 "氏"로 수정한 흔적이 있다.

매화1(순천시 승주읍 선암사에서 촬영)

매화2(이상 임원경제연구소. 광양시 다압면 도사리 매화마을에서 촬영)

매실

시든 꽃 아래에서 자라나는 매실(이상 네이버 블로그 수락산 스마일)

겨심기나 접붙이기를 거치지 않는다. 이 꽃은 작고 향기가 나며, 열매는 작고 단단하다. 소매(消梅)는 열매가 푸석푸석하고 무르며, 과즙이 많고 찌꺼기가 없다. 생으로만 먹을 수 있고 삶아서 만들지는 않는다.

녹악매(綠萼梅)는 가지와 꽃받침이 모두 녹색이다. 중엽매(重葉梅)는 꽃과 잎이 중첩되었고, 열매 맺기는 대부분 둘씩 한다. 홍매(紅梅)는 꽃의 색이 살구꽃과

不經栽接, 花小而香, 子小而硬. 消梅, 實鬆脆, 多液無滓[2]. 惟可生噉, 不入煎造.

綠萼梅, 枝跗皆綠. 重葉梅, 花葉重疊, 結實多雙. 紅梅, 花色如杏. 杏梅, 色

---

[2] 滓 : 저본에는 "澤". 《范村梅譜》·《農政全書·樹藝·果部》에 근거하여 수정.

같다. 행매(杏梅)는 색깔이 연한 홍색이고, 열매는
납작하고 반점이 있으며, 맛은 완전히 살구와 같다.
원앙매(鴛鴦梅)는 곧 잎이 많은 홍매로, 하나의 꼭지
에 매실이 둘씩 맺힌다】

淡紅, 實匾而斑, 味全似
杏. 鴛鴦梅, 卽多葉紅梅
也, 一蒂雙實】

활짝 핀 매화(임원경제연구소, 광양시 다압면 도사리 매화마을에서 촬영)

## 2) 알맞은 토양

매실은 대부분 옮겨 심어야 한다. 못가, 시냇가의 길, 밭두둑의 끝, 물웅덩이가 있는 담모퉁이 등에 심으면 열매가 많다. 《고금의통대전》[5]

## 土宜

梅宜多栽. 池邊、溪逕、壟頭、墻角有水坑處則多實. 《古今醫統》

## 3) 심기와 가꾸기

옮겨 심거나 씨를 심는 법은 복숭아나무나 자두나무의 그것과 같다. 《제민요술》[6]

봄에 핵을 똥거름흙에 묻어 2~3척 정도 자라면 옮겨 심는다. 《편민도찬》[7]

큰 매실나무를 옮겨 심을 때는 가지의 끝을 제거하고 그 뿌리를 감싼 흙덩이를 크게 한다. 여기에 도랑의 진흙을 주면 살아나지 않는 경우가 없다. 《종수서》[8]

매실이 무를 정도로 익었을 때, 열매살째로 비옥

## 種藝

栽種, 與桃李同. 《齊民要術》③

春間取核埋糞地, 待長三二尺許, 移栽. ④ 《便民圖纂》⑤

移大梅樹, 去其枝梢, 大其根盤, 沃以溝泥, 無不活者. 《種樹書》

梅子爛熟時, 帶肉埋於肥

---

5  출전 확인 안 됨;《和漢三才圖會》卷86〈果部〉"五果類" '梅'(《倭漢三才圖會》10, 349쪽).
6  《齊民要術》, 위와 같은 곳.
7  《便民圖纂》卷5〈樹藝類〉上 "種諸果花木" '梅', 49쪽;《農政全書》卷29〈樹藝〉"果部"上 '梅'(《農政全書校注》, 770쪽).
8  《種樹書》卷下〈果〉(《叢書集成初編》1469, 57쪽).
③  栽種……要術 : 오사카본에는 이 내용을 이 자리에 추가하라는 편집 지시가 있다.
④  其樹接桃則實脆 : 오사카본에는 "栽" 뒤에다 이 내용을 적었다가 삭제했다. 이 내용 오른편에는 "接換條" 라고 적었다가 삭제했다. 이 부분은 실제로 뒤의 "接換" 항목에 포함되었다.
⑤  오사카본에는 이 뒤에 "春分後用桃杏體更耐久同上"이라는 내용을 적었다가 삭제하고 "'接換' 항목에 넣어라(入接換條)."는 편집 지시를 그 옆에 적었다.

名品

本草綱目梅者楳也楳坄眾味故名 范成大

梅譜江梅野生者不經栽接花小而香子小而

硬消梅實圓鬆脆多液無澤惟可噉不入煎造
綠萼梅枝跗皆綠重葉梅花葉重蠶結實多雙
梅花色如杏梅色淡紅實區而斑味全
似杏鴛鴦梅即多葉紅梅也一蒂雙實

土宜梅宜多栽池邊溪逕壠頭墻角有水坑處則多

實 古今醫統

種藝春間取栰埋糞地待長三二尺許移栽

桃則實脆便民圖纂
春分後用桃杏體更耐久

移九梅掘去其枝梢大其根盤沃以溝泥無不活
者書 種樹
梅子爛熟時帶肉埋於肥土中候出芽

灌澆至十月可長七八寸至第二年十月候長二

名品

本草綱目梅者媒也媒合衆味故名　范氏梅

謂江梅野生者不經栽接花小而香子小而硬

蕚梅實圓鬆脆多液無澤惟可生啖不入煎造緑

萼梅枝跗皆緑重葉梅花葉重疊結實多護紅梅

消梅色如杏色淡紅梅實匾而斑味全

似杏色舊舊梅即多葉淡紅梅也一蒂雙實

梅

實

實醫古今統

土宜

梅宜多栽池邊溪逕壠頭墻角有水坑處則多

種藝

栽種與桃李同　齊民要術

春間取核埋糞地待長

三二尺許移栽　便民圖纂

栽大梅樹去其枝梢大其

根盤沃以溝泥無不活者　種樹書

梅子爛熟時帶

肉埋於肥土中候出芽灌澆至十月可長七八寸

菓類

三

自然經室藏

한 흙에 묻는다. 싹 나오기를 살폈다가 물을 준다. 10월에 0.7~0.8척으로 자라고 이듬해 10월에 길이 2~3척 자라서야 옮겨 심을 수 있다. 구덩이를 파서 깊이 심되, 심은 매실나무가 흔들려서는 안 된다. 척박한 땅은 피하지 않아도 되지만 물주기를 놓쳐서는 안 된다. 《구선신은서》[9]

土中. 候出芽, 灌澆. 至十月, 可長七八寸, 至第二年十月, 俟長二三尺, 方可移栽. 掘坑深植, 勿使搖動, 不避磽瘠之地, 却不可失水.《臞仙神隱書》[6]

만개한 매실나무(임원경제연구소. 광양시 다압면 도사리 매화마을에서 촬영)

9  출전 확인 안 됨 ;《山林經濟》卷2〈養花〉"種梅"(《農書》2, 197쪽);《增補山林經濟》卷4〈養花〉"梅"(《農書》3, 221쪽).
[6]  이 뒤에 "澆以塘水則茂最忌肥過十二年方結子增補山林經濟"라고 적었다가, 삭제하고 "'澆壅' 항목을 따로 세워야 한다(另立澆壅條)."라는 편집 지시를 그 옆에 적었다. 실제로 이 내용이 '澆壅' 항목에 반영되었으나 "過十二年方結子"는 이 항목에 적절하지 않아 반영되지 않았다. 이와 비슷한 내용은 '瑣言' 항목에 나온다.

## 4) 접붙이기

매실나무에 복숭아나무를 접붙이면 복숭아열매가 무르다.《편민도찬》[10]

춘분 후에 복숭아나무나 살구나무의 몸체를 사용하여 매실나무를 접붙이면 더욱 오래 견딘다.《편민도찬》[11]

매실나무에 복숭아나무를 접붙이면 복숭아가 가장 크다. 자두나무를 접붙이면 자두가 붉고 달다.《거가필용》[12]

일반적으로 매실나무를 접붙일 때 살구나무에 접붙이면 매실나무가 오래 산다. 복숭아나무에 접붙이면 일찍 죽는다. 뽕나무에 접붙인 경우에는 매실열매가 시지 않다.《증보산림경제》[13]

## 5) 물주기와 거름주기

연못의 물을 주면 무성하지만, 나무가 살지는 상태를 가장 피해야 한다.《증보산림경제》[14]

接換

接桃則實脆.《便民圖纂》

春分後, 用桃·杏體, 更耐久. 同上

接桃, 最大. 接李, 紅甘.《居家必用》[7]

凡接梅, 接於杏則壽. 接於桃則夭. 桑則實不酸.《增補山林經濟》

澆壅

澆以塘水則茂, 最忌肥.《增補山林經濟》

10 《便民圖纂》, 위와 같은 곳;《農政全書》, 위와 같은 곳.
11 출전 확인 안 됨;《農政全書》, 위와 같은 곳.
12 《居家必用》〈戊集〉 "果木類" '移大楊樹法'(《居家必用事類全集》, 190쪽).
13 《增補山林經濟》卷4〈養花〉 "梅"(《農書》3, 221~222쪽).
14 《增補山林經濟》卷4〈養花〉 "梅"(《農書》3, 221쪽).
[7] 오사카본에는 이 뒤에 "梅樹接桃則脆古今醫統"이라고 적었다가 삭제했다. 삭제된 내용은 "4. 복숭아나무" '접붙이기' 항목에 나온다.

三尺方可移栽掘坑深植勿使搖動不避磽瘠

地却不可失水曈仙神 隱書

澆以塘水則茂最忌肥

邏十二年方結子 增補山林經濟

接換 接桃最大接李紅甘 居家必用

梅椿接桃則脆

凡接梅接扵杏則壽接扵桃則夭桑則實不

繡醫
增補山林經濟

酸
林經濟

製造 梅實采半黃者以烟薰之爲烏梅青者鹽淹曝

乾爲白梅亦可蜜煎糟藏以充果釘熟者搾汁晒

収爲梅醬 綱目 蜀中取梅極大者剝皮陰乾勿

令得風經二宿去鹽汁内蜜中月許更易蜜經年

앞의 주 ⑥⑦번의 원본(《만학지》 오사카본). 이동할 원고를 표시하고 편집지시를 적었다(임원경제연구소)

至第二年十月俟長二三尺方可移栽掘坑深植

勿使搖動不避礎礓之地却不可失水曬仙神隱書

接換 接桃則實脆便民圖纂

上同 接桃最大接李紅甘必用居家春分後用桃杏體更耐久增補山林經濟

則壽接柿桃則夭桑則實不酸增補山林經濟凡接梅接柿杏

澆壅 澆以塘水則茂最忌肥林經濟

製造 梅實采半黃者以烟薰之為烏梅青者鹽淹曝

乾為白梅亦可蜜煎糟藏以充果飣熟者搉汁晒

収為梅醬本草綱目蜀中取梅極大者剝皮陰乾勿

令得風經二宿去鹽汁內蜜中月許更易蜜經年

오사카본의 편집 지시가 반영된 저본(고려대 도서관 한적실)

## 6) 제조

매실은 반쯤 황색인 것을 따서 연기를 쬐어 오매 (烏梅)를 만든다. 청색인 것은 소금물에 담구어 햇볕에 말리면 백매(白梅)가 된다. 매실은 또한 꿀로 졸이거나 설탕에 재워서 과줄[果飣]15로 충당할 수 있다. 익은 매실은 즙을 짜고 햇볕에 말렸다가 거두어 매실장아찌를 만든다. 《본초강목》16

촉(蜀) 지역에서는 매우 큰 매실을 가져다 껍질을 벗겨 그늘에서 말린다. 이때 바람을 맞지 않게 한다. 2일밤을 지나 소금물을 제거하고 꿀 속에 넣는다. 1개월 정도 뒤에 다시 꿀을 바꿔 준다. 그러면 해가 지나도 새것 같다. 《식경》17

오매 만들 때 벌레 생기지 않게 하는 법: 볏짚을 많이 태우고 여기에 뜨거운 물을 붓는다. 그 잿물에다 매실을 넣고 윤택하게 한다. 그제야 꺼내어 찐다. 《왕정농서》18

製造

梅實, 采半黃者, 以烟薰之, 爲烏梅; 青者鹽淹, 曝乾爲白梅. 亦可蜜煎、糖⑧藏, 以充果飣. 熟者搾汁, 曬收爲梅醬.《本草綱目》

蜀中取梅極大者, 剝皮陰乾, 勿令得風. 經二宿, 去鹽汁, 內蜜中. 月許, 更易蜜. 經年如新.《食經》

作烏梅令⑨不蠹法: 濃燒穰, 以湯沃之, 取汁, 以梅投中使澤. 乃出蒸之.《王氏農書》⑩

---

15 과줄[果飣]: 강정·다식(茶食)·약과(藥果)·정과(正果) 따위를 통틀어 이르는 말.

16 《本草綱目》, 위와 같은 곳.

17 출전 확인 안 됨;《農政全書》卷29〈樹藝〉"果部"上 '梅'(《農政全書校注》, 770쪽).

18 《王禎農書》卷6〈百穀譜〉"果屬" '梅杏', 130쪽.

⑧ 糖: 저본에는 "糟".《本草綱目·果部·梅》에 근거하여 수정.

⑨ 令: 저본에는 "合".《王禎農書·百穀譜·果屬》에 근거하여 수정.

⑩ 作烏……農書: 오사카본에는 없음.

## 7) 자질구레한 말

매실나무는 자라서 열매를 맺는 기간이 가장 더디다. 속담에 "복숭아는 3년, 자두는 4년, 매실은 12년."이라 했다. 매실나무는 반드시 12년이 지나야 열매를 맺는다.《거가필용》[19]

## 瑣言

梅結實最遲. 諺曰: "桃三, 李四, 梅十二." 梅必十二年, 方結實.《居家必用》

매화

매실(이상 정재민)

---

19 《居家必用》, 위와 같은 곳.

# 4. 복숭아나무[桃, 도]¹

桃

## 1) 이름과 품종

名品

【본초강목】² 복숭아의 성질은 일찍 꽃이 피며, 심기 쉽고 열매가 많다. 그러므로 글자는 조(兆)자를 따른다.

【本草綱目】桃性早花, 易植而子繁, 故字從兆.

【해동농서】³ 복숭아의 품종은 매우 많다. '모도(毛桃)'는 곧 《이아》에서 말하는 '사도(榹桃)'이다.⁴ '승도(僧

【海東農書】桃品甚多, 曰"毛桃", 卽《爾雅》所稱"榹①

복숭아나무(《본초강목》)

---

1  복숭아나무[桃, 도] : 장미과에 속한 낙엽 소교목. 높이 3미터 정도로 자라며, 잎은 어긋나고 가장자리에 톱니가 있다. 꽃은 4~5월에 잎보다 먼저 백색이나 담홍색으로 피고, 열매는 7~8월에 붉게 익는데, 부드럽고 맛이 좋다. 씨는 약으로 쓰인다.
2  《本草綱目》卷29〈果部〉"桃", 1741쪽.
3  《海東農書》卷3〈果類〉"桃"《農書》10, 245~246쪽).
4  이아에서……사도(榹桃)이다:《爾雅注疏》卷9〈釋木〉第14 "榹桃"《十三經注疏整理本》24, 304쪽)에 보인다.
①  榹 : 저본에는 "禠".《爾雅·釋木·楔》에 근거하여 수정.

복숭아나무(파주시 월롱면 덕은리에서 촬영)

개복숭아나무(파주시 파주읍 연풍리에서 촬영)

천도복숭아나무(파주시 금촌동 백마조경에서 촬영)

남경도(이상 임원경제연구소, 전주수목원에서 촬영)

桃)'는 털이 없는 것이다. '유월도(六月桃)'는 복숭아가 일찍 익는 것이다. '울릉도(鬱陵桃)'는 울릉도(鬱陵島)에 있는 큰 복숭아 종류이다. '감인도(甘仁桃)'는 곧 신라 복숭아이다. 또한 편도(匾桃)가 있으니, 곧 파사국의 복숭아이다. 이외에 '홍도(紅桃)', '벽도(碧桃)', '삼색도(三色桃)' 등의 종류는 모두 꽃으로 이름을 취한 것이다】

桃"也. 曰"僧桃", 無毛者也. 曰"六月桃", 早熟者也. 曰"鬱陵桃", 鬱陵島中大桃種也. 曰"甘仁桃", 卽新羅桃也. 亦有匾桃, 卽波斯國桃也. 此外"紅桃"、"碧桃"、"三色桃"等種, 皆以花取名者也】

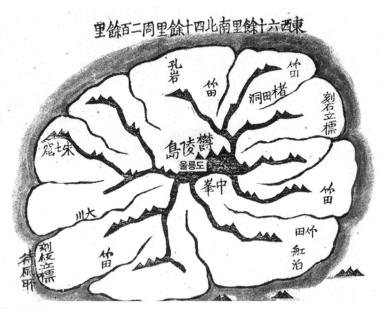

울릉도(《대동여지도》)

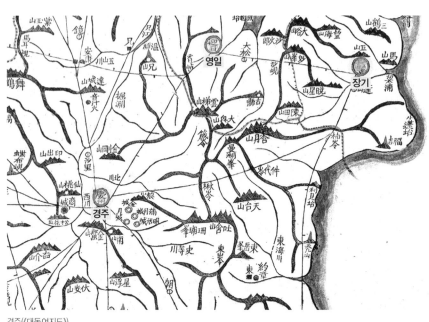

경주(《대동여지도》)

## 2) 종자 고르기

일반적으로 복숭아 열매 중 머리 부분이 조금 뾰족하게 굽은 품종은 열매살과 핵이 분리되지 않고, 달고 맛있다. 나무에 달려 있을 때 또한 오래 견딘다. 머리 부분이 뾰족하지 않은 품종은 열매살이 핵과 분리될 수 있고, 신맛을 띠어 맛이 없다. 나무에 달려 있을 때도 오래 견디지 못한다. 《화한삼재도회》[5]

## 擇種

凡桃實, 頭微尖曲者, 肉核不離而味甘美, 在樹亦耐久. 頭不尖者, 能離核而味帶酸不美, 在樹亦不久. 《和漢三才圖會》

---

5 《和漢三才圖會》卷86〈五果類〉"桃"(《倭漢三才圖會》10, 354쪽).

## 3) 심기와 가꾸기

씨 심는 법: 복숭아가 익었을 때 열매살째로 똥거름땅에 완전히 묻는다【주 보통의 땅에 그대로 두면 싹이 나지 않는다. 싹이 나더라도 무성해지지 않는다. 복숭아는 본성이 열매를 일찍 맺기 때문에 3년이면 열매를 맺는다. 그러므로 옮겨 심을 필요가 없다】. 봄에 싹이 나면 실제로 키울 곳에다 옮겨 심는다【주 만약 그대로 똥거름땅 속에 두면 열매는 작고 맛은 쓰다】.

옮겨 심는 법: 삽으로 흙째로 파서 옮긴다【주 복숭아나무의 본성은 씨심기는 쉬우나 옮겨심기는 어렵다. 본래의 흙을 떠나면 대부분 죽기 때문이다. 그러므로 위와 같이 해야 한다】.《제민요술》[6]

또 달리 씨 심는 법: 복숭아가 익었을 때, 담장 남쪽의 햇볕이 드는 따뜻한 곳에 깊고 넓게 구덩이를 만든다. 좋은 복숭아 수십 개를 고른 다음 복숭아를 쪼개서 핵을 취한다. 이를 곧 소똥 속에 넣되, 머리 부분이 위로 향하도록 한다. 이어서 잘 삭은 똥을 흙과 섞은 다음 소똥을 두껍게 덮어 1척 남짓 되게 한다.

봄에 흙속에서 복숭아가 처음 생동할 때, 천천히 똥거름흙을 털어 내면 모두 싹이 나 있다. 똥거름흙

## 種藝[2]

種法: 熟時, 合肉全埋糞地中【注 直置凡地則不生. 生亦不茂. 桃, 性早實, 三歲便結子, 故不求栽也】. 至春旣生, 移栽實地【注 若仍處糞中, 則實小味苦】.

栽法: 以鍬合土掘, 移之【注 桃性易種難栽. 若離本土, 率多死, 故須然矣[3]】.《齊民要術》

又種法: 桃熟時, 於牆南陽中暖處, 深寬爲坑. 選取好桃數十枚, 擘取核, 卽納牛糞中, 頭向上, 取好爛糞和土, 厚覆之, 令厚尺餘.

至春, 桃始動時, 徐徐撥去糞土, 皆應生芽, 合取核種

---

6 《齊民要術》卷4〈種桃柰〉第34(《齊民要術校釋》, 268쪽).

[2] 오사카본에는 이 항목 위에 "'擇種' 항목을 세우고 아래의 '凡桃' 운운한 내용을 적어라(【擇種】書下凡桃云云條)."라는 두주가 있다.

[3] 故須然矣:오사카본에는 이 내용을 추가하라는 두주가 있다.

과 함께 핵을 옮겨 심으면 만의 하나라도 잃지 않는다. 이후는 잘 삭은 똥거름을 주면 복숭아맛을 더한다.《제민요술》[7]

복숭아나무의 본성은 나무껍질이 바싹 오므라들므로 4년 이상 자랐으면 칼로 수직으로 그 껍질을 잘라 주어야 한다【주 잘라 주지 않은 경우 껍질이 너무 오므라들면 죽는다】.

7~8년이면 늙고【주 늙으면 열매는 잘다】 10년이면 죽는다【주 이 때문에 해마다 늘 심어야 한다. 또 다른 법: 그 열매가 잘아지면 복숭아나무를 지면 가까이에서 벤다. 그러면 그루터기[栦] 위에서 난 가지는 작은 복숭아나무가 된다. 이와 같이 하면 또한 끝없이 키울 수 있다. 얼(栦)과 얼(蘖)은 같다】.《제민요술》[8]

일반적으로 복숭아씨를 심을 때 얕게 심으면 싹이 나고, 깊게 심으면 나지 않는다. 그러므로 그 뿌리는 얕아 가뭄에 견디지 못하고 쉽게 시든다.

근래에 경험 많은 채소농사꾼이 전하는 말을 다음과 같이 들었다. "처음 열매를 맺은 다음해에 나무를 베어 준다. 싹이 다시 났을 때 또 베어 주면, 다시 난다. 이와 같은 벌레가 생긴다 싶었을 때 베어 주어 다시 자라게 한다. 그러면 그 뿌리는 땅속 깊이

之, 萬不失一. 其餘以熟糞糞之, 則益桃味. 同上

桃性皮急, 四年以上, 宜以刀竪劙其皮【注 不劙者, 皮急則死】.

七八年便老【注 老則子細】, 十年則死【注 是以宜歲歲常種之. 又法: 候其子細, 便附土斫去, 栦上生者, 便爲少桃, 如此亦無窮也. 栦、蘖同】. 同上

凡種桃, 淺則出, 深則不生. 故其根淺, 不耐旱而易枯.

近得老圃所傳云: "於初結實次年, 斫去其樹, 復生又斫, 又生. 但覺生虱, 卽斫令復長, 則其根入地深而盤結固, 百年猶結實如

---

7 《齊民要術》, 위와 같은 곳.
8 《齊民要術》, 위와 같은 곳.

들어가 뿌리를 튼실하게 맺는다. 그리하여 백년이 지나도 오히려 옛날과 같이 열매를 맺는다.”《농정전서》[9]

故.”[4]《農政全書》

따뜻한 곳에 구덩이를 만든다. 봄에 핵을 묻되, 꼭지는 위로 향하고 뾰족한 부분은 아래로 향하도록 한다. 0.2~0.3척 정도 자라면 흙째로 옮겨 심는다.《편민도찬》[10]

於煖處爲坑, 春間以核埋之, 蒂子向上, 尖頭向下. 長二三寸許, 和土移種. [5]《便民圖纂》[6]

속담에 “백발 노인도 복숭아 심는다.”라고 하였다. 또 “복숭아 3년, 자두 4년, 매실 12년.”이라고 하였으니, 이 말은 복숭아가 싹이 난 지 3년이면 꽃

諺云“白頭種桃”, 又曰: “桃三, 李四, 梅子十二.” 言桃生三歲, 便放花果. 故

복숭아꽃

복숭아나무잎

9   《農政全書》卷29〈樹藝〉“果部”上 ‘桃’(《農政全書校注》, 767쪽).
10  《便民圖纂》卷5〈樹藝類〉上 “種諸果花木” ‘桃’, 49쪽;《農政全書》卷29〈樹藝〉“果部”上 ‘桃’(《農政全書校注》, 767쪽).
4   故:《農政全書·樹藝·果部》에는 “初”.
5   오사카본에는 이 아래에 “其樹接杏最大接李紅甘”이라고 적혔다가 지운 흔적이 있다.
6   오사카본에는 이 아래에 “凡桃實頭微尖曲者肉核不離而味甘美在樹亦耐久頭不尖者能離核而味帶酸不美在樹亦不久和漢三才圖會”라고 적혀 있고, “《화한삼재도회》의 내용은 ‘종예’ 항목 위에 따로 ‘택종’ 1항목을 세워서 적어야 한다(三才圖會, 種藝上, 另立擇種一目而書之).”라는 두주가 있다.

복숭아나무꽃

복숭아(이상 네이버 블로그 수락산 스마일)

피우고 과일 맺는다는 뜻이다. 그러므로 머리가 이미 백발이더라도 복숭아나무의 꽃과 열매의 이익을 기대할 수 있다.《군방보》[11]

　씨 심을 때 복숭아핵을 깨끗이 씻은 다음 여자들에게 예쁘게 화장하고 심게 한다. 그러면 나중에 꽃이 예쁘고 열매는 핵과 분리된다.《군방보》[12]

首雖已白, 其花子之利可待也.《群芳譜》

種時, 將桃核刷淨, 令女子艶粧種之, 他日花艶而子離核. 同上

---

11 《二如亭群芳譜》〈亨部〉 "果譜" '桃'(《四庫全書存目叢書補編》80, 389쪽).
12 《二如亭群芳譜》, 위와 같은 곳.

## 4) 접붙이기

복숭아나무에 살구나무를 접붙이면 살구가 가장 크고, 자두나무를 접붙이면 자두가 붉고 달다. 《편민도찬》[13]

감나무에 복숭아나무를 접붙이면 금도(金桃, 금색 복숭아)가 되고, 자두나무에 복숭아나무를 접붙이면 이도(李桃, 자두복숭아)가 된다. 매실나무에 복숭아나무를 접붙이면 무른 복숭아[脆桃]가 된다. 《종수서》[14]

매실나무에 복숭아나무를 접붙이면 복숭아가 무르다. 《고금의통대전》[15]

## 接換

接杏最大, 接李紅甘. 《便民圖纂》

柹接桃則爲金桃, 李接桃則爲李桃. ⑦ 梅接桃則爲脆桃. 《種樹書》

梅樹接桃則脆. 《古今醫統》

---

13 《便民圖纂》, 위와 같은 곳;《農政全書》, 위와 같은 곳.
14 《種樹書》卷下〈果〉(《叢書集成初編》1469, 50·56쪽).
15 출전 확인 안 됨;《和漢三才圖會》卷86〈五果類〉"梅"(《倭漢三才圖會》10, 349쪽).
⑦ 李桃:《種樹書·果》에는 "桃李".

## 5) 치료하기

복숭아나무는 봄이 지났을 때 칼로 성글게 베어 주면 나무가루[穰]【안 양(穰)은 껍질 사이에 생기는 가루이다】가 나와도 벌레가 생기지 않는다.《종수서》[16]

복숭아가 너무 많으면 대부분 떨어진다. 이때는 칼로 줄기를 가로로 여러 번 베어야 떨어지는 일이 그친다. 사일(社日)에 사람들에게 나무 아래를 찧게 하면 열매를 튼실하게 맺는다.《종수서》[17]

복숭아가 너무 많으면 대부분 떨어진다. 이때는 돌로 나뭇가지를 눌러 주면 떨어지지 않는다.《농정전서》[18]

복숭아는 3년이면 열매를 맺고, 5년이면 무성하고, 7년이면 늙고, 10년이면 죽는다. 6년째가 되었을 때 칼로 껍질을 갈라 끈적한 진액이 나오게 하면 대부분 5년 더 무성하게 산다.《거가필용》[19]

복숭아나무에 작은 벌레가 생기면 가지 가득히 개미떼처럼 검게 붙어 있다. 민간에서는 이 벌레를

## 醫治

桃樹過春, 以刀疏斫之, 則穰【按 穰皮間粉屑】出而不蛀.《種樹書》

桃實太繁則多墜. 以刀橫斫其靹數下, 乃止. 社日令人椿樹下, 則結實牢. 同上

桃實大繁則多墜. 持石壓樹枝則不墜.《農政全書》⑧

桃三年結實, 五年盛, 七年老, 十年死. 至第六年, 以刀刮開皮, 令膠出, 多有五年活.《居家必用》

桃樹生小蟲, 滿枝黑如蟻, 俗名"蚜蟲". 雖桐油灑之,

---

16 《種樹書》卷下〈果〉(《叢書集成初編》1469, 54쪽).
17 《種樹書》卷下〈果〉(《叢書集成初編》1469, 55쪽).
18 《農政全書》卷29〈樹藝〉"果部"上'桃'(《農政全書校注》, 767쪽).
19 《居家必用》〈戊集〉"果木類"'栽桃李杏'(《居家必用事類全集》, 189쪽).
⑧ 오사카본에는 이 아래에 "桃子蛀者以煮猪首汁冷澆之同上"을 추가하라는 두주를 적었다가 지운 흔적이 있다.

'아충(蚜蟲)'이라고 한다. 동유(桐油)를 뿌려도 다 없앨 수 없다. 이때는 벽에 걸린, 여러 해 사용한 대나무 등잔걸이를 나뭇가지 끝에 걸어 두면 아충이 가루처럼 떨어진다. 《계신잡지》[20]

不能盡除. 用多年竹燈檠掛壁間者, 懸樹梢間, 則紛紛然墜下. 《癸辛雜識[9]》

---

20 《癸辛雜識》〈別集〉卷上 "燈檠去蟲"(《文淵閣四庫全書》1040, 113쪽).
[9] 識 : 저본에는 "志". 《癸辛雜識》에 근거하여 수정.

## 6) 보관하기

복숭아 거두어 저장하는 법: 밀기울로 죽을 끓여 소금을 조금 넣는다. 식으면 새 항아리에 부어 넣는다. 아직 익지 않은 복숭아를 항아리에 넣고 항아리 아가리를 밀봉한다. 그러면 겨울이 되어도 새것 같다.《고금의통대전》[21]

## 收藏

收貯桃法: 用麪連麩煮粥, 入鹽少許, 候冷, 傾入新缸, 以桃未熟者內中, 密封缸口. 至冬如新.《古今醫統》

---

21 출전 확인 안 됨;《和漢三才圖會》卷86〈五果類〉"桃"(《倭漢三才圖會》10, 354쪽).

# 5. 밤나무[栗, 율][1]

## 1) 이름과 품종

【본초강목[2]】 밤은《설문해자》에는 '조(槄)'로 되어
있으며 조(槄)를 따른다. '槄'의 음은 조이다. 꽃과 열
매가 아래로 늘어진 모양을 본떴다. 불경[梵書, 범서]
에는 '독가(篤迦)'라 한다.

큰 밤은 '판율(板栗, 알밤)'이고, 밤송이 한가운데
에 든 납작한 밤은 '율설(栗楔)'이고, 조금 작은 밤은
'산율(山栗)'이다. 산율 중에 둥글고 끝이 뾰족한 밤
은 '추율(錐栗)'이다. 도토리처럼 둥글고 작은 밤은 '신

### 名品

【本草綱目】 栗,《說文》作
"槄", 從槄, 音條. 象花實
下垂之狀也. 梵書名"篤
迦".

大者爲"板栗", 中心扁子爲
"栗楔", 稍小者爲"山栗".
山栗之圓而末尖者爲"錐
栗". 圓小如橡子者爲莘栗.

밤나무(《본초강목》)

밤나무(임원경제연구소, 파주시 파주읍 연풍리에서 촬영)

---

1 밤나무[栗, 율]:참나뭇과에 속한 낙엽 활엽 교목. 산지에 자라며 과수로도 재배한다. 암수한그루로 5~6
월에 이삭모양의 흰 꽃이 피며, 가을에 견과(堅果)인 밤이 가시가 많은 밤송이에 두세 개씩 들어 익는다.
2 《本草綱目》卷29〈果部〉"栗", 1752쪽.

율(莘栗)'이다. 손가락 끝처럼 작은 밤은 '모율(茅栗)'이 
니, 이것이 곧《이아》에서 말한 '연율(栭栗)'이다.

小如指頂者爲"茅栗", 卽
《爾雅》所謂"栭栗"也.

안 우리나라의 함종(咸從)[3]과 밀양(密陽)[4]에 한 종류 
가 있다. 밤의 작기가 도토리만 하다. 햇볕에 말리면 
껍질이 저절로 벗겨지고, 맛이 달다. 민간에서는 이 
를 '피적율(皮荻栗)'이라고 부른다. 아마 추율·신율· 
모율의 종류인 듯하다[5]】

按 我國咸從、密陽有一 
種, 栗小如橡子. 曝乾則皮 
自脫, 味甜, 俗號"皮荻栗", 
疑卽錐栗、莘栗、茅栗之類 
也】

밤나무가지

밤나무잎(이상 임원경제연구소, 파주시 파주읍 연풍리에서 촬영)

---

3  함종(咸從) : 평안남도 강서 지역의 옛 지명. 1914년 행정구역개편 때 강서군에 편입되어 함종면이 되었다. 
   현재 북한 남포특별시 강서군 일대.
4  밀양(密陽) : 경상남도 밀양시 시내·당장면·부복면·산내면·산외면·삼랑진읍·상남면·상동면·초동면·하 
   남면, 무안면 가례리·고라리·내진리·덕암리·마흘리·모로리·무안리·삼대리·신법리·양효리·연상리·운 
   정리·웅동리·정곡리·죽월리·중산리·판곡리, 청도면 고법리·구기리·요고리, 경상북도 청도군 운문면 마 
   일리·봉하리·정상리·지촌리 일대.
5  우리나라의……듯하다 : 함종·밀양의 피적율과 관련하여 유득공(柳得恭, 1748~1807)은 다음과 같은 일화 
   를 전했다. "무오년(1798, 정조22) 8월 29일, 서교(西郊)에서 어가를 맞이하는 반열에서 우연히 시랑 이서 
   구(李書九)를 만나 서영보(徐榮輔)의 일본 밤에 대한 이야기를 나누었다. 이서구가 말했다. '언젠가 밀양의 
   피적율(皮荻栗)을 본 적이 있는데 아마도 그 종류일 것입니다. 창원 밤은 해마다 베어지기 때문에 그 열매 
   가 특별히 작은 것입니다.' 이서구의 말이 또한 그럴듯하다. 그러나 이것을 서영보(徐榮輔)에게 물어보니 서 
   영보가 말했다. '아닙니다. 밀양이 창원에 가깝긴 하지만 의안(義安)의 옛터가 아닙니다. 피적율은 밀양에 
   만 있는 것이 아니라 평안도의 함종(咸從), 삼화(三和) 등지에도 역시 이런 종자가 많습니다. 지금 창원 밤 
   은 본래 당년에 열매를 맺어 풀과 다름이 없습니다. 그 열매가 작은 것은 자주 베어지기 때문이 아닙니다. 
   더욱이 그곳 토박이들은 이를 왜밤이라고 하니 이는 분명 조양필(趙良弼)이 심은 것일 듯합니다.'(戊午八月 
   二十九日, 西郊迎駕班, 遇薑山李侍郎, 說徐學士日本事. 薑山曰 : "曾亦知之密陽皮荻栗, 意卽其種也. 昌 
   原栗, 每歲被刈, 故其實特細歟." 薑山之言, 亦或似. 然擧此以問徐學士, 徐曰 : "非也. 密雖近於昌原, 而非 
   義安舊地也. 皮荻栗不特密陽有之, 關西之咸從、三和等地, 亦多此種. 今昌原栗自是當年結實, 與草無異. 
   其實之細, 非因屢被刈也. 何況土人謂之倭栗, 則明是趙良弼所種者爾") . 유득공, 《고운당필기(古芸堂筆 
   記)》권6 〈피적율변(皮荻栗辨)〉(한국고전종합DB 참조).

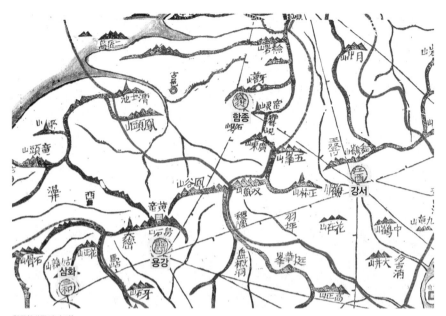

함종《대동여지도》

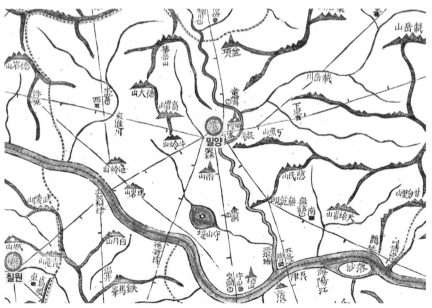

밀양《대동여지도》

## 2) 알맞은 토양

밤은 동남쪽의 넓게 펼쳐진 땅에 적당하다. 또 모래가 희며 딱딱한 흙를 좋아한다. 검고 비옥한 토양에서 자라는 밤은 맛이 매우 떨어진다.《행포지》[6]

## 土宜

栗宜東南展拓之地，又喜沙白剛土．其生於黑墳脆壤者，味殊劣也.《杏蒲志》

## 3) 풍흉 예측

밤은 오과 중에서 수(水)에 속한다. 그러므로 큰 장마가 지는 해에는 밤이 익지 않는다.《본초강목》[7]

## 占候

栗於五果屬水，水潦之年則栗不熟.《本草綱目》

## 4) 종자 고르기

밤을 심을 때는 반드시 하나의 밤송이에 밤이 3개가 있는 것을 가려 그중 가운데 있는 밤을 심는다. 밤송이의 양쪽에 있는 밤이나 하나의 밤송이에 밤이 1개가 있는 것을 심으면 맺는 열매는 모두 하나의 밤송이에 1개가 든다.《산림경제보》[8]

## 擇種

種栗，必擇一房三箇，居中心者種之．若種居兩邊者及一房一箇者，則所結皆一房一箇.《山林經濟補》

밤꽃1
밤꽃2

밤꽃3(이상 임원경제연구소. 파주시 월롱면 덕은리에서 촬영)

---

6  《杏蒲志》卷3〈種栗〉《農書》36，173~174쪽).
7  《本草綱目》卷29〈果部〉"栗"，1753쪽.
8  출전 확인 안 됨;《增補山林經濟》卷3〈種樹〉"栗"《農書》3，174쪽).

## 5) 심기와 가꾸기

밤은 씨를 심지만 옮겨 심지는 않는다【주 옮겨 심으면 산다고 하더라도 얼마 안 되어 죽는다】.

밤이 처음 익고 밤송이가 벌어져 밤껍데기가 드러날 때, 집 안에 가지고 들어가 습한 땅에 묻는다【주 묻을 때는 반드시 깊이 묻어 밤이 꽁꽁 얼게 해서는 안 된다. 만약 길이 먼 경우 가죽주머니에 밤을 담아 가져온다. 이때 3일 이상이 걸리거나 바람을 쐬게 하거나 해를 보게 하면 다시는 싹이 나지 않을 것이다】.

봄 2월에 모든 싹이 나면 밤을 꺼내서 심는다. 싹이 위로 향하게 해야 뿌리가 난다. 이미 살았으면 몇 해 동안 나무에 손을 댈 필요가 없다【주 일반적으로 새로 옮겨 심은 나무는 모두 나무에 손을 댈 필요가 없다. 그중 밤의 본성이 더욱 심하게 그러하다】.

심은 지 3년 내에는 매년 10월이 되면 나무를 항상 풀로 싸 준다. 이듬해 2월이 되어서야 싸 준 풀을 풀어 준다【주 싸지 않으면 얼어 죽는다】. 이어서 나무 둘레에 울타리를 둘러친다. 그 열매가 네모나면서 납작한 것이 후일에 풍성하게 열매를 맺는다. 《제민요술》9

種藝[1]

栗, 種而不栽【注 栽者雖生, 尋死】.

栗初熟出殼, 卽於屋裏, 埋著濕土中【注 埋, 必須深, 勿令凍徹. 若路遠者, 以韋[2]囊盛之. 停三[3]日已上, 及見風日, 則不復生矣】.

至春二月, 悉芽生, 出而種之. 芽向上, 乃生根.[4] 旣生, 數年不用掌近【注 凡新栽之樹, 皆不用掌近, 栗性尤甚】.

三年內, 每到十月, 常須草裹, 至二月乃解【注 不裹則凍死】. 仍用籬圍之. 其實方而匾者, 他日結子豐滿.[5]《齊民要術》

9 《齊民要術》卷4〈種栗〉第38(《齊民要術校釋》, 292~293쪽);《二如亭群芳譜》〈亨部〉"果譜" '栗'(《四庫全書存目叢書補編》80, 439쪽).
[1] 오사카본에는 이 항목 위에 "'종예' 항목 위에 '택종' 항목을 적어라(種藝上書擇種)."는 두주가 있다.
[2] 韋: 저본에는 "革". 오사카본·《齊民要術·種栗》에 근거하여 수정.
[3] 三:《齊民要術·種栗》에는 "二".
[4] 芽向上, 乃生根:《齊民要術·種栗》에는 없고《二如亭群芳譜·亨部·果譜》에는 있음.
[5] 仍用籬圍之……他日結子豐滿:《齊民要術·種栗》에는 없고,《二如亭群芳譜·亨部·果譜》에는 있음.

밤은 납월(12월)이나 초봄에 습한 흙속에 묻어 둔다. 높이 6척 남짓 자라게 되면 옮겨 심는다.《편민도찬》10

옛날에는 "밤은 씨를 심지만 옮겨 심지 않는다."라 했다. 하지만 지금은 그렇지 않다. 씨를 심을 수도 있고, 옮겨 심을 수도 있다.

씨 심는 법; 매년 8~9월에 저절로 떨어진 율설(밤송이 한가운데에 든 납작한 밤)들을 골라 양지에 깊이 묻어 얼지 않게 한다. 봄기운이 발산되면 각각 싹이 난다. 나무못을 땅에 박고 구멍을 만들어 깊이 1척, 원의 지름 0.8~0.9척이 되게 한다. 이 구멍에 똥거름흙을 채운다. 구멍마다 밤 한 톨씩을 넣되, 싹이 아래로 향하여 뿌리가 되게 한다. 이어서 흙을 구멍이 0.1척 정도 남도록 덮어 준다. 그 위에는 기와조각을 덮어 빗물이 침투하지 못하게 한다. 나무가 자라 구멍에서 나오면 다시 흙을 채워서 북돋운다.

옮겨 심는 법: 낮고 습한 땅을 골라 큰 구덩이를

栗, 臘月或春初, 將種埋[6]濕土中. 高長六[7]尺餘, 移栽.[8]《便民圖纂》[9]

古稱"栗, 種而不栽". 今則不然. 可種可栽.

其種法: 每於八九月, 擇自零栗楔, 深埋向陽地, 令不凍. 待春發之, 則箇箇生芽. 木釘釘地作穴, 令深一尺, 圓徑八九寸. 實糞土于穴, 每一穴下栗一箇, 令芽向下作根. 取土掩之, 不盡穴一寸許, 上用瓦片掩之, 勿令雨水滲溜.[10] 待樹長出穴, 復取土填培.

其栽法: 擇下濕地, 掘大

---

10 《便民圖纂》卷5〈樹藝類〉上 "種諸果花木" '栗', 50쪽;《農政全書》卷29〈樹藝〉"果部"上 '栗'(《農政全書校注》, 775쪽).

[6] 種埋: 저본에는 □□.《便民圖纂·樹藝類·種諸果花木》에 근거하여 보충. 오사카본에는 이 내용 위에 "결자는 고찰해 보아야 한다(缺字俟考)."라는 두주가 있다.

[7] 六: 저본에는 □.《便民圖纂·樹藝類·種諸果花木》에 근거하여 보충. 오사카본에는 이 내용 위에 "결자는 고찰해 보아야 한다(缺字俟考)."라는 두주가 있다. 위 주석의 두주와 같은 두주이다.

[8] 오사카본에는 이 아래에 "二三月間取□樹生子□者接之"라는 내용을 적었다가 지운 흔적이 있다.

[9] 오사카본에는 이 아래에 "種栗必擇一房三箇居中心者種之若種居兩邊者及一房一箇者則所結皆一房一箇山林經濟補"라는 내용이 적혀 있고 "'종예' 항목 위에 따로 '택종' 1항목을 세우고 '종률' 운운한 내용을 적어야 한다(種藝上, 擇種另立一目, 而書種栗云云)."라는 두주가 있다. 또 그 아래에는 "種栗被鼠類被人掘食則永不結實山林經濟補"라는 내용이 적혀 있고 "'요옹' 항목 아래에 따로 '의기' 1항목을 세우고 '종률' 운운한 내용을 적어야 한다(澆壅下, 宜忌另立一目, 而書種栗云云)."라는 두주가 있다.

[10] 溜:《杏蒲志·種栗》에는 "停".

밤나무암꽃(네이버 블로그 수락산 스마일)

파고, 아래에 기와조각 0.4~0.5척을 깐다. 싹이 난 밤을 배게 심는다. 나무가 8~10척 자라면 흙째로 옮겨 심는다. 이 나무를 민간에서는 '율앙(栗秧, 밤모)'이라고 한다.

일반적으로 율앙을 옮길 때 주근(主根)이 너무 깊이 뿌리내린 상태를 가장 걱정한다. 왜냐하면 파기가 어려워 뿌리가 쉽게 상하기 때문이다. 구덩이 바닥에 기와조각을 깔면 뿌리는 깊이 들어가지 않아 옮겨심기에 편하다. 대체로 옮겨심기가 씨심기보다 낫다고 한다.《행포지》[11]

坑, 下布瓦礫四五寸. 取生芽栗槪種之. 待樹長尋丈, 帶土移栽. 俗謂"栗秧".

凡移栗秧, 最患命根深入, 難掘易傷, 下布瓦礫, 則根不深入, 便於移栽也. 大抵栽勝於種云.《杏蒲志》

11 《杏蒲志》卷3〈種栗〉(《農書》36, 172~173쪽).

## 6) 접붙이기

나무가 4~5척이 되면 큰 밤을 맺었던 다른 밤나무에 접붙인다.《제민요술》[12]

## 接換

樹高四五尺, 取生子樹枝接之.《齊民要術》

## 7) 물주기와 거름주기

오줌을 주면 무성해진다.《행포지》[13]

## 澆壅

澆以人屎則茂.《杏蒲志》[11]

## 8) 주의사항

심은 밤을 쥐가 훔쳐가거나 사람들이 파서 먹으면 영원히 열매를 맺지 못한다.《산림경제보》[14]

## 宜忌

種栗被鼠竊, 被人掘食, 則永不結實.《山林經濟補》

## 9) 거두기

밤을 딸 때, 자잘한 밤이 열린 가지를 쳐 주어야 한다. 그러면 다음해에 가지와 잎이 더욱 무성해진다.《종수서》[15]

## 收採

栗採時, 要得披殘. 明年, 其枝葉益茂.《種樹書》

서리가 내려야 익는다. 밤송이[苞]가 절로 벌어져서 떨어진 밤톨이라야 오래 보관할 수가 있다. 밤송이가 아직 벌어지지 않은 송이를 깐 밤은 썩기 쉽다.《본초강목》[16]

霜降乃熟, 其苞自裂而子墜, 乃可久藏. 苞未裂者, 易腐也.《本草綱目》

---

12 《齊民要術·種栗》에는 확인 안 됨.《便民圖纂》에 유사한 내용이 확인된다. 오사카본의 "種藝" 항목에서 삭제한 내용(二三月間取別樹生子大者接之)이 있다. 이에 근거하여 옮겼다. 본문의 나뭇가지[樹枝]에 4~5척이 된 나무를 접붙인다는 말은 이치가 맞지 않다.

13 《杏蒲志》卷3〈種栗〉(《農書》36, 174쪽).

14 출전 확인 안 됨;《增補山林經濟》, 위와 같은 곳.

15 《種樹書》〈果〉(《叢書集成初編》1469, 6쪽).

16 《本草綱目》卷29〈果部〉"栗", 1752쪽.

11 오사카본에는 이 내용 다음에 "'요옹' 항목 아래에 '의기' 항목을 적어라(澆壅下書宜忌)."라는 두주가 있다.

밤송이

밤송이 속의 밤(이상 임원경제연구소, 파주시 파주읍 연풍리와 아동동에서 촬영)

밤

삶은 밤(이상 정예진)

밤송이가 아직 벌어지지는 않았지만, 황색을 조금 띠는 밤송이를 따서 흙구덩이에 묻는다. 10여 일이 지나면 밤송이는 벌어지고 밤톨은 붉어진다.《증보산림경제》[17]

苞雖未坼, 而稍帶黃色者, 剝下, 埋土坎中. 過十餘日, 苞坼顯赤.《增補山林經濟》

---

17 《增補山林經濟》卷3〈種樹〉"栗"《農書》3, 175쪽).

## 10) 보관하기

밤을 거둘 때 좀이 쏠지 않게 하려면, 율포(栗蒲)[18] 태운 재에 물을 뿌려 내린 잿물을 2일 동안 뿌려 준다. 이를 꺼내어 마르면 동이에 두고 모래로 덮는다. 《물류상감지》[19]

건율(乾栗, 마른 밤) 보관법: 볏짚 태운 재에 물을 뿌려 내린 잿물에 밤을 담가 둔다. 이를 꺼내고 햇볕에 말려 밤의 열매살을 바짝 말리면 다음해 봄여름까지 갈 수 있다.

생율(生栗, 생밤) 보관법: 그릇 속에 생율을 넣고 햇볕에 쬔 가는 모래를 넣어 생율을 건조시킨 다음 동이로 덮어 둔다. 그러면 다음해 2월에 모두 싹이 나고 벌레도 생기지 않는다. 《식경》[20]

고려율(高麗栗, 고려에서 나는 밤)의 크기는 복숭아만 하고, 달고 맛있어서 사랑스럽다. 여름철에도 보존되어 있다. 그 보관법을 물으니, 도기에 밤을 담

收藏

收栗不蛀, 以栗蒲燒灰淋汁澆二宿, 出之候乾, 置盆中, 用沙覆之.《物類相感志》

藏乾栗法: 取穬灰淋[12]汁漬. 取出[13]日曬, 令栗肉焦燥, 可[14]至後年春夏.

藏生栗法: 著器中, 曬[15]細沙令燥,[16] 以盆覆之. 至後年二月, 皆生芽而不生[17]蟲.《食經》[18]

高麗栗大如桃, 甘美可愛. 夏月亦有之. 問其法, 乃盛以陶器埋土中, 故經歲不

---

18 율포(栗蒲): 밤송이. 밤송이를 "포(苞)"라 표현한 점으로 보아 "포(蒲)"는 "포(苞)"와 같은 의미로 쓰인 듯하다.
19 《物類相感志》〈果子〉(《叢書集成初編》 1344, 19쪽).
20 출전 확인 안 됨;《齊民要術》 卷4〈種栗〉 第38(《齊民要術校釋》, 293쪽);《農政全書》 卷29〈樹藝〉 "果部" 上 '栗'(《農政全書校注》, 776쪽).
⑫ 淋: 오사카본에는 이 뒤에 "取"자를 적었다가 지운 흔적이 있다.
⑬ 取出: 오사카본에는 이 2자를 보충한 흔적이 있다.
⑭ 可: 오사카본에는 "不畏蟲得"을 지우고 "可"로 수정한 흔적이 있다.
⑮ 曬: 오사카본에는 "曬"자를 추가한 흔적이 있다.
⑯ 令燥: 오사카본에는 "可煨"를 지우고 "令燥"로 수정한 흔적이 있다.
⑰ 生: 오사카본에는 "生"자를 보충한 흔적이 있다.
⑱ 오사카본에는 "農政全書"라고 적었다가 "食經"으로 수정한 흔적이 있다.

은 채로 흙속에 묻으므로 해가 지나도 손상되지 않 
는다고 한다. 《고려도경(高麗圖經)》[21]

壞.[19] 《高麗圖經》[20]

생율 보관법: 서리가 내린 후에 생율을 물속에 
넣는다. 뜨는 밤은 없애고 나머지는 걸러낸다. 이를 
베로 닦아 물기가 없어질 때까지 햇볕에 잠시 말린 
다. 이에 앞서 모래를 불에 볶고 말려 냉기를 없애 
놓는다.

藏生栗法: 霜後取生栗投 
水中, 去浮者, 餘漉出, 布 
拭, 乾曬少時令無水脈爲 
度. 先將沙炒乾放冷.

기름기와 술기운이 없는 새 항아리에다 한 층은 
밤, 한 층은 모래가 되도록 쟁여 넣는다. 이렇게 약 
8/10~9/10를 채우고 대껍질을 빈틈없이 덮는다. 주 
변을 쓸어 땅을 깨끗이 한 다음 그릇을 항아리 위에 
엎어서 덮는다. 이곳을 대략 황토로 봉하고 술그릇 
을 항아리에 가까이 있지 않게 하면 다음해 봄에도 
손상되지 않는다.

取無油、酒氣新罈礶, 裝 
入一層栗一層沙, 約八九分 
滿, 用箬葉扎嚴. 掃一淨 
地, 將器倒覆其上, 略以黃 
土封之, 勿近酒器, 可至來 
春, 不壞.

또 다른 법: 밤 1석을 소금 2근 녹인 물에 담갔다 
가 1~2일 뒤에 걸러낸다. 이를 햇볕에 말린 뒤 참깨 
2석과 함께 고르게 섞어 싸리나무로 만든 곳집[囤, 
돈][22]에 담아 둔다. 그러면 밤이 오래도록 손상되지 
않고, 먹으면 연하고 맛있다. 《군방보》[23]

又法: 栗子一石, 鹽二斤水 
泡開浸栗, 一二宿漉出, 曬 
乾, 同芝麻二石拌勻, 盛 
荊囤中, 永遠不壞, 食之軟 
美. 《群芳譜》

건율 보관법: 서리가 내린 후 물에 담가 두었던 

藏乾栗法: 霜後取沈水栗

---

21 《高麗圖經》卷23 〈雜俗〉 2 "土産"(《渤海考·北輿要選·高麗古都徵·北塞記略·高麗圖經》, 496쪽).
22 곳집[囤, 돈]: 대오리·싸리나무·볏짚 등으로 만든 식량 저장 기구.
23 《二如亭群芳譜》 〈亨部〉 "果譜" '栗'(《四庫全書存目叢書補編》80, 439쪽).
[19] 壞: 《高麗圖經·雜俗·土産》에는 "損".
[20] 오사카본에는 이 내용이 첨지(籤紙)에 적혀 있고 《食經》 아래에 한 글자를 띄우고 적어야 한다(食經下跳 
一字).''라는 편집 지시가 있다.

밤 1두를 준비한다. 소금 1근을 섞은 물에 이 밤이 모두 잠기도록 담가 둔다. 하룻밤이 지난 후 걸러 내어 말린다. 이를 대바구니나 거친 마포자루를 사용하여 해를 등지고 바람이 조금 통하는 곳에 걸어 둔다. 날마다 1~2번 흔들어 준다. 그러면 다음해 봄이 되어도 손상되지 않고, 좀도 쓸지 않으며, 썩지도 않는다.《군방보》[24]

一斗, 用鹽一斤調水浸栗, 令沒. 經宿漉起晾乾, 用竹籃或粗麻布佟, 掛背日少通風處, 日搖動一二次. 至來春, 不損不蛀不壞. 同上

---

[24]《二如亭群芳譜》, 위와 같은 곳.

## 11) 제조

건율 만드는 방법: 미리 구덩이를 만들고 위에 땔나무 장작과 진흙을 덮어 높이 돌출되게 한다. 그 옆에 작은 구멍을 뚫어 매번 절로 떨어진 밤을 주워 던져 넣되, 줍자마자 던져 넣는다. 구덩이가 가득 찼을 때 비로소 꺼내어 햇빛에 말리면 껍질은 쉽게 벗겨지고, 맛은 달고 좋다. 《행포지》[25]

양주(楊州) 남일원(南一原)[26] 사람들의 건율 만드는 법: 방구들에 불을 때서 구들을 매우 뜨겁게 한다. 이 방구들에 밤을 깔아 놓은 다음 긴 자루가 달린

## 製造

作乾栗法: 預作坑, 上覆柴薪, 塗泥令高突, 傍穿小穴, 每拾自零栗投之, 旋拾旋投, 滿坑始取出, 曬乾則膜易脫, 味甜美.《杏蒲志》

<u>楊州 南一原</u>人作乾栗法: 烘房堗, 令極熱, 鋪栗于房堗, 以長柄木杴, 不住手

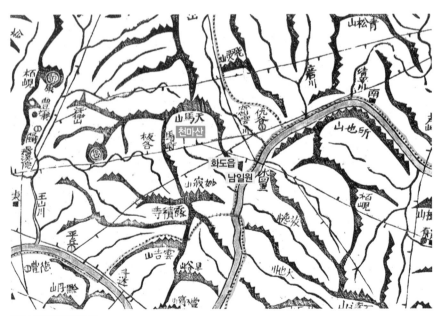

양주 남일원《대동여지도》

25 《杏蒲志》卷3〈種栗〉(《農書》36, 175쪽).
26 남일원(南一原) : 경기도 남양주시 화도읍 금남리 남일원 일대.

나무고무래로 손을 쉬지 않고 밤을 뒤집어 타지 않
게 한다. 이와 같이 1~2일 하면 최상품의 건율이 된
다.《행포지》[27]

翻轉, 令不徧焦, 如是一兩
日, 卽成上品乾栗. 同上

---

27 《杏蒲志》卷3〈種栗〉(《農書》36, 176쪽). 앞과 같은 책, 173~174쪽에는 양주에서 나는 밤의 특성과 관
련하여 다음과 같은 설명이 있다. 여기에서 서유구 자신이 한때 양주에서 산 적이 있음을 보여주는 고백도
주목된다. "내가 양주 쪽에 살 때 경내의 밤을 맛본 적이 있다. 도봉산·수락산·칠보산 등의 산 아래, 자갈
이나 흰 모래땅에서 난 밤은 열매가 크고 맛이 달다. 백석(白石, 경기도 양주시 백석읍 일대와 광적면 광적
리·가납리 일대)·광석(廣石, 경기도 양주시 광적면 일대) 등 부드럽고 비옥하면서 검은 흙이 있는 땅에서
난 밤은 씹을 때 나무조각을 씹는 듯이 맛이 없었다. 이로써 한강 이남에서 난 밤이 한강 이북에서 난 밤에
미치지 못하는 까닭은, 단지 한강 이남에서 밤을 심는 땅이 비옥하고 토질이 부드럽기 때문일 뿐이라는 사
실을 알 수 있다. 만약 흰 모래땅이나 단단한 흙을 택하여 밤을 심으면 어디인들 양주가 아니겠는가. 다만
양주 남일원에서 나는 밤은 껍질이 얇고 열매살이 연하여 달고 맛있다. 특히 탁월한 점은 볕에 오래 말려도
잘 씹힌다는 것이다. 이는 다른 지역에서 난 밤이 끝내 미칠 수 없는 특성이다. 그래서 어쩔 수 없이 밤나무
의 토양에 적합한 땅과 적합하지 않은 땅이 있다고 말하는 것이다(余居楊州偏, 嘗境內之栗. 其産於道峯、
水落、七寶諸山下磽确、沙白之地者, 顆大味甘. 産於白石、廣石等腴壤黑墳者, 嚼之如嚼木札. 是知漢南之
産不及漢北者, 特以地腴土脆耳. 苟擇沙白、剛土種之, 何往而非楊也. 但楊州南一原栗, 皮薄肉軟甘美, 忒
異乾曬日久, 亦堪咀嚼, 他産終不能及. 不可不謂土有宜不宜也)."

# 6. 대추나무[棗, 조]¹

棗

## 1) 이름과 품종

名品

【비아²】 큰 대추를 '조(棗)'라 하고, 작은 대추를 '극(棘)'이라 한다. 극은 멧대추나무[酸棗, 산조]이다.

【埤雅】 大曰"棗", 小曰"棘". 棘, 酸棗也.

【행포지³】 중국에서는 북쪽 근방의 주와 군에서 나는 대추가 좋다. 그러므로 청주(靑州)⁴의 대추를 가장 귀하게 여긴다. 《왕정농서》에서도 "남쪽의 대추는

【杏蒲志】 中國以近北州郡之産爲佳, 故最重靑州棗. 《王禎農書》亦云: "南棗堅

대추나무(《본초강목》)

---

1 대추나무[棗, 조]: 갈매나뭇과에 속한 낙엽 활엽 교목. 초여름에 연한 황록색 꽃이 피고 타원형의 열매인 대추가 가을에 붉게 익는다. 열매는 식용이나 약용으로 쓰인다. 목질은 단단해서 판목, 떡메, 달구지 따위의 재료로 쓰인다.
2 《埤雅》卷13〈釋木〉"棗"(《文淵閣四庫全書》222, 170쪽).
3 《杏蒲志》卷3〈種棗〉(《農書》36, 178쪽).
4 청주(靑州): 중국 산동성(山東省) 청주시(靑州市) 일대.

단단하고 건조하기 때문에 북쪽의 살지고 맛있는 대추만 못하다."[5]라 했다.

　우리나라는 중국의 상황과는 다르다. 충청도의 보은(報恩)·청산(靑山) 등지에서 생산되는 대추가 나라 안에서 제일이고, 열매는 번성하며 굼벵이가 적다. 다른 곳에서 생산된 대추는 끝내 이에 미치지 못한다. 보은·청산에는 또한 옮겨심기와 거름주기에서 알맞은 방법이 있기 때문이기도 하다】

燥, 不如北棗肥美."

我國則不然. 湖西 報恩、靑山等地産者爲國中第一, 實繁蟳稀. 他産終不能及, 亦由栽培有方也】

---

5　남쪽의……못하다:《王禎農書》卷7〈百穀譜〉"果屬" '棗', 135쪽.

대추나무     대추나무줄기     대추나무잎(이상 임원경제연구소, 파주시 파주읍 연풍리에서 촬영)

## 2) 알맞은 토양

인가에는 보통 물이 많이 없는 산비탈이 있다. 이곳은 곡식 농사를 짓기에 적당하지 않은 곳이다. 이런 곳에 대추를 드문드문 흩어서 심으면 적당하다【주 대추의 본성은 건조한 땅에서 잘 수확되므로 물이 많이 없는 산비탈이 적당하다】.《제민요술》6

## 3) 종자 고르기

종자를 고를 때는 타원형이면서 살진 대추씨를 취하여야 한다. 짧고 둥글며 끝이 뾰족한 씨를 쓰면 대추맛이 떨어지기 마련이다.《행포지》7

## 土宜

人家凡有阜勞①之地, 不任耕稼者, 歷落種棗則任矣【注 棗性燥收, 故任阜勞②之地③】.《齊民要術》

## 擇種

擇種, 須取橢圓而肥胖者. 其短圓銳頭者, 味須劣也.《杏蒲志》

---

6　《齊民要術》卷4〈種棗〉第33(《齊民要術校釋》, 263쪽);《農政全書》卷29〈樹藝〉“果部”上‘棗’(《農政全書校注》, 764쪽).
7　《杏蒲志》卷3〈種棗〉(《農書》36, 178쪽).
①　阜勞 : 저본에는 “旱澇”.《齊民要術·種棗》에 근거하여 수정. “阜勞”는 가뭄이나 수해가 심해서 농사짓기에 부적합한 땅. “阜勞”는 “阜旁”의 오자로, 작은 산이나 언덕을 의미한다는 설도 있다. 그러나 이런 곳이 반드시 농사짓기에 부적합하다고는 할 수 없다. “阜勞”의 뜻은 불확실하다.《齊民要術校釋》, 265쪽 ⑦번 주석 참조.
②　阜勞 : 저본에는 “旱澇”. 오사카본·《齊民要術·種棗》에 근거하여 수정.
③　注棗性……之地 : 오사카본에는 이 내용을 주석에 넣으라는 두주가 있다.《齊民要術》의 주석에는 “棗性炒故” 4자만 있다.

## 4) 심기와 가꾸기

늘 맛이 좋은 대추가 열리는 나무를 골라서 남겨 두었다가 옮겨 심는다. 대추잎이 처음 나기를 기다려 옮겨 심어야 한다【주 대추나무는 본성이 단단하다. 그러므로 싹이 늦게 난다. 일찍 옮겨 심으면 굳고 딱딱해서 싹이 더디게 난다】.

옮겨 심을 때는 3보마다 1그루씩 심고 줄이 서로 적당하게 해야 한다【주 땅은 갈지 않는다. 만약 그해에 싹이 나지 않더라도 바로 없애서는 안 된다. 속담에 "3년 동안 싹 나지 않아도 죽었다 생각 말라. 오래 지나서야 다시 나는 대추도 있다."라고 하였다】.

소나 말에게 주변의 흙을 발로 밟게 해서 땅을 깨끗하게 해 주어야 한다【주 대추나무의 본성은 단단해서 곡식 심는 밭은 적당하지 않다. 이 때문에

## 種藝

常選好味者, 留栽之. 候棗 葉始生而移之【注 棗, 性 硬, 故生⁴晚. 栽早者, 堅 垎生遲也】.

三步一樹, 行欲相當【注 地不耕也. 如本年芽未出, 勿遽刪除. 諺云: "三年不算 死, 亦有久而復生者⁵】.

欲令牛馬足踐履, ⁶ 令淨 【注 棗性堅强, 不宜苗稼, 是以不耕. 荒穢則蟲生, 所

대추나무꽃

대추1

대추2(이상 임원경제연구소, 파주시 파주읍 연풍리에서 촬영)

---

④ 生 : 저본에는 "主", 《齊民要術·種棗》에 근거하여 수정.
⑤ 如本年芽未出……亦有久而復生者 : 《齊民要術》에는 없고 《農政全書》에는 있음.
⑥ 足踐履 : 《齊民要術·種棗》에는 "履踐".

땅을 갈지 않는다. 풀이 무성하면 벌레가 생기므로 깨끗하게 해 주어야 한다. 땅이 단단해야 열매가 풍성하기 때문에 밟아 주어야 한다】.《제민요술》[8]

대추를 옮겨 심을 때는 깊이 심어야 한다. 가령 본래 흙속으로 들어간 부분이 2척인 나무를 옮겨 심는다면 4척 이상 깊이로 심어도 괜찮다.《행포지》[9]

以須淨. 地堅饒實, 故宜踐也】.《齊民要術》

移棗, 須深植, 假令本入土二尺者移植, 深四尺以上亦可.《杏蒲志》

---

8　《齊民要術》, 위와 같은 곳 ; 《農政全書》, 위와 같은 곳.
9　《杏蒲志》卷3〈種棗〉(《農書》36, 178쪽).

## 5) 접붙이기

상수리나무 대목에 대추나무를 접붙이면 대추는 크고 맛이 좋다. 《행포지》[10]

接換

櫟砧接棗, 實大味佳. 《杏蒲志》

## 6) 시집보내는 법

정월 1일 해가 나올 때, 도끼의 등으로 대추나무 줄기의 여기저기를 쳐 주는 작업을 '대추나무 시집보내기'라고 한다.

【주 쳐 주지 않으면 꽃은 피나 열매가 없다. 도끼로 찍으면 열매는 시들어 떨어진다.

嫁法

正月一日日出時, 反斧斑駁椎之, 名曰"嫁棗".

【注 不椎則花而無實, 斫則子萎而落也.

농정전서[11] 북쪽 지방에서는 대추나무를 해마다 시집보낸다. 그러면 열매를 번성하게 맺으나 나무가 모두 안으로 상하여 재목으로 삼을 만하지는 않다】《제민요술》[12]

農政全書 北方棗木, 歲歲嫁之. 結實繁盛, 而木俱內傷, 不堪作材】《齊民要術》

## 7) 손질하기

누에가 누에섶으로 들어갈 때가 되면 막대기로 대추나무가지 사이를 쳐 흐드러지게 핀 꽃을 떨쳐 제거한다【주 번성한 꽃을 쳐 주지 않으면 열매가 제대로 맺지 않는다】. 《제민요술》[13]

葺治

候大蠶入簇, 以杖擊其枝間, 振去狂花【注 不打花繁, 則實不成】. 《齊民要術》

---

10 《杏蒲志》, 위와 같은 곳.
11 《農政全書》, 위와 같은 곳.
12 《齊民要術》, 위와 같은 곳.
13 《齊民要術》, 위와 같은 곳.

## 8) 보호하기

산동(山東)의 대추밭에는 백로(白露, 양력 9월 8·9일 경)가 되면 나무뿌리 주변에 풀을 두루 쌓아 태운다. 이는 대개 불기운으로 이슬기운을 피하기 위함이다. 그렇게 하지 않으면 대추는 대부분 말라 떨어진다. 《난매유필(暖昧由筆)14》15

대추가 익을 때 안개가 닿으면 대부분 손상된다. 어저귀16나 볏짚을 사용하여 나무 위를 사방으로 얽어 매면 안개를 피할 수 있다.《군방보》17

## 9) 거두기

대추가 완전히 적색이 되면 거두어들인다【주 반 정도 적색일 때 거두어들인 대추는 열매살이 아직 꽉 차지 않은 상태이다. 대추가 마르면 색이 황색이고 껍질은 주름이 잡힌다. 적색이 되려 할 때 거두면 맛 또한 좋지 않다. 완전히 적색이 되었는데도 거두어들이지 않았다가 오래 지나면 껍질이 터지고 또한 까마귀가 쪼아 먹는다】.

거두어들이는 법: 날마다 흔들어 떨어뜨리는 법

護養

山東棗園, 至白露日, 根下遍堆草焚之. 蓋以火氣辟露氣也. 不爾則多乾落.《暖昧由筆》

棗熟着霧則多損. 用檾麻或秸穰, 四散絟樹上, 可避霧.《群芳譜》

收採

全赤卽收【注 半赤而收者, 肉未充滿. 乾則色黃而皮皺. 將赤味亦不佳. 全赤不收, 久則皮破,⑦ 復有烏鳥啄之⑧】.

收法, 日日撼而落之爲上.

---

14 난매유필(暖昧由筆) : 미상.《청장관전서(靑莊館全書)》卷55에《난매유필》의 기사를 인용하면서 '徐充撰'이라 주석을 달았다. 서충(徐充)은 명(明)나라 학자로 추정된다.

15 출전 확인 안 됨;《五洲衍文長箋散稿》〈萬物篇〉"草木類" '穀種'(한국고전종합DB).

16 어저귀 : 아욱과의 1년생 식물. 어린 뽕나무에 그늘을 만들어 주거나 거친 베를 짜는 용도로 심었다.

17 《二如亭群芳譜》〈亨部〉"果譜簡首" '衛果'(《四庫全書存目叢書補編》80, 353쪽).

⑦ 破 : 金抄本에는 "硬". 南宋本 등에는 "破".《齊民要術校釋》, 264쪽 ④번 주석 참조.

⑧ 啄之 :《齊民要術·種棗》에는 "之患".

이 상책이다.《제민요술》[18]

《齊民要術》

## 10) 보관하기

## 收藏

거두어들인 대추에 벌레가 먹었으면 조짚 한 층 대추 한 층으로, 사이를 띄워 놓는다.《물류상감지》[19]

收棗子蛀, 以一層粟草一層棗, 相間安之.《物類相感志》

막 익은 대추를 새벽 시간을 타서 작은 가지와 잎 붙은 채로 따고 손상시키지 않는다. 이를 바람이 통하는 곳에서 말려 이슬기운을 없앤다. 기름기와 술기운이 없는 새 항아리를 골라 맑은 물로 깨끗이 씻는다. 항아리에 불을 때어 말리고 냉기를 없앤다.

깨끗한 짚을 햇볕에 말렸다가 볏짚의 온기가 없어지면 볏짚 한 층 대추 한 층으로, 항아리 속에 넣는다. 이를 빈틈없이 봉하면 다음해에도 여전히 신선하다.《군방보》[20]

將纔熟棗乘淸晨, 連小枝葉摘下, 勿損傷. 通風處晾去露氣, 揀⑨新缸無油、酒氣者, 淸水刷淨, 火烘乾晾冷.
取淨稈草曬乾, 候冷, 一層草一層棗入缸中, 封嚴密, 可至來歲猶鮮.《群芳譜》

대추나무꽃1

대추나무꽃2

---

18 《齊民要術》, 위와 같은 곳.
19 《物類相感志》〈果子〉(《叢書集成初編》1344, 19쪽).
20 《二如亭群芳譜》〈亨部〉"果譜"'棗'(《四庫全書存目叢書補編》80, 413쪽).
⑨ 揀:《二如亭群芳譜·亨部·果譜》에는 "簡".

대추1　　　　　　　　　　대추2　　　　　　　　　대추3(이상 네이버 블로그 수락산 스마일)

## 11) 제조

일반적으로 생대추를 햇볕에 말릴 때는 대추를
시루 속에 넣고 대략 불을 때 주어야 한다. 대개 대
추벌레가 안에 있을 때 불을 때면 죽게 된다. 그런
후에 또 햇볕에 말려 새 단지에 저장하면 오랫동안
남길 수 있다. 《고금의통대전》[21]

햇볕에 대추 말리는 법: 먼저 땅을 정돈하여 깨
끗하게 한다【주 풀이 무성하면 대추에 냄새가 나게
되기 때문이다】. 발[箔] 아래에 서까래를 깔고, 발
위에 대추를 펼쳐 놓는다.

## 製造

凡生乾棗曬乾, 須於甑中
略炊, 蓋棗蟲在內, 炊之
則死, 然後又曬乾, 貯新
罈, 久留.《古今醫統》[10]

曬棗法: 先治地令淨【注
有草萊, 令棗臭[11]】. 布椽
於箔下, 置棗於箔上.

---

21  출전 확인 안 됨;《和漢三才圖會》卷86〈果部〉"五果類"棗(《倭漢三才圖會》10, 362쪽).

[10] 오사카본에는 이 내용 앞에 "作乾棗法須治淨地鋪菰箔之類承棗日曬夜露擇去胖爛曝乾收之食經"을 적었다
가 지운 흔적이 있다.

[11] 有草……棗臭: 오사카본에는 이 내용이 주석이 아닌 큰 글자의 본문으로 적혀 있고 범위가 표시되어 있다.
그 위에는 "'有草'부터 '棗臭'까지의 내용을 소주(小注)처럼 작게 쓰고 그 위에는 주(注)자를 쓴 다음 네모
상자를 둘러야 한다(有草止棗臭小注書之而上書注字加囯)."라는 두주가 있다.

杴

고무래(《본리지》)

고무래[杴]22【주 팔(杴)은 병(兵)과 발(拔)의 반절이다. 이빨이 없는 써레이다】로 대추를 모았다가 다시 흩는다. 이 과정을 하루에 24번 해야 좋다. 밤에는 대추를 모으지 않는다【주 대추가 서리와 이슬의 기운을 얻으면 빨리 건조되기 때문이다. 만약 비가 오면 대추를 모아서 거적을 덮어 준다】.

5~6일 지나 홍색이면서 연한 대추들을 골라 키가 큰 장(欌)23에 올려 햇볕에 쬔다【주 장(欌) 위에

以杴【注 兵拔反, 無齒耙】聚而復12散之. 日13中14二十度乃佳, 夜不15聚【注 得霜露氣, 速成. 如有雨則聚而苫之16】.

五六日, 擇取17紅軟者, 上高廚暴之【注 廚上者已乾,

---

22 고무래[杴] : 흙을 고르고 곡식이나 재따위를 긁어 모으거나 펴는 농기구. 《임원경제지 본리지(林園經濟志本利志)》 卷10〈그림으로 보는 농사연장(農器圖譜)〉 上 "갈이 연장과 삶이 연장(耕耙之具)" '고무래[杴]'(서유구 지음, 정명현·김정기 역주, 《임원경제지 본리지》 3, 소와당, 2008, 158~159쪽)에 자세히 보인다.

23 장(欌) : 물건을 넣어 두는 가구. 농장, 옷장, 찬장, 책장 등이 있다.

12 布椽……而復 : 오사카본에는 원래 "駕箔椽上以無齒木杴聚而"를 적었다가 이 내용으로 수정한 흔적이 있다.

13 日 : 《齊民要術·種棗》에는 "一日".

14 中 : 오사카본에는 "中"자를 보충한 흔적이 있다.

15 不 : 오사카본에는 "不"자 아래 "必"자를 썼다가 지운 흔적이 있다.

16 得霜……苫之 : 오사카본에는 이 내용에 범위가 표시되어 있고 그 위에는 "'得霜'부터 '苫之'까지의 내용은 위에서 말한 법대로 소주처럼 작게 써야 한다(得霜止苫之依上法小注書之)."라는 두주가 있다.

17 擇取 : 오사카본에는 원래 "選其"를 썼다가 "擇取"로 수정한 흔적이 있다.

있는 대추가 이미 마르면 대추 두께가 1척이 쌓이더
라도 썩지 않는다】.

덜 말라[脿]【주 강(脿)은 전(專)과 강(江)의 반절이
다】 문드러진 대추를 제거한다【주 강(脿)이란 물이
마르지 않은 상태를 말한다. 이를 남겨 두면 다른
대추만 상하게 한다】. 아직 마르지 않은 대추는 법
대로 햇볕에 쬐어 말린다. 《제민요술》24

　

마른 대추 만드는 법: 새 줄풀[菰蔣]25을 뜰에 펼
쳐 놓는다. 대추를 그 위에 두께 0.3척으로 놓고, 새
줄풀로 덮는다. 일반적으로 3일 낮밤이 지나면 온종
일 말려 마른 대추만을 집에 들인다.

대체로 대추 1석당 술 1승(升)을 그릇에 넣고 대

雖厚一尺亦不壞⑱】.

脿【注 專江切⑲】去⑳爛者
㉑【注 脿者, 水㉒不乾, 留
之徒汚棗㉓】. 其未乾者,
曬曝如法.《齊民要術》㉔

　

作乾棗法: 新菰蔣露於庭,
以棗著㉕上, 厚三寸. ㉖ 以
新蔣覆之. ㉗ 凡三日三
夜, ㉘ 撤覆露之, 畢日曝,
取乾納屋㉙中.

率㉚一石, 以酒一升漱著器

---

24 《齊民要術》卷4〈種棗〉第33(《齊民要術校釋》, 263쪽).
25 줄풀[菰蔣]: 볏과에 속한 여러해살이풀. 높이는 2미터 정도이며, 잎의 길이는 50~100센티미터이다. 잎은
　도롱이나 자리를 만든다.
⑱ 注廚……不壞: 오사카본에는 이 내용이 두주에 적혀 있고, 이 내용을 현재의 위치에 넣으라는 편집 지시가
　있다.
⑲ 注專江切: 오사카본에는 이 내용을 보충한 흔적이 있다.
⑳ 去: 오사카본에는 "去"자를 보충한 흔적이 있다.
㉑ 오사카본에는 이 아래에 "去之否則恐壞餘棗"라고 썼다가 지운 흔적이 있다.
㉒ 水:《齊民要術·種棗》에는 "永".
㉓ 注脿……汚棗: 오사카본에는 이 내용을 보충한 흔적이 있다.
㉔ 齊民要術: 오사카본에는 "群芳譜"라고 썼다가 "齊民要術"로 수정한 흔적이 있다.
㉕ 棗著: 오사카본에는 "草鋪"라고 썼다가 "棗著"로 수정한 흔적이 있다.
㉖ 寸: 오사카본에는 "寸"자 아래에 "覆"자를 썼다가 지운 흔적이 있다.
㉗ 覆之: 오사카본에는 이 2자를 보충한 흔적이 있다.
㉘ 三夜: 오사카본에는 이 2자를 보충한 흔적이 있다.
㉙ 屋: 오사카본에는 "房"자를 "屋"자로 수정한 흔적이 있다.
㉚ 率: 오사카본에는 "每"자를 "率"자로 수정한 흔적이 있다.

말린 대추(임원경제연구소, 파주시 금촌동 통일시장에서 촬영)

추를 헹군다. 그런 다음 그릇에 빈틈없이 진흙을 발라 봉하면 여러 해가 지나도 부패하지 않는다.《식경(食經)》26

中, 密泥之,31 經數年不敗.32《食經》33

---

26 출전 확인 안 됨;《齊民要術》卷4〈種棗〉第33(《齊民要術校釋》, 264쪽).
31 之:오사카본에는 "之"자 아래 "可"자를 썼다가 지운 흔적이 있다.
32 敗:오사카본에는 "壞"자를 "敗"자로 수정한 흔적이 있다.
33 食經:오사카본에는 "同上"을 "食經"으로 수정한 흔적이 있다.

風處晾去露氣揀新缸無油酒氣者清水刷淨火
烘乾晾冷取淨稈草晒乾候冷一層草一層棗入
缸中封嚴密可至來歲猶鮮譯芳
（制造）作乾棗法須治淨地鋪熱箔之類承棗日曬夜
露擇去胖爛曝乾收之經　凡生乾棗晒乾須於
甕中略炊蓋棗蟲在內炊之則宛然後又晒乾㸑
新罈久留古枌　麗棗法先治地令淨有草則令
棗臭聞濟緣片以無竄孔札聚兩散之曰二十度乃
佳夜不□聚得霜露氣速成如有雨則聚而苫之
五六日選其紅軟者上高厨曝之膝爛者

則恐壞餘棗其未乾者曝曝如法諸號　作乾棗〔齊民術〕

法新菰將露於庭以棗鋪上厚三寸覆以新菰尾

三日撤覆露之畢日曝取乾納罋中率一石以酒

一升漱著器中密泥之可經數年不壞〔同食經〕

## 黎

梨

〖名品〗一名快果一名果宗〔本草補遺梨者利也其性下行流利也〕〔按梨之類

甚多我國六産有青水紅水秋香等品其小而早熟者曰爛梨俱以産於海西黃州鳳山諸州者爲最關東旋善又有一種梨皮薄子稀甘香尠倫土人謂之無心梨梨中上乘也〕

〖土宜〗梨惡西風種梨宜西北障蔽之地〔志蒲〕

〖占候〗上巳無風則結實必佳故古語云上巳有風梨

# 7. 배나무[梨, 이][1]

梨

## 1) 이름과 품종

名品

일명 '쾌과(快果)', '과종(果宗)'이다.[2]

一名"快果", 一名"果宗".

【본초연의보유(本草衍義補遺)[3][4] 리(梨)는 이롭다[利]
는 뜻이다. 그 본성이 이로움을 아래로 흘려 내리는
것이다.

【本草補遺 ① 梨者, 利也.
其性下行流利也.

대추나무(《본초강목》)

---

1 배나무[梨, 이]:장미과 배나무속의 나무를 통틀어 이르는 말. 봄에 흰색의 꽃이 주로 세 송이씩 모여서 핀
다. 열매는 7~10월에 익는다. 당분이 많아 맛이 달며 살이 연하고 수분이 많아 시원하다. 야생종으로는
돌배나무, 남해배나무, 야광나무, 문배나무, 콩배나무 따위가 있다.

2 일명 '쾌과(快果)'·'과종(果宗)'이다:《本草綱目》卷30〈果部〉"梨", 1763쪽에 보인다.

3 본초연의보유(本草衍義補遺):중국 원나라의 의학자 주진형(朱震亨, 1281~1358)이 지은 의서. 송(宋)나라
구종석(寇宗奭, ?~?)의 《본초연의(本草衍義)》를 수정하고 증보한 책이다.

4 출전 확인 안 됨:《本草綱目》卷30〈果部〉"梨", 1763쪽.

① 補遺:저본에는 "遺補". 오사카본에 근거하여 수정.

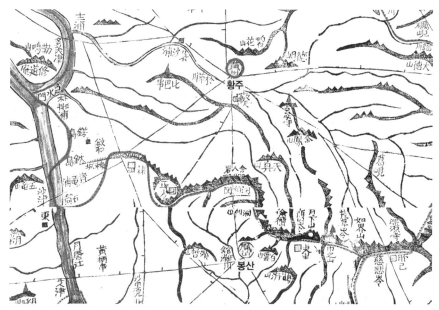

황주·봉산(《대동여지도》)

[안] 배의 종류는 매우 많다. 우리나라산으로는 청수(靑水), 홍수(紅水), 추향(秋香) 등의 품종이 있다. 작고 일찍 익는 배를 '난리(爛梨)'라고 한다. 이 품종들 모두 황해도 황주(黃州)[5], 봉산(鳳山)[6] 등의 여러 주(州)에서 생산된 배를 모두 가장 좋은 것으로 여긴다.

　강원도의 정선(旌善)[7]에도 한 종류의 배가 있다. 그 껍질은 얇고 열매는 적게 열리지만 달고 향이 나서 비교할만 한 배가 드물다. 토박이들은 이를 '무심리(無心梨)'라고 한다. 배 중의 상품이다.】

[按] 梨之類甚多, 我國之産有靑水, 紅水, 秋香等品. 其小而早熟者, 曰"爛梨". 俱以産於海西 黃州, 鳳山諸州者爲最.

關東 旌善又有一種梨, 皮薄子稀甘香尠倫. 土人謂之"無心梨", 梨中上乘也.】

---

5　황주(黃州) : 북한 황해북도 황주군 일대.
6　봉산(鳳山) : 북한 황해북도 봉산군 일대.
7　정선(旌善) : 강원도 정선군 일대.

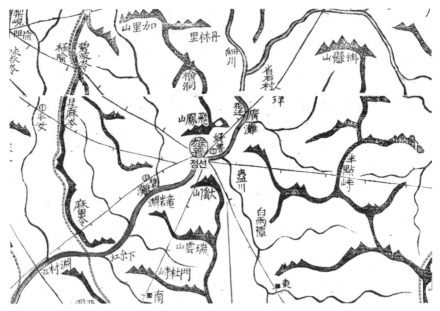

정선(《대동여지도》)

배나무밭1(멀리 임진강이 보인다)

배나무밭2

배나무가지

배꽃

배1

배2(이상 임원경제연구소, 파주시 군내면 정자리 민통선 배밭에서 촬영)

## 2) 알맞은 토양

土宜

배는 서풍을 싫어해서 배를 심을 때는 서북쪽이 막힌 곳이 적당하다. 《행포지》[8]

梨惡西風, 種梨, 宜西北障塞之地. 《杏蒲志》

## 3) 풍흉 예측

占候

상사일(上巳日, 음력 3월 3일)에 바람이 없으면 열매 맺기가 반드시 좋다. 그러므로 옛말에 "상사일에 바람 있으면 배에 벌레 있고, 추석에 달 없으면 바다긴조개[海蚌][9]에 주태(珠胎)[10] 없다."라 했다. 《본초강목》[11]

上巳無風, 則結實必佳. 故古語云: "上巳有風, 梨有蠹; 中秋無月, 蚌無胎." 《本草綱目》

8 《杏蒲志》卷3 〈種梨〉(《農書》 36, 179쪽).

9 바다긴조개[海蚌]: 강가 포구에서 나는 방(蚌)과 같지만 그보다 더 큰 조개. 몸체 안에서 진주를 키운다. 《임원경제지 전어지(林園經濟志 佃漁志)》 卷4 〈물고기 이름 고찰(魚名攷)〉 "바닷물고기(海魚)" '껍데기가 있는 종류(介類)·해방(海蚌)'(서유구 지음, 임원경제연구소 옮김, 《임원경제지 전어지》 2, 풍석문화재단, 2021, 468~469쪽)에 자세히 보인다.

10 주태(珠胎): 바다긴조개 몸체 한가운데서 자라난 진주. 마치 사람이 아이를 밴 듯하기 때문에 이렇게 이름 붙였다.

11 《本草綱目》, 위와 같은 곳.

## 4) 심기와 가꾸기

심을 때는 배가 익었을 때 배 전체를 묻는다. 해가 지나 봄에 땅이 풀리면 묘목을 나누어 옮겨 심고 잘 삭은 똥거름과 물을 많이 준다. 겨울에 잎이 떨어질 때 지면 가까이 베고, 벤 끝부분을 숯불로 태운다. 2년이 지나면 열매를 맺는다.

【주】 야생 배나무와 씨를 심고서 옮겨 심지 않은 배나무와 같은 경우는 열매를 더디게 맺는다. 각 배에는 10개 정도의 씨가 들어 있다. 이중 2개의 씨만 배를 내고 나머지는 모두 두리(杜梨)를 낸다[12] 《제민요술》[13]

배는 봄에 씨를 심고 3척 정도 자라면 옮겨 심는다. 혹 뿌리 위에서 뻗어 올라간 작은 줄기를 옮겨 심어도 괜찮다. 《편민도찬》[14]

배 옮겨심기: 춘분【안 《편민도찬》에는 "춘분 10일 전"으로 되어 있다】에 왕성한 배의 순을 지팡이 모양으로 만든다. 그런 다음 양끝을 자른다. 불로 철기를 붉게 달구고, 자른 양끝을 철기로 지져 진액이 나오는 맥을 안정시킨다. 이를 눕혀서 심되, 땅에 2척 정도 들어가게 한다. 춘분 하루 앞날이나 뒷

## 種藝

種者, 梨熟時, 全埋之. 經年, 至春地釋, 分栽之, 多著熟糞及水. 至冬葉落, 附地刈殺之, 以炭火燒頭. 二年卽結子.

【注】 若穭生及種而不栽者則著子遲. 每梨有十許子, 惟二子生梨, 餘皆生杜】《齊民要術》

梨, 春間下種, 待長三尺許, 移栽. 或將根上撥起小科栽之, 亦可.《便民圖纂》

栽梨: 春分日【按《便民圖纂》作春分前十日】取旺梨笋, 作枴樣. 斫下兩頭, 用火燒紅鐵器, 烙定津脈. 臥栽之, 入地二尺許, 春分前後一日皆不可, 只春分日

---

12 각……낸다: 씨를 심어서 자란 나무는 다른 나무의 꽃가루와 수정하여 잡종이 생기는 경우가 많기 때문이다. 그래서 《제민요술》의 저자 가사협은 접붙이기 번식법을 강조했다. 《齊民要術校釋》, 290쪽 각주 4번 참조.

13 《齊民要術》 卷4 〈揷梨〉 第37(《齊民要術校釋》, 287쪽).

14 《便民圖纂》 卷5 〈樹藝類〉 上 "種諸果花木" '梨', 50쪽; 《農政全書》 卷29 〈樹藝〉 "果部" 上 '梨'(《農政全書校注》, 773쪽).

날은 모두 안 되고 단지 춘분일에만 이 방법을 쓸 수     可用.《居家必用》
있다.《거가필용》[15]

---

15 《居家必用》〈戊集〉"果木類"'栽梨法'(《居家必用事類全集》, 189쪽).

## 5) 접붙이기

꺾꽂이로 심으면 더욱 빠르게 열매를 맺는다. 접붙이는 법: 팥배나무[棠梨, 돌배나무]와 두리(杜梨)를 대목으로 사용한다【주】팥배나무를 대목으로 써서 접붙이면 배가 크고 열매살이 부드럽다. 두리가 그 다음으로 효과가 좋다. 뽕나무를 대목으로 쓰면 배의 질이 매우 나빠진다.[16] 대추나무나 석류나무 위에 접붙이면 상품(上品)의 배가 된다. 하지만 가지 10개를 접붙이더라도 1~2가지만 살아난다】.

두리가 팔뚝 이상만 하면 모두 접붙이기 대목으로 쓸 수 있다【주】먼저 두리를 심어야 한다. 한 해가 지난 후에 접붙인다. 대목과 접지(接枝)의 접붙이기와 옮겨심기를 함께[17] 해도 좋다. 하지만 접붙이기와 옮겨심기를 함께 할 경우 두리가 죽으면 접지인 배나무도 살아나지 못한다】.

두리가 크면 가지 5개를 접붙인다. 작으면 가지 2~3개를 접붙인다.

배나무의 싹눈이 조금 움직여 싹이 트려 할 때가 접붙이기에 가장 좋은 때이다【농정전서[18] 접붙이는 법으로는, 모두 싹눈이 조금 움직여 싹이 트려

## 接換

揷者, 彌疾. 揷法: 用棠、杜【注 棠, 梨大而細理. 杜次之. 桑, 梨大惡. 棗、石榴上揷者, 爲上梨, 雖治[2]十, 收得一二也】.

杜如臂已上, 皆任揷【注 當先種杜, 經年後揷之. 主客俱下亦得, 然俱下者, 杜死則不生也】.

杜樹大者, 揷五枝; 小者, 或三或二.

梨葉微動爲上時【農政全書 貼法, 皆於葉微動時, 無不活也】. 將欲開萼爲下時.

---

16 뽕나무를……나빠진다:뽕나무에 배나무를 접붙여도 열매가 좋다는 후대의 기록도 있다. 중국 송(宋)나라 온혁(溫革, 1006~1076)이 지은 《분문쇄쇄록(分門瑣碎錄)》〈種桑法〉에서는 "뽕나무 위에 배나무를 접붙이면 열매가 부드러워 맛있고 달다(桑上接梨, 脆美而甘)."라 했다. 또 《본초강목(本草綱目)》 卷30〈果部〉"梨"에서는 "배의 품종은 매우 많다. 반드시 두리나 뽕나무에 접붙인 품종이 결실도 빠르고 좋다(梨品甚多, 必須棠梨、桑樹接過者, 則結子早而佳)."라 했다.

17 대목과……옮겨심기를:원문의 "주객구하(主客俱下)"를 옮긴 것이다. 주(主)는 '대목'이고 객(客)은 '접지(接枝)'이며, "구하(俱下)"는 옮겨심기와 접붙이기를 함께 한다는 뜻이다. 《齊民要術校釋》, 288쪽 주 ③번 참조.

18 《農政全書》卷29〈樹藝〉"果部"上'梨'(《農政全書校注》, 773쪽).

[2] 治:저본에는 "活". 《齊民要術·揷梨》에 근거하여 수정.

할 때 하면 살아나지 않는 나무가 없다】. 싹눈이 터
져서 싹이 펴지려고 할 때가 가장 좋지 않은 때이다.

먼저 삼끈을 만들어 10바퀴 정도 감는다. 톱으로
두리를 절단하되, 지면으로부터 0.5~0.6척 떨어지
게 한다. 대나무를 비스듬하게 깎아 꼬챙이를 만든
다. 이것으로 두리의 껍질과 목질부 사이에 찔러 넣
어 깊이 0.1척 정도 되게 한다.

양지에 난 좋은 배나무가지를【주 그늘에 난 가
지를 접붙이면 열매가 적다】 길이 0.5~0.6척으로
자른다. 이 가지 줄기의 중심을 지나치도록 비스듬
하게 깎는다. 이때 깎는 크기와 길이는 꼬챙이와 같
게 한다. 칼로 배나무가지의 비스듬하게 깎인 곳 뒷
부분의 나무껍질을 빙 둘러 살살 칼집을 낸다. 그리
고서는 검은 껍질을 벗겨 없앤다【주 이때 청색 껍
질(나무의 형성층)을 상하게 해서는 안 된다. 청색 껍질
이 상하면 죽는다】.

대꼬챙이를 뽑아 내면 곧 배나무를 꽂아 껍질을
빙 둘러 벗겨 낸 곳까지 이르게 한다. 이때 목질부
는 목질부와 맞게 하고 껍질 부분은 다시 껍질 부분
과 닿게 한다. 다 꽂았으면 면으로 두리의 절단한 머
리 부분을 덮는다[莫]【주 막(莫)은 덮다[冪]는 뜻과
같다】.

그 위를 잘 삭은 진흙으로 봉하고 흙으로 북돋
워 덮는다. 흙으로 덮을 때는 배나무가지가 겨우 끝

先作麻紉纏十許匝. 以鋸
截杜, 令去地五六寸. 斜攕
竹爲籤, 刺皮木之際, 令深
一寸許.

折取其美梨枝陽中者【注
陰中枝則實少】, 長五六寸,
亦斜攕之, 令過心, 大小、
長短與籤等, 以刀微劙梨
枝斜攕之際, 剝去黑皮【注
勿令傷靑皮. 靑皮傷則死】.

拔去竹籤, 卽揷梨, 令至劙
處. 木還③向木, 皮還近
皮. 揷訖, 以綿莫【注 冪
同】杜頭.

封熟泥於上, 以土培覆, 令
梨枝僅得出頭, 以土壅四

---

③ 還:《齊民要術·揷梨》에는 "邊".

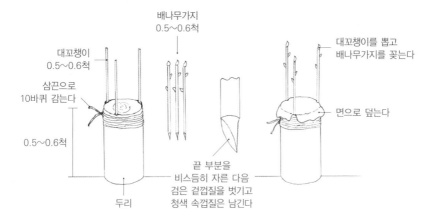

배나무가지
0.5~0.6척

대꼬챙이
0.5~0.6척

삼끈으로
10바퀴 감는다

0.5~0.6척

두리

대꼬챙이를 뽑고
배나무가지를 꽂는다

면으로 덮는다

끝 부분을
비스듬히 자른 다음
검은 겉껍질을 벗기고
청색 속껍질은 남긴다

배나무 접붙이는 법

만 나오게 한다. 흙으로 사방에 두둑을 만들어 북돋
우어 준다. 배나무에 물을 댈 때는 물이 다 스며든 후
흙으로 덮어 주어서, 흙이 단단해지지 않게 해야 한
다. 그러면 백의 하나도 잃지 않는다【주 배나무가지
는 매우 연하기 때문에 흙을 북돋울 때 조심스레 해
야 한다. 가지에 닿아서 흔들리게 해서는 안 된다.
닿아서 흔들리게 하면 두리의 가지가 부러진다】.

십(十)자모양으로 갈라서 접붙이면 1/10도 거두어
들이지 못한다【주 그 까닭은 목질부가 갈라지고 껍
질이 벌어지면서 빈 공간이 생겨서 말라 버리기 때
문이다】.

배나무가 이미 살아났는데 두리줄기 옆에 두리의
잎이 나면 곧 제거한다.

畔, 當梨上沃水, 水盡, 以
土覆之, 勿令堅固[4], 百不
失一【注 梨枝甚脆, 培土
時宜愼之, 勿使掌撥. 掌撥
則折】.

其十字破杜者, 十不收一,
【注 所以然者, 木裂皮開,
虛燥故也】.

梨既生, 杜傍有葉出, 輒去
之.

---

[4] 固:《齊民要術·揷梨》에는 "涸".

【주】힘을 분산시키는 두리잎을 제거하지 않으면 배나무가 반드시 더디게 자란다.

농정전서 [19] 일반적으로 나무가 모두 그러하다】

일반적으로 배나무를 접붙일 때 대목이 과수원에 있으면 배나무의 곁가지로 접붙이고, 뜰 앞에 있으면 배나무의 중심 가지로 접붙인다【주】곁가지를 접붙이면 나무가 아래로 향해 자라기 때문에 열매를 거두기 쉽다. 중심 가지를 접붙이면 위로 뻗어 올라가기 때문에 집 공간의 활용에 방해가 되지 않는다[20]】.

뿌리 가까이에 나온 작은 가지를 접붙이면 나무 모양은 좋지만 5년이나 지나야 열매를 맺는다. 갈라진 가지모양이 비둘기발 같은 늙은 가지로는 3년이면 곧 열매를 맺지만 나무모양은 추하다.

일반적으로 먼 곳에서 배나무가지를 취해 오는 경우 아래의 뿌리 쪽을 곧 0.3~0.4척을 태우면 거리가 몇백 리라도 산다. 《제민요술》[21]

뽕나무에 배나무를 접붙이면 배가 부드럽고 달고 맛있다. 《종수서》[22]

배나무줄기가 술잔만큼의 두께로 크면 다음해

【注】不去勢分, 梨長必遲,

農政全書 凡樹皆然】
凡挿梨, 園中者, 用旁枝;
庭前者, 中心【注】旁枝, 樹
下易收; 中心, 上聳不妨】.

用根蔕小枝, 樹形可喜, 五
年方結子; 鳩脚老枝, 三年
卽結子, 而樹醜.

凡遠道取梨枝者, 下根卽
燒三四寸, 可行數百里猶
生.《齊民要術》

桑上接梨, 則脆而甜[5]美.
《種樹書》

俟榦如酒鍾大, 於來春發

19 《農政全書》, 위와 같은 곳.
20 곁가지를……않는다 : 접지를 접붙이는 부위와 이후의 나무 형태는 인과관계가 없지만, 1400년 전에 이런 문제를 제기한 점은 주목할 만하다.《제민요술역주》Ⅱ, 274쪽 주 273번 참조.
21 《齊民要術》卷4〈挿梨〉第37(《齊民要術校釋》, 287~288쪽).
22 《種樹書》〈果〉(《叢書集成初編》1469, 7쪽).
[5] 甜 :《種樹書·果》에는 "甚".

봄에 싹이 날 때, 다른 배나무에서 자란 손가락크기만 한 부드러운 가지를 접붙인다. 배나무가 살아날 때 대껍질로 감싸 주는 이유는 상비충(象鼻蟲)[23]이 배나무를 손상시킬까 두려워서이다. 《편민도찬》[24]

배나무에 돌배나무【돌배나무는 산에 자생하는 배나무 중 배맛이 떫은 나무이다】를 접붙여야 한다. 혹은 버드나무대목에 접붙여도 살아난다. 《증보산림경제》[25]

芽時, 取別樹生梨嫩條如指大者, 揷貼. 梨生, 用箬葉包裹, 恐象鼻蟲傷損. 《便民圖纂》

梨宜接石梨【山中自生梨味澀者】. 或接柳砧亦活. 《增補山林經濟》

배1

배2(이상 네이버 블로그 수락산 스마일)

---

23 상비충(象鼻蟲):바구미과에 속하는 벌레의 총칭.
24 《便民圖纂》, 위와 같은 곳;《農政全書》卷29〈樹藝〉"果部"上 '梨'(《農政全書校注》, 773~774쪽).
25 《增補山林經濟》卷3〈種樹〉"梨"(《農書》3, 177쪽).

## 6) 물주기와 거름주기

배나무는 오줌을 주어야 한다. 그러면 나무가 무성해지면서 열매 또한 달고 시원하다.《행포지》[26]

**澆壅**

梨宜澆尿, 樹旣滋茂, 實亦甘爽.《杏蒲志》

## 7) 치료하기

배나무가 늙어 열매를 맺지 못할 때 두꺼운 껍질을 벗겨 내면 무성해지면서 열매를 많이 맺는다.《사시찬요》[27]

**醫治**

梨樹老不結實, 剝去厚皮, 卽盛多結.《四時纂要》

일반적으로 배나무는 겨울에 가지마다 휘어서 묶고 풀어 주지 않으면 열매를 잘 맺을 수 있다.《화한삼재도회》[28]

凡梨冬月每枝曲撓縛之, 常不解, 則能結實.《和漢三才圖會》

다른 한 법: 목질부의 중심을 파면 열매가 많아진다. 싹이 나기 전에 해야 한다.《산림경제보》[29]

一法: 鑿木中心則多實, 須趁其未生芽葉之前.《山林經濟補》

## 8) 주의사항

배는 처음 맺혀 안 익은 열매를 쪄서 먹는 것을 피해야 한다. 쪄 먹은 배의 본 나무에 맺힌 열매가 익기만 하면 검게 상하게 하여 먹을 수 없기 때문이다.《지봉유설(芝峯類說)[30]》[31]

**宜忌**

梨, 忌蒸食初結之子, 슈本樹子每熟輒腐黑, 不堪食.《芝峯類說》

---

26 《杏蒲志》, 위와 같은 곳.
27 출전 확인 안 됨;《增補山林經濟》, 위와 같은 곳.
28 출전 확인 안 됨.
29 출전 확인 안 됨.
30 지봉유설(芝峯類說): 1614년 이수광(李睟光, 1563~1628)이 편찬한, 일종의 백과사전.
31 《芝峯類說》卷19〈食物部〉"果"(한국고전종합DB);《增補山林經濟》, 위와 같은 곳.

## 9) 보관하기

배 보관법: 처음 서리가 내린 후에 곧 거두어들인다【주 배가 서리를 많이 맞으면 이듬해 여름을 날 수가 없다】. 지붕 아래 깊은 구덩이를 파고 바닥은 습기를 없앤다. 배를 그 속에 두되, 굳이 덮개를 할 필요가 없다. 그러면 여름을 날 수가 있다【주 배를 딸 때 반드시 잘 받아서 손상시켜서는 안 된다】.《제민요술》32

배를 보관할 때는 무를 그 사이사이에 넣어 배가 서로 붙지 않게 한다. 그러면 해가 지나도 상하지 않는다. 혹 배꼭지를 무에 꽂으면 또한 썩어 문드러지지 않는다.《물류상감지》33

지금 북방 사람들이 매번 나무에 달린 배마다 감싸서 겨울을 지내서야 따니, 또한 효과가 빼어나다.《본초강목》34

## 10) 제조

일반적으로 배를 식초로 만들 때 물을 바꾸어 익혀 삶으면 달고 맛있으면서도 사람을 상하게 하지 않는다.《제민요술》35

### 收藏

藏梨法: 初霜後卽收【注 霜多則不得經夏也】. 於屋下掘作深窖⑥坑, 底無令潤濕. 收梨置中, 不須覆蓋, 便得經夏【注 摘時必令好接, 勿令損傷】.《齊民要術》

藏梨, 用蘿蔔間之, 勿令相着, 經年不壞. 或以梨蒂挿蘿蔔上, 亦不爛.《物類相感志》

今北人每於樹上包裹, 過冬乃摘, 亦妙.《本草綱目》

### 製造

凡醋梨, 易水熟煮, 則甜美而不損人.《齊民要術》

---

32 《齊民要術》卷4〈挿梨〉第37(《齊民要術校釋》, 288쪽).
33 《物類相感志》〈果子〉(《叢書集成初編》1344, 19쪽).
34 《本草綱目》卷30〈果部〉"梨", 1764쪽.
35 《齊民要術》, 위와 같은 곳.
⑥ 窖 :《齊民要術·挿梨》에는 "蔭".

294    만학지·권제 2

아그배나무(포천 국립수목원에서 촬영)

배(임원경제연구소, 파주시 금촌동 통일시장에서 촬영)

## 11) 쓰임새

《신농본초경(神農本草經)》을 참고해보면 배가 병을 치료하는 효과가 적지 않다. 또 서쪽 지역에서 나는 배는 칼로 껍질을 벗기고 배를 잘라서 꽃잎모양을 만든 다음 불에 쬐어 말린다. 이것을 배꽃[梨花]이라고 한다. 이 배꽃은 일찍이 공물에 충당하였다. 위로는 세공(歲貢, 해마다 바치는 공물)으로 바칠 수 있고, 아래로는 상의 진미(珍味)로 올릴 수 있었다. 장부(張敷)[36]가 모든 과일 중에서 으뜸이라고 한 칭송을 어찌 믿지 못하겠는가?《왕정농서》[37]

## 功用

參之《神農經》中, 療病之功不少. 且西路産梨, 用刀去皮, 切作瓣子, 以火焙乾, 謂之"梨花", 嘗充供獻. 上可供於歲貢, 下可奉於盤珍. 張敷稱爲百果之宗, 豈不信乎?《王氏農書》

---

36 장부(張敷) : ?~?. 중국 남조 송(宋)나라의 관리. 자는 경윤(景胤).《송서(宋書)》卷46에 열전(列傳)이 전한다.
37 《王禎農書》卷6〈百穀譜〉"果屬"'梨', 126쪽.

# 8. 팥배나무[棠梨, 당리][1]

棠梨

## 1) 이름과 품종

名品

【본초강목[2]《이아》에서 다음과 같이 말했다. "두(杜)는 감당(甘棠)이다. 붉은 것은 두(杜)이고, 흰 것은 팥배나무[棠梨]이다. 혹자는 '암컷은 두(杜)이고, 수컷은 팥배나무[棠梨]이다.'라 한다. 혹자는 '떫은 것은 두(杜)이고, 단 것은 팥배나무[棠梨]이다.'라 한다. 두는 떫고, 팥배나무[棠梨]는 달다."[3]

【本草綱目《爾雅》:"杜, 甘棠也. 赤者杜, 白者棠. 或云: '牝曰杜, 牡曰棠.' 或云: '澁者杜, 甘者棠.' 杜者澁也, 棠者糖也."

팥배나무(《본초강목》)

---

1 팥배나무[棠梨, 당리] : 장미과에 속한 낙엽 활엽 교목. 높이는 10미터 내외이고, 어린 가지에 껍질이 뚜렷하다. 잎은 달걀꼴 또는 타원형이다. 5월에 흰 꽃이 방상 꽃차례로 피며, 9~10월에 열매가 팥처럼 붉게 익는다. 목재는 기구재나 땔나무로 사용하며, 과실은 식용한다. 우리나라, 일본, 만주 등지에 분포한다.
2 《本草綱目》卷30〈果部〉"棠梨", 1766~1767쪽.
3 두(杜)는……달다:《爾雅注疏》卷9〈釋木〉第14 "杜"《十三經注疏整理本》24, 302쪽).

팥배나무꽃 · 팥배(이상 정재민)

농정전서 [4] 지금 팥배나무[棠梨]는 강색(絳色, 진홍색)으로 염색할 수 있는 잎이 나는 품종과 토자색(土紫色, 자갈색)으로 염색할 수 있는 잎이 나는 품종이 있다. 두(杜)는 염색재료로 전혀 사용하지 않는다. 실제로 이 나무들은 서로 다른 세 종류이다】

農政全書 今棠葉有中染絳者, 有惟中染土紫者, 杜則全不用. 其實三種也】

---

4 《農政全書》卷38〈種植〉“木部”‘棠’梨(《農政全書校注》, 1071쪽);《齊民要術》卷5〈種棠〉第47(《齊民要術校釋》, 346쪽).《제민요술》에 수록된 내용이므로, 인용문헌을《제민요술》로 적어 주었어야 했다.

## 2) 심기와 가꾸기

익었을 때 씨를 거두어 심는다. 그렇지 않으면 봄에 옮겨 심는다.《제민요술》[5]

## 種藝

棠熟時, 收種之. 否則春月移栽.《齊民要術》

## 3) 접붙이기

팥배나무에 배나무를 접붙이면 매우 좋다.《본초강목》[6]

## 接換

其樹接梨, 甚佳.《本草綱目》

팥배나무

팥배나무가지

팥배나무꽃

팥배(이상 네이버 블로그 수락산 스마일)

---

5 《齊民要術》卷5〈種棠〉第47(《齊民要術校釋》, 346쪽).
6 《本草綱目》卷30〈果部〉"棠梨", 1767쪽.

## 4) 쓰임새

8월초 날씨가 맑을 때 잎을 따서 얇게 깔고 햇볕에 쬐어 말리면 강색(絳色, 진홍색)으로 염색할 수 있다【주 반드시 날씨가 맑을 때를 살펴 잎을 적게 따서 말리고 날씨가 좋을 때 다시 따서 말려야지, 급하게 많이 거두지 않도록 조심해야 한다. 만약 흐리거나 비가 내리면 잎이 축축해진다. 잎이 축축해지면 강색으로 염색할 수 없다】.

나무가 다 자란 뒤에는 해마다 비단 한 필의 이익에 해당하는 잎을 거둔다【주 많이 심을 수 있으면 이익이 뽕나무 재배에서 얻은 이익보다 낫다】.《제민요술》[7]

단맛과 신맛이 있고, 적색과 백색인 두 종류가 있다. 적색의 팥배나무는 나무의 결도 적색이며, 활만드는 재목을 만들 수 있다.《본초강목》[8]

## 功用

八月初天晴時, 摘葉薄布, 曬令乾, 可以染絳【注 必候天晴時, 少摘葉乾之, 復更摘, 愼勿頓收. 若遇陰雨則浥, 浥不堪染絳也】.

成樹之後, 歲收絹一疋【注 可多種, 利乃勝桑也】.《齊民要術》

有甘·酢、赤·白二種. 赤者, 木理亦赤, 可作弓材.《本草綱目》

---

7 《齊民要術》, 위와 같은 곳.
8 《本草綱目》, 위와 같은 곳.

## 9. 내(柰, 재래종 사과)[1]

柰

### 1) 이름과 품종

名品

【본초강목[2] 전서(篆書)에서 '내(柰)'자는 열매가 나무에 주렁주렁 달린 모양을 본뜬 것이다. 불경에서는 '빈파(頻婆)'라고 한다. 나무와 열매는 모두 능금[林檎]과 비슷하나 그보다 크다. 백색·적색·청색 3가지 색깔이 있다. 백색은 소내(素柰)이고, 적색은 단내(丹柰)이고, 청색은 녹내(綠柰)이다】

【本草綱目 篆文柰字, 象子綴于木之形. 梵言謂之"頻婆". 樹、實皆似林檎而大. 有白、赤、青三色. 白者爲素柰, 赤者爲丹柰, 青者爲綠柰】

내(《본초강목》)

내(《왜한삼재도회》)

내(柰)자 전서(《설문해자》)

---

1 내(柰, 재래종 사과) : 과일나무의 이름. 내자(柰子), 화홍(花紅), 사과(沙果)라고도 한다.
2 《本草綱目》卷30〈果部〉"柰", 1776.

내

## 2) 심기와 가꾸기

씨를 심지 않고 옮겨심기만 한다【주 씨를 심으면 싹이 나기는 하지만 열매의 맛은 좋지 않다】. 옮겨심기는 뽕나무의 휘묻이법과 같이 한다【주 이 과일나무 뿌리에서 곁가지를 내지 않아서 옮겨 심을 가지가 없다.[3] 그런데도 옮겨 심어야 하지만 가지를 구하기 어렵다. 이 때문에 휘묻이를 해야 한다】.

또 다른 법: 복숭아나무나 자두나무의 심는 법과 같이 옮겨 심는다.

또 다른 법: 나무 옆 몇 척 정도 떨어진 곳에 구덩이를 파서 그 나무뿌리의 끝부분을 노출시킨다. 그러면 뿌리에서 옮겨 심을 그루터기가 쉽게 나온다. 이 그루터기를 옮겨 심는다. 일반적으로 옮겨 심

## 種藝

不種, 但栽之【注 種之, 雖生, 而味不佳】. 取栽如壓桑法【注 此果, 根不浮蔵, 栽故難求. 是以須壓也】.

又法: 栽如桃李法.

又法: 於樹旁數尺許掘坑, 洩其根頭, 則栽易生矣. 凡樹栽者, 皆然. 《齊民要術》

---

3  이……없다 : 이 나무는 뿌리가 지면 가까이 있지 않기 때문에 접지로 쓸 곁가지가 쉽게 나오지 않는다는 뜻이다. 《제민요술역주》 Ⅱ, 293쪽 주 329번 참조.

을 나무를 얻을 때는 모두 그러하다.《제민요술》[4]

꽃이 피었을 때, 뿌리 위로 뻗쳐 올라간 작은 곁 가지를 납월(12월)에 옮겨 심는다.《편민도찬》[5]

花時將根上發起小條, 臘月移栽.《便民圖纂》

## 3) 접붙이기

접붙이기는 배나무의 그것과 같다.《편민도찬》[6]

### 接換

其接與梨同.《便民圖纂》

## 4) 치료하기

열매를 딴 후에 벌레 먹은 곳이 있으면 굴나무를 치료하는 방법과 같이 처리한다.《편민도찬》[7]

### 醫治

摘實後有蛀處, 與修治橘樹同.《便民圖纂》

이 나무는 벌레들이 뽑아 놓은 실이 가지를 덮어 대부분 말라 죽는다. 이때는 부인의 몸엣것[月經水, 월경혈]을 뿌리에 주면 그친다.《산림경제보》[8]

此樹, 例多蟲絲羃枝, 率多枯死. 以婦人月經水灌根則止.《山林經濟補》

---

4 《齊民要術》卷4〈柰·林檎〉第39(《齊民要術校釋》, 297쪽).
5 《便民圖纂》卷5〈樹藝類〉上 "種諸果花木"'花紅', 50쪽;《農政全書》卷29〈樹藝〉"果部"上 '柰'(《農政全書校注》, 777쪽).
6 《便民圖纂》, 위와 같은 곳;《農政全書》, 위와 같은 곳.
7 《便民圖纂》, 위와 같은 곳;《農政全書》, 위와 같은 곳.
8 《山林經濟》卷2〈種樹〉"査果"(《農書》2, 188쪽).

# 10. 사과나무[蘋果, 빈과(개량종 사과)][1] 蘋果

## 1) 이름과 품종

名品

【군방보[2] 북쪽 지방인 연(燕)이나 조(趙) 지역에서 나는 사과가 더욱 좋다. 나무의 몸체는 곧게 솟아 있다. 잎은 능금[林檎]의 잎과 비슷하게 청색이지만 그보다 크다. 과일은 배만 하지만 그보다 더 둥글고 번들번들하다. 익지 않을 때는 청색이나, 익으면 반은 홍색이고 반은 백색이다. 혹 완전히 홍색이고, 광채가 나면서 깨끗하기도 하여 사랑스럽다.

【群芳譜 出北地燕、趙者尤佳. 樹身聳直, 葉靑似林禽而大, 果如梨而圓滑. 生靑, 熟則半紅半白, 或全紅光潔可愛.

사과나무(《본초강목》)

사과나무(《왜한삼재도회》)

---

1　사과나무[蘋果, 빈과(개량종 사과)] : 장미과에 속한 낙엽 교목. 꽃은 4~5월에 피고, 하얀 꽃이 잎과 함께 가지 끝 잎겨드랑이에서 나와 산형(傘形)으로 달린다. 열매인 사과는 8~9월에 익는다.
2　《二如亭群芳譜》〈亨部〉 "果譜" '蘋果'(《四庫全書存目叢書補編》 80, 373~374쪽).

향기는 몇 보 떨어진 곳에까지 나며, 맛은 달고 푸석푸석하다. 아직 익지 않은 사과는 먹으면 솜과 같다. 너무 익으면 또한 달아서 문드러져 먹을 수가 없다. 8/10~9/10 정도 익은 사과가 가장 맛있다.

香聞數步, 味甘鬆. 未熟者, 食如棉絮, 過熟又沙爛, 不堪食. 惟八九分熟者最美.

광군방보[3] 본초서에서는 빈과를 기재하지 않고 있으나 내(柰)를 풀이하면서 "일명 빈파(頻婆)이다."라고 했다. 《채란잡지(採蘭雜志)》[4]·《학포여소(學圃餘疏)》[5]에 근거하면 빈파(頻婆)는 또한 이 과일 이름에 속해야 한다.[6] 내(柰)와는 유(類)는 같으면서 종(種)이 다른 것이다.

廣群芳譜 本草不載蘋果, 而釋柰云: "一名'頻婆'". 據《採蘭雜志》、《學圃餘疏》, 頻婆又當屬此果名. 蓋與柰一類異[1]種也.

본사(本史)[7] 사과(樝果)는 민간에서 사과(沙果)라고 한다. 아마 사(樝)와 사(沙)가 음이 같기 때문에 와전된 듯하다.

《이아》에서는 "사(樝)와 배는 벌레구멍을 파서 살핀다."라고 하였다. 이에 대해 정현(鄭玄)은 다음과 같이 말했다. "이것은 천자를 위해서 외나 과일을 깎아 올리는 예이다. '사(樝)는 배 중에 좋지 않은 품

本史 樝果俗稱沙果. 蓋因樝、沙音同而訛也.

《爾雅》曰: "樝、梨曰鑽之." 鄭玄云: "此爲天子削瓜果之禮. '樝, 梨之不臧者, 今之樝[2]子'是也.' 恐其有蟲,

---

3  《廣群芳譜》卷57〈果譜〉"蘋果", 1356쪽.

4  채란잡지(採蘭雜志) : 작자 미상의 이야기책. 도종의(陶宗儀)가 지은 《설부(說郛)》卷31下에 수록되어 있다.

5  학포여소(學圃餘疏) : 중국 명나라 고문학자 왕세무(王世懋, 1536~1588)가 쓴 원예전문서인 《학포잡소(學圃雜疏)》와 같은 책으로 추정된다. 이에 따라 이하 기사에서 《학포여소》의 출전주는 모두 《학포잡소》로 달았다.

6  빈파(頻婆)는……한다 : 《學圃雜疏》〈果疏〉(《叢書集成初編》1355, 9쪽) ; 《說郛》卷31下〈采蘭雜志〉(《文淵閣四庫全書》877, 677쪽).

7  《本史》卷6〈世家〉第3 "核果世家" '樝果'(《保晚齋叢書》6, 172~174쪽).

① 異 : 《廣群芳譜·果譜·蘋果》에는 "二".

② 樝 : 《本史·核果世家·樝果》에는 "櫨".

종으로, 지금의 사자(柤子)이다.'라고 한 말이 이것이다. 구멍을 파서 살핀다는 말은 벌레가 이 과일들에 있을까 걱정되기 때문에 일일이 벌레구멍을 파서 본다는 뜻이다."[8]

도홍경(陶弘景)[9]은 정현이 사과[柤]가 목도(木桃)라는 사실을 알지 못하고 배 중에 좋지 않은 품종이라고 오해했다고 비판했다.[10] 그리하여 진장기(陳藏器)와 소송(蘇頌)이 도홍경의 설을 따르고 정현의 설은 버림으로써, 사과(柤果)라는 이름은 결국 본초서에 전해지지 않게 되었다. 그러나 옛 사람들은 모두 사(柤)를 귀한 물건으로 여겼다.

《장자(莊子)》에서는 "사(柤)·배·귤·유자는 그 맛이 서로 반대이나 모두 먹기에 좋다."[11]라 했다.

《회남자》에서는 "사(柤)·배·귤·유자를 심어서, 먹으면 맛있고, 냄새를 맡으면 향기롭다."[12]라고 했다. 이상의 내용들을 보면 모두 사(柤)를 배보다 앞에 적었다. 이는 아마도 사(柤)를 배보다 귀하게 여겼기 때문일 것이다.

이시진은 빈과(蘋果)와 내(柰)의 일명인 빈파(頻婆)는 서로 비슷하지만 빈과는 오내(五柰) 중의 하나인

故一一鑽看其蟲孔也."

陶弘景譏鄭玄不識柤是木桃, 而誤以爲梨之不臧也. 陳藏器、蘇頌從陶舍鄭, 而柤果之名遂不傳於本草然古人皆以柤爲珍品.

《莊子》云: "柤、梨、橘、柚, 其味相反, 而皆可于口."
《淮南子》云: "樹柤、梨、橘、柚, 食之則美, 嗅之則香." 皆以柤先於梨, 蓋貴之也.

李時珍以蘋果與柰之一名頻婆相類, 而疑蘋果爲五

---

8 　사(柤)와……뜻이다:《爾雅注疏》卷9〈釋木〉第14(《十三經注疏整理本》24, 312쪽).
9 　도홍경(陶弘景):456~536. 중국 남조 양(梁)나라의 학자. 양나라 무제(武帝)의 신임이 두터워서 산중재상(山中宰相)이라고 불리었다. 주요 저서로 《진고(眞誥)》·《등진은결(登眞隱訣)》·《본초경집주(本草經集注)》 등이 있다.
10 　도홍경(陶弘景)은……비판했다:《本草經集注》卷7〈果菜米穀有名無實〉"木瓜實".
11 　사(柤)·배·귤·유자는……좋다:《莊子》〈外篇〉"天運"(《莊子今注今譯》, 373쪽).
12 　사(柤)·배·귤·유자를……향기롭다:《淮南鴻烈解》卷24〈說林訓〉(《中華道藏》24, 679쪽).

사과밭

사과1

사과2(이상 파주시 군내면 읍내리 민통선에서 촬영)

사과3(이상 임원경제연구소, 익산시 금마면 신용리에서 촬영)

듯하다고 했다.[13] 그러나 이는 잘못이다.

《학포여소》에서는 "북쪽 땅에 빈과(蘋果)가 있다. 이는 곧 화홍(花紅)의 일종이 변한 품종이다."[14]라고 했다. 이미 화홍의 한 종류가 변한 품종이라고 한다면 사(樝)와 내(柰)가 어찌 하나의 종이라고 하겠는가?

안 《학포여소》의 화홍은 곧 옛 능금이다】

柰中之一種, 誤矣.

《學圃餘疏》云: "北地有蘋果, 卽花紅一種之變". 旣曰變則樝與柰豈一種云乎.

按 《學圃餘疏》花紅, 卽古林擒】

13　이시진은……했다:《本草綱目》卷30〈果部〉"柰", 1776쪽.
14　북쪽……품종이다:《學圃雜疏》, 위와 같은 곳.

## 2) 접붙이기

접붙일 때는 능금을 대목으로 사용한다.《군방보》[15]

## 接換

接, 用林禽體.《群芳譜》.

사과는 씨로 심어서는 안 된다. 옮겨심기나 접붙이기만 할 수 있다.《본사》[16]

蘋果不可以子種, 只可栽接.《本史》

## 3) 치료하기

벌레들이 뽑아 놓은 실이 가지를 덮어 가지를 시들게 하는 점이 늘 걱정된다. 이때는 부인의 몸엣 것을 뿌리에 자주 주면 이런 걱정은 없어진다.《본사》[17]

## 醫治

常患蟲絲冪之, 使枝條枯萎, 以婦人經水頻澆其根, 則無此患.《本史》

---

15 《二如亭群芳譜》〈亨部〉 "果譜" '蘋果'(《四庫全書存目叢書補編》80, 373쪽).
16 《本史》 卷6〈世家〉 第3 "核果世家" '櫨果'(《保晚齋叢書》6, 174쪽).
17 《本史》, 위와 같은 곳.

## 4) 보관하기

어느 정도 익은 사과를 거두고 얼음처럼 차가운 땅속의 빙고[窖]에 넣어 두면 여름이 되어도 더욱 달고 맛있다. 가을에 조각을 내어 햇볕에 말려 두면 해를 지나서 먹어도 맛이 좋다.《군방보》[18]

收略熟者, 收氷窖中, 至夏月, 味尤甘美. 秋月切片曬乾, 過歲, 食佳.《群芳譜》

연경에서의 사과 저장법: 먼저 사과를 딴, 본 나무의 잎으로 싼 다음 종이로 싼다. 이어서 옹기에 가는 모래를 담고 종이에 싼 사과를 모래 속에 깊이 묻는다. 그러면 다음해 여름과 가을이 되어도 색과 맛이 새것과 같아서 햇과일과 같이 팔 수가 있다. 능금과 배와 살구의 저장법도 모두 이 법과 같다.《행포지》[19]

燕京藏蘋法: 先以本樹葉裹之, 次以紙裹, 仍貯細沙于甕, 取紙裹蘋果, 深埋沙中. 至翌年夏秋, 色味如新, 可與新果同賣. 林檎、梨、杏皆同此法.《杏蒲志》

사과(임원경제연구소, 파주시 금촌동 통일시장에서 촬영)

---

18 《二如亭群芳譜》〈亨部〉“果譜”‘蘋果’(《四庫全書存目叢書補編》80, 374쪽).
19 《杏蒲志》卷3〈種蘋果〉(《農書》36, 182쪽).

## 11. 능금나무[林檎, 임금][1]

## 林檎

### 1) 이름과 품종
일명 내금(來禽), 문림랑과(文林郞果)이다.[2]

【본초강목】[3] 이 과일은 맛이 달기 때문에 숲[林]으로 여러 새들[禽]을 오게[來] 할 수가 있다. 그러므로 임금(林禽)이나 내금(來禽)이라는 이름이 있다.

### 名品
一名"來禽", 一名"文林郞果".

【本草綱目】 此果味甘, 能來衆禽于林, 故有林禽、來禽之名.

능금나무(《본초강목》)

능금나무(《왜한삼재도회》)

능금나무(《식물명실도고》)

---

1 능금나무[林檎, 임금] : 장미과에 속한 낙엽 교목. 높이는 10미터 정도이고, 잎은 어긋나며, 봄에 분홍색의 꽃이 핀다. 여름에 노란빛이 도는 붉은색의 열매가 열리는데, 겉에는 하얀 가루가 묻어 있다. 사과보다 작고 떫은맛이 난다.
2 일명……문림랑과(文林郞果)이다 :《本草綱目》卷30〈果部〉"林檎", 1777쪽에 보인다.
3 《本草綱目》, 위와 같은 곳.

능금1

능금2

당나라 고종(高宗)[4] 때에 기록하기를 왕리근(王李謹)[5]이 오색이 화려한 임금(林檎)을 얻어 황제에게 바쳤다. 그러자 황제가 매우 기뻐하고 왕리근에게 문림랑(文林郎)[6]이라는 벼슬을 하사했다. 사람들은 그 일로 말미암아 임금을 문림랑과라고 부르게 되었다.

능금은 내(柰) 중에 작으면서 둥근 품종이다. 금임금(金林檎)·홍임금(紅林檎)·수임금(水林檎)·밀임금(蜜林檎) 등의 품종이 있다】

唐 高宗時, 紀王李謹得五色林禽[1]以貢. 帝大悅賜謹爲文林郎. 人因呼林檎爲文林郎果.

蓋奈之小而圓者也. 有金林檎、紅林檎、水林檎、蜜林檎等品】

---

4　당나라 고종(高宗) : 628~683. 이치(李治). 당나라의 황제(649~683 재위). 자는 위선(爲善), 태종(太宗)의 아홉 번째 아들. 즉위한 뒤 태종의 옛 제도를 많이 계승했다. 나중에 왕황후(王皇后)를 폐하고 무측천(武則天)을 황후에 임명했다.
5　왕리근(王李謹) : 미상.
6　문림랑(文林郎) : 중국 당(唐)나라의 관직. 종9품.
[1]　禽 :《本草綱目·果部·林檎》에는 "檎".

## 2) 심기와 가꾸기

옮겨심기법과 휘묻이법은 내(柰)와 같다. 《제민요술》[7]

입추 후에 능금씨를 심을 수 있다. 《산림경제보》

## 種藝

栽壓法與柰同. 《齊民要術》

立秋後, 可種林檎. 《山林
經濟補》

## 3) 접붙이기

씨를 심어서 나는 능금나무는 꽃이 아름답고 화
려하여 능금나무와 다른 점이 없으나 열매는 그보
다 작아 팥배만 하다. 이를 민간에서는 '석임리(石林
檎)'라고 부른다. 접붙이기를 해야 좋다. 접붙이기는
입추 후에 해야 한다. 일반적으로 사과나무나 능금
나무를 접붙일 때는 모두 이 나무를 사용한다. 《증
보산림경제》[8]

## 接換

林檎種生者, 其花妍麗,
與林檎無異而實小, 如棠
梨. 俗呼"石林檎". 須接博
乃佳. 接, 宜立秋後. 凡接
頻婆、林檎, 皆用此樹. 《增
補山林經濟》

## 4) 시집보내는 법

정월과 2월 중에 도끼를 뒤집어 도끼등으로 여기
저기 쳐 주면 열매를 많이 맺는다. 《제민요술》[9]

## 嫁法

正月、二月中, 翻斧斑駁椎
之則饒子. 《齊民要術》

---

7 《齊民要術》, 위와 같은 곳.
8 《增補山林經濟》卷3〈種樹〉"林檎"《農書》3, 181쪽)에는 '接宜立秋後'만 보인다.
9 《齊民要術》卷4〈柰·林檎〉第39《齊民要術校釋》, 297쪽).

## 5) 치료하기

능금나무뿌리가 벌레먹어 썩으면 본 뿌리의 2~3척 정도 떨어진 곳에서 탈과법(脫果法)[10]에 따라 감싼다. 1년 후에 흙속에서 뿌리가 생기면 그제서야 뿌리에서 3척 정도 떨어진 곳을 잘라서 흙에 옮겨 넣는다. 그러면 결국 완전한 나무가 된다.《군방보》[11]

열매 맺지 않는 능금은 대부분 수그루이다. 옆에 암나무가 있으면 두 배로 열매를 맺는다. 수그루는 잎이 길고 좁지만 암그루는 잎이 둥글다.《연경당잡초(研經堂雜抄)[12]》[13]

능금나무에 모충(毛蟲, 몸에 털이 난 벌레)이 생겼을 때는 나무 아래에 누에나방을 묻거나 생선 씻은 물을 주면 그친다.《물류상감지》[14]

능금나무에 좀이 쏠면 철사로 구멍을 찾아내 뚫고 찌른 다음 백부(百部)[15]나 분비나무로 만든 못을

## 醫治

林檎根已蠹朽, 大[2]本二三尺許, 依脫果法包之. 一年後, 土中生根, 乃截去近根處三尺許, 移入土, 遂爲完木.《群芳譜》

林檎不實者多是雄木, 傍有雌木, 倍結子. 雄者葉長而狹, 雌者葉圓.《研經堂雜抄》

林檎樹生毛蟲, 埋蠶蛾于下, 或以洗魚水澆之, 卽止.《物類相感志》

林檎蛀, 以鐵線尋竅內鑽刺, 用百部、杉木釘塞之.

---

10 탈과법(脫果法):나무를 번식시키는 방법의 하나. 음력 8월에 소똥과 흙으로 열매가 난 가지의 학슬처를 큰 술잔 모양으로 둘러 싼 다음 지대(紙袋)로 감싸고 삼끈으로 다시 두른다. 이듬해에 그곳에서 난 뿌리를 다시 잘라 내고 땅에 심어 번식시키는 방법으로, 일종의 무성생식에 해당한다.

11 《二如亭群芳譜》〈亨部〉 "果譜簡首" '脫果'(《四庫全書存目叢書補編》80, 358쪽).

12 연경당잡초(研經堂雜抄):미상. 중국 청나라 완원(阮元, 1764~1849)의 저술에 《연경당집(研經堂)》이 있는 점으로 보아, 완원의 저술로 추정된다.

13 출전 확인 안 됨.

14 출전 확인 안 됨;《增補山林經濟》卷3〈種樹〉 "林檎"(《農書》3, 182쪽).

15 백부(百部):백부과에 속한 여러해살이풀. 높이는 60센티미터 이상이며 잎은 달걀모양이고 윗부분은 덩굴져 있다. 여름에 담록색 꽃이 피며 덩이뿌리는 말려서 약재로 쓴다.

[2] 大:《二如亭群芳譜·亨部·果譜簡首》에는 "木".

박아 막는다.《종수서》[16]

벌레들이 뽑아 놓은 실이 나무를 덮으면 자단
(紫檀)[17]으로 못을 만들어 벌레들이 판 구멍을 막거
나 부인의 몸엣것을 구멍에 뿌려 준다.《증보산림경
제》[18]

《種樹書》

蟲絲冪樹, 則紫檀作釘,
塞其穴, 或澆婦人月經水.
《增補山林經濟》

---

16 《種樹書》〈果〉(《叢書集成初編》1469, 9쪽).
17 자단(紫檀) : 콩과에 속한 상록 활엽 교목. 높이는 여름에 노란색 꽃이 피며 열매는 편평한 원형이다. 재목
의 속 부분은 자줏빛이 나며 무늬가 아름다워 건축 및 가구재로 많이 쓰인다.
18 《增補山林經濟》, 위와 같은 곳.

## 6) 보관하기

능금 100개 중에서 20개를 방망이로 부순다. 여기에 물을 넣고 나머지 80개와 함께 삶는다. 식으면 깨끗한 옹기 속에 넣고 잠기게 한다. 앙금이 모두 침전될 때까지 옹기아가리를 밀봉해 두면 오랫동안 보관할 수 있다.《가숙사친(家塾事親)[19]》[20]

## 收藏

林檎每百顆取二十顆槌碎, 入水同煎. 候冷, 納淨甕中, 浸之, 密封甕口, 以浸着爲度, 可久留.《家塾事親》

---

[19] 가숙사친(家塾事親): 중국 명나라 공신(功臣) 곽성(郭晟, ?~1458)이 지은 가정백과. 5권. 의약·택일·잡사·음식·푸닥거리 등의 내용이 수록되었다.

[20] 출전 확인 안 됨.

# 12. 감나무[柿, 시]¹

柿

## 1) 이름과 품종

【본초강목】² 시(柿)는 제(朿)를 따르며, 형성자(形聲字)이다. 민간에서 시(杮)라고 쓰는 것은 잘못이다.

【증보산림경제】³ 둥글고 납작하면서 즙이 많은 감을 '수시(水柿)'라고 한다. 적색이면서 검은 달무리 같은 무늬가 있는 감을 '월화시(月華柿)'라고 한다. 이는 곧 옻나무에 접붙인 감나무이다. 크기가 작으면서 서리가 내리기 전에 먼저 익는 감을 조홍(早紅)이라고 한다.

또 '고중(高中)', '방혈(方穴)', '소원(小圓)', '장존(長存)' 등의 이름이 있다. 크기가 작으면서 녹색으로, 빻아 즙을 낸 다음 물건을 검게 물들일 수 있는 감을 비시(椑柿)라고 한다.

【행포지】⁴ 옻나무 대목에 감나무를 접붙이면 열매

名品

【本草綱目】 柿從朿, 諧聲也. 俗作杮者非.

【增補山林經濟】 圓扁多液曰"水柿", 赤而有漆暈曰"月華柿", 卽漆樹接成者也. 小而未霜先熟曰"早紅".

又有"高中"、"方穴"、"小圓"、"長存"等名. 其小而綠色, 擣碎浸汁, 可以漆物者曰"椑柿".

【杏蒲志】 漆砧接柿, 則實

---

1 감나무[柿, 시] : 감나뭇과에 속한 낙엽 교목. 높이는 10미터 정도로 자라며, 잎은 어긋맞게 난다. 초여름에 담황색 꽃이 핀다. 열매는 중요한 과실나무 중 한 가지다.
2 《本草綱目》卷30〈果部〉"柿", 1778쪽.
3 출전 확인 안 됨. 《增補山林經濟》卷3〈種樹〉"柿"(《農書》3, 178~179쪽)에는 위 내용이 없다.
4 《杏蒲志》卷3〈種柿〉(《農書》36, 180~181쪽).

감나무(《본초강목》)　　　　감나무(《식물명실도고》)

에 검은 얼룩무늬가 있어서 민간에서는 '묵시(墨柹, 먹감)'라고 한다. 그 재목은 흑색 바탕에 백색 무늬가 있고 광택이 나며 단단하여 침향(沈香)[5]과 매우 유사하다.

《화한삼재도회》에서 "흑시(黑柹)는 곧 산속에서 나는 비시(椑柹)의 목심(木心)이다. 흑색이면서 광택이 나고, 결이 치밀하며 단단하다. 이 때문에 그릇을 만들면 매우 좋아서 오목(烏木)[6]에 버금간다. 다만 어

有黑瘢,□ 俗呼"墨柹". 其材黑質白紋, 光潤而堅, 酷類沈香.

《和漢三才圖會》云："黑柹, 卽山中椑柹木心也. 黑色光澤, 密理②堅硬, 爲器甚美, 可亞烏木, 但嫩木則色

---

5　침향(沈香)：팥꽃나뭇과(科)에 속한 상록 교목. 높이는 20미터 정도이며, 지름은 2미터 이상 자란다. 잎은 어긋나고 두꺼우며 긴 타원형으로 끝이 꼬리처럼 길다. 꽃은 희고, 나뭇진은 향료로 쓰인다. 《임원경제지 이운지(林園經濟志 怡雲志)》卷2 〈임원에서 즐기는 청아한 즐길거리(상)(山齋淸供)(上)〉 "향(香供)" '향료(香料)·침수향(沈水香)' (서유구 지음, 임원경제연구소 옮김, 《임원경제지 이운지》1, 풍석문화재단, 2019, 355~358쪽)에 자세히 보인다. 《임원경제지 인제지(仁濟志)》에서 침향을 치료약으로 사용하는 탕액(단방 포함)은 140종에 달한다. 《임원경제지 보양지(葆養志)》에는 침향이 들어가는 경옥고(瓊玉膏)·천일보진단(天一補眞丹)·온제두두방(溫臍兜肚方)·태상혼원단(太上混元丹)·가미자주환(加味磁朱丸)·오수내보인인환(烏鬚內補人仁丸)·속사장원단(續嗣壯元丹)·선전종자약주(仙傳種子藥酒) 등이 소개되었다.

6　오목(烏木)：흑단(黑檀) 줄기 중심부의 검은 부분. 빛깔은 순흑색 또는 담흑색으로 몹시 단단하며 젓가락·담배설대·문갑 따위를 만드는 데 쓴다.

① 瘢：저본에는 "橄". 《杏蒲志·種柹》에 근거하여 수정.

② 理：저본에는 "埋". 오사카본·《杏蒲志·種柹》에 근거하여 수정.

200년 된 감나무(파주시 동패동에서 촬영)　감나무가지　감꽃(이상 임원경제연구소. 파주시 파주읍 연풍리에서 촬영)

린 나무는 광택이 나지 않는다."[7]라고 했다. 이 내용은 대개 묵시를 가리키는 것이다. 단지 비시의 목심이라고 한 말은 잘못이다. 묵시(墨柹)는 옻나무에 접붙인 감나무이기 때문에, 비시와는 다른 종이다】

不光潤. "蓋卽指此, 而但謂是椑柹木心, 則誤矣. 墨柹, 卽用漆樹接成者, 另是一種也】

7　흑시(黑柹)는……않는다:《和漢三才圖會》卷87〈果部〉"山果類"'柹'(《倭漢三才圖會》10, 383~388쪽).

## 2) 알맞은 토양

본성이 추위를 꺼리므로 바람을 차단하고 볕이 드는 곳이 적당하다. 또 해풍을 좋아하기 때문에 산에 의지하거나 바다 가까운 곳이 옮겨 심는 감나무에 가장 적당하다.《증보산림경제》[8]

## 3) 심기와 가꾸기

겨울 동안 씨를 심었다가 자라면 비옥한 땅에 옮겨 심는다.《편민도찬》[9]

## 4) 접붙이기

작은 감나무가 있으면 옮겨 심는다. 이런 나무가 없으면 가지를 연조(楝棗)【주 연(楝)은 이(而)와 연(兗)의 반절이다. 고욤나무[紅藍棗]이다. 홍색이 감[柹]과 비슷하다】의 밑동 위에다 접붙인다.《제민요술》[10]

한 감나무를 3번 접붙이기 하면 핵이 완전히 없어진다【농정전서 [11] 나무에는 2번 접붙이는 이치가 없다. 하물며 3번을 접붙이는 이치가 있겠는가》《편민도찬》[12]

## 土宜

性畏寒, 宜遮風向陽之地. 又喜海風, 故依山傍海之地最宜栽柹.《增補山林經濟》

## 種藝

冬間下種, 待長, 移栽肥地.《便民圖纂》

## 接換

柹有小者, 栽之 ; 無者, 取枝於楝棗根【注 楝, 而兗反, 紅藍棗, 紅似柹】上揷之.《齊民要術》

接及三次, 則全無核【農政全書 樹無再接之理, 況三次乎】.《便民圖纂》

8 《增補山林經濟》卷3〈種樹〉“柹”(《農書》3, 178쪽).
9 《便民圖纂》卷5〈樹藝類〉上 “種諸果花木” ‘柹’, 51쪽 ;《農政全書》卷29〈樹藝〉 “果部” 上 ‘柹’(《農政全書校注》, 779쪽).
10 《齊民要術》卷4〈種柹〉第40(《齊民要術校釋》, 301쪽) ;《農政全書》, 위와 같은 곳.
11 《農政全書》, 위와 같은 곳.
12 《便民圖纂》, 위와 같은 곳 ;《農政全書》, 위와 같은 곳.

감1                              감2(이상 파주시 파주읍 연풍리에서 촬영)          새에게 쪼아 먹히는 감(이상 임원경제
                                                                        연구소, 한밭수목원에서 촬영)

3월에 대목으로 쓸 흑조(黑棗)[13]가 준비되면 감나무를 접붙인다. 일반적으로 비탈진 땅에 각각 조밀하게 옮겨 심어 줄을 짓는다. 여기서 나온 감으로 떡을 만들어 백성들의 양식을 돕는다. 《황정요람(荒政要覽)[14]》[15]

三月間, 秧黑棗備, 接柹樹. 凡坡陿地內, 各密栽成行. 柹成做餅以佐民食. 《荒政要覽》

감은 접붙여야 좋다. 씨를 심으면 수시(水柹) 열매라 하더라도 좋지 않다. 접붙일 때는 대목으로 연조(櫟棗)가 적당하다. 씨를 심으면 질이 떨어지는 먹감나무[柹漆樹]가 생긴다. 《증보산림경제》[16]

柹待接而佳, 種則雖水柹之子, 便不佳. 接, 宜櫟棗. 及種, 生劣柹漆樹. 《增補山林經濟》

버드나무 대목에 감나무를 접붙일 수 있다. 그러면 탁월한 점이 고욤나무[君遷子]와 비슷하다. 《행포지》[17]

柳砧可接柹, 勝似君遷子. 《杏蒲志》

---

13 흑조(黑棗):고욤나무. 감나무과에 속하는 낙엽 활엽 교목. 소시(小柹)·군천자(君遷子)·우내시(牛奶柹·牛嬭柹)·정향시(丁香柹)라고도 한다.
14 황정요람(荒政要覽):중국 명나라 유여위(兪汝爲)가 지은 농서.
15 출전 확인 안 됨.
16 출전 확인 안 됨. 《增補山林經濟》卷3 〈種樹〉"柹"《農書》3, 178~179쪽)에는 위 내용이 없다.
17 《杏蒲志》卷3 〈種柹〉《農書》36, 180쪽).

### 5) 치료하기

떫은 감은 잿물을 뿌리에 주면 다음 해에 떫은 맛이 없어진다. 《화한삼재도회》[18]

**醫治**

柹之澁者, 用灰汁灌於根, 則翌年無澁味.《和漢三才圖會》

### 6) 보관하기

잿물로 감을 씻고 2~3번 말려서 잿물이 완전히 마르면 그릇 안에 저장한다. 10일이 지나면 먹을 수 있다. 《식경》[19]

**收藏**

以灰汁澡柹, 再三度乾, 令汁絶, 著器中. 經十日可食.《食經》

감나무(정윤진)

감(네이버 블로그 수락산 스마일)

---

18 《和漢三才圖會》卷87〈果部〉“山果類”‘柹’(《倭漢三才圖會》10, 383쪽).
19 출전 확인 안 됨;《齊民要術》卷4〈種柹〉第40(《齊民要術校釋》, 301~302쪽).

## 7) 제조

홍시 만드는 법: 청록색 감을 거두어 그릇 속에 둔다. 그러면 불을 때서 익힌 것처럼 자연스럽게 홍색으로 익는다. 이 감은 떫은맛이 모두 없어져 꿀처럼 달다. 구양수(歐陽修)[20]의 《귀전록(歸田錄)》[21]에서는 "양(襄)[22]과 등(鄧)[23] 지방의 사람들은 명사(榠樝)나 올발(榅桲), 혹은 귤(橘)의 잎을 감의 가운데에 두면 감이 익는다."라고 했다. 하지만 이 또한 반드시 그렇지는 않다.《본초강목》[24]

곶감 만드는 법: 큰 감을 껍질을 벗긴 후 손으로 만져서 납작하게 만든다. 이를 낮에는 햇볕에 쬐고 밤에는 이슬을 맞힌다. 다 마르면 옹기에 넣는다. 흰 서리 같은 것이 생겨야 꺼낸다. 지금 사람들은 그것을 '감떡[枾餠, 시병]'이라 하고, 또한 '백시(白枾, 흰감)'라고도 한다. 그 서리 같은 것을 '시상(枾霜)'이라고 한다.《본초강목》[25]

감 우리는 법: 물 한 항아리에 감을 넣고 며칠 지나면 익는다. 다만 이렇게 우리면 감의 성질이 냉해

## 製造

烘枾法: 靑綠之枾, 收置器中, 自然紅熟如烘成者, 澁味盡去, 其甘如蜜. 歐陽公《歸田錄》言: "襄、鄧人以榠樝或榅桲或橘葉, 置于中則熟." 亦未必然.《本草綱目》

枾乾法: 用大枾去皮捻扁, 日曬夜露. 至乾, 內甕中, 待生白霜, 乃取出. 今人謂之"枾餠", 亦曰"白枾". 其霜謂之"枾霜". 同上

醂枾法: 水一甕, 置枾其中, 數日卽熟. 但性冷, 亦

---

20 구양수(歐陽修): 1007~1072. 중국 송나라의 정치가 겸 문인. 당송8대가(唐宋八大家)의 한 사람이었으며, 후배들에게 많은 영향을 주었다. 저서에《구양문충공집》등이 있다.

21 귀전록(歸田錄): 중국 송나라의 학자 구양수(歐陽修)가 지은 필기소설. 당시 문인들의 일화와 정치·사회·예술 등 다양한 주제를 담고 있다.

22 양(襄): 중국 하남성(河南省) 심양현(沁陽縣) 서북쪽 일대.

23 등(鄧): 중국 하남성(河南省) 등주시(鄧州市) 일대.

24 《本草綱目》卷30〈果部〉"枾", 1778~1779쪽.

25 《本草綱目》卷30〈果部〉"枾", 1779쪽.

진다. 또한 소금에 보관하는 방법이 있는데, 이렇게 우리면 감에 독기가 있다.《농정전서》[26]

有鹽藏者, 有毒.《農政全書》

다른 법: 잿물로 3~4번 씻은 다음 잿물을 제거하고 그릇 속에 둔다. 10여 일이 지나면 먹을 수 있다. 다만 이 방법은 병을 치료하는 데는 적당하지 않다.《군방보》[27]

一法: 用灰汁澡三四度, 去汁, 著器中. 十餘日, 卽可食, 但不宜治病.《群芳譜》

백시(白柹, 곶감)를 만들 때는 떫은 감을 가지가 붙은 채로 햇볕에 말린다. 혹은 실에 매달아 햇볕에 말리기도 한다. 처음에 메밀짚이나 볏짚으로 말린 감을 하룻밤 감싸 두면 그제서야 시상이 생길 수 있다.《화한삼재도회》[28]

白柹, 用澁柹連枝, 曝乾, 或繫絲曬乾. 初用蕎麥稭、稻藁包宿, 乃能生霜.《和漢三才圖會》

감 우리는 법: 떫은 감을 석회나 메밀짚 태운 잿물에 담가 둔다. 2~3일 뒤에 이를 꺼내어 먹으면 맛이 달게 변해 있다.《화한삼재도회》[29]

醂柹法: 用澁柹浸石灰或蕎麥稭灰汁, 二三日, 取出食, 味變甘. 同上

26 《農政全書》, 위와 같은 곳.
27 《二如亭群芳譜》〈亨部〉"果譜"'柹'(《四庫全書存目叢書補編》80, 408쪽).
28 《和漢三才圖會》卷87〈果部〉"山果類"'白柹'(《倭漢三才圖會》10, 385쪽).
29 《和漢三才圖會》卷87〈果部〉"山果類"'醂柹'(《倭漢三才圖會》10, 386쪽).

## 8) 쓰임새

감나무에는 7가지 빼어난 점이 있다[枾有七絶]. ① 대부분 오래 산다. ② 그늘을 많이 만든다. ③ 새 둥지가 없다. ④ 벌레와 개미가 없다. ⑤ 서리 맞은 잎을 감상할 만하다. ⑥ 좋은 손님에게 대접할 수 있다. ⑦ 낙엽이 두텁고 커서 거기에 글씨를 쓸 수 있다. 《유양잡조》[30]

## 功用

枾有七絶. 一多壽, 二多陰, 三無鳥巢, 四無蟲蟻, 五霜葉可翫, 六佳賓[3]可啖, 七落葉肥大, 可以臨書.《酉陽雜俎》

홍시

단감

대봉(파주시 금촌동 통일시장에서 촬영)

실에 매달아 대봉으로 곶감 만들기(이상 임원경제연구소, 파주시 월롱면 덕은리에서 촬영)

---

30 《酉陽雜俎》卷18 〈廣動植〉(《叢書集成初編》277, 147쪽).

③ 賓 : 《酉陽雜俎·廣動植》에는 "實".

늙은 감나무의 목질부 중심은 흑색을 띤다. 그 재목을 '흑시(黑柿)'라고 한다. 이것으로 그릇을 만들 수 있다. 《화한삼재도회》[31]

柿老樹中心帶黑色, 其材名"黑柿", 堪用爲器. 《和漢三才圖會》

---

[31] 《和漢三才圖會》卷87〈果部〉"山果類"'柿'(《倭漢三才圖會》10, 383쪽).

# 13. 고욤나무[君遷子, 군천자][1]

君遷子

## 1) 이름과 품종

名品

일명 연조(梗棗), 우내시(牛奶柹), 정향시(丁香柹)이
다.[2]

一名"梗棗", 一名"牛奶柹",
一名"丁香柹".

【본초강목[3] 모양이 대추[棗]와 비슷하나 그보다
연하다[梗]. 그러므로 '연조(梗棗)'라고 한다. 우내(牛
奶, 우유)와 정향(丁香)은 모두 이 모양과 비슷하다는
이유로 이름을 얻었다】

【本草綱目 形似棗而梗,
故謂之"梗棗". 牛奶、丁香,
皆以形得名】

고욤나무(《본초강목》)

---

1 고욤나무[君遷子, 군천자]: 감나뭇과에 속한 낙엽 교목. 활엽수로 키는 10미터 정도이다. 암수한그루로 꽃
은 5월경에 피며 둥글고 작은 열매가 10월경에 검붉게 익는다. 황색 또는 암자색의 열매는 식용되기도 하
고 약으로도 쓰인다.

2 일명……정향시(丁香柹)이다:《本草綱目》卷30〈果部〉"君遷子", 1782쪽에 보인다.

3 《本草綱目》, 위와 같은 곳.

고욤나무

고욤나무잎

고욤1

고욤2(이상 임원경제연구소, 한밭수목원에서 촬영)

## 2) 알맞은 토양

음지에 심는다. 양지에 심으면 열매가 적다.《제민요술》[4]

## 3) 거두기

서리를 충분히 맞아 검은색을 띤 짙은 홍색[殷]이 된 후에 거두어들인다. 일찍 거두어들이면 떫어서 먹지 못한다.《제민요술》[5]

## 土宜

陰地種之, 陽中則少實.《齊民要術》

## 收採

足霜色殷, 然後收之. 早收者澀, 不任食也.《齊民要術》

---

4  《齊民要術》卷4〈種棗〉第33(《齊民要術校釋》, 264쪽).
5  《齊民要術》, 위와 같은 곳.

고욤나무

나무에서 마른 고욤나무잎

고욤꽃

## 4) 쓰임새

감이 생산되는 곳에서는 대부분 이 고욤씨를 심어 감나무를 접붙이는 데 사용한다. 서리가 내린 후에는 물렁물렁하게 익어 또한 먹을 수 있다. 《해동농서》[6]

## 功用

産柹處, 多種此以擬接. 霜後爛熟, 亦可食也. 《海東農書》

고욤2(이상 네이버 블로그 수락산 스마일)

---

6 《海東農書》卷3〈果類〉"群千子"(《農書》10, 262쪽).

# 14. 번시(蕃柿)[1]

蕃柿

## 1) 이름과 품종

名品

【군방보[2]】 일명 '유월시(六月柿)'이다. 줄기는 쑥[蒿, 일년생 쑥]과 비슷하고 높이는 4∼5척이다. 잎은 쑥[艾, 다년생 쑥]과 비슷하고, 꽃은 석류꽃과 비슷하다.

하나의 가지에 5개의 열매를 맺거나 3∼4개의 열매를 맺는다. 한 그루에 20∼30개의 열매가 맺힐 때 가지에 묶어 시렁을 만들어 주면 보기에도 매우 좋다. 이글거리는 태양이나 화주(火珠, 유리구슬)는 여기에 비유할 게 못된다. 이 풀은 본래 서역[西蕃]에서 왔기 때문에 이렇게 이름 붙였다】

【群芳譜 一名 "六月柿". 莖似蒿, 高四五尺. 葉似艾, 花似榴.
一枝結五實或三四實. 一樹二三十實縛作架, 最堪觀. 火傘、火珠未足爲喻也. 草本[1]來自西蕃故名】

---

1  번시(蕃柿) : 미상. 토마토로 추정하는 견해도 있다.
2  《二如亭群芳譜》〈亨部〉 "果譜" '柿'(《四庫全書存目叢書補編》80, 407∼408쪽).
[1]  本 : 저본에는 "木". 오사카본·규장각본·《二如亭群芳譜·亨部·果譜》에 근거하여 수정.

## 2) 종자 전하기

이수광(李睟光)[3]의 《지봉유설(芝峯類說)》에는 "초시 (草枾)는 봄에 나서 가을에 열매를 맺는다. 그 맛이 감과 비슷하다. 본래 남만(南蠻)[4]에서 난다. 근래에 한 사신이 중국에서 씨를 얻어 온 이후로 또한 특이 한 과일이 되었다."[5]라고 했다.

이 내용에 따르면 초시는 번시(蕃枾)를 가리키는 듯하다. 본래 남만에서 난다고 하는 말은 혹 잘못 전해진 것일 수도 있고, 혹 남만에도 그러한 종자가 있을 수도 있다.

《군방보》에서는 "일명 유월시(六月枾)이다."라고 했으니, 이것은 6월에 열매가 익는다는 뜻이다. 그 러나 이수광이 "가을에 열매를 맺는다."라고 하였으 니, 아마 별개의 두 종류일 듯하다. 그러나 열매 맺 는 시기는 또한 토양의 비옥도와 거름주기의 성실성 으로 말미암는 결과이다. 그러므로 일괄적으로 논 할 수는 없다.

지금은 번시 종자를 전한 지가 오래되어 열매알맹 이는 작고 맛은 좋지 않다. 만약 북경에 사신으로 가 는 사람을 따라가서 종자를 구입하면 또한 과수원 의 한 특이한 품종을 갖출 수가 있겠다. 《행포지》[6]

## 傳種

李睟光《芝峯類說》云:"草 枾, 春生秋實. 其味似枾, 本出南蠻. 近有一使臣得 種於中州以來, 亦異果也."

按此似指蕃枾, 其云本出 南蠻者, 或傳聞之誤, 或南 蠻亦有其種也.

《群芳譜》云:"一名'六月 枾'", 則是六月子熟者, 而 李氏則云"秋實", 或疑其二 種. 然結實遲早, 亦由壤地 之肥瘠、培壅之勤慢, 不可 一概論也.

今傳種旣久, 顆小味劣. 苟從使燕者購種, 則亦可 備園圃中一奇也.《杏蒲 志》

---

3  이수광(李睟光) : 1563~1628. 조선 시대 공조참판·대사헌·이조판서 등을 역임한 문신·학자. 저서에 《지봉 유설(芝峯類說)》·《지봉집(芝峯集)》 등이 있다.
4  남만(南蠻) : 중국 남쪽 지방.
5  초시(草枾)는……과일이다:《芝峯類說》卷19〈食物部〉"果"(한국고전종합DB).
6  《杏蒲志》卷3〈種枾〉(《農書》36, 179~180쪽).

# 15. 석류나무[安石榴, 안석류][1]

安石榴

## 1) 이름과 품종

名品

일명 '약류(若榴)', '단약(丹若)', '금앵(金罌)'이다.[2]

一名"若榴", 一名"丹若", 一名"金罌".

【본초강목[3]《박물지》에서는 "장건(張騫)[4]이 서역(西域)에 사신으로 가서 도림안석국(塗林安石國)[5]의 석

【本草綱目】《博物志》:"張騫使西域, 得塗林安石國

석류나무(《본초강목》)    석류나무(나윤호)

---

1 석류나무[安石榴, 안석류] : 석류나뭇과(科)에 속한 낙엽 활엽 교목. 잎은 마주나고 긴 타원형이다. 5~6월에 짙은 주홍색 꽃이 가지 끝에 달린다. 가을에 둥근 열매가 익으며 속 알맹이는 붉은빛이다. 나무껍질과 뿌리, 열매의 껍질은 약으로 쓰인다.

2 일명……금앵(金罌)이다 :《本草綱目》卷30〈果部〉"安石榴", 1782쪽에 보인다.

3 《本草綱目》卷30〈果部〉"安石榴", 1782~1783쪽.

4 장건(張騫) : ?~B.C. 114. 한나라 때의 여행가로, 중국에서 서역으로의 교통로를 공식 개통하는 데 영향을 주었다. 그의 여행으로 서역의 지리·민족·산물 등에 관한 지식이 중국으로 유입되어 동서간의 교역과 문화가 발전하게 되었다.

5 도림안석국(塗林安石國) : 서역에 있었던 고대국가로 추정된다.

石류나무꽃1

석류나무꽃2(이상 네이버 블로그 수락산 스마일)

류(榴)씨를 얻어서 돌아왔기 때문에 '안석류(安石榴)'라고 한다."⁶라고 했다.

그 꽃은 약목(若木)⁷처럼 붉다[丹頹]. 그러므로 '약류(若榴)'·'단약(丹若)'이라는 이름이 있다. 오월(吳越)의 왕 전류(錢鏐)⁸가 '금앵(金罌)'이라고 고쳐 불렀다. 그 꽃은 홍색·황색·백색의 3가지 색이 있다. 홑꽃이면 열매를 맺지만 겹꽃이면 열매를 맺지 못한다. 열매에는 단맛·신맛·쓴맛의 3가지 종류가 있다. 쓴맛이 나는 석류는 산석류(山石榴)이다. 또 해석류(海石榴)가 있는데, 1~2척 자라면 열매를 맺는다】

榴種以歸, 故名'安石榴'."

其花丹頹如若木, 故有"若榴"、"丹若"之名. 吳越王錢鏐改名"金罌". 其花有紅、黃、白三色. 單葉者結實, 千葉者不結實. 實有甜、酸、苦三種. 苦者, 卽山石榴也. 又有海石榴, 高一二尺, 便結實】

---

6  장건(張騫)이……한다 : 출전 확인 안 됨.
7  약목(若木) : 고대 신화에 나오는 나무.
8  전류(錢鏐) : 852~932. 중국 5대10국 시대 오월(吳越)의 제1대 군주(재위 907~932년).

## 2) 심기와 가꾸기

석류 옮겨 심는 법: 3월초에 엄지손가락크기만한 가지를 길이 1.5척이 되도록 자른다. 이렇게 8~9개의 가지를 마련하여 함께 한 묶음으로 삼아 아래 끝부분 0.2척을 지진다【주 지지지 않으면 수액이 새기 때문이다】.

둥근 구덩이를 파되 깊이 1.7척, 지름 1척이 되게한다. 구덩이 둘레에다 가지를 세운다【주 구덩이아가리 둘레로 가지를 꽂아 심되, 간격을 고르게 한다】.

가지 사이에는 마른 뼈나 자갈을 둔다【주 뼈나 자갈이 이 나무의 본성에 적당하다】. 흙을 구덩이에 넣고 다질 때 한 겹은 흙, 한 겹은 뼈나 자갈을 넣는 식으로 반복한다. 구덩이가 평평하게 되면 그친다【주 흙으로 가지 끝을 0.1척 정도 묻히게 한다】.

물을 줄 때는 흙이 항상 촉촉하게 해 준다. 싹이 났을 때 또 뼈나 자갈을 뿌리 주변에 펼쳐 놓으면 둥글게 심은 가지들이 무성해지면서 사랑스럽다【주 만약 한 그루만 심는다면 살기는 해도 감상하기에 좋지는 않다】.

10월 중에 부들과 짚으로 석류나무를 감싸서 묶어 준다【주 감싸지 않으면 석류나무가 얼어 죽기 때문이다】. 2월초에야 쌌던 것을 풀어 준다.

만약 많은 석류나무가지를 얻을 수 없다면 긴 가지 하나를 가져다가 끝부분을 지진다. 그런 다음 가지를 쇠코뚜레[9]처럼 둥글게 구부려 가로로 묻어도

## 種藝

栽石榴法: 三月初取枝大如手大指者, 斬令長一尺半. 八九枝共爲一科, 燒下頭二寸【注 不燒則漏汁】.

掘圓坑, 深一尺七寸, 口徑尺. 竪枝於坑畔【注 環口布枝, 令勻調也】.

置枯骨、礓石於枝間【注 骨、石, 此樹性所宜】. 下土築之, 一重土, 一重骨、石, 平坎止【注 其土令沒枝頭一寸許也】.

水澆, 常令潤澤. 旣生, 又以骨、石布其根下, 則科圓滋茂可愛【注 若孤根獨立者, 雖生, 亦不佳】.

十月中, 以蒲、藁裹而纏之【注 不裹則凍死】. 二月初, 乃解放.

若不能得多枝者, 取一長條, 燒頭, 圓屈如牛拘而橫埋之亦得. 然不及上法

---

9 쇠코뚜레:소를 순조롭게 잘 다루기 위해 소의 코를 뚫어 끼우는 둥근 나무테.

좋다. 그러나 이 법은 위에서 말한, 뿌리가 강하여 일찍 성장하게 하는 법에는 미치지 못한다. 쇠코뚜레처럼 구부려 묻은 가지의 안쪽에도 뼈나 자갈을 넣는다.

根彊早成. 其拘中亦安骨、石.

　가지를 심지 않고 뿌리 윗부분을 자른 다음 뿌리를 파다가 옮겨 심을 경우에도 위의 법대로 구덩이 둘레에 둥글게 심고, 그 가운데는 뼈나 자갈을 넣는다.《제민요술》[10]

其劚根栽者, 亦圓布之, 安骨石于其中也.《齊民要術》

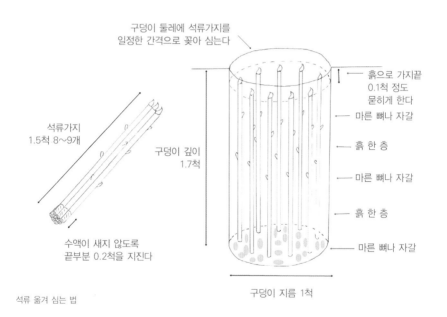

구덩이 둘레에 석류가지를
일정한 간격으로 꽂아 심는다

석류가지
1.5척 8~9개

구덩이 깊이
1.7척

수액이 새지 않도록
끝부분 0.2척을 지진다

흙으로 가지끝
0.1척 정도
묻히게 한다

마른 뼈나 자갈

흙 한 층

마른 뼈나 자갈

흙 한 층

마른 뼈나 자갈

구덩이 지름 1척

석류 옮겨 심는 법

10 《齊民要術》卷4〈安石榴〉第41(《齊民要術校釋》, 304~305쪽).

석류는 3월에 어린 가지를 기름진 흙에 꽂고 물을 자주 주면 저절로 뿌리를 낸다. 뿌리 주변을 돌로 눌러 주면 과일을 많이 낸다. 또 무성한 가지를 늘 잘라 주면 힘이 분산되지 않는다.

열매를 맺지 못하면 돌덩이나 마른 뼈로 나뭇가지가 갈라지는 곳이나 뿌리 밑에 둔다. 그러면 열매를 맺고 열매가 떨어지지 않는다. 이것이 이른바 '석류가 뼈를 얻으면 잎이 무성해진다.'는 것이다.《편민도찬》[11]

석류나무는 길이 1척 정도의 엄지손가락두께만 한 곧은 가지를 흙속에 옮겨 심는다. 이때 가지 끝부분을 0.2척 나오게 한다. 물을 주면 곧 살아난다.
떨기로 자란 석류나무를 옮겨 심을 때는 옆에 난 가지를 잡아당겨 땅에 거꾸로 눕히고 흙으로 눌러 준다. 그러면 다음해에 여러 뿌리를 낸다. 새로 난 뿌리를 각각 잘라서 나눈 다음 이들을 옮겨 심는다. 또 다른 법으로, 가지를 절단한 다음 불로 가지 끝의 0.2척을 태워 흙속에 꽂으면 살아난다.《고금의통대전(古今醫統大全)》[12]

석류가 익었을 때 나무 위에 석류 몇 개를 남겨 상하(上下)와 남북(南北) 방향을 석류에 기록한다. 서

石榴, 三月間將嫩枝條揷肥土中, 用水頻澆, 則自生根. 根邊以石壓之, 則多生果. 又須時常剪去繁枝, 則力不分.
不結子者, 以石塊或枯骨安樹叉間或根下, 則結子不落. 所謂"榴得骸而葉茂"也.《便民圖纂》

石榴, 取其直枝大如拇指, 長尺許, 栽土中, 出枝頭二寸. 水澆之卽生.
有叢生者, 傍枝攀, 倒地, 以土壓之, 來年生根. 截分, 別栽. 又截枝, 用火燒二寸, 揷入土卽生.《古今醫統》

石榴熟時, 於樹上留數枚, 記定上下南北. 霜降後, 摘

11 《便民圖纂》卷5〈樹藝類〉上 "種諸果花木" '石榴', 51쪽, "根邊" 이하의 내용은 확인 안 됨;《農政全書》卷29〈樹藝〉"果部" 上 '安石榴'(《農政全書校注》, 781~782쪽).

12 출전 확인 안 됨;《和漢三才圖會》卷87〈果部類〉"山果類" '石榴'(《倭漢三才圖會》10, 390쪽).

리가 내린 후에 딴 다음 올이 성긴 베로 만든 자루에 1개씩 담는다. 이를 나무에 달려 있을 때의 방향에 맞추고 바람이 통하는 그늘에 매달아 둔다.

이에 앞서 6~7월에, 푸석푸석하면서 좋은 흙을 가는 체로 쳐서 기와조각이나 돌을 제거한다. 이를 깨끗한 땅에 펼치고, 여기에 걸쭉한 똥을 뿌려 준다. 햇볕에 건조시킨 후 다시 똥을 뿌려 주고 다시 말린다. 이 과정을 5~6차례 한다. 이어서 이 똥거름흙을 지극히 가는 체로 쳐서 항아리 속에 거두어 보관하여 비를 맞지 않게 한다.

다음해 2월에 큰 동이를 가져다가 이미 만들어 놓은 똥거름흙을 동이 안에 0.3척 정도의 두께로 깐다. 몇 촌의 간격으로 깐 흙을 손바닥으로 눌러 얕은 구덩이를 만든다.

석류열매에서 열매살을 제거하고 구덩이마다 3~4개의 씨를 심는다. 흙으로 0.05척 정도를 덮고 물을 약간 뿌려 준다. 이를 바람과 이슬이 있으면서 햇볕이 드는 곳에 둔다.

下, 用稀布逐個袋之. 照樹上朝向, 懸通風陰處.

先於六七月間, 取土之鬆而美者, 敲細篩, 去瓦石, 攤淨地上, 澆潑濃糞. 曬乾, 再潑再曬, 如此五六次. 仍敲極細篩過, 收藏缸內, 勿經雨.

次年二月取大盆, 以所製土鋪盆內, 厚三寸許. 數寸按一淺潭.

取榴子去肉, 每潭種三四粒, 用土蓋半寸許, 灑水令微, 置有風露向陽處.

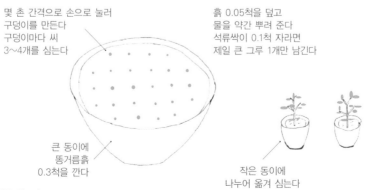

몇 촌 간격으로 손으로 눌러
구덩이를 만든다
구덩이마다 씨
3~4개를 심는다

흙 0.05척을 덮고
물을 약간 뿌려 준다
석류싹이 0.1척 자라면
제일 큰 그루 1개만 남긴다

큰 동이에
똥거름흙
0.3척을 깐다

작은 동이에
나누어 옮겨 심는다

동이에 석류 심는 법

매일 물을 뿌려 주어 마르지 않게 한다. 석류싹이 0.1척 정도 자라면 구덩이마다 제일 큰 그루 1개만을 남겨 놓는다. 날마다 거름물을 준다.

더 자라면 작은 동이에 나누어 옮겨 심는다. 이때 깊이 심으면 안 된다. 바람과 이슬이 있으면서 햇볕이 드는 곳에 여기저기 갖다 놓는다. 매일 거름물을 3~4차례 준다. 오시(午時, 아침 11시~오후 1시)가 거름물을 주기에 가장 좋다.

동이마다 나무뚜껑 1개를 만든다. 이를 2조각으로 쪼갠다. 그런 다음 석류나무가 자라면서 가운데로 올라갈만 한 크기로 뚜껑 중심을 깎아 구멍 1개를 만든다. 이는 동이 사방의 바닥에 거센 비가 내릴 때 동이아가리에 뚜껑을 덮어 주기 위함이다. 이렇게 함으로써 빗물이 동이에 들어와 똥거름흙의 거름기를 없애는 문제에서 벗어날 수 있다.

그러면 7~8월에 나무 가득히 모두 꽃이 핀다. 또 다음해에 각 그루를 큰 화분으로 바꾸어 심고 이전 법에 따라서 거름물을 주면 그 빼어난 효과를 다 말할 수가 없다. 《군방보》[13]

잎이 아직 나지 않았을 때 학의 무릎같이 두툼한 마디가 있는 곳에다 탈과법(脫果法)을 사용한다【안 탈과법은 이미 총서(總敍)에 보인다[14]】. 탈과법을 쓴

每日灑水, 勿令乾. 候長寸許, 每潭止留一大株, 日澆肥水.

候長, 分栽小盆內, 不宜深. 放有風露向陽處, 每日用肥水澆三四遍. 日午最要澆.

每一盆做一木蓋, 破兩片①, 中剜一竅, 如樹大中高. 四面低遇有潦雨, 蓋盆面, 免致淋去肥味.

至七八月, 滿樹皆花. 又明年換登大盆, 依前法澆, 妙不可言.《群芳譜》

葉未生時, 從鶴膝處用脫果法【按 脫果法已見總敍】. 候生根, 截下栽之, 開花

13 《二如亭群芳譜》〈亨部〉 "果譜" '石榴'(《四庫全書存目叢書補編》80, 426쪽).
14 탈과법은……보인다 : 권1의 '7) 탈지법(脫枝法, 가지를 옮겨 심는 법)'을 참조 바람.
① 片 : 저본에는 "岸".《二如亭群芳譜·亨部·果譜》에 근거하여 수정.

석류1                                                 석류2(이상 네이버 블로그 수락산 스마일)

곳에 뿌리가 나면 그 아래 부분을 절단하여 옮겨 심 結實, 與大樹無異. 同上
는다. 그러면 꽃 피고 열매 맺는 정도가 큰 나무와
다름이 없다.《군방보》[15]


일반적으로 석류나무를 꺾꽂이 할 때는 굳이 옛 凡揷榴不必依古方, 只用
방법대로 할 필요는 없다. 동이 속의 옛흙을 물과 盆中舊土和水勻濃. 摘取
고르고 걸쭉하게 섞어 놓은 다음 처음 난 줄기와 잎 初生莖葉, 揷泥上, 自然生
을 따서 진흙에 꽂으면 자연히 뿌리를 낸다.《청천양 根.《菁川養花錄》
화록》[16]

---

15 《二如亭群芳譜》, 위와 같은 곳.
16 《養花小錄》〈石榴花〉, 17쪽.

## 3) 물주기와 거름주기

본성이 거름을 좋아한다. 걸쭉한 똥을 주어도 꺼리지 않는다. 오시에 이것을 주면 꽃이 더욱 무성하게 핀다. 누에똥으로 거름주면 또한 좋다. 《편민도찬》[17]

석류나무는 마병수(麻餠水, 깻묵 탄 물)를 주면 꽃이 많이 핀다. 《물류상감지》[18]

열매를 맺을 때는 물을 너무 지나치게 주어서는 안 된다. 일반적으로 석류의 잎은 길고 크면서 짙은 녹색을 띠며 자란다. 잎이 녹색이면 열매 또한 크다. 《청천양화록》[19]

석류는 쌀뜨물을 주어서는 안 된다. 지렁이를 끌어들일까 걱정되기 때문이다. 《행포지》[20]

澆壅

性喜肥, 濃糞澆之, 無忌. 當午澆, 花更茂盛. 蠶沙壅之, 亦佳. 《便民圖纂》

石榴樹, 以麻餠水澆則花多. 《物類相感志》

結子時, 澆水勿令大過. 大率榴葉欲長大而深綠. 葉綠則實亦大. 《菁川養花錄》

石榴勿澆米泔, 恐引蚯蚓. 《杏蒲志》

---

17 출전 확인 안 됨;《農政全書》卷29〈樹藝〉"果部"上 '安石榴'(《農政全書校注》, 782쪽).
18 《物類相感志》〈花竹〉(《叢書集成初編》1344, 22쪽).
19 《養花小錄》〈石榴花〉, 16~17쪽.
20 《杏蒲志》卷3〈種石榴〉(《農書》36, 181쪽).

## 4) 손질하기

석류는 춘분 전에 번성한 가지와 나무의 끝을 잘라 주면 열매가 커진다. 이 과일나무는 많이 심어야 가장 좋고 또 가지를 몹시 많이 잘라 주어야[21] 한다. 《농정전서》[22]

일반적으로 석류는 열매가 많이 맺히면 가지는 반드시 시든다. 사람의 허리 높이 위에 맺히는 열매는 1~2개만 남기고 나머지는 모두 따 주어야 한다. 《청천양화록》[23]

## 葺治

石榴須于春分前, 剪去繁枝及樹梢則實大. 此果最宜多種, 又宜痛剝.《農政全書》

凡榴多結實, 則枝必枯, 令腰上結子只留一二顆, 餘悉摘去.《菁川養花錄》

석류나무꽃

석류(이상 정재민)

---

21 잘라 주어야: 원문의 "박(剝)"을 옮긴 것이다. 이 글자는 "천(剗, 가지를 치다)"으로 되어야 한다는 견해를 따라 옮겼다. 《農政全書校注》, 800쪽 주 138번 참조.
22 《農政全書》卷29〈樹藝〉"果部"上 '安石榴'(《農政全書校注》, 781쪽).
23 《養花小錄》〈石榴花〉, 16쪽.

## 5) 보호하기

동이에서 자란 석류나무에 뿌리가 많으면 꽃이 없다. 3~4월에서야 석류나무를 동이에 올려 심으면 뿌리가 자라지 않는다. 단지 차츰차츰 햇볕을 쬐어 주면서 제대로 된 법대로 해 주어야 한다. 겨울에 이슬이 내리면 동이를 거두어 남쪽 처마 밑으로 옮겨 놓는다. 흙이 마르면 물을 대충 준다.

봄이 깊어 기온이 따뜻해지면 동이를 돌 위에 놓을 수가 있다. 어린싹을 잘라서 석류나무가 높고 크게 자라지 않도록 해야 한다. 한여름 해가 중천에 오면 지붕 위에서 햇볕을 쬐어 준다. 이는 지기에 가까이했다가, 뿌리가 자라면서 지렁이와 왕개미에게 동이흙에 구멍이 뚫리는 걱정을 벗어나기 위함이다. 《군방보》[24]

아침마다 쌀뜨물에 동이가 잠기도록 담근다. 꽃이 마르면 1시간을 고르게 쌀뜨물에 잠기게 한다. 그런 뒤 꺼내어 햇볕에 쬔다. 흙이 마른 듯하면 또 다시 담근다. 이것이 아주 좋은 방법이다. 《군방보》[25]

거두어 보관할 때는 가지가 땅에 닿게 해서는 안 된다. 또한 너무 따뜻하게 해서는 안 된다. 《청천양화록》[26]

## 護養

盆榴根多則無花. 三四月始上盆, 則根不長, 只須浸. 曬得法, 冬間露下, 收回南簷. 土乾, 略將水潤.

至春深氣暖, 可放石上. 剪去嫩苗, 勿令高大. 盛夏日中, 曬屋上, 免近地氣, 致令根長及爲蚯蚓、螞蟻所穴.《群芳譜》

每朝用米泔沈沒. 花乾, 浸均半時, 取出日曬, 如覺土乾, 又復浸, 殆良法也. 同上

收藏, 母使枝梢襯地, 亦勿令太煖.《菁川養花錄》

---

24 《二如亭群芳譜》, 위와 같은 곳.
25 《二如亭群芳譜》, 위와 같은 곳.
26 《養花小錄》〈石榴花〉, 17쪽.

《군방보》에서 "석류나무는 겨울에 이슬이 내리면 동이를 남쪽 처마 밑으로 옮겨 놓는다."[27]라고 했다. 그러나 이것은 남쪽 지방에서 보호하는 법을 말한 것뿐이다. 북쪽 땅은 추위가 심해 해마다 땅광에 보관해야 한다. 그렇지 않으면 석류나무가 대개 얼어 죽는다.《행포지》[28]

《群芳譜》云: "石榴, 冬間露下, 收回南簷." 此言南方護養之法耳. 北地多寒, 宜歲歲窖藏. 不爾, 率凍死.《杏蒲志》

---

27 석류나무는……놓는다 : 위의 '5) 보호하기' 첫째 기사에 보인다.
28 《杏蒲志》, 위와 같은 곳.

## 6) 치료하기

가지가 너무 드물게 났으면 그 드문 곳을 굽혀 주어야 반드시 새 가지를 낸다. 대개 나무의 기운이 곧게 위로 올라가지 못하고 굽은 곳에서 맺히기 때문에 가지가 생기는 것이다.

너무 건조하거나 너무 습하면 모두 잎을 내지 않는다. 이때는 나무 몸체의 크기에 맞게 그늘에다 구덩이를 파서 가로로 눕혀 주어야 한다. 축축한 거적을 구덩이에 두텁게 덮어 놓으면 오래지 않아 다시 새잎을 낸다. 《청천양화록》[29]

## 7) 보관하기

석류 보관법: 열매를 따서 모서리가 있는 석류를 뜨거운 물에 잠깐 담근 다음 새 사기그릇 속에 둔다. 그러면 오래되어도 손상되지 않는다. 둥근 석류는 남겨 두어서는 안 된다. 남겨 두어도 썩어 문드러진다. 《왕정농서》[30]

석류 보관법: 석류를 가지째로 따서 새 질항아리 속에 알맞게 배치한다. 항아리아가리를 종이로 10여 번 거듭 밀봉한다.

또 다른 법: 껍질이 벌어지지 않은 석류를, 끓인 쌀뜨물에 데쳐 낸다. 여러 개의 석류를 차례로 대광주리 속에 배열하되, 서로 닿지 않게 한다. 이를 바

## 醫治

若抽枝太稀, 屈其稀處, 必生新枝. 蓋因氣不直上, 結於屈處, 故枝生也.

且過燥過濕, 俱不生葉, 須於陰處掘坑, 準樹體大小橫臥之. 用濕苫厚覆, 非久, 復生新葉. 《菁川養花錄》

## 收藏

藏榴之法: 取其實而有稜角者, 用熱湯微泡, 置之新瓷瓶中. 久而不損. 若圓者則不可留. 留亦壞爛. 《王氏農書》

藏石榴法: 連枝摘下, 用新瓦罐安排在內. 用紙十餘重密封之.

又法: 取未裂者, 以米泔煮沸煠過. 數枚逐枚排籃中, 勿用相挨挂. 當風處, 可

---

29 《養花小錄》〈石榴花〉, 16쪽.
30 《王禎農書》卷8〈百穀譜〉"果屬"'石榴', 143쪽.

람 맞는 곳에 두면 여름을 날 수 있다. 《고금의통대    經夏.《古今醫統》
전》[31]


　큰 석류를 골라 가지째 따서 새 질항아리 속에    選大者, 連枝摘下, 安新瓦
둔다. 종이 10여 겹을 아가리에 밀봉한 다음 뚜껑을    缸內, 以紙十餘重密封, 蓋
덮는다. 《군방보》[32]    之.《群芳譜》

---

[31] 출전 확인 안 됨;《和漢三才圖會》, 위와 같은 곳.
[32] 《二如亭群芳譜》, 위와 같은 곳.

# 16. 앵두나무[櫻桃, 앵도]¹

櫻桃

## 1) 이름과 품종

名品

일명 '설(樱)', '형도(荊桃)', '영도(英桃)', '함도(含桃)', '애밀(崖蜜)'이다.²

一名"樱", 一名"荊桃", 一名"英桃", 一名"含桃", 一名"崖蜜".

【본초강목】³ 알맹이가 앵주(櫻珠)⁴와 같기 때문에 '앵(櫻)'이라고 한다. 그러나 허신(許慎)이 앵도(鶯桃)라고 적고서 "꾀꼬리[鶯]가 먹는[含食] 것이다."⁵라고 하

【本草綱目】顆, 如櫻珠, 故謂之"樱"①, 而許慎作鶯②桃, 云"鶯所含食", 故又

앵두나무 《본초강목》

앵두나무 《본초도경》

---

1  앵두나무[櫻桃, 앵도] : 장미과에 속한 낙엽 활엽 관목. 키는 3미터 정도이며 잎은 어긋나고 표면에 잔털이 있다. 4월에 꽃이 피어서 6월경에 빨갛고 동그란 작은 열매가 열린다.
2  일명……애밀(崖蜜)이다 : 《本草綱目》 卷30 〈果部〉 "櫻桃", 1799쪽에 보인다.
3  《本草綱目》, 위와 같은 곳.
4  앵주(櫻珠) : 앵두[櫻桃]보다 열매가 작고 홍색인 과일나무.
5  꾀꼬리[鶯]가……것이다 : 《說文解字》 〈二篇上〉 "口部" "嚶"(《說文解字注》, 62쪽).
① 樱 : 저본에는 "桃". 오사카본·《本草綱目·果部·櫻桃》에 근거하여 수정.
② 鶯 : 저본에는 "樱". 오사카본·《本草綱目·果部·櫻桃》에 근거하여 수정.

앵두나무(한밭수목원에서 촬영)

앵두꽃(이상 임원경제연구소, 파주시 월롱면 덕은리에서 촬영)

였다. 그러므로 또한 '함도(含桃)'라고 했으니, 또한 통한다. 가장 크면서 단 앵두를 '애밀(崖蜜, 벼랑에 달린 꿀)'이라고 한다.

도경본초 [6] 열매가 익었을 때 짙은 홍색인 앵두를 '주앵(朱櫻)'이라고 한다. 자색의 껍질 속에 잔 황색 점이 있는 앵두를 '자앵(紫櫻)'이라고 한다. 맛이 가장 진귀하고 또한 정황(正黃)색이면서 밝은 앵두를 '납앵(蠟櫻)'이라고 한다. 작으면서 홍색인 앵두를 '앵주(櫻珠)'라고 한다. 맛은 모두 큰 앵두에 미치지 못한다】

日"含桃", 亦通. 其最大而甘者, 謂之"崖蜜".

圖經本草 其實熟時, 深紅色者, 謂之"朱櫻". 紫色皮裏有細黃點者, 謂之"紫櫻". 味最珍重, 又有正黃明者, 謂之"蠟櫻". 小而紅者, 謂之'櫻珠'. 味皆不及大者】

---

6 《圖經本草》卷16〈果部〉"櫻桃"(《本草圖經》, 538쪽).

## 2) 심기와 가꾸기

앵두나무는 2월초에 산중에서 가져다 옮겨 심는
다. 이때 양지에 난 것은 양지에 심고 음지에 난 것
은 음지에 다시 심는다.

【주】 음지와 양지가 장소를 바꾸면 살아나기 어
렵다. 살아나더라도 열매를 맺지 못한다. 이 과일나
무의 본성은 음지에서 난다. 하지만 과수원에 옮기
면 양지에서 자라야 한다. 그러므로 대부분 살아나
기 어렵다. 이때는 견고한 땅이 적합하고 푸석푸석
한 거름을 사용해서는 안 된다.

또 다른 법: 2~3월에 뿌리 있는 가지를 나눈 다
음 흙속에 옮겨 심는다. 똥거름과 물을 주면 곧 살
아난다】《제민요술》[7]

## 種藝

櫻桃, 二月初山中取栽, 陽
中者還種陽地, 陰中者還
種陰地.

【注】 若陰陽易地則難生,
生亦不實. 此果性, 生陰
地, 旣入園圃, 便是陽中,
故多難得生, 宜堅實之地,
不可用虛糞也.

又法: 二三月間, 分有根
枝, 栽土中. 糞澆卽活】
《齊民要術》

앵두나무잎

앵두1

앵두2(이상 임원경제연구소, 포천 국립
수목원에서 촬영)

---

7 《齊民要術》卷4〈種桃柰〉第34(《齊民要術校釋》, 272쪽);《農政全書》卷30〈樹藝〉"果部"下 '櫻桃'(《農
政全書校注》, 804쪽).

4월에 장맛비[梅雨]가 올 때 손가락굵기만 한 좋은 가지를 골라 기름진 흙에 꽂아 주면 가장 쉽게 살아난다. 《구선신은서》[8]

四月梅雨時, 選好枝如指大者, 肥土中揷之, 最易活.《臞仙神隱書》

---

8   출전 확인 안 됨;《山林經濟》卷2〈養花〉"種櫻桃"(《農書》2, 186쪽);《增補山林經濟》卷3〈種樹〉"櫻桃"(《農書》3, 186쪽).

### 3) 접붙이기

살구나무 대목에 앵두[含桃]를 접붙이면 앵두가
크고 달며 향기가 난다. 《행포지》[9]

### 4) 물주기와 거름주기

옮겨 심을 때 닭깃을 뿌리에 많이 북주면 열매는
살지고 크며 무성하다. 쌀뜨물을 자주 주면 열매는
크고 일찍 익는다. 《사시찬요》[10]

### 5) 보호하기

앵두가 익었을 때 지켜서 보호해 주어야 한다. 그
렇지 않으면 새가 먹어 남는 것이 없게 된다. 두 개
의 쪼개진 대나무를 서로 마주 치면 새가 그 소리를
듣고 절로 날아간다. 혹 그물을 그 위에 펼쳐 놓으면
새가 또한 오지 않는다. 익을 때 똥을 나무 아래에

### 接換

杏砧接含桃, 則子大而甘
香.《杏蒲志》

### 澆壅

栽時, 多以鷄羽壅根, 則子
肥大而盛. 以米泔水頻澆,
則子大早熟.《四時纂要》

### 護養

熟時, 須守護. 否則鳥食無
遺也. 以二破竹相擊, 鳥聞
聲自去. 或以網張其上, 鳥
亦不至. 熟時, 以糞置其
下, 則一樹齊熟.《農政全

앵두

앵두나무(이상 임원경제연구소, 파주시 군내면 구읍리 민통선
에서 촬영)

---

9  《杏蒲志》卷3〈種櫻桃〉(《農書》36, 172쪽).
10 출전 확인 안 됨;《山林經濟》卷2〈種樹〉"種櫻桃"(《農書》2, 187쪽);《增補山林經濟》卷3〈種樹〉"櫻
   桃"(《農書》3, 186쪽).

주면 그 나무에 열린 앵두가 일제히 익는다.《농정　書》
전서》[11]

앵두가 맺었을 때 그물을 펼쳐 새들을 놀라게 하
고, 갈대로 만든 발을 설치하여 비바람에게서 보호
해야 한다.《산가청공》[12]

結實時, 須張網以驚鳥雀,
置葦箔以護風雨.《山家淸
供》

---

11 《農政全書》卷30〈樹藝〉"果部"下'櫻桃'(《農政全書校注》, 804쪽).
12 출전 확인 안 됨.

## 6) 치료하기

이 나무는 가지가 늙으면 왕성하지 않다. 이때 옮겨 심으면 왕성하다. 그러므로 민간에서는 '이스랏[移徙樂, 이사락. 이사를 즐김]'이라고 한다. 《산림경제보》[13]

가지가 무성하여 열매를 맺지 못하는 앵두나무는 나무거세법[騸樹法, 선수법]을 사용해야 한다【안 나무거세법은 총서에 보인다[14]】. 《증보산림경제》[15]

## 7) 자질구레한 말

앵두가 비를 맞으면 벌레가 열매 안에서 나온다. 사람이 벌레를 보지는 못하지만 앵두를 물에 오랫동안 담가 놓으면 벌레가 모두 나오니, 그제야 먹을 수 있다. 《산가청공》[16]

## 醫治

此樹, 枝老則不旺移栽, 則旺, 故俗號"移徙樂". 《山林經濟補》

枝茂而不結子者, 宜用騸樹法【按 騸樹法見總敍】. 《增補山林經濟》

## 瑣言

櫻桃經雨, 則蟲自內出. 人莫之見, 用水浸良久, 則蟲皆出, 乃可食也. 《山家淸供》

---

13 출전 확인 안 됨; 《山林經濟》, 위와 같은 곳; 《增補山林經濟》, 위와 같은 곳.
14 나무거세법은……보인다 : 권1 '4) 나무거세법(선수법)'을 말한다.
15 출전 확인 안 됨.
16 《說郛》卷74上〈山家淸供〉"櫻桃煎"(《文淵閣四庫全書》880, 171쪽).

# 17. 모과나무[木瓜, 목과][1]

木瓜

## 1) 이름과 품종

名品

일명 '무(楙)'[2], '철각리(鐵脚梨)'이다.

一名"楙", 一名"鐵脚梨".

【 본초강목 [3] 목과(木瓜)는 맛이 시고 오행 중 목
(木)의 바른 기운을 얻었기 때문에 '목과(木瓜)'라고 한
다. 그 열매가 소과(小瓜, 작은 참외)와 같지만 그와 달
리 코가 있다. 진액이 나와 윤기가 있으며 맛이 질박
하지 않은 것은 '목과(木瓜)'이다.

【 本草綱目 [3] 木瓜, 味酸,
得木之正氣, 故名"木瓜".
其實如小瓜而有鼻, 津潤味
不木者爲"木瓜".

모과나무(《본초강목》)

모과나무(《본초도경》)

모과나무(《식물명실도고》)

---

1 모과나무[木瓜, 목과] : 장미과에 속한 낙엽 활엽 교목. 높이는 10미터 정도이다. 봄에 희거나 연붉은 꽃이
가지 끝에 모여 피며, 가을에 향기롭고 길둥근 모양의 누런 열매인 모과가 열린다. 목재는 단단하고 질이
좋아 기구재로, 열매는 기침의 약재로 쓰인다.
2 일명 무(楙) :《本草綱目》卷30〈果部〉"木瓜", 1768쪽에 보인다.
3 《本草綱目》卷30〈果部〉"木瓜", 1768~1769쪽.

모과나무

모과나무가지와 열매(이상 임원경제연구소, 한 밭수목원에서 촬영)

목과보다 둥글고 작으며 맛이 질박하고 시면서 떫은 것은 '목도(木桃)'이다. 목과와 비슷하지만 그와 달리 코가 없고, 목도(木桃)보다 크면서 맛이 떫은 것은 '목리(木李)'이다. 목리는 또한 '목리(木梨)'라고도 한다. 곧 명사(榠樝)[4]이다.

코는 곧 꽃이 떨어진 곳이지, 꼭지가 아니다.

도경본초[5] 명사(榠樝)나무의 잎과 꽃과 열매는 모과나무와 매우 비슷하다. 다만 꼭지 쪽을 보고 판단하니, 젖꼭지 같은 꼭지가 있으면 모과이고 이것이 없으면 명사이다】

圓小於木瓜, 味木而酢澁者爲"木桃". 似木瓜而無鼻, 大於木桃而味澁者爲"木李", 亦曰"木梨", 卽榠樝也.

鼻乃花脫處, 非臍蔕也.

圖經本草 榠樝木葉花實, 酷類木瓜, 但看蔕間, 則有重蔕如乳者爲木瓜, 無此則榠樝也】

---

4　명사(榠樝):낙엽교목. 과일도 명사라 한다. 맛은 떫다. 약에 넣는다.

5　《圖經本草》卷16〈果部〉"木瓜"《本草圖經》, 545쪽).

## 2) 심는 시기

추사(秋社)[6] 무렵에 옮겨 심는다. 다음해가 되면 대체로 열매를 많이 맺어 봄에 옮겨 심는 경우보다 훨씬 낫다.《무본신서》[7]

時候

秋社前後移栽. 至次年, 率多結子, 遠勝春栽.《務本新書》

## 3) 심기와 가꾸기

모과는 종자를 심거나 옮겨 심거나 모두 괜찮다. 휘묻이를 해도 살아난다. 옮겨심기와 종자심기 법은 복숭아나무·자두나무의 그것과 같다.《제민요술》[8]

種藝

木瓜、種子及栽皆得, 壓枝亦生. 栽種與桃、李同.《齊民要術》

모과는 종자를 심을 수도 있고 접붙일 수도 있다. 휘묻이를 할 수도 있다.《본초강목》[9]

木瓜可種可接, 可以壓條.《本草綱目》

모과나무꽃

모과나무열매(이상 네이버 블로그 수락산 스마일)

---

6　추사(秋社) : 입추 후 다섯 째 무일(戊日). 가을에 토지신에게 제사지내는 날.
7　출전 확인 안 됨;《農桑輯要》卷5〈果實〉"木瓜"(《農桑輯要校注》, 195쪽).
8　《齊民要術》卷4〈種木瓜〉第42(《齊民要術校釋》, 307쪽).
9　《本草綱目》卷30〈果部〉"木瓜", 1769쪽.

모과(임원경제연구소, 파주시 금촌동 통일시장에서 촬영)

명사는 휘묻이를 할 수도 있고 종자로 심을 수도 있다.《화한삼재도회》[10]

楙楂, 可壓可種.《和漢三才圖會》

2월에 핵을 심었다가 자라면 나누어 심는다.《증보산림경제》[11]

二月種核, 待長, 分栽.《增補山林經濟》

### 4) 접붙이기

추사 무렵에 열매 맺은 좋은 가지를 접붙일 수 있다. 다만 명사는 장성하기 가장 어렵다.《증보산림경제》[12]

### 接換

秋社前後, 可接換結子好枝. 惟楙楂最難長成.《增補山林經濟》

---

10 《和漢三才圖會》卷87〈果部〉"山果類"'楙楂'(《倭漢三才圖會》10, 377쪽).
11 《增補山林經濟》卷3〈種樹〉"櫻桃"(《農書》3, 186쪽).
12 《增補山林經濟》, 위와 같은 곳.

# 18. 산사나무[山樝, 산사][1]

山樝

## 1) 이름과 품종

일명 '산리홍(山裏紅)'이다.[2]

【본초강목[3] 맛은 사자(樝子)[4]와 비슷하기 때문에 또한 사(樝)라고 이름 붙였다. 민간에서 사(査)라고 쓰는 것은 잘못이다. 큰 것과 작은 것 2종류가 있다. 작은 것은 '당구자(棠杭子)'·'모사(茅樝)'·'후사(猴樝)'라고 부른다. 큰 것은 '양구자(羊杭子)'라고 한다】

名品

一名"山裏紅".

【本草綱目】 味似樝子, 故亦名"樝". 俗作査者, 誤也. 有大小二種. 小者呼爲"棠杭子"、"茅樝"、"猴樝". 大者呼爲"羊杭子"】

산사나무(《본초강목》)   산사나무(포천시 화현면 화현리 배상면주가에서 촬영)   산사나무잎(한밭수목원에서 촬영)

---

1　산사나무[山樝, 산사]: 장미과에 속한 낙엽 교목. 열매인 아가위를 따라서 아가위나무라고도 한다. 키는 6미터 정도 자라고, 가지에 뾰족한 가시가 달려 있다. 수술과 암술의 수가 많다. 가을에 작고 둥근 열매가 열리는데, 화채나 술로 만들어 먹는다.

2　일명 산리홍(山裏紅)이다:《本草綱目》卷30〈果部〉"山樝", 1774쪽에 보인다.

3　《本草綱目》卷30〈果部〉"山樝", 1773~1774쪽.

4　사자(樝子): 낙엽소관목. 봄에 황적색 꽃이 핀다. 열매는 둥글고 연한 황색이다. 목도(木桃)라고도 한다.

산사꽃                                         산사(이상 임원경제연구소, 포천 국립수목원에서 촬영)

## 2) 종자 고르기

산사는 평안도에서 생산되는 것이 좋다. 지금 사
람들이 간혹 북경에서 생산되는 산사를 사가지고 오
는데, 크기가 모두 우리나라에서 생산되는 아가위
의 몇 배나 되는 듯하다. 한양 흥인지문 밖 안암동
(安巖洞)[5]에 또 한 종류의 산사가 있다. 이는 6월이면
익으니, 또한 기이한 종자이다. 이 종자를 널리 심어
야 한다. 혹 접붙여도 괜찮다. 《행포지》[6]

## 擇種

山樝, 産於西北者爲良. 今
人或賞來燕産, 皆大似東
産數倍也. 漢陽東門外安
巖洞, 又有一種山樝,[1] 能
六月熟, 亦奇種也. 宜取
子, 廣種之. 或接換亦可.
《杏蒲志》

---

5  안암동(安巖洞) : 서울시 성북구 안암동 일대. 조선 시대에는 한성부(漢城府) 동부(東部) 숭신방(崇信坊)에
   속했다. 안암동 동명은 예전에 안암동3가의 대광아파트단지 가운데에 큰 바위가 있어 10여 명이 앉아 편히
   쉴 만하므로 바위 이름을 '앉일바위'라 하던 것을 한자명으로 안암이라고 표기한 데서 유래되었다.
6  《杏蒲志》卷3〈種山樝〉(《農書》36, 182쪽).
① 種山樝:《杏蒲志·種山樝》에는 "株".

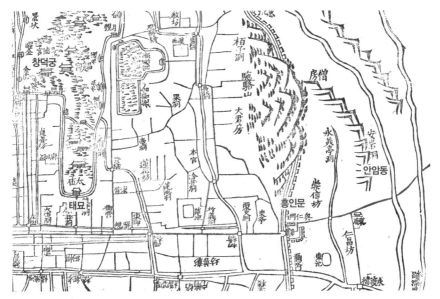

안암동(《수선전도》)

산사나무꽃

산사1

산사2

산사3(이상 네이버 블로그 수락산 스마일)

## 3) 심기와 가꾸기

이 나무는 산과 들, 수풀에서 자란다. 초봄에 옮
겨 심을 수 있다. 서리 내린 후에 열매를 거둔다.
《증보산림경제》[7]

## 種藝

此樹生於山原、林藪之中.
春初可移栽, 霜後收實.
《增補山林經濟》

---

[7] 《增補山林經濟》卷3〈種樹〉"山楂子"(《農書》3, 186쪽).

## 19. 은행나무[銀杏, 은행][1]

### 銀杏

### 1) 이름과 품종

일명 '백과(白果)', '압각자(鴨脚子)'이다.[2]

【왕정농서[3] 은행(銀杏)이라고 이름을 얻은 이유
는 그 열매가 백색이기 때문이다. 압각(鴨脚)이라는
이름은 그 잎이 오리발[鴨脚]과 비슷한 점을 취한 것
이다】

### 名品

一名"白果", 一名"鴨脚子".

【王氏農書 銀杏之得名,
以其實之白.[1] 鴨脚, 取其
葉之似也】[2]

은행나무(《본초강목》)

은행잎(임원경제연구소, 파주시 파주
읍 연풍리에서 촬영)

오리발

---

1 은행나무[銀杏, 은행] : 은행나뭇과에 속한 낙엽 교목. 높이 60미터 정도이며, 잎은 부채꼴로 한군데서 여
   러 개가 나는데 여름에는 흐린 회녹색에서 황록색을 띠다 가을에는 노란색으로 바뀐다. 암수딴그루로 5월
   에 꽃이 피며 열매는 10월에 노랗게 익는데, 이를 은행이라고 한다.
2 일명……압각자(鴨脚子)이다 : 《本草綱目》 卷30 〈果部〉 "銀杏", 1801쪽에 보인다.
3 《王禎農書》 卷8 〈百穀譜〉 "果屬" '銀杏', 144쪽.
① 白 : 저본에는 없음. 《王禎農書·百穀譜·果屬》에 근거하여 보충.
② 오사카본에는 이 내용을 처음에 《농정전서》에서 인용했다가 뒤에 《왕정농서》의 내용대로 수정한 흔적이
   보인다.

성균관의 은행나무(서울시 종로구 명륜동 성균관에서 촬영)

## 2) 심기와 가꾸기

초봄에 기름진 땅에 종자를 심는다. 작은 나무로 자라면 다음해 봄에 흙이 붙은 채로 옮겨 심는다. 《편민도찬》[4]

## 種藝

春初種於肥地. 候長成小樹, 來春和土移栽.《便民圖纂》

열매가 주렁주렁 열린 은행나무가지

은행나무껍질

은행1

---

4 《便民圖纂》卷5〈樹藝類〉上 “種諸果花木” ‘銀杏’, 51쪽;《農政全書》卷30〈樹藝〉“果部” 下 ‘銀杏’(《農政全書校注》, 807쪽).

은행2

열매살을 제거한 은행(이상 임원경제연구소, 파주시 파주읍
연풍리에서 촬영)

춘분 무렵에 옮겨 심는다. 먼저 깊은 구덩이를
판다. 여기에 물을 넣고는 휘저어 묽은 진흙을 만
든다. 그런 뒤에 나무를 내려 심는다. 옮길 나무를
파낼 때 토봉(土封, 뿌리에 붙어 있는 흙)째로 새끼줄이
나 삼끈으로 묶어 주면 토봉을 부숴뜨리지 못한다.
《무본신서》5

春分前後移栽. 先掘深坑,
下水, 攪成稀泥. 然後下栽
子. 掘取時, 連土封用草包
或麻繩纏束, 則不致碎破
土封.《務本新書》③

은행나무에는 암그루와 수그루가 있다. 수그루
는 모서리가 3개 있고 암그루는 모서리가 2개 있다.
암수 함께 심어야 한다. 못가에 근접해서 심으면 못
에 비친 은행나무 그림자가 또한 열매를 맺게 한다.
《박문록》6

銀杏樹有雌雄. 雄者有三
稜, 雌者有二稜. 須合種
之. 臨池而種, 照影亦能
結實.《博聞錄》

암그루와 수그루를 함께 심어서 나무가 서로 바
라보게 해야 열매를 맺는다. 혹 암그루를 물 가까

須雌雄同種, 其樹相望,
乃結實. 或雌樹臨水照

---

5  출전 확인 안 됨;《農桑輯要》卷5〈果實〉"銀杏"(《農桑輯要校注》, 195쪽).

6  출전 확인 안 됨;《農桑輯要》, 위와 같은 곳.

③  務本新書:《農桑輯要·果實·銀杏》에는 이 내용이《博聞錄》을 인용한 부분 뒤에 나오는 '新添'에 해당된
다. 출전을《務本新書》로 표기한 것은 오류인 듯하다.

이에 심어 암그루에게 수그루인 듯 그림자를 비추어 주어도 된다. 또는 암그루에 구멍 1개를 파서 수그루 조각 1덩이를 넣고 함께 진흙으로 봉하면 또한 열매를 맺는다. 《본초강목》[7]

影,[4] 或鑿一孔, 內雄木一塊泥之, 亦結.《本草綱目》

2월에 정(丁)자모양의 가지를 잘라서 가지의 양쪽 끝을 묻으면 살아날 수 있다. 《산림경제보》[8]

二月截取丁字枝, 埋其兩頭, 可活.《山林經濟補》

이 나무는 대부분 오래 살아서 큰 것은 두 팔로 껴안을 정도의 크기에 이르기도 한다. 그러므로 집에 가까이 심어서는 안 되고 반드시 공터에 심어야 좋다. 《증보산림경제》[9]

此樹, 多歷年歲, 其大或至連抱. 勿近屋栽之, 必就空曠處種之可也.《增補山林經濟》

은행

겉껍질 벗긴 은행(이상 임원경제연구소, 파주시 금촌동 통일시장에서 촬영)

---

7 《本草綱目》, 위와 같은 곳.
8 출전 확인 안 됨;《山林經濟》卷2〈種樹〉"種銀杏"(《農書》2, 184쪽).
9 《增補山林經濟》卷3〈種樹〉"銀杏"(《農書》3, 180쪽).
[4] 照影:《本草綱目·果部·銀杏》에는 "亦可".

### 3) 접붙이기

열매가 달렸던 가지를 접붙이면 열매가 무성하다.《편민도찬》[10]

### 接換

以生子樹枝接之則實茂.《便民圖纂》

### 4) 거두기

열매가 익었을 때, 대껍질로 나무의 밑둥을 둘러 묶고 대껍질을 치면 열매는 절로 떨어진다. 열매를 거둔 후에 문드러지면 열매살을 제거하고 핵을 취하면 그것이 과실이다.《농정전서》[11]

### 收採

實熟時, 以竹篾箍樹本, 擊篾, 則子自落. 收子後, 爛, 去肉取核爲果.《農政全書》

단풍 든 은행잎

낙엽된 은행잎(이상 임원경제연구소, 파주시 파주읍 연풍리에서 촬영)

---

10 《便民圖纂》, 위와 같은 곳;《農政全書》, 위와 같은 곳.
11 《農政全書》卷30〈樹藝〉"果部"下 '銀杏'(《農政全書校注》, 807~808쪽).

# 20. 호두나무[胡桃, 호도][1]

## 胡桃

### 1) 이름과 품종

일명 '강도(羌桃)', '핵도(核桃)'이다.[2]

【본초강목[3] 본래 강호(羌胡)[4]에서 난다. 그리고 그 열매의 밖에는 청색 껍질이 싸고 있다. 모양이 복숭아와 같기 때문에 이렇게 이름 붙였다. 불경에서는 '파라사(播羅師)'라고 한다】

### 名品

一名"羌桃", 一名"核桃".

【本草綱目 本出羌胡. 其實外有靑皮包之, 形如桃故名. 梵書名"播羅師"[①]】

호두나무(《본초강목》)

호두나무(《본초도경》)

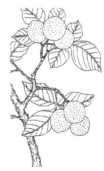

호두나무(《식물명실도고》)

---

1 호두나무[胡桃, 호도] : 가래나뭇과에 속한 낙엽 활엽 교목. 높이는 20미터에 달하고, 가지는 굵으며 사방으로 퍼진다. 나무껍질은 회백색이며 세로로 깊게 갈라진다. 꽃은 4~5월에 피고, 열매는 둥글며 10월에 익는다. 열매인 호두는 식용하고, 목재는 가구재로 이용한다.

2 《本草綱目》 卷30 〈果部〉 "胡桃", 1803쪽에 보인다.

3 《本草綱目》, 위와 같은 곳.

4 강호(羌胡) : 중국 서북쪽 강(羌)족과 흉노(匈奴)족이 살던 지역.

① 羅師 : 저본에는 "師羅". 《本草綱目·果部·胡桃》에 근거하여 수정.

호두나무

호두나무가지

호두나무잎

호두(이상 임원경제연구소, 전주수목원에서 촬영)

## 2) 심기와 가꾸기

땅을 0.3~0.4척 판다. 여기에 똥 한 그릇을 넣고 기와조각을 깐다. 그런 다음 호두씨 1개를 심고 흙을 덮어 단단하게 밟은 후 물을 준다. 겨울에 얼어 껍데기가 벌어지고 다음해 봄에 저절로 싹이 난다. 아래에 기와를 사용하는 이유는 곧은 뿌리가 땅에 들어가지 않도록 하여 다음에 옮겨심기를 좋게 하기 위함이다. 《군방보》[5]

## 種藝

掘地三四寸, 入糞一碗, 鋪片瓦, 種一枚, 覆土踏實, 水澆之. 冬月凍裂殼, 來春自生, 下用瓦者, 使無入地直根. 異日好移栽也. 《群芳譜》

---

5 《二如亭群芳譜》〈亨部〉"果譜" '核桃'(《四庫全書存目叢書補編》80, 444쪽).

호두씨를 심을 때 말똥 사용을 피한다. 호두씨가 말똥을 가까이하면 반드시 죽기 때문이다. 나무가 자란 후에도 그러하다. 《산림경제보》[6]

種時, 忌用馬糞, 近之必死, 樹長後亦然. 《山林經濟補》

옮겨심기를 4~5차례 하면 호두껍질은 얇아지고 열매살은 통통해진다. 그러나 옮겨 심지 않으면 껍질이 두꺼워서 열매살이 적어진다. 《산림경제보》[7]

移種四五次, 則皮薄而肉肥. 不移則皮厚肉少. 同上

## 3) 접붙이기

지금 사람들은 대부분 느티나무[欅][8]나 버드나무에 호두나무를 접붙인다. 《본초강목》[9]

## 接換

今人多以欅、柳接胡桃. 《本草綱目》

## 4) 보관하기

호두를 보관할 때 불에 쬐어서는 안 된다. 불에 쬐면 호두에서 기름이 나기 때문이다. 《물류상감지》[10]

## 收藏

藏胡桃, 不可焙. 焙則油了. 《物類相感志》

올이 거친 베로 만든 자루에 호두를 담아 바람을 맞는 곳에 걸어 두면 기름기가 배어 나오지 않는다. 잣을 거둘 때도 이 법을 사용한다. 《편민도찬》[11]

以麤布袋盛, 掛風面處則不膩. 收松子, 亦用此法. 《便民圖纂》

---

6  출전 확인 안 됨;《山林經濟》卷2〈種樹〉"種胡桃"(《農書》2, 183쪽);《增補山林經濟》卷3〈種樹〉"胡桃"(《農書》3, 179쪽).

7  출전 확인 안 됨;《山林經濟》, 위와 같은 곳;《增補山林經濟》, 위와 같은 곳.

8  느티나무[欅]:느릅나뭇과에 속한 낙엽 활엽 교목. 거유(欅柳)라고도 한다. 잎은 타원형이며 끝이 뾰족하고 어긋나게 난다. 5월에 꽃이 피는데 수꽃은 가지 밑부분에, 암꽃은 윗부분에 달린다. 나무는 결이 좋아서 건축재·기구재·선박용으로 쓰이며, 어린잎은 식용한다.

9  《本草綱目》卷30〈果部〉"胡桃", 1803쪽.

10  《物類相感志》〈果子〉(《叢書集成初編》1344, 19쪽).

11  출전 확인 안 됨;《山林經濟》卷2〈治膳〉"果實"(《農書》2, 271쪽).

## 5) 종자 거두기

평년에 열매가 좋은 호두나무를 선택하여 나무에 호두를 남겨 두고 따지 않는다. 저절로 떨어져 청색 껍질이 저절로 벌어지면, 그중에 또 껍데기가 광택이 나고 무늬는 얕게 패어 있으면서 몸체가 무거운 호두를 가려 종자로 삼는다. 《군방보》[12]

저절로 떨어진 호두를 2월에 심는다. 《산림경제보》[13]

## 收種

選平日實佳者, 留樹上, 勿摘. 俟其自落, 靑皮自裂, 又揀殼光紋淺體重者作種. 《群芳譜》

取自落者, 二月種之. 《山林經濟補》

호두(임원경제연구소. 파주시 금촌동 통일시장에서 촬영)

---

12 《二如亭群芳譜》, 위와 같은 곳.
13 출전 확인 안 됨;《增補山林經濟》, 위와 같은 곳.

# 21. 개암나무[榛, 진][1]

榛

## 1) 이름과 품종

名品

【본초강목[2] 진(秦) 지역에서 이 과일이 많이 생
산되기 때문에 이렇게 이름 붙였다. 다음과 같이 두
가지 종류가 있다. 한 종류는 가지와 잎이 밤나무의
그것과 같지만 열매는 그보다 작으며, 맛도 밤과 같
다. 다른 한 종은 가지와 잎이 개다래나무[木蓼][3]와
같고 열매는 호두 맛이 난다】

【本草綱目 秦地多産此果
故名. 有兩種: 一種, 枝葉
如栗而子小, 味亦如栗. 一
種, 枝葉如木[1]蓼, 子作胡
桃味】

개암나무(《본초강목》)　　개암나무(《식물명실도고》)

---

1 개암나무[榛, 진] : 자작나뭇과(科)에 속한 낙엽 관목. 활엽수이며 산기슭의 양지쪽에서 자란다. 잎은 어긋
　나고 타원형이며 가장자리에 톱니가 있다. 암수한그루로 봄에 이삭모양의 꽃이 핀다. 열매는 개암이라고
　하며, 식용하거나 약용한다.
2 《本草綱目》 卷30 〈果部〉 "榛", 1807~1808쪽.
3 개다래나무[木蓼] : 다래나뭇과에 속한 낙엽 활엽 덩굴나무. 잎은 달걀모양으로 어긋나며, 여름에 흰 꽃이
　밑을 향하여 핀다. 9~10월에 익는 적황색의 열매는 과육과 액즙이 많고 속에 씨가 들어 있다. 열매와 잎은
　먹거나 약재로 쓴다.
1 木 : 저본에는 "水".《本草綱目·果部·榛》에 근거하여 수정.

개암나무잎

개암나무수꽃(이상 임원경제연구소, 파주시 파주읍 연풍리에
서 촬영)

## 2) 심기와 가꾸기

옮겨심기와 씨심기는 밤나무의 그것과 같다.《제
민요술》[4]

**種藝**

栽種與栗同.《齊民要術》

## 3) 쓰임새

개암나무의 가지와 줄기를 생으로 불을 밝히면
밝으면서도 연기가 없다. 원(元) 사농사《농상집요》[5]

**功用**

其枝莖, 生樵爇燭, 明而無
烟. 元司農司《農桑輯要》

개암나무수꽃(임원경제연구소, 국립원예특작과학원에서 촬영)

개암나무암꽃과 수꽃

---

4　《齊民要術》卷4〈種栗〉第38(《齊民要術校釋》, 296쪽).
5　《農桑輯要》卷5〈果實〉"栗榛附"(《農桑輯要校注》, 194쪽).

개암나무잎과 열매

개암(이상 네이버 블로그 수락산 스마일)

그 열매는 사람들에게 굶주리지 않고 건강하게 한다. 빈터에 넓게 심으면 기근 때 빈민을 구제할 수 있다. 《증보산림경제》[6]

其實令人不飢健行. 開地廣種, 可以救荒.《增補山林經濟》

---

6 《增補山林經濟》卷3〈種樹〉"榛"(《農書》3, 190쪽).

## 22. 잣나무[海松子, 해송자][1]

海松子

### 1) 이름과 품종

名品

일명 '신라송자(新羅松子)'이다.[2]

一名"新羅松子".

【 증보산림경제 [3] 그 잎이 5개 나오기 때문에 이른
바 '오렵송(五鬣松)'이다. 가시가 나 있는 열매의 덧껍데기
[毬]는 아래 부분이 풍성하고 끝이 가늘어진다. 열매에 3
개의 모서리가 있으니, 이는 대개 우리나라산이다. 지금
은 곳곳에 있다. 강원도 회양(淮陽)[4]에서 더욱 풍성하게
난다. 민간에서 '백자(栢子)'라고 하는 표현은 잘못이다】

【增補山林經濟 其葉五出,
所謂""五鬣松""也. 其毬本
豐末煞. 子有三稜, 蓋海東
産也. 今處處有之, 關東淮
陽尤盛. 俗稱"栢子"者誤】

잣나무(《본초강목》)　　잣나무(《식물명실도고》)

---

1 　잣나무[海松子, 해송자] : 소나뭇과에 속한 상록 교목. 높이 30미터 정도로 자라며, 지름은 1미터에 이른
다. 잎은 바늘모양으로 5개씩 모여 나며, 암수딴그루로 5월에 연두색의 꽃이 핀다. 열매는 긴 타원형으로
10월에 열리는데, 씨는 잣이라고 하며 식용한다.

2 　일명 '신라송자(新羅松子)'이다 :《本草綱目》卷31〈果部〉"海松子", 1828쪽에 보인다.

3 　《增補山林經濟》卷3〈種樹〉"海松"(《農書》3, 198쪽)."其葉五出." 이외의 다른 내용은《增補山林經濟》
에 보이지 않는다.

4 　회양(淮陽) : 강원도 회양군 일대(북한). 서유구가 18년의 귀농 생활을 마친 계기가 1823년(순조 23)에 회양
부사로의 취임이다.

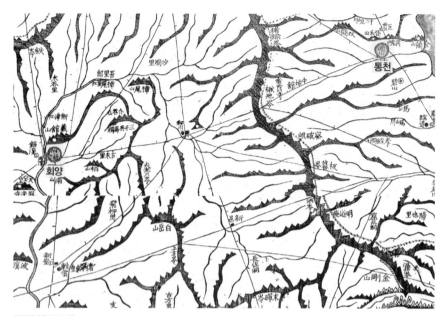

회양(《대동여지도》)

잣나무

잣송이(이상 파주시 아동동에서 촬영)

잣송이와 잣

잣(이상 포천 국립수목원에서 촬영)

잣나무(남양주시 진접읍 부평리 봉선사에서 촬영)

섬잣나무(이상 임원경제연구소, 한밭수목원에서 촬영)

## 2) 심기와 가꾸기

2~3월에 씨를 심는다. 심는 법은 소나무 심는 법과 같다. 심을 때 껍데기의 뾰족한 부분을 대충 갈아 싹이 쉽게 나게 해야 한다.《증보산림경제》[5]

### 種藝

二三月下子. 其法與種松同. 種時, 須略磨殼尖, 使易萌芽.《增補山林經濟》

---

5 《增補山林經濟》, 위와 같은 곳에는 이 내용이 보이지 않는다.

잣 심는 법: 늦가을에 열매가 익었을 때 잣방울을 따서 토굴 속에 깊이 묻어 둔다. 이듬해 얼음이 녹은 후에 잣방울을 가져다 보면 알알이 싹이 터 있다. 손가락끝두께의 나무말뚝을 땅에 박아 구멍을 만든다. 구멍의 깊이는 포백척(布帛尺)[6]으로 0.07척을 넘지 않게 한다. 한 구멍에 하나의 열매를 넣어 흙을 살살 덮고 채워 준다. 그러면 5년 안에 열매를 먹을 수가 있다.《행포지》[7]

種海松子法: 秋晚, 子熟, 摘下全房, 深埋土窟中. 解凍後, 取見則粒粒萌芽. 用指頭大木樁, 釘地作穴. 穴深毋過布帛尺七分. 一穴下一子, 輕輕掩塡, 五年內可食實.《杏蒲志》

---

6  포백척(布帛尺): 포백의 치수를 측정하고, 포목의 매매와 의복을 만드는 데 사용한 자. 1포백척은 대략 51.384센티미터이다.《임원경제지 본리지》권1〈토지 제도〉"1. 경묘법과 결부법" '7) 우리나라의 척법'(서유구 지음, 정명현·김정기 역주,《임원경제지 본리지(林園經濟志 本利志)》1, 소와당, 2008, 90~97쪽) 참조.
7  《杏蒲志》卷3〈種海松子〉(《農書》36, 183쪽).

# 23. 참나무류[橡, 상][1]

橡

## 1) 이름과 품종

名品

일명 '조두(皁斗)'이다. 그 나무는 떡갈나무[櫟]라 한다.[2]

一名"皁斗". 其木曰"櫟".

【본초강목[3] 떡갈나무[櫟]에는 다음과 같이 2종류가 있다. 하나는 열매를 맺지 못하는 종으로, '역(棫)'이라 한다. 다른 하나는 열매를 맺는 종으로 '도토리나무[栩]'라 한다. 그 열매는 도토리이다.

【本草綱目】 櫟有二種: 一種不結實, 曰"棫". 一種結實者, 曰"栩". 其實爲橡.

도토리는 열매가 여지의 핵과 같으나 그보다 뾰족한 부분이 있다. 그 꼭지에는 깍정이[斗]가 있어서 도토리의 반절을 감싼다. 도토리의 속씨는 오래된 연의 과육과 같다. 나무의 높이는 20~30척이다. 목질이 견고하고 무거워서 큰 나무로는 기둥을 만들 수 있고, 작은 나무로는 숯을 만들 수 있다.

橡實如荔枝核而有尖. 其蒂有斗, 包其半截. 其仁如老蓮肉. 其木高二三丈. 堅實而重, 大者可作柱棟, 小者可爲薪[1]炭.

《주례》〈하관 사마(夏官司馬)〉 "직방씨(職方氏)"에는 "산림에는 조물(皁物)이 적당하다."라 했다. 이에 대해 정현은 "조물은 도토리나무[柞]와 밤나무[栗]의

《周禮·職方氏》: "山林宜皁物." "柞、栗之屬", 卽此也.

---

1 참나무류[橡, 상]: 졸참나무·갈참나무·상수리나무·신갈나무·굴참나무·떡갈나무 등 6종의 참나뭇과 낙엽 활엽수. 이 나무들이 도토리(또는 상수리)라 불리는 견과를 생산하므로 토토리나무라고도 불린다.
2 일명……한다:《本草綱目》卷30〈果部〉"橡實", 1810쪽에 보인다.
3 《本草綱目》, 위와 같은 곳;《本草綱目》卷30〈果部〉"槲實", 1812쪽.
[1] 薪: 저본에는 "新". 오사카본·《本草綱目·果部·橡實》에 근거하여 수정.

참나무류(《본초강목》)　　　참나무류(《식물명실도고》)　　　갈참나무(포천 국립수목원에서 촬영)

종류이다."[4]라고 주석을 달았으니, 곧 이것이다.

떡갈나무[槲]의 열매는 도토리와 비슷하나 그보다 짧고 작다. 빳빳하면서 떫어서 맛이 안 좋다. 그 나무의 결이 거칠어 참나무류[橡木]에 미치지 못한다[5]】

槲實似橡子, 而短小僵澁味惡. 其木理粗, 不及橡木】

갈참나무도토리(파주시 파주읍 연풍　　떡갈나무　　　떡갈나무도토리(이상 임원경제연구소,
리에서 촬영)　　　　　　　　　　　　　　　　　　　파주시 아동동에서 촬영)

---

4　산림에는……종류이다:《周禮注疏》卷10〈地官司徒〉"大司徒"(《十三經注疏整理本》7, 287~288쪽), 《周禮注疏》卷33〈夏官司馬〉"職方氏"(《十三經注疏整理本》9, 1020~1034쪽)에는 이 내용이 보이지 않는다. 이시진의 착오인 듯하다.

5　떡갈나무의……못한다:《本草綱目》卷30〈果部〉"槲實", 1812쪽.

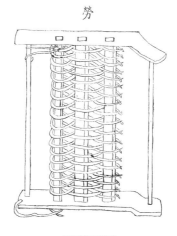

로(勞)(《본리지》)

<table>
<tr><td>

## 2) 알맞은 토양

산언덕의 밭이 적당하다.《제민요술》[6]

</td><td>

## 土宜

宜山阜之田[2].《齊民要術》

</td></tr>
<tr><td>

## 3) 심기와 가꾸기

3번에 걸쳐 흙이 푹 삶기도록 밭을 갈고 도토리를 이리저리 흩어 뿌리고 나서 다시 로(勞)질을 해 준다. 싹이 나면 김매어 주변을 항상 깨끗하게 한다. 자란 곳이 한 번 정해지면 옮겨 심지 않는다.《제민요술》[7]

</td><td>

## 種藝

三徧熟耕, 漫散橡子, 卽再勞之. 生則薅治, 常令淨潔, 一定不移.《齊民要術》

</td></tr>
<tr><td>

가을에 저절로 떨어진 도토리를 주워 움[窖, 교]에 들여 놓는다. 겨울을 나고 봄에 싹을 내면 곧 나누

</td><td>

秋拾自零之實, 入窖. 經冬, 至春生芽, 卽分種空

</td></tr>
</table>

---

6 《齊民要術》卷5〈種槐·柳·楸·梓·梧·柞〉第50(《齊民要術校釋》, 358쪽).
7 《齊民要術》, 위와 같은 곳.
[2] 田:《齊民要術·種槐·柳·楸·梓·梧·柞》에는 "曲".

어 빈터에 심거나 휴전(畦田)을 조성하여 많이 심는다. 이를 몇 해 지나 옮겨 심는다.

또 다른 법: 가늘고 긴 도랑을 파서 도토리를 배게 늘어 세워 심는다. 4~5년 지나 도끼자루를 만들 만한 굵기가 되면 땅 가까운 부분을 잘라 다시 순을 기른다. 그러면 길고 곧게 자라 재목에 알맞다.《증보산림경제》[8]

地, 或治畦多種, 過數年移栽.

又法: 開細長溝, 密排下種. 四五年可中斧柯, 便附地剪去, 更養其筍, 則修直中材.《增補山林經濟》

상수리나무

상수리나무도토리(이상 파주시 아동동에서 촬영)

신갈나무도토리(파주시 파주읍 연풍리에서 촬영)

졸참나무도토리(이상 임원경제연구소, 전주수목원에서 촬영)

---

8 《增補山林經濟》卷3〈種樹〉“橡”《農書》3, 203쪽).

## 4) 쓰임새

10년을 자라면 서까래의 용도에 알맞고, 아무데나 사용할 수 있다. 20년을 자라면 집기둥[屋欂]⁹의 용도에 알맞다. 땔나무로서의 가치는 여기에 들어가지 않는다.10 베어도 계속 나므로 이를 잘 관리하면 다시 회복된다.《제민요술》11

도토리는 구황작물 중 상품(上品)이다. 풍년에는 또한 도토리로 돼지를 살찌게 할 수 있다. 가을이 지나면 힘을 모아 넓은 곳에서 거두어들일 수 있다. 《증보산림경제》12

功用

十年中椽, 可雜用. 二十歲中屋欂. 柴在外. 斫去尋生, 料理還復.《齊民要術》

其實爲救荒上品. 豐年又可肥猪. 秋後可幷力廣收. 《增補山林經濟》

---

9　집기둥[屋欂] : "단(欂)"은 "벽(欂)"의 오자인 듯하다. "벽(欂)"은《설문해자》에 "벽의 기둥이다(壁柱也)."라는 설명이 있다.《齊民要術校釋》, 358쪽 주 ④번 참조.

10　땔나무로서의……않는다 : 위에서 재목으로서의 용도를 언급했는데, 10~20년 동안 땔나무로서의 가치는 덤으로 있다는 의미이다.

11　《齊民要術》, 위와 같은 곳.

12　《增補山林經濟》, 위와 같은 곳.

# 24. 산초나무[蜀椒, 촉초][1]

蜀椒

## 1) 이름과 품종

일명 '천초(川椒)'이다.

【도경본초[2] 촉 지역[蜀川][3]과 섬현(陝縣)[4]·낙양(洛陽)[5] 사이의 인가에서 많이 심는다. 나무는 수유나무[茱萸]와 비슷하지만 그보다 작고 가시가 있다. 4월에 열매를 맺으나 꽃이 없다. 가지와 잎 사이에서만 난다. 알갱이는 팥만 하지만 그보다 둥글다. 껍질은 자적(紫赤)색이다】

名品

一名"川椒".

【圖經本草 蜀川、陝、洛間人家多種之. 木似茱萸, 而小有刺. 四月結子無花. 但生于枝葉間. 顆如小豆而圓. 皮紫赤色】

산초나무(《본초도경》)　　　산초나무(《식물명실도고》)

---

1 산초나무[蜀椒, 촉초]:운향과에 속한 낙엽 활엽 관목. 키는 3미터 정도이고 줄기와 가지에는 가시가 서로 어긋난다. 잎에서는 향기가 나며, 여름에 연한 녹색 꽃이 산방(繖房) 꽃차례로 핀다. 열매는 초록빛이 도는 갈색이나 익으면 벌어져 검은색 씨들이 밖으로 나온다. 씨는 국의 향미료로 쓰거나 기름을 짜고, 열매는 약으로 쓴다.
2 《圖經本草》 卷12 〈木部下品〉 "蜀椒"(《本草圖經》, 393쪽).
3 촉 지역[蜀川]:중국 사천성(泗川省) 서부 일대.
4 섬현(陝縣):중국 하남성(河南城) 섬현 일대.
5 낙양(洛陽):중국 하남성 낙양시 일대.

산초나무줄기

꽃 핀 산초나무

산초

잘 익은 산초(이상 임원경제연구소, 파주시 파주읍 연풍리에
서 촬영)

## 2) 심기와 가꾸기

익었을 때 검은 열매를 거두어 둔다【주 민간에서는 이 열매를 '초목(椒目)'이라고 한다. 열매는 손을 타지 않게 한다. 자주 만지면 싹이 나지 않는다】. 4월초에 휴전에 심는다【주 휴전을 조성하여 물을 주는 법은 아욱 심는 법과 같다】.

가로세로 0.3척씩인 넓이에 씨 1개를 심고 흙을 체로 쳐서 두께 0.1척 정도로 덮어 준다. 다시 잘 삭힌 똥거름을 체로 쳐서 흙 위에 덮는다. 가물면 곧 물을 주어 늘 촉촉하게 한다. 싹이 나서 몇 촌으로 자라면 여름에 연이어 비가 올 때 옮겨 심을 수 있다.

옮겨 심는 법: 먼저 작은 구덩이를 둥글면서 깊이 0.3척이 되도록 판다. 칼로 산초나무뿌리를 둥글게 깎으면서 판다. 흙이 붙은 채로 구덩이 속으로 옮기면 만의 하나도 잃지 않는다【주 뽑아서 옮겨 심으면 대부분 죽는다】.

큰 그루를 옮겨 심으려면 2~3월 중에 옮긴다. 먼저 잘게 썬 짚을 섞은 진흙반죽을 만든다. 옮길 산초나무를 파내어 곧 뿌리를 이 진흙반죽으로 봉한 다음 진흙반죽째로 묻는다【주 그러면 100여 리를 가도 살 수 있다】.《제민요술》[6]

삼향(三鄕)[7]에서 산초를 심을 경우에는 가을이 깊

種藝

熟時, 收取黑子【注 俗名 "椒目". 不用人手, 數近捉之, 則不生也】. 四月初畦種之【注 治畦下水, 如種葵法】.

方三寸一子, 篩土覆之, 令厚寸許, 復篩熟糞以蓋土上. 旱輒澆之, 常令潤澤. 生高數寸, 夏連雨時, 可移之.

移法: 先作小阬, 圓深三寸. 以刀子圓劚椒栽, 合土移之於阬中, 萬不失一【注 若拔而移者, 率多死】.

若移大栽者, 二月、三月中, 移之. 先作熟穰[1]泥, 掘出卽封根, 合泥埋之【注 行百餘里, 猶得生】.《齊民要術》

三鄕椒種, 秋深熟時, 揀

---

6 《齊民要術》卷4〈種椒〉第43(《齊民要術校釋》, 309쪽).

7 삼향(三鄕): 현재 중국 하남성(河南城) 의양현(宜陽縣) 서남쪽 일대.

① 穰:《齊民要術·種椒》에는 "蘘". 두 글자 모두 잎이 있는 기장짚[黍穰]을 가리키며, 고(藁)는 잎을 제거한 볏짚이다.《齊民要術校釋》, 311쪽 주【7】번 참조.

어서 산초가 익었을 때 큰 알맹이를 골라 따서 그늘
에 말린다. 그런 다음 산초를 싸서 땅을 파고 깊이 묻
는다.

粒大摘下, 蔭乾. 將椒子包
裹, 掘地深埋.

봄에 날씨가 따뜻해지면 꺼내서 양지에 휴전을
만들고 심는다. 2년 후 봄에 옮겨 심는다. 그러면 나
무는 다음해에 열매를 맺는다. 산초나무는 가지에
열매가 쉬지 않고 열려 해갈이가 없으므로 매년 갈
수록 번성한다.《무본신서》[8]

春暖取出, 向陽掘畦種之.
二年後春月移栽. 樹次年
結子. 椒不歇條, 一年繁勝
一年.《務本新書》

먼저 비옥한 땅을 푹 삶기도록 간다. 2월 안에 씨
를 심는다. 재를 섞은 똥거름을 고운 흙과 섞어서 덮
어 주면 쉽게 난다.

先將肥潤地耕熟. 二月內
取子種之, 以灰糞和細土,
覆蓋則易生.

다음해에 7~8척 떨어지도록 나누어 옮겨 심는
다. 이때 깻묵[蔴籸]과 재 섞은 똥거름을 고운 흙과
섞어 옮겨 심는다. 물이 뿌리에 스며드는 것을 피한
다. 또 바짝 마른 흙과 마른 똥거름으로 거름을 주
어야 한다. 가뭄에는 물을 준다. 3년 후에 어린 가
지가 나와야 열매를 맺는다.《군방보》[9]

來年分栽, 離七八尺. 用蔴
籸、灰糞和細土栽. 忌水浸
根, 又宜焦土乾糞壅培. 遇
旱用水澆灌. 三年後換嫩
枝方結子.《群芳譜》

---

8  출전 확인 안 됨;《農桑輯要》卷6〈藥草〉"椒"(《農桑輯要校注》, 238쪽);《農政全書》卷38〈種植〉"木部"
   '椒'(《農政全書校注》, 1054쪽).
9  《二如亭群芳譜》〈亨部〉"蔬譜"'椒'(《四庫全書存目叢書補編》80, 298쪽).

### 3) 보호하기

이 나무의 본성은 추위를 견디지 못한다. 그러므로 양지에서 자라는 나무는 겨울에 풀로 싸 주어야 한다【주 싸 주지 않으면 죽는다】.

음지에 난 나무가 어려서부터 한기를 받았으면 싸 줄 필요가 없다【주 이것이 이른바 "습성이 오래되면 본성이 된다[習與性成]."는 것이다. 한 나무의 본성은 추위와 더위를 받아들이는 환경을 달리 하기 때문이다. 붉은색[朱]과 남색을 섞어 염색한다면 어찌 본바탕을 바꾸지 않을 수 있겠는가? 그러므로 "그 이웃을 살펴 선비를 알고, 친구를 보고서 사람을 안다."라고 한 것이다】.《제민요술》[10]

본성이 추위를 견디지 못한다. 처음 심었을 때는

護養

此物性不耐寒. 陽中之樹, 冬須草裹【注 不裹則死】.

其生小陰中者, 少稟寒氣, 則不用裹【注 所謂"習與性成". 一木之性, 寒暑異容. 若朱、藍之染, 能不易質? 故"觀隣識士, 見友知人"也】.《齊民要術》

性不耐寒, 初種, 冬月以

산초나무

산초나무가지(이상 이상경, 영월군 무릉도원면 운학리에서 촬영)

---

[10] 《齊民要術》, 위와 같은 곳.

겨울에 풀로 두텁게 덮어 준다. 나무가 작을 때는 겨울에 똥거름으로 뿌리를 덮는다. 땅이 찬 곳에서는 풀로 싸서 묶는다.《무본신서》[11]

　머리카락으로 나무뿌리를 싸거나, 향백지(香白芷)[12]를 심거나, 채소[生菜]를 심으면 모두 뱀이 산초 열매를 먹는 것을 막는다.《군방보》[13]

草厚覆. 樹小時, 冬月以糞覆根. 地寒處, 以草裹縛.《務本新書》

以髮纏樹根, 或種香白芷, 或種生菜, 皆辟蛇食椒.《群芳譜》

---

11　출전 확인 안 됨;《農桑輯要》, 위와 같은 곳;《農政全書》, 위와 같은 곳.
12　향백지(香白芷):구릿대. 산형과에 속한 여러해살이풀. 높이는 1~2미터이며, 6~8월에 흰 꽃이 겹 산형(傘形) 꽃차례로 피고 타원형의 열매를 맺는다. 어린잎은 식용하고 뿌리는 백지(白芷)라 하여 한약재로 쓴다.
13　《二如亭群芳譜》, 위와 같은 곳.

## 4) 거두기

열매의 입이 열리면 곧 속히 거두어들인다. 날씨가 맑게 개었을 때 딴다. 이를 얇게 펼쳐 놓고 햇볕에 말리되, 하루면 곧 마르게 된다. 적색인 산초가 좋다【주 흐릴 때 거두어들인 경우 흑색이고, 제맛을 잃는다】.

잎이 청색일 때 잎을 따면 절임을 만들 수 있다. 잎을 말려서 가루로 만들어도 충분히 식량으로 충당시킬 수 있다. 《제민요술》[14]

중복(中伏) 후 맑은 날 이슬이 묻은 채로 따서 거두어들이되, 손으로 산초를 비트는 행위는 피한다. 그늘에서 1일 말리고 햇볕에 3일 말리면 홍색이 되면서 잎이 벌어진다. 비가 지나가고 난 후 바람을 맞는 곳에다 얇게 펼치고 자주 뒤집어 준다. 불씨가 묻으면 흑색이 되고 향기가 나지 않는다. 저절로 입을

收採

候實口開, 便速收之. 天晴時, 摘下, 薄布曝之, 令一日卽乾. 色赤椒好【注 若陰時收者, 色黑失味】.

其葉及靑摘取, 可以爲菹. 乾而末之, 亦足充食. ② 《齊民要術》

中伏後, 晴天帶露收摘, 忌手捻. 陰一日, 曬三日, 則紅而裂. 過雨薄攤當風處, 頻翻. 若裛則黑不香. 其自開口者殺人. 《農政全書》

산초

말린 산초(이상 이상경. 영월군 무릉도원면 운학리에서 촬영)

---

14 《齊民要術》 卷4 〈種椒〉 第43(《齊民要術校釋》, 309~310쪽).
② 食:《齊民要術·種椒》에는 "事".

산초나무꽃

산초나무열매(이상 정재민)

연 산초는 사람을 죽인다. 《농정전서》[15]

5~6월에 씨의 껍질이 청색이지만 씨가 흑색이 되었으면 따서 그늘에서 말린다. 그러면 입이 열리고 씨가 나온다. 껍질이 붉어지기를 기다렸다가 거두어들이면 맛이 도리어 쓰다. 일반적으로 산초의 눈을 제거하게 해야 하고, 입을 닫고 있는 산초는 사용하지 않아야 한다. 잘못 삼키면 독이 있기 때문이다. 《증보산림경제》[16]

五六月間, 子皮雖靑, 其子已黑, 卽摘取陰乾, 則口開子出. 若待皮赤而收之, 味反苦[3]. 凡使須去目, 及閉口者勿用, 誤呑有毒. 《增補山林經濟》

---

15 《農政全書》卷38〈種植〉"木部" '椒'(《農政全書校注》, 1054쪽).

16 《增補山林經濟》卷3〈種樹〉"蜀椒"(《農書》3, 205쪽).

③ 苦 : 저본에는 "若". 오사카본·규장각본·《增補山林經濟·種樹·蜀椒》에 근거하여 수정.

## 5) 보관하기

박으로 그릇을 만들어 산초알갱이를 담아 두면 오랫동안 맛을 잃지 않는다.

또 다른 법: 6월에 반이 익은 산초 1승, 소금 0.3승을 떡 보관하는 그릇에다 섞고 여기에 물 2승을 넣는다. 그 위로 작은 나무판을 놓고 작은 돌로 대충 눌러 산초가 뜨지 않게 한다. 사용할 때마다 꺼낸다. 그렇지 않으면 맛이 변한다.《화한삼재도회》[17]

## 收藏

若匏作器, 盛椒顆, 久不失味.

又法: 六月用半熟者一升、鹽三合和藏餠器, 入水二升. 上安小木板, 用小石略壓之, 使椒不浮漂. 每用取出. 否則變味.《和漢三才圖會》

초피나무(임원경제연구소, 포천 국립수목원에서 촬영)

---

17 《和漢三才圖會》卷89〈味果類〉"椒殖法"《倭漢三才圖會》10, 467쪽).

## 6) 종자 보관하기

거두어 종자로 삼으려면 마른 흙을 종자와 뒤섞는다. 빗물을 피할 수 있는, 깊이 1척 되도록 땅에 묻어, 물이 스며들어 싹을 내지 못하게 한다. 《농정전서》[18]

산초[花椒]는 눈이 붙어 있으면서 입을 아직 열지 않은 씨에다 부서진 흙을 섞어 깨끗한 병 속에 넣는다. 병아가리를 밀봉하여 거꾸로 둔다. 남쪽 처마 아래 햇볕 있는 땅에서 햇볕을 쬔다. 춘분이 되어 휴전에 흩어 뿌리면 알알이 모두 싹이 나온다. 《화한삼재도회》[19]

## 7) 쓰임새

산초로 기름을 짜도 먹을 수 있다. 그 맛은 약간 매우면서 달다. 진[晉] 지역 사람들은 대부분 등을 사르는 용도로 쓴다. 《농정전서》[20]

새로 나온 잎 또한 거둘 수 있다. 잎을 그늘에 말려서 겨울식량에 충당한다. 《증보산림경제》[21]

藏種

若收作種, 用乾土拌和, 埋于避雨水地內, 深一尺, 勿令水浸生芽.《農政全書》

花椒以帶目未開口者, 用碎土拌和, 入淨瓶中, 密封口, 倒置地上, 於南檐下有日色處曬着. 至春分, 撒畦中, 則粒粒皆出.《和漢三才圖會》

功用

取子爲油, 亦可食, 微辛甘. 晉中人多以炷燈也.《農政全書》

嫩葉又可收, 陰乾充冬茹.《增補山林經濟》

---

18 《農政全書》, 위와 같은 곳.
19 《和漢三才圖會》卷89〈味果類〉"秦椒"(《倭漢三才圖會》10, 464쪽).《倭漢三才圖會》에는《古今醫統》에서 인용했음을 밝혔기 때문에, 출진은《古今醫統大全》이어야 한다.
20 《農政全書》, 위와 같은 곳.
21 《增補山林經濟》, 위와 같은 곳.

## 25. 후추나무[胡椒, 호초][1]

胡椒

### 1) 이름과 품종

名品

일명 '매리지(昧履支)'이다.[2]

一名"昧履支".

【<u>유양잡조</u>[3] 후추는 마가국(摩枷國)[4]에서 나며 '매리지'라고 부른다. 싹은 넝쿨로 자라며 매우 유약하다. 잎은 길이 0.15척이다. 잔 가지가 있어 잎과 나란하다.

【<u>酉陽雜俎</u> 胡椒出摩枷國, 呼爲"昧履支". 其苗蔓生, 極柔弱, 葉長寸半. 有細條與葉齊.

후추(《본초강목》)

---

1  후추나무[胡椒, 호초] : 후춧과에 속한 상록 덩굴 식물. 줄기는 단단하며 마디에서 뿌리가 나와 다른 물체에 붙어서 8미터 가량 자란다. 5~6월에 흰 꽃이 피며, 열매는 둥글고 붉게 익는다. 열매를 익기 전에 따서 말리면 검게 되며 특이한 매운맛과 향기가 있어 가루로 만들어 양념으로 쓴다. 한방에서는 열매를 약으로 쓰기도 한다. 인도 남부가 원산지로 열대 지방에서 많이 재배한다.
2  일명 '매리지(昧履支)'이다 : 《本草綱目》 卷32 〈果部〉 "胡椒", 1858쪽에 보인다.
3  《酉陽雜俎》 卷18 〈廣動植〉 《叢書集成初編》 277, 152쪽).
4  마가국(摩枷國) : 인도의 비하르 주 남부, 갠지즈강 유역에 있던 왕국. 마갈국(摩竭國)·마갈제국(摩竭提國)·마가다국(摩伽陀國)·마가타국(摩伽國)·마게타국(摩揭陀國)이라고도 한다.

가지 위에서 열매를 맺는데, 열매가 둘씩 서로 마주 본다. 잎은 새벽에 펼쳐졌다가 저녁에 오므린다. 오므리면 잎 속에 그 열매를 감싼다. 모양은 산초[漢椒]와 비슷하지만 그보다 매우 맵다. 6월에 딴다. 지금 사람들은 호반(胡盤, 후추양념)한 육식을 만들어 사용한다.

條上結子, 兩兩相對. 其葉晨開暮合. 合則裹其子於葉中. 形似漢椒, 至辛辣. 六月採. 今人作胡盤肉食用之.

본초강목 5 후추는 지금 남번(南番)6의 여러 나라와

本草綱目 胡椒, 今南番

후추넝쿨

후추꽃

익어가는 후추

잘 익은 후추

---

5  《本草綱目》, 위와 같은 곳.
6  남번(南番):중국에서 남방(南方)이라 부르는, 복건성(福建省)·광동성(廣東省) 일대를 통칭하는 말.

교지(交趾)[7] · 전남(滇南)[8] · 해남(海南)[9] 등지에 모두 있다. 넝쿨로 나서 다른 나무에 붙어 살고 시렁을 만들어 이끌어 준다. 잎은 편두(扁豆)[10] · 마[山藥] 등의 잎과 비슷하다.

정월에 황백색의 꽃을 피운다. 줄줄이 후추를 맺으면서 덩굴로 감아서 자란다. 후추의 모양은 오동나무씨와 비슷하고 또한 핵(核)이 없다. 열매가 익지 않았을 때는 청색이고 익었을 때는 홍색이다. 청색 열매가 더욱 맵다. 4월에 익으며, 5월에 딴다. 햇볕에 말려야 주름이 진다】

諸國及交趾、滇南、海南諸地皆有之. 蔓生附樹, 及作棚引之. 葉如扁豆、山藥輩.

正月開黃白花, 結椒纍纍, 纏藤而生, 狀如梧桐子, 亦無核. 生靑熟紅, 靑者更辣. 四月熟, 五月採, 曝乾乃皺】

---

7   교지(交趾) : 베트남 북부 통킹 · 하노이를 포함한 손코이강 유역의 역사적 지명.

8   전남(滇南) : 중국 운남성(雲南省) 동부에 있는 호수 전지(滇池)의 남쪽 지역.

9   해남(海南) : 중국 해남도(海南島). 또는 남부 해안 지역을 가리키기도 한다.

10  편두(扁豆) : 팥의 한 가지. 변두(藊豆)라고도 한다. 《임원경제지 본리지(林園經濟志 本利志)》 卷7 〈곡식 이름 고찰(穀名攷)〉 "밭 곡식(陸種類)" '변두(藊豆)' (서유구 지음, 정명현 · 김정기 역주, 《임원경제지 본리지(林園經濟志 本利志)》 2, 소와당, 2008, 551쪽)에 자세히 보인다.

## 2) 종자 전하기

후추는 지금 일상의 식재료로 쓰는 물건이다. 쓰임이 많아 값의 상승이 생강이나 계피보다 심하다. 하지만 우리나라에는 종자가 없어서 반드시 일본에서 사들여야 한다.

본초서를 살펴보면 후추는 남번(南蕃)의 여러 나라에서 난다. 지금은 중국 전 지역에서도 사용한다. 우리나라 사람들은 중국에서 구입하지 않고 반드시 일본에서 구입한다. 하지만 그 이유를 알지 못하겠다.

혹자는 일본인들은 우리나라에 종자 전하기를 꺼려 반드시 후추를 찌고 말려서 팔기 때문에 씨를 심어도 나지 않는다고 말한다. 충청도의 어떤 사람이 종자 몇 두를 시험 삼아 파종했다. 그중에 찌지 않은 몇 알의 씨가 있어서 비로소 번식시킬 수 있었다. 그러나 이를 매우 비밀로 삼아 종자를 전하지 못했다고 한다. 정말로 그러한가? 나는 아직 보지 못했다.

고추[蕃椒]도 남번(南蕃)에서 나는 채소이지만 지금은 천하에 두루 퍼져 있다. 만일 중국에서 후추의 진짜 종자를 얻어 전한다면 전파가 이루어지지 않을 리가 없겠다. 《행포지》[11]

또 《화한삼재도회》를 살펴보면 다음과 같이 적혀 있다. "후추는 네덜란드[阿蘭陀]의 상선이 가지고 왔다. 최근에서야 흩어 뿌려서 수확할 수 있었다.

傳種

胡椒, 今爲食料日用之物. 用殷價翔甚於薑、桂, 而國無其種, 必購之日本.

考諸本草, 胡椒出南番諸國, 今遍中國用之. 東人之不購之中國, 而必購諸日本者, 未知何故也.

或言日本人忌傳種於我國, 必蒸乾而貨之, 故種之不生. 湖西有一人試以數斗播種. 內有不蒸數粒, 始得生殖, 而頗秘不傳種云. 果然耶? 未之見矣.

番椒亦南番産, 而今遍天下. 苟得胡椒眞種于中州而傳種, 則箋不成也. 《杏蒲志》

又按《和漢三才圖會》云: "胡椒, 阿蘭陀商舶將來. 近有撒種者樹高二三尺.

---

11 《杏蒲志》卷3〈種胡椒〉《農書》36, 176~177쪽).

나무의 높이는 2~3척이고, 잎이 고추와 비슷하다. 또 겹꽃치자와도 비슷하다. 4월에 작고 흰 꽃을 피우고 가을에 열매를 맺는다. 이는 다른 나라에서 나는 후추와 다름이 없다.

다만 비록 가지와 줄기가 가늘고 약하지만 넝쿨을 뻗지 않고 잎도 후추잎과 크게 다르다고 한다. 이는 대개 후추가 아니고 소천료(小天蓼)이다."12

【《본초습유》에서는 "소천료는 나무가 치자와 비슷하고 겨울에도 시들지 않는다."13라고 하였다.

또 《도경본초》에서는 "목천료(木天蓼)는 높이 20~30척이다. 3~4월에 꽃이 피고, 꾸지뽕나무의 꽃과 비슷하다. 5월에 열매를 딴다. 열매는 공모양으로, 어저귀[檾麻]의 열매와 비슷하다. 열매는 보관할 수 있다. 과식(果食)14을 만들 수 있다."15라고 하였다】

이것에 근거하면 일본에서 나는 후추는 가짜 후추일 뿐이다. 중국의 진짜 후추를 버려 두고 굳이 일본에서 가짜 후추를 구입하는 것이다. 나는 이것이 무슨 까닭인지 모르겠다. 《행포지》16

葉似番椒. 又似千葉梔子. 四月開小白花, 秋結子, 與異國之産無異.

但枝莖雖纖弱而不蔓, 葉亦大異." 蓋非胡椒, 卽小天蓼也.

【《本草拾遺》云: "小天蓼, 樹如梔子, 冬月不凋."

又《圖經本草》云: "木天蓼, 高二三丈, 三四月開花, 似柘花. 五月采子. 子作毬形, 似檾麻子, 可藏, 作果食"】

據此則倭産胡椒, 乃假胡椒耳. 捨中國眞胡椒, 而必購假胡椒於倭, 吾不知其何說也. 同上

---

12 후추는……소천료(小天蓼)이다:《和漢三才圖會》卷89〈味果類〉"胡椒"(《倭漢三才圖會》10, 472쪽).
13 출전 확인 안 됨;《本草綱目》卷36〈木部〉"木天蓼", 2137쪽.
14 과식(果食):기름으로 반죽한 밀가루와 당밀(糖蜜) 등으로 만든 음식.《임원경제지 정조지(林園經濟志 鼎俎志)》卷3〈과줄(과정지류)(菓飣之類)〉(서유구 지음, 임원경제연구소 옮김,《임원경제지 정조지》2, 풍석문화재단, 2020, 61~143쪽)에 자세히 보인다.
15 목천료(木天蓼)는……있다:《圖經本草》卷12〈木部下品〉"木天蓼"(《本草圖經》, 415쪽).
16 《杏蒲志》卷3〈種胡椒〉(《農書》36, 177쪽).

## 26. 수유나무[食茱萸, 식수유]<sup>1</sup>

食茱萸

### 1) 이름과 품종

名品

일명 '의(莍)', '당자(欓子)'이다.<sup>2</sup>

一名"莍", 一名"欓子".

【본초강목】<sup>3</sup> 오수유(吳茱萸)·식수유(食茱萸)는 같은 종류이면서 다른 품종이다. 오(吳) 지역에서 나는 수유를 약에 넣기 때문에 '오수유'라 이름 붙였다. 당자(欓子)라고 하는 이유는 당자의 모양과 맛이 수유와 비슷하기 때문이다. 식용할 수 있기 때문에 '식

【本草綱目】 吳茱萸、食茱萸一類二種. 取吳地者入藥, 故名"吳茱萸". 欓子則形味似茱萸, 惟可食用, 故名"食茱萸".

수유나무(《본초강목》)     수유나무

---

1 수유나무[食茱萸, 식수유]:운향과에 속한 낙엽 교목. 잎은 깃꼴 겹잎으로 마주나며, 작은 가지는 회갈색이며 잔털이 있다. 8월에 흰빛이 도는 꽃이 줄기 끝에 핀다. 열매는 둥글며 기름을 짜거나 새의 먹이로 사용한다. 마을 부근에 심는다.

2 일명……'당자(欓子)'이다:《本草綱目》 卷33 〈果部〉 "食茱萸", 1866쪽에 보인다.

3 《本草綱目》 卷33 〈果部〉 "食茱萸", 1867쪽.

수유나무가지와 잎

수유나무꽃

수유나무열매

수유(食茱萸)'라고 이름 붙였다.

정초(鄭樵)[4]의 《통지(通志)》[5]에 "당자(欓子)는 일명 '식수유(食茱萸)'이다."라 했고, 《예기(禮記)》〈내칙(內則)〉에서 '세 가지의 희생(犧牲)에 의(薐)를 사용한다.'[6]는 말이 이것이다."[7]라고 했다】

鄭樵《通志》云"欓子, 一名'食茱萸'", 《禮記》"三牲用薐, 是也"】

---

4  정초(鄭樵):1104~1162. 중국 남송(南宋)의 관리·학자. 자는 어중(漁仲), 호는 계거일민(溪西逸民). 저서에 《시전변망(詩傳辨妄)》·《이아주(爾雅注)》·《통지(通志)》·《협제유고(夾漈遺稿)》등이 있다.
5  통지(通志):중국 남송 때 정초(鄭樵)가 편찬한 기전체(紀傳體)의 역사서. 200권. 1161년 간행. 〈제기(帝紀)〉18권, 〈황후열전(皇后列傳)〉2권, 〈연보(年譜)〉4권, 〈약(略)〉51권, 〈열전(列傳)〉125권으로 이루어졌다. 《통감(通鑑)》·《통감기사본말(通鑑記事本末)》과 더불어 송나라 사학(史學)의 대표작이다.
6  세……사용한다:《禮記正義》卷28〈內則〉《十三經注疏整理本》14, 989쪽).
7  당자(欓子)는……이것이다:《通志》卷76〈昆蟲草木略〉第二"木類"'欓子'《文淵閣四庫全書》374, 583쪽).

## 2) 알맞은 토양

옛 성터나 둑이나 언덕[8]처럼 높고 건조한 곳에 적당하다【주 일반적으로 성 담장 위에 재배할 때는 먼저 담장의 길이에 따라 구덩이를 판다. 이를 내버려 두었다가 이듬해가 된 후에 구덩이 속에 재배한다. 그러면 물기를 보존하고 토양을 비옥하게 하므로 평지와 차이가 없다. 그렇게 하지 않으면 흙이 단단하여 물기를 흘려 버리게 되기 때문에 나무의 성장이 매우 더디다. 그 결과 자란 햇수가 다른 나무의 배가 되면서도 나무가 오히려 작다】.《제민요술》[9]

## 土宜

宜故城、隄、冢高燥處.
【注 凡于城上種茱者, 先宜隨長短掘塹, 停之經年, 然後于塹中種茱. 保澤沃壤, 與平地無差. 不爾者, 土堅澤流, 長物至遲, 歷年倍多, 樹木尚小[1]】.《齊民要術》

## 3) 심는 시기

2~3월에 옮겨 심는다.《제민요술》[10]

## 時候

二月、三月栽之.《齊民要術》

수유나무꽃

수유나무열매(이상 정재민)

---

8  언덕 : 원문의 "총(冢)"을 옮긴 것이다. 평원에서 솟은 흙언덕을 지금도 '총(冢)'이라 한다(《齊民要術校釋》, 313쪽 주 2번)는 설명을 반영했다.
9  《齊民要術》卷4〈種茱萸〉第44(《齊民要術校釋》, 312쪽).
10  《齊民要術》, 위와 같은 곳.
[1]  小 : 저본에는 "少".《齊民要術·種茱萸》에 근거하여 수정.

## 4) 물주기와 거름주기

닭똥으로 거름주면 무성해진다. 《증보산림경
제》[11]

## 5) 거두기

열매가 벌어지면 거두어들인다. 집 안의 벽에 걸
어 두어 그늘에서 말리고 연기를 쐬지 않도록 한
다【주 연기를 쐬면 맛이 쓰고 향이 나지 않기 때문
이다】. 사용할 때 가운데 흑색 씨는 제거한다【주
고기장조림·젓갈에만 특별히[偏][12] 쓰기에 적당하
다】.《제민요술》[13]

## 澆壅

壅以鷄糞則盛.《增補山林
經濟》

## 收採

候實開, 便收之, 挂著屋裏
壁上, 陰乾, 勿使烟熏【注
烟熏則苦而不香】. 用時,
去中黑子【注】肉醬、魚鮓[2]
, 偏宜用】.《齊民要術》

---

11 《增補山林經濟》卷3〈種樹〉"山茱萸"(《農書》3, 190쪽).
12 특별히[偏] : 두루 쓰기에 적당하다는 의미의 "편(徧)"으로 된 판본도 있으나 다양한 용례로 볼 때 "편(偏)"이
   문맥에 맞다(《齊民要術校釋》, 312쪽 주 ②번)는 설명을 반영했다.
13 《齊民要術》, 위와 같은 곳.
[2] 鮓 : 저본에는 "鮮".《齊民要術·種茱萸》에 근거하여 수정.

## 6) 쓰임새 / 功用

우물가에는 수유나무를 심어야 한다. 잎이 우물 속에 떨어지면 물을 정화시키는 효과가 있어 전염병이 없다. 《회남만필술(淮南萬畢術)14》15

井上宜種茱萸. 葉落井中, 有化水者, 無瘟病. 《淮南萬畢術》

민간에서는 9월 9일을 높여 '상구(上九)'라고 한다. 수유나무는 이날이 되면 기운이 뜨거워져 열매가 적색으로 익는다. 그 씨방 달린 가지를 꺾고 머리에 꽂은 다음 "나쁜 기운을 물리치고 겨울의 추위를 막아 주소서."라고 하였다. 《풍토기(風土記)16》17

俗尚九月九日, 謂之"上九". 茱萸到此日, 氣烈熟色赤, 可折其房以揷頭, 云"辟惡氣禦冬". 《風土記》

대부분 빈 땅에 옮겨 심는다. 가을에 열매가 익으면 가지를 벨 수 있다. 이때 열매는 거두어 기름을 짠다. 한 해 걸러 한 번 가지를 벤다. 《증보산림경제》18

多栽空地. 至秋, 子熟可斫枝, 收子取油. 間年一斫枝. 《增補山林經濟》

---

14 회남만필술(淮南萬畢術) : 중국 한나라 회남왕(淮南王) 유안(劉安, B.C. 179?~B.C. 122)이 학자들을 초빙해서 만물 변화와 신선술에 관해 지은 책. 《내서(內書)》·《중서(中書)》·《외서(外書)》 중에서 《외서》를 말하며, 지금은 전해지지 않는다. 《내서》 21편(篇)은 현재 전해지는 《회남자》이다.

15 출전 확인 안 됨;《本草綱目》卷32 〈果部〉 "吳茱萸", 1861~1862쪽.

16 풍토기(風土記) : 일왕의 칙명으로 713년에 각 지방이 편찬한 책. 전설·생활습관·신앙과 행사·산업과 특산물 등이 기록되어 있다.

17 출전 확인 안 됨;《說郛》卷60上 〈風土記〉(《文淵閣四庫全書》 879, 263쪽);《本草綱目》卷32 〈果部〉 "吳茱萸", 1861쪽.

18 《增補山林經濟》卷3 〈種樹〉 "食茱萸"(《農書》 3, 205쪽).

# 27. 귤나무[橘, 귤]¹

## 橘

### 1) 이름과 품종

일명 '목노(木奴)'이다.²

【본초강목】³ 꽃구름[喬雲, 율운]은 밖이 붉고 안이 노랗다. 귤이 실제로 그것과 비슷하기 때문에 이렇게 이름 붙였다.

### 名品

一名"木奴".

【本草綱目】 喬雲, 外赤內黃, 橘實似之故名.

귤나무(《본초강목》)

귤나무(《본초도경》)

귤나무(《식물명실도고》)

---

1 귤나무[橘, 귤]: 운향과에 속한 상록 활엽 관목. 날씨가 따뜻한 지방에 자라며 잎은 달걀꼴이다. 첫여름에 흰 꽃이 피기 시작하고 둥글납작한 열매는 겨울에 황적색으로 익는다
2 일명 '목노(木奴)'이다: 《本草綱目》 卷30 〈果部〉 "柑", 1791쪽에 '柑'의 이칭으로 소개되어 있다.
3 《本草綱目》 卷30 〈果部〉 "橘", 1785~1786쪽.

굴나무

굴나무잎

왕정농서⁴ 남쪽 지방의 산과 내와 골짜기에서 난다. 강소(江蘇)·절강(浙江)·형주(荊州)⁵·양주(襄州)⁶에 모두 있다. 나무의 높이는 10척 정도이고, 가시가 줄기 사이에서 난다. 초여름에 흰 꽃이 핀다. 겨울이 되면 열매가 노랗다. 회수(淮水)를 건너 북쪽 지역에서 재배하면 굴이 탱자가 된다.

王氏農書 生南山川谷. 江、浙、荊、襄皆有之. 木高可丈許, 刺出於莖間. 夏初生白花. 至冬, 實黃. 踰淮則化爲枳.

굴나무가시

굴(이상 양태건, 제주시 한림읍·애월읍에서 촬영)

---

4  《王禎農書》卷8〈百穀譜〉"果屬"'橘', 145쪽.

5  형주(荊州): 중국 호북성(湖北省) 중남부 일대.

6  양주(襄州): 중국 하남성(河南省) 심양현(沁陽縣) 서북쪽 일대.

금귤(《본초강목》)　　　편귤(홍귤)1

해동농서 [7] 녹귤(綠橘)·홍귤(紅橘)·금귤(金橘)의 여러 품종이 있다. 제주도에서 생산되고, 바다 건너 이북에는 없다.

海東農書 有綠橘、紅橘、金橘諸品, 産於<u>耽羅</u>, 渡海以北無之.

편귤(홍귤)2(이상 양태건, 제주시 삼도동 관덕정 제주목 과원에서 촬영)

---

7 《海東農書》卷3〈果類〉"橘"(《農書》10, 267쪽).

제주풍토록(濟州風土錄)[8][9] 금귤은 9월에 익는다. 유감(乳甘)과 동정귤(洞庭橘)은 10월 그믐에 익는다. 대개 이 품종은 세 종의 품질이 서로 비슷하다. 금귤과 유감은 열매가 조금 크고 맛이 매우 달다. 동정귤은 열매가 조금 작고 맛은 상큼하지만 매우 신맛이 난다.

청귤(靑橘)의 경우 가을과 겨울에는 매우 시어서 먹을 수가 없다. 겨울이 지나면 2~3월에 신맛이 조금 없어진다. 5~6월에 맛은 달고 시어서 식초에 꿀

濟州風土記 金橘九月熟, 乳甘、洞庭橘十月晦熟. 蓋此品, 三相上下, 而金橘, 乳甘, 實差大, 味濃甘. 洞庭橘, 實差小而味爽, 然覺大酸.

靑橘, 秋冬則極酸不可食. 經冬則二三月酸稍淡. 五六月味甘而酸, 若和蜜

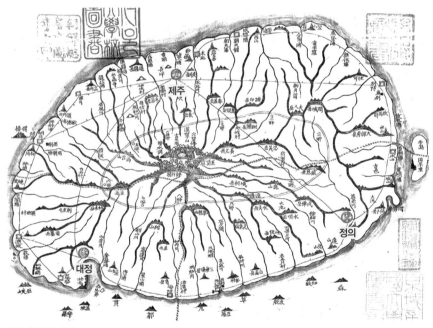

제주도《대동여지도》

---

8 제주풍토록(濟州風土錄): 조선 중기에 김정(金淨, 1486~1521)이 1519년(중종 14) 11월에 일어난 기묘사화로 인하여 진도에서 제주도로 이배되었던 1520년 8월부터 사사(賜死)되던 1521년 10월까지의 체험을 기록한 기행록. 16세기 제주도의 풍토와 상황을 잘 보여준다. 그의 문집《충암집(沖庵集)》권4에 수록되어 있다. 후대의 이건(李健, 1614~1662)이 지은《제주풍토기(濟州風土記)》는 17세기 제주의 상황을 보여준다.

9 《沖庵先生集》卷4〈文〉"濟州風土錄"《韓國文集叢刊》23 , 198쪽).

청귤　　　　　　　　　　　　　산귤(이상 양태건, 제주시 삼도동 관덕정 제
　　　　　　　　　　　　　　　주목 과원에서 촬영)

을 섞은 듯하다. 이때 작년에 열린 열매는 노랗게 문
드러지고, 새 열매는 청색이면서 어려 함께 한 가지
에 있다. 이 또한 하나의 기이한 이치이다.

　7월이 되면 열매 속의 핵이 모두 물로 변한다. 그
러나 맛은 여전히 달고 상큼하다. 8~9월을 지나 겨울
이 되면 황색 열매는 다시 청색이 되고, 없어졌던 씨
는 다시 단단해진다. 맛 또한 매우 시어 새 열매와 다
름이 없다. 이것이 또한 다른 과일에게는 없는 점이다.

　산귤(山橘)은 열매가 작다. 씨는 유자와 비슷하지
만 맛은 그와 달리 달다. 당유자(唐柚子)는 열매가 모
과만 하여 0.1두(斗) 남짓의 양이 들어 있다. 맛은 홍
귤[柑子]과 비슷하다. 커다란 열매들이 나무에 매달
려 드리우면 황색으로 농익은 모습이 사랑스럽다. 왜
귤(倭橘)은 열매의 크기가 당유자 다음이고 맛도 당유
자에 미치지 못한다. 이 왜귤이 가장 하품(下品)이다】

于醋. 是時舊實爛黃，新
實靑嫩，同在一枝，亦一奇
也.
至七月，則實中之核皆化爲
水，而味仍甘爽. 過八九月至
冬，則實之黃者復靑. 核之消
者復堅，味又極酸，與新實
無異. 此又他菓之所未有也.
山橘實小，子如柚而味甘.
唐柚子實大如木瓜，可容
一升餘，而味似柑[1]子. 大
實懸垂，黃爛可愛. 倭橘,
實大，亞於唐柚，而味亦不
及，斯爲最下也】

---

[1] 柑：《冲庵先生集·文·濟州風土錄》에는 “柚”.

## 2) 알맞은 토양

감귤(柑橘)은 척박한 땅에 적당하다. 일반적으로 진흙과 가까운 과수원이 열매가 크고 번성한다. 맛은 더욱 좋고, 오래 견뎌서 손상되지 않는다.《귤록(橘錄)[10]》[11]

비옥한 땅에 씨를 심어야 한다.《왕정농서》[12]

전하는 말에 "남쪽에서 재배하면 귤나무가 되고, 북쪽에서 재배하면 등자[根]나무가 된다."고 한다. 대개 초목이 그에 적합한 토양이 아니면 그 본성을 이룰 수가 없다. 어제 어화원(御花苑, 왕의 화원)에 가서 높이 10척의 귤나무를 보니, 맺은 열매가 매우 많았다.

어화원의 관리[苑吏]에게 그 방법을 물으니, "남쪽 지방의 사람이 공물로 바친 나무인데, 아침마다 소금물을 뿌리에 주기 때문에 무성할 수 있습니다."라고 하였다.《파한집(破閒集)[13]》[14]

土宜

柑橘宜斥鹵之地. 凡圃之近塗泥者, 實大而繁. 味尤珍, 耐久不損.《橘錄》

宜於肥地種之.《王氏農書》

傳曰"在南爲橘, 在北爲根." 蓋草木非其土, 莫遂其性. 昨至御花苑, 見橘樹, 高一丈, 結實甚多.

問苑吏, 云:"南州人所獻, 朝朝以鹽水沃其根, 故得茂盛."《破閒集》

---

10 귤록(橘錄): 중국 송나라 한언직(韓彦直, 1131~?)이 귤농사에 대해 지은 책. 가장 오래된 감귤 전문서이다.《영가귤록(永嘉橘錄)》·《귤보(橘譜)》라고도 한다.
11 《橘錄》卷下〈種治〉(《文淵閣四庫全書》845, 167쪽).
12 《王禎農書》, 위와 같은 곳.
13 파한집(破閒集): 고려 시대 문신 이인로(李仁老, 1152~1220)가 시평·서필담(書筆談)·수필·시화 등 83편을 수록한 시화집. 3권 1책.
14 《破閒集》卷下(국립중앙도서관본, 78쪽).

굴원(屈原)[15]은 "귤은 옮겨 살지 말라는 천명을 받아서 옮겨 살지 않고 남쪽 나라에서 사는구나."[16]라고 했다. 안영(晏嬰)[17]은 "귤이 양자강 북쪽에서 나면 탱자가 된다."[18]라고 했다. 그러나 이것은 보편적으로 통하는 주장이 아니다.

내가 옥당(玉堂, 홍문관)에 있을 때 전하께 금귤을 하사 받고 집에 돌아와 동이에 그 핵을 심었다. 봄이 되자 핵 하나하나가 가지를 틔웠다. 새로 난 잎이 남쪽 나라에서 난 잎과 다름이 없었다. 서리나 눈을 만난다고 하더라도 줄기와 잎은 푸르렀다. 이른바 '옮겨 살지 말라는 천명을 받아서 옮겨 살지 않는다.'는 말이 어찌 정해진 이치이겠는가.

다만 이 나무는 뿌리를 매우 쭉쭉 뻗어나가 동이 1개로는 감당할 수가 없다. 땅에 씨를 심으면 또한 동사(凍死)하기 쉽다. 게다가 씨를 심은 후 20여 년이 지나야 열매를 맺는다.

【안】 섭몽득(葉夢得)[19]의 《피서록화(避暑錄話)》[20]에서 "우리 산에 귤씨를 심었다가 처음 옮겨 심을 때는

屈原云："受命不遷，生南國兮." 晏子曰："橘生江北爲枳." 此非通論也.

余在玉堂，蒙賜金橘，歸種其核于盆. 及春，盡一一抽條，生葉與南國無異，雖値霜雪，莖葉蒼翠，所謂"受命不遷"，豈定理耶.

但此樹行根太張，一盆不能容. 地種則又易凍死. 且種後廿餘年結實.

【案】葉少蘊《避暑錄話》云："吾山種橘，初移栽

---

15 굴원(屈原)：B.C. 343?~B.C. 278?. 중국 전국 시대 초나라의 정치가이자 시인. 학식이 뛰어나 초나라 회왕(懷王)의 좌도(左徒: 左相)의 중책을 맡아, 내정·외교에서 활약하기도 했다. 작품은 한부(漢賦)에 영향을 주었다. 주요 작품에는 《이소(離騷)》·《어부사(漁父辭)》 등이 있다.

16 귤은⋯⋯사는구나：《楚辭章句》卷4 〈九章〉 第4 "橘頌"(《文淵閣四庫全書》1062, 44쪽).

17 안영(晏嬰)：?~B.C. 500. 중국 춘추 시대 제(齊)나라의 정치가. 관중(管仲)과 함께 훌륭한 재상(宰相)으로 이름을 떨쳤다. 저서로 《안자춘추(晏子春秋)》가 있다.

18 귤이⋯⋯된다：《晏子春秋》卷6 〈內篇〉 "雜下" 第6 '楚王欲辱晏子指盜者爲齊人晏子對以橘' 第10(《晏子春秋校注》, 159쪽).

19 섭몽득(葉夢得)：1077~1148. 중국 송나라의 문인. 자는 소온(少蘊), 호는 석림거사(石林居士). 복건안무사(福建安撫使) 등을 역임하였고, 학문에 통달하였는데 특히 사(詞)에 뛰어났다. 만년에 고향인 변산의 석림곡에 은거하면서 저술 활동을 했다. 저서로 《피서록화(避暑錄話)》·《석림시화(石林詩話)》 등이 있다.

20 피서록화(避暑錄話)：중국 송대(宋代) 문장가 섭몽득(葉夢得)의 저서. 고적(古迹), 전대나 당대의 인물과 그 업적, 한가한 삶의 서정, 경사에 대한 의론 등을 기술했다.

3~4척 남짓이었다. 그러다 1년 만에 열매를 주렁주렁 맺었다."21라고 했다. 이 사례에서는 비록 귤나무를 옮겨 심었고 씨를 심은 것은 아니지만 처음 옮겨 심을 때 3~4척이라고 했다. 그러므로 몇 년 된 그루에 지나지 않음에 틀림없다. 위에서 20여 년이 지나야 비로소 열매를 맺는다고 했는데, 그것은 정상적인 열매가 아니다】

그러므로 북쪽 사람들이 결국 재배할 수 없었던 것이다. 만약 해마다 뿌리를 잘라 뿌리가 너무 뻗어나가지 않게 하고, 옛 방법대로 뿌리 주변에 쥐를 묻고서22 오래도록 기다리면 어찌 열매를 맺지 못할 리가 있겠는가?《청천양화록》23

三四尺餘, 一歲便結實纍然."此雖移栽而非子種. 然初移時三四尺者, 應不過數年根. 此云廿餘年始結實者, 非其實】

故北人終不能蒔藝也. 苟年年剪根, 毋使太張, 仍用古方埋鼠以待年久, 寧有不結實之理.《菁川養花錄》

---

21 우리……맺었다:《避暑錄話》卷上(《文淵閣四庫全書》863, 631쪽).
22 옛……묻고서:쥐를 묻는 방법은 뒤의 '5) 물주기와 거름주기' 항목 넷째 기사에 보인다.
23 《養花小錄》〈橘樹〉, 23쪽.

## 3) 심기와 가꾸기

정월에 핵을 땅에 흩어 뿌린다. 겨울에 시렁을
걸쳐 주었다가 봄에 날씨가 따뜻해지면 제거한다.
2~3척 정도 자라면 2월에 옮겨 심는다. 《편민도
찬》[24]

씨 심거나 옮겨 심는 법: 씨심기와 옮겨심기 모두
좋다. 《왕정농서》[25]

남쪽 가지에 표식을 해야 한다. 깊은 구덩이를 파
고 똥거름 섞은, 강의 진흙으로 바닥을 채우고서야
나무를 방향에 맞춰 내린 후, 푸석푸석한 흙을 구덩
이의 반 정도 채우고 다진다.

또 똥거름과 섞은, 강의 진흙을 넣고서야 흙을 넣
어 구덩이를 평평하게 한다. 또 똥거름과 섞은, 강의 진
흙을 넣어 더욱 단단하게 다지면 귤나무가 왕성하게
자란다. 일반적으로 나무가 오래 살면서도 살지는 이
유는 모두 이 법을 사용하기 때문이다. 《농정전서》[26]

귤의 품종은 14가지이다. 이중 대부분은 접붙여
서 된 것이다. 핵을 심어 된 품종만이 향과 맛이 더
욱 뛰어나다. 《귤보(橘譜)》[27]

種藝

正月間取核撒地上. 冬月
搭棚, 春和撤去. 待長二三
尺許, 二月移栽. 《便民圖
纂》

種植之法: 種子及栽皆可.
《王氏農書》

須記南枝. 掘深坑, 糞河
泥實底, 方下樹, 下鬆土,
滿半坑, 築實.

又下糞河泥, 方下土平坑.
又下糞河泥, 又加築實則
旺. 凡樹耐肥者, 皆用此
法. 《農政全書》

橘品十有四, 多是接成. 惟
種成者, 氣味尤勝. 《橘譜》

---

24 《便民圖纂》卷5〈樹藝類〉上 "種諸果花木" '橘', 50쪽;《農政全書》卷30〈樹藝〉 "果部" 下 '橘'(《農政全書
校注》, 809쪽).
25 《王禎農書》, 위와 같은 곳.
26 《農政全書》卷30〈樹藝〉 "果部" 下 '橘'(《農政全書校注》, 809쪽).
27 《橘錄》〈橘錄序〉(《文淵閣四庫全書》 845, 161쪽);《本草綱目》卷30〈果部〉 "橘", 1786쪽.

핵 심을 때는 밭두렁[畦]·두둑·도랑을 지대가 높은 곳에 만들어서 물이 잘 빠지게 한다. 그루마다 서로 7~8척 떨어지게 심는다. 해마다 4번 김매되, 풀을 깨끗하게 없애 준다. 겨울에는 강의 진흙을 그 뿌리에 북준다. 여름에 다시 똥거름흙을 주면 잎은 기름지고 열매는 번성해진다. 《귤록》[28]

과수원에는 때에 맞게 비가 오고 볕이 드는 것을 귀하게 여긴다. 가물면 흙이 매우 단단해져 자라지 않는다. 비가 오면 갑자기 자라 나무껍질이 대부분 갈라진다. 혹 꽃잎이 부실해서 귤맛이 싱거워지기도 한다. 그러므로 과수원 관리인은 도랑을 파고 물이 빠지게 하여 뿌리에 스며들지 않게 한다.

한창 가물 때는 항아리에 물을 길러서 뿌리가 촉촉하게 해 준다. 그리고 똥거름흙으로 거름을 주면 가뭄에도 나무가 시들고 마르는 근심은 없다. 《귤록》[29]

方種時高著②畦、壟、溝以泄水. 每株相去七八尺. 歲四鋤之, 薙盡草. 冬月以河泥壅其根. 夏時更漑以糞壤, 其葉沃而實繁. 《橘錄》

圃中貴雨暘以時. 旱則堅苦而不長. 雨則暴長而皮多坼, 或瓣不實而味淡. 園丁溝以泄水, 俾無浸其根.

方亢陽時, 抱甕以潤之. 糞壤以培之, 則無枯瘁之患. 同上

---

28 《橘錄》, 위와 같은 곳.
29 《橘錄》卷下〈澆灌〉(《文淵閣四庫全書》845, 168쪽).
② 著:《橘錄·種治》에는 "者".

## 4) 접붙이기

금귤은 탱자나무나 멧대추나무를 접붙인다. 8월에 비옥한 땅에 옮겨 심고 똥거름물을 준다.《편민도찬》[30]

탱자나무를 잘라 접붙이거나 혹은 잘라서 옮겨 심었다가 접붙이면 성공하기 더욱 쉽다.《왕정농서》[31]

처음에 주란(朱欒, 큰 유자)의 핵을 깨끗이 씻고 비옥한 흙속에 심는다. 1년이면 자란다. 이 주란나무를 '감담(柑淡)'이라고 한다. 그 뿌리[根荄]는 떨기로 난다. 다음해에 옮겨 심으면서 뿌리를 솎아 준다. 또 1년이 지나면 나무굵기가 아이의 주먹만 해진다. 봄이 돼서야 접붙인다. 이때는 좋은 감귤 중에 1년 된 양지쪽의 가지를 접지로 삼는다.

땅에서 1척 남짓 떨어지게 하여 이가 잔 톱[鎦鋸]으로 절단하고 껍질을 벗겨낸다. 양 가지를 서로 마주 보도록 접붙인다. 이때 뿌리를 움직이지 않게 한다. 흙을 떠다가 양 가지 사이에 벌어진 공간을 채워 물의 침투를 막는다. 부들[蒻]로 바깥을 보호하고 삼끈으로 묶어 주어 완급(緩急)과 높이 모두 적당하게 하여 땅기운이 제대로 반응해 주기를 기다린다.《귤록》[32]

## 接換

金橘將枳棘接之. 八月移栽肥地, 灌以糞水.《便民圖纂》

以枳樹截接或掇栽, 尤易成.《王氏農書》

始取朱欒核洗淨, 下肥土中. 一年而長, 名曰"柑淡". 其根荄簇簇然, 明年移而疏之. 又一年木大如小兒之拳. 遇春月乃接, 取柑橘之美者經年向陽枝, 以爲貼.

去地尺餘, 鎦鋸[3]截之, 剔其皮, 兩枝對接, 勿動搖其根. 撥搯土, 實其中以防水. 蒻護其外, 麻束之, 緩急、高下俱得所以候地氣之應.《橘錄》

---

30 《便民圖纂》卷5〈樹藝類〉上 "種諸果花木" '金橘', 51쪽;《農政全書》卷30〈樹藝〉"果部" 下 '金橘'(《農政全書校注》, 812쪽).

31 《王禎農書》, 위와 같은 곳.

32 《橘錄》卷下〈始栽〉(《文淵閣四庫全書》845, 167쪽).

③ 鎦鋸 : 저본에는 "繡鋸".《橘錄·始栽》에 근거하여 수정.

### 5) 물주기와 거름주기

거름을 줄 때는 돼지똥 주기를 피한다. 귤이 생겼으면 딴 후에 다시 물을 준다.《편민도찬》[33]

겨울에 열매를 거두어들인 후에 화분(火糞, 재 섞은 똥거름)으로 거름주면 다음해에 꽃과 열매가 모두 무성해진다. 건조한 때에 쌀뜨물을 주면 열매가 상하거나 떨어지지 않는다.《왕정농서》[34]

귤나무·유자나무·등자나무·홍귤나무 등은 12월에 뿌리 주변에 넓게 쟁반같이 얕은 구덩이[盤]를 만들어 연달아 3번 똥거름을 준다. 이때 뿌리에 거름이 닿게 해서는 안 된다. 봄 가뭄에는 물을 주다가 비가 오면 물을 굳이 줄 필요가 없다. 이와 같이 하면 꽃과 열매가 모두 무성해진다.《농정전서》[35]

죽은 쥐를 항아리 속에 잠기게 하여 쥐가 뜨면 가져다가 굴나무의 뿌리 아래에 묻는다. 그러면 다음해에 반드시 무성해진다.《대반열반경(大般涅槃經)》에 "굴나무가 쥐를 얻으면 그 과일이 많다."[36]라 하였다.《종수서》[37]

浇壅

澆忌猪糞. 旣生橘, 摘後又澆.《便民圖纂》

冬收實後, 須以火糞培壅, 則明年花實俱茂. 乾旱時, 以米泔灌漑, 則實不損落.《王氏農書》

橘、柚、橙、柑等, 須於臘月, 根邊寬作盤, 連糞三次, 不宜着根. 遇春旱, 以水澆之, 雨則不必, 花實并茂.《農政全書》

以死鼠浸溺缸內, 候鼠浮, 取埋橘樹根下, 次年必盛.《涅槃經》云:"如橘得鼠, 其果子多."《種樹書》

33 《便民圖纂》卷5〈樹藝類〉上"種諸果花木"'橘', 50쪽;《農政全書》卷30〈樹藝〉"果部"下'橘'(《農政全書校注》, 809쪽).

34 《王禎農書》, 위와 같은 곳.

35 《農政全書》卷30〈樹藝〉"果部"下'橘'(《農政全書校注》, 810쪽).

36 굴나무가……많다:《大般涅槃經》卷32〈師子吼菩薩品〉第十一之六(《大正新修大藏經》12, 555쪽 c열 17행)에는 "如橘得尸果則滋多"라고 나온다.

37 출전 확인 안 됨;《農政全書》卷30〈樹藝〉"果部"下'櫻桃'(《農政全書校注》, 804쪽).

굴나무·유자나무는 거름을 주면 춘분 후에 대부분 죽는다.《물류상감지》[38]

橘、柚樹澆肥, 春分後多死.《物類相感志》

굴나무가 시체를 보면 열매가 번성한다.《물류상감지》[39]

橘見尸而實繁. 同上

11월 내에 굴나무뿌리에 넓게 쟁반같이 얕은 구덩이를 만들고 똥거름을 3번 준다. 봄이 되어 물을 2차례 주면 꽃과 열매가 반드시 무성해진다. 띠풀 태운 재와 양똥으로 거름주면 열매가 많이 생긴다.《다능비사(多能鄙事)[40]》[41]

十一月內, 將橘樹根寬作盤, 澆大糞三次. 至春, 用水澆二次, 花實必茂. 茅灰及羊矢壅之, 多生實.《多能鄙事》

나무 높이가 2~3척 정도 되었을 때 뿌리의 가장 아래 부분을 자른다. 이어서 뿌리를 기와조각에 닿게 하여 구덩이의 흙에 놓은 다음 기름진 진흙을 섞어 넣고 견고하게 다져 준다. 굴나무가 처음 싹이 났을 때 뿌리를 잘라 주지 않으면 뿌리가 흙속으로 뻗어나가서 가지와 잎은 무성해지지 않기 때문이다.《굴록》[42]

樹高二三尺許, 剪其最下, 命根以瓦片抵之, 安於土, 雜以肥泥, 實築之. 始發生, 命根不斷, 則根迸於土中, 枝葉乃不茂盛.《橘錄》

---

38 《物類相感志》〈花竹〉(《叢書集成初編》1344, 23쪽).

39 출전 확인 안 됨;《本草綱目》, 위와 같은 곳.

40 다능비사(多能鄙事):중국 명(明)나라 재상 유기(劉基, 1311~1375)가 지은 생활상식서. 그중 권1~3이 음식관련 내용이고 권4부터는 노인들이 양생하는 법을 다루었다. 명나라 초기의 유서(類書)이다.

41 《多能鄙事》卷7〈種竹木花果法〉"種橘"(북경대도서관본 4책, 19쪽).

42 《橘錄》卷下〈培植〉(《文淵閣四庫全書》845, 167쪽).

## 6) 보호하기

이 나무는 추위를 매우 싫어하므로 서북쪽에 대나무를 심어 추운 바람을 막아 주어야 한다. 또 평소에 시렁을 걸쳐 주어 서리와 눈에서 보호해 주어야 한다. 서리가 내리면 시렁을 걸쳐 주었다가 이듬해 곡우(穀雨, 양력 4월 20·21일경)에 풀어 제거한다.

나무가 커지면 시렁을 걸칠 수가 없으므로 이때는 겨를 갈아 뿌리 곁에 두어도 괜찮다. 땔감으로 쓰는 검불로 줄기를 감싸거나 갈대로 짠 자리로 뿌리와 줄기를 넓게 감싼 다음 겨를 갈아 여기에 채운다.《농정전서》[43]

굴나무를 동이에 기를 경우 거두어 보관할 때는 따뜻하게 하지 않아야 하고, 물을 줄 때는 너무 습하게 하지 말아야 한다.《청천양화록》[44]

## 護養

此樹極畏寒, 宜于西北種竹以蔽寒風, 又須常年搭棚以護霜雪. 霜降搭棚, 穀雨卸却.

樹大不可搭棚, 可用礱糠襯根, 柴草裹其榦, 或用蘆席寬裹根榦, 礱糠實之.《農政全書》

盆養橘樹, 收藏勿暖, 澆水勿濕.《菁川養花錄》

---

43 《農政全書》卷30〈樹藝〉“果部”下 ‘橘’(《農政全書校注》, 809쪽).
44 《養花小錄》〈石榴花〉, 24쪽.

## 7) 치료하기

벌레가 있으면 벌레 먹은 곳을 파서 철사로 벌레를 끄집어 낸다.《편민도찬》[45]

나뭇가지의 끝이 오래되면 가지와 줄기 위에 이끼가 생긴다. 이를 제거하지 않으면 점점 늘어서 날마다 불어난다. 나무의 진액이 이끼에 덮여서 나무 끝에 미치지 못하기 때문에 가지와 줄기가 늙어서 시드는 것이다.

과수원을 잘 가꾸는 사람은 철기로 때에 맞게 이끼를 긁어서 제거한다. 꽃 피우고 열매 맺지 못하는 번성한 가지를 쳐 줌으로써 바람과 해를 통하게 하여 새로운 가지를 자라게 한다.

나무에 때때로 좀 벌레가 있어 나무에서 가루가 흘러 나오면 병충해의 근심이 있다. 이때는 그 구멍을 살피고 갈고리로 벌레를 들쑤셔서 벌레가 있을 여지가 없게 한다. 그 상태로 진짜 분비나무로 못을 만들고 박아서 그 구멍을 막는다.

그렇게 하지 않으면 나무의 중심부가 병을 얻어 가지와 잎이 저절로 시든다. 그리하여 나중에 열매를 맺을 때 꽃잎에도 벌레가 있어 감귤(柑橘)을 먹는다. 매번 굴이 먼저 황색으로 된 이유는 모두 나무의 중심부에 병을 얻었기 때문이다. 이때는 일찍 치료해 주어야 괜찮다.《귤록》[46]

## 醫治

有蟲則鑿開蛀處, 以鐵線鉤取.《便民圖纂》

樹梢久, 則枝斡之上, 苔蘚生焉. 不去則蔓延日滋. 木之膏液蔭蘚, 而不及木, 故枝斡老而枯.

善圃者用鐵器, 時刮去之. 刪其繁枝之不能華實者, 以通風日以長新枝.

木間時有蛀, 屑流出, 則有蟲蠹之患, 視其穴, 以物鉤索之, 令蟲無所容, 仍以眞杉木作釘, 窒其處.

不然則木心受病, 枝葉自凋. 異時作實, 瓣間亦有蟲, 食柑橘. 每先時而黃者, 皆其受病於中. 治之以早乃可.《橘錄》

---

45《便民圖纂》, 위와 같은 곳;《農政全書》, 위와 같은 곳.
46《橘錄》卷下〈去病〉(《文淵閣四庫全書》845, 167쪽).

굴나무에 벌레 먹었을 때는 개미집을 가져다 그 위에 놓으면 벌레는 저절로 없어진다.《거가필용》[47]

橘樹爲蟲所食, 取蟻窩安於其上, 則蟲自去.《居家必用》

굴에 청각충(靑角蟲)[48]이 있으면 잎 먹기를 좋아하기 때문에 나무를 털어 내서 벌레를 묻어야 한다.《청천양화록》[49]

橘有靑角蟲, 喜食葉, 須拂去埋之.《菁川養花錄》

---

47 《居家必用》〈戊集〉 "果木類" '種橘法'(《居家必用事類全集》, 190쪽).
48 청각충(靑角蟲) : 미상. 굴나무에 주로 생기는 깍지벌레(개각충)로 추정된다.
49 《養花小錄》, 위와 같은 곳.

## 8) 귤나무는 재배하기 어렵다

굴나무는 재배하기가 매우 어렵다. 본성이 추위를 꺼리기 때문이다. 그해에 매우 춥고 눈이 많으면 바로 시든다. 거적으로 덮어 주고 풀로 감싸 주어도 살릴 수가 없다.

일반적으로 1묘(畝) 넓이의 귤 과수원은 밭 1묘에 비하면 이익이 몇 배나 되지만 거름주고 관리하는 공도 밭보다 몇 배가 든다. 예를 들어 귤나무 아래의 흙은 거의 체로 친 듯이 잘아서 기와조각이 조금

## 論橘難種

橘極難種, 性畏寒. 歲大寒多雪則立槁. 雖以苫覆草擁, 不能救也.

凡橘一畝, 比田一畝利數倍, 而培治之功亦數倍於田. 橘下之土幾於用篩, 未嘗少以瓦礫雜之.

귤나무1

귤나무2

귤나무가시

귤나무잎과 귤(이상 양태건, 제주시 삼도동 관덕정 제주목 과원에서 촬영)

귤

반으로 쪼갠 귤(이상 임원경제연구소, 파주시 금촌동 통일시장에서 촬영)

이라도 섞여 있지 않아야 한다.

밭은 씨 심을 때부터 수확할 때까지 한두 번 김매어 주기만 하면 된다. 하지만 굴나무 재배의 경우는 해를 마치도록 김매기에 정해진 시간이 없어 수시로 조금의 풀이라도 보이지 않게 해야 한다.

땅은 반드시 남쪽을 향하도록 하되, 단계별로 햇볕을 받도록 한다. 매년 매우 추우면 바람이 불어오는 쪽[上風]에 똥거름흙을 태워 따뜻하게 해 준다. 《피서록화》[50]

田自種至刈, 不過一二耘, 而橘終歲, 耘無時, 不使見纖草.

地必面南, 爲屬級次第, 使受日. 每歲大寒, 則於上風焚糞壤以溫之.《避暑錄話》

---

50 《避暑錄話》卷下(《文淵閣四庫全書》863, 710쪽).

## 9) 거두기

그해 9월 9일이 되어 귤색이 아직 황색이 되지도 않을 때 귤을 따는 경우가 있다. 이를 '적청(摘靑, 청귤 따기)'이라고 한다. 서리가 내린 지 두세 밤이 지나 모두 귤을 잘라 딴다.

날씨가 맑게 갰을 때 수십 명의 일꾼들이 무리를 지어 작은 가위로 가지 사이에서 귤의 평평한 꼭지[平蒂]를 자른다. 이를 대광주리에 살살 놔 두어서 반드시 매우 조심스럽게 보호해 주어야 한다.

향이 안개처럼 분사되는 귤껍질이 갈라지면 귤이 상하기 쉽다. 귤껍질이 짓눌리는 경우도 상하기 쉽다. 더욱이 술냄새도 귤에게 좋지 않다. 일반적으로 귤 따는 사람들은 하루 종일 술을 함부로 마시지 못한다. 《귤록》[51]

감귤을 따서 보관하는 날에는 먼저 방 하나를 깨끗하게 치운다. 그리고 촘촘하게 풀을 발라 바람이 들어오지 못하게 한다. 볏짚을 땅에 깔고 그 위에 감귤을 쌓는다. 술냄새를 멀리 물리치고 10일에 한 번 감귤을 뒤집어 준다.

가려 낼 때 조금 손상된 귤을 찾는 일을 '점감(點柑)'이라 한다. 이때는 즉시 가려 내야 한다. 그렇지 않으면 가까이 붙어 있는 다른 감귤을 손상시키니, 자주 솎아 내야 한다.

그렇게 남아서 팔리기를 기다리는 감귤은 5/10~

## 收採

歲當重陽, 色未黃, 有採之者, 名曰"摘靑". 及經霜之二三夕, 纔盡剪.

遇天氣晴霽, 數十輩爲群, 以小剪就枝間平蒂斷之, 輕置筐筥中, 護之甚必謹懼.
其香霧之裂則易壞, 霧之所漸者亦然, 尤不便酒香. 凡採者竟日不敢飮.《橘錄》

採藏之日, 先淨掃一室, 密糊之, 勿使風入. 布稻藁其間, 堆柑橘於地上. 屛遠酒氣, 旬日一翻.

揀之, 遇微損, 謂之"點柑", 卽揀出. 否則侵損附近者, 屢汰去之.

存而待賈者十之五六. 人

---

51 《橘錄》卷下〈種治〉(《文淵閣四庫全書》845, 168쪽).

6/10 정도이다. 사람들 중에 땅을 파서 구덩이를 만든 다음 늘어진 감귤나무가지를 잡아 당겨 흙으로 덮어 주는 경우가 있다. 다음해 한여름에 열어서 꺼내면 색과 맛이 햇감귤과 같다. 다만 가지와 싹을 흔들어 상하게 하므로 그 다음해에는 나지 않는다. 《귤록》[52]

有掘地作坎攀枝條之垂者, 覆之以土, 明年盛夏時, 開取之, 色味猶新, 但傷動枝苗, 次年不生耳. 同上

---

[52] 《橘錄》, 위와 같은 곳.

## 10) 보관하기

녹두 속에 귤을 보관하면 해가 지나도 변하지 않는다. 《귀전록(歸田錄)》[53]

상귤(湘橘)[54]을 거두어들인 다음 삶고 끓이는 용도의 주석병에 거두어 보관하면 해가 지나도 손상되지 않는다. 《물류상감지》[55]

말린 솔잎을 깔고 감귤을 두되, 술과 가깝지 않은 곳에 보관하면 손상되지 않는다. 《다능비사》[56]

10월 후에 귤을 주석그릇에 두거나 참깨를 섞으면 오래되어도 손상되지 않는다. 그러나 쌀 가까이에 두면 손상된다. 《편민도찬》[57]

## 收藏

菉豆中藏橘, 可經時不變. 《歸田錄》

收湘橘, 用煮湯錫瓶收之, 經年不壞. 《物類相感志》

鋪乾松毛, 藏于不近酒處, 不壞. 《多能鄙事》

十月後將橘安錫器內, 或芝麻雜之, 經久不壞. 近米則壞. ④ 《便民圖纂》

---

53 《歸田錄》(《文淵閣四庫全書》1036, 554쪽).
54 상귤(湘橘) : 중국 호남성(湖南省) 상(湘)강 유역에서 생산되는 귤로 추정된다.
55 《物類相感志》〈果子〉(《叢書集成初編》1344, 19쪽).
56 《多能鄙事》卷3〈飮食類〉 "收藏果物宜忌"(북경대도서관본 2책, 32쪽).
57 출전 확인 안 됨 ; 《農政全書》卷30〈樹藝〉 "果部"下 '橘'(《農政全書校注》, 810쪽).
④ 壞 : 《農政全書 · 樹藝 · 果部》에는 "爛".

귤(임원경제연구소, 파주시 금촌동 통일시장에서 촬영)

## 11) 쓰임새

굴은 남쪽 지방의 진귀한 과일이다. 맛은 먹기에 좋고, 껍질과 핵은 병을 치료한다. 가까이는 손님을 접대하거나 제사상에 올리고, 멀리는 공물에 대비한다. 그러므로 귤을 재배하여 얻은 이익 또한 배나 된다. 세상과 사람들에게 주는 이로움이 다른 과일들과 같은 수준에서 비할 바가 아니다.《왕정농서》[58]

功用

橘南方之珍果, 味則可口, 皮核愈疾, 近升盤俎, 遠備方物, 而種植之獲利又倍焉. 其利世益人, 非可與他果同日語也.《王氏農書》

---

[58] 《王禎農書》, 위와 같은 곳.

# 28. 홍귤나무[柑, 감]¹

## 柑

### 1) 이름과 품종

일명 '목노(木奴)'², '서성노(瑞聖奴)'³이다.

【왕정농서】⁴ 감(柑)은 달다[甘]는 뜻이다. 귤(橘) 중의 단 귤이다. 가지와 잎이 귤(橘)과 다름이 없다. 다만 가시가 없는 점이 특이하다.

【해동농서】⁵ 주감(朱柑), 황감(黃柑), 유감(乳柑) 등의 품종

### 名品

一名"木奴", 一名"瑞聖奴".

【王氏農書】柑, 甘也. 橘之甘者也. 枝葉無異於橘, 但無刺①爲異也.

【海東農書】有朱柑、黃柑、

홍귤나무(《본초강목》)　　홍귤

---

1　홍귤나무[柑, 감]:운향과의 상록 활엽 소교목. 높이는 2미터 정도이며, 잎은 긴 타원형이고 가장자리에 톱니가 있다. 6월에 흰 꽃이 피고 열매는 장과(漿果)로 등황색이며 약용한다.

2　일명 '목노(木奴)':《本草綱目》卷30〈果部〉"柑", 1791쪽에 보인다.

3　서성노(瑞聖奴):《淸異錄》卷上〈百菓門〉"瑞聖奴"(《文淵閣四庫全書》1047, 864쪽)에 보인다.

4　《王禎農書》, 위와 같은 곳.

5　《海東農書》卷3〈果類〉"柑"(《農書》10, 268쪽).

①　刺:저본에는 "棘". 오사카본·《王禎農書·百穀譜·果屬》에 근거하여 수정.

이 있다. 제주도에서 난다】 | 乳柑等品, 産耽羅】

## 2) 심기와 가꾸기

씨심기나 옮겨심기는 귤나무의 그것과 같다.《왕정농서》[6]

種藝

種植與橘同法.《王氏農書》

## 3) 치료하기

홍귤나무[柑]를 벌레가 먹었을 때는 그 위에 개미집을 가져다 놓으면 벌레가 스스로 없어진다.《종수서》[7]

醫治

柑樹爲蟲所食, 取螘窠於其上, 則蟲自去.《種樹書》

## 4) 보관하기

홍귤을 보관할 때는 동이에 담고 바닷가의 마른 모래를 덮어 준다.《물류상감지》[8]

收藏

藏柑子以盆盛, 用乾潮沙蓋之.《物類相感志》

---

6 《王禎農書》, 위와 같은 곳.
7 《種樹書》〈果〉(《叢書集成初編》1469, 6쪽).
8 《物類相感志》〈果子〉(《叢書集成初編》1344, 19쪽).

# 29. 유자나무[柚, 유][1]

柚

## 1) 이름과 품종

名品

일명 '조(條)', '호감(壺柑)'이다.[2]

一名"條", 一名"壺柑".

【본초강목】[3] 유자는 표면이 기름기가 있고[油然] 모양이 술통과 같기 때문에 유(柚)라고 이름 붙였다. 호(壺)라는 명칭도 술병모양을 본 딴 것이다. 열매가 큰 유자나무를 '주란(朱欒)'이라고 하고, 열매가 가장 큰 유자나무를 '향란(香欒)'이라고 한다. 이 명칭 또한 둥글다[團欒]는 뜻을 취하였다.

【本草綱目】 柚, 色油然, 其狀如卣故名. 壺亦象形. 其大者謂之"朱欒", 最大者 謂之"香欒", 亦取團欒之 義①.

유자나무(《본초강목》)　　유자나무(《본초도경》)

---

1 유자나무[柚, 유]:운향과에 속한 상록 관목. 높이는 4미터쯤 되고 줄기와 가지에 가시가 있다. 잎은 긴 타원형이며, 여름에 희고 작은 꽃이 핀다. 열매는 겨울에 둥글고 누렇게 익는데 껍질은 향기가 나며 과육(果肉)은 신맛이 난다.
2 일명……'호감(壺柑)'이다:《本草綱目》卷30〈果部〉"柚", 1794쪽에 보인다.
3 《本草綱目》, 위와 같은 곳.
① 義:《本草綱目·果部·柚》에는 "象".

유자나무1

유자나무2

유자나무잎

해동농서 [4] 제주도에서 난다. 전라도 근해의 여러 군에도 있다】

海東農書 産於耽羅. 湖南近海諸郡 亦有之】

유자(이상 양태건. 제주시 삼도동 관덕정 제주목 과원에서 촬영)

4 《海東農書》卷3〈果類〉“柚”(《農書》10, 269쪽)에는 이 내용이 보이지 않는다. 《海東農書》卷2〈果類〉“柚”(《農書》9, 137쪽)에도 이 내용이 보이지 않는다.

유자(임원경제연구소, 파주시 금촌동 통일시장에서 촬영)

## 2) 알맞은 토양

남쪽 지방의 토양에 적당하다. 북쪽 지방의 땅으로 옮겨 심으면 제대로 자라지 못한다. 동이에 심어서 서울에 가져 오는 사람이 더러 있다. 하지만 그중 8/10~9/10는 죽는다.《증보산림경제》[5]

## 3) 심기와 가꾸기

옮겨심기와 씨심기는 굴나무의 그것과 같다.《증보산림경제》[6]

## 4) 접붙이기

유자나무와 굴나무는 씨심기에 적당하지 않으므로 모두 접붙여야 한다.《화한삼재도회》[7]

土宜

宜於南土, 移北地不成. 或有盆種至於京都者. 然十死八九.《增補山林經濟》

種藝

栽種與橘同.《增補山林經濟》

接換

柚、橘不宜子種, 皆宜接也.《和漢三才圖會》

---

5 《增補山林經濟》卷3〈種樹〉"柚柑橘"(《農書》3, 189쪽).

6 《增補山林經濟》, 위와 같은 곳에는 이 내용이 보이지 않는다.

7 《和漢三才圖會》卷87〈果部〉"山果類"'橘'(《倭漢三才圖會》10, 394쪽).

# 30. 비자나무[榧子, 비자][1]

## 榧子

### 1) 이름과 품종

名品

일명 '옥비(玉榧)', '피자(枇子)', '적과(赤果)', '옥산과(玉山果)'이다.[2]

【해동농서[3] 비자나무에는 고운 무늬가 있다. 잎은 분비나무[杉]잎과 비슷하다. 겨울에 황색 꽃을 피우고 열매를 맺는다. 열매 크기는 대추만 하다. 핵은 모가 없고 껍데기는 얇다. 속씨는 먹을 수가 있다. 남쪽 지역에서 난다】

一名"玉榧", 一名"枇子", 一名"赤果", 一名"玉山果".

【海東農書 榧子木有文采, 葉似杉. 冬月開黃花結實. 大小如棗. 其核無稜而殼薄, 其仁可啖. 産於南土】

비자나무(《본초강목》)　　비자나무

---

1 비자나무[榧子, 비자]: 주목과에 속한 상록 침엽 교목. 높이는 25미터 정도이며, 잎은 폭 3밀리미터쯤이고 선형으로 깃처럼 2줄로 배열된다. 꽃은 4월에 핀다. 수꽃은 열 개 안팎의 꽃이 한 꽃가지에 달리고, 암꽃은 한 곳에 두세 개씩 달린다. 이듬해 가을에 적자색의 열매가 열린다.
2 일명……'옥산과(玉山果)'이다:《本草綱目》卷31〈果部〉"榧實", 1826쪽에 보인다.
3 《海東農書》卷3〈果類〉"榧子"(《農書》10, 273쪽).

비자

## 2) 심기와 가꾸기

2월에 씨를 심는다. 뿌리를 나누어 옮겨 심을 수도 있다.《증보산림경제》[4]

## 3) 보관하기

차를 담는 오래된 자기독에 보관하면 오래되어도 상하지 않는다.《군방보》[5]

## 4) 쓰임새

열매는 달면서 떫다. 먹으면 껍데기가 녹는다.

## 種藝

二月種子. 又可分根栽之.《增補山林經濟》

## 收藏

以盛茶舊磁甕收之, 經久不壞.《群芳譜》

## 功用

其實甘澁, 食之消殼.《增

---

4　《增補山林經濟》卷3〈種樹〉"榧"(《農書》3, 188쪽).
5　《二如亭群芳譜》〈亨部〉"果譜"‘榧’(《四庫全書存目叢書補編》80, 441쪽).

《증보산림경제》[6]                                   補山林經濟》

　비자는 살짝 볶아서 기름을 짠다. 비자기름으로     榧子微炒搾油, 煎諸果及
여러 과일이나 두부를 지지면 향기와 맛이 참기름보   豆腐, 香味勝於麻油.《和
다 낫다.《화한삼재도회》[7]                          漢三才圖會》

6　《增補山林經濟》, 위와 같은 곳에는 이 내용이 보이지 않는다.
7　《和漢三才圖會》卷88〈夷果類〉"榧"(《倭漢三才圖會》10, 443쪽).

## 31. 무화과나무[無花果, 무화과][1]　　無花果

### 1) 이름과 품종　　名品

일명 '영일과(映日果)', '아장(阿馹)', '밀과(密果)'이다. 산스크리트어로는 '우담발(優曇鉢)'이라 한다.[2]

一名"映日果", 一名"阿馹", 一名"密果". 梵名"優曇鉢".

【군방보[3]】 곳곳에 있다. 3월에 잎을 낸다. 나무는 호두나무와 비슷하고 잎은 닥나무잎과 같다. 열매는 잎 사이에서 난다. 5월에 꽃이 피지 않고 바로 열매를 맺는다. 열매 모양은 목련[木饅頭][4]과 같다. 익지 않았을 때는 청색이고, 익었을 때는 자색이다. 맛은 감[柹]과 비슷하지만 그와 달리 핵이 없다.

【群芳譜】 在處有之. 三月發葉, 樹如胡桃, 葉如楮. 子生葉間. 五月內不花而實, 狀如木饅[1]頭, 生靑熟紫. 味如柹而無核.

동의보감(東醫寶鑑)[5][6] 꽃이 없이[無花] 열매를 맺는

東醫寶鑑 無花結實, 色如

---

1　무화과나무[無花果, 무화과] : 뽕나무과에 속한 낙엽 관목. 활엽수이며 높이는 2~4미터 정도이고, 손바닥 모양의 잎이 어긋나게 난다. 봄부터 여름까지 잎겨드랑이에 열매 같은 꽃이삭이 달리고, 열매는 8~10월에 어두운 자주색으로 익으며 식용된다.

2　일명……한다:《二如亭群芳譜》〈亨部〉 "果譜" '無花果'(《四庫全書存目叢書補編》80, 386쪽);《本草綱目》卷31〈果部〉 "無花果", 1840쪽에 보인다.

3　《二如亭群芳譜》〈亨部〉 "果譜" '無花果'(《四庫全書存目叢書補編》80, 386~387쪽).

4　목련[木饅頭] : 목련과(木蓮科)에 속한 낙엽 활엽 교목. 꽃눈이 붓을 닮아서 목필(木筆)이라고도 한다. 높이는 10미터, 지름은 1미터 정도이다. 가지는 굵으며 털이 없고 많이 갈라진다. 잎이 돋기 전에 크고 향기가 진한 흰 꽃이 3월 중순부터 핀다.

5　동의보감(東醫寶鑑) : 조선 시대 의관 허준(許浚, 1546~1615)이 중국과 조선의 의서를 집대성하여 1610년에 저술한 의서. 25권 25책. 1610년(광해군 2)에 완성하여 1613년 내의원에서 개주갑인자(改鑄甲寅字) 목활자로 첫 간행된 조선 최고의 의학서적이다. 2009년 유네스코 세계기록유산에 등재되었다.

6　《東醫寶鑑》〈湯液篇〉 卷2 "果部" '無花果'(《原本 東醫寶鑑》, 714쪽).

①　饅 : 저본에는 "鏝".《二如亭群芳譜·亨部·果譜》에 근거하여 수정.

무화과나무(《본초강목》)

무화과나무(임원경제연구소, 전주수목
원에서 촬영)

무화과

다. 색은 청색 자두와 같지만 그보다 조금 길다. 중
국에서 전해져 와 우리나라에 더러 나기도 한다】

青李而稍長, 自中原移來,
我國或有之】

무화과나무1

무화과나무2

무화과1

무화과2(이상 네이버 블로그 수락산 스마일)

무화과나무(정성섭·김복남)

## 2) 심기와 가꾸기

가장 쉽게 난다. 춘분 전에 길이 2~3척이 되는 가지를 흙속에 꽂는다. 이때 지면 위아래로 가지가 반씩 되게 심는다. 늘 똥거름물을 준다. 잎이 난 후에는 순전히 물만 주고 똥거름은 피한다. 가지와 잎이 너무 무성하면 쉽게 부러질까 걱정되기 때문이다.

열매를 맺고 난 후에 물이 부족해서는 안 된다. 나무 옆에 물병을 두어서 가는 낙숫물처럼 쫄쫄 따라 준다. 이렇게 밤낮으로 끊이지 않게 물을 주면 무화과가 사발만 하게 커진다. 《군방보》[7]

## 種藝

最易生. 春分前取條長二三尺者挿土中, 上下相半. 常用糞水澆, 葉生後, 純用水忌糞, 恐枝葉大盛易摧折.

結實後, 不宜缺水, 當置瓶其側, 出以細霤, 日夜不絶, 果大如甌.《群芳譜》

---

7  《二如亭群芳譜》〈亨部〉"果譜" '無花果'(《四庫全書存目叢書補編》80, 387쪽).

## 3) 쓰임새

인가의 집 옆의 과수원에 땅의 넓이에 맞게 무화과나무를 심는다. 몇 백 그루에서 열매를 거두면 흉년에 대비할 수 있다. 그 이로움에는 다음과 같이 7가지가 있다.

① 열매가 달아 먹을 수 있고 많이 먹어도 사람을 상하게 하지 않는다. 게다가 몸을 보익해 주기도 한다. 노인과 아이들에게 더욱 적당하다. 이것이 첫째이다.

② 말리면 곶감과 다름이 없고, 제사상에 올릴 수가 있다. 이것이 둘째이다.

③ 6월에 모두 따면 차례대로 익는다. 그러므로 상강까지 3개월에 걸쳐 항상 맛이 좋은 과실을 상에 올릴 수가 있다. 이는 다른 과실이 일시에 따서 모두 없어지는 점과 견줄 수가 없다. 이것이 셋째이다.

## 功用

人家宅園, 隨地種, 數百本收實, 可備荒. 其利有七:

實甘可食, 多食不傷人, 且有益. 尤宜老人ㆍ小兒, 一也.

乾之, 與乾枾無異, 可供籩實, 二也.

六月盡取, 次成熟, 至霜降, 有三月常供佳實, 不比他果一時採擷都盡, 三也.

무화과나무

무화과(이상 나윤호)

반으로 갈라 놓은 무화과(임원경제연구소, 보성군 벌교읍 칠동리에서 촬영)

④ 보통은 나무를 심은 지 10년이 지나야 효과를 본다. 뽕나무와 복숭아나무가 가장 빠르다. 그래도 4~5년이나 걸린다. 하지만 이 과일은 큰 가지를 잘라다 흙에 꽂으면 그 해에 열매를 맺고 다음해가 되면 다 자라게 된다. 이것이 넷째이다.

種樹十年取效, 桑、桃最速, 亦四五年. 此果截取大枝扦揷, 本年結實, 次年成樹, 四也.

⑤ 잎은 치질[痔]을 치료하는데, 약보다 낫다. 이것이 다섯째이다.

葉爲醫痔, 勝藥, 五也.

⑥ 상강 후에도 아직 익지 않은 열매는 따서 과일설탕조림이나 과일꿀조림을 만들 수 있다. 이것이 여섯째이다.

霜降後, 未成熟者探之, 可作糖、蜜煎果, 六也.

⑦ 흙을 얻으면 바로 살아나므로 땅의 넓이에 맞게 심거나, 넓게 심을 수 있다. 생으로 먹든 말려서 먹든 모두 기근을 구제하여 흉년을 대비할 수 있다. 이것이 일곱째이다. 《군방보》[8]

得土卽活, 隨地可種, 廣植之, 或鮮或乾, 皆可濟饑以備歉歲, 七也. 《群芳譜》

---

8 《二如亭群芳譜》, 위와 같은 곳.

## 32. 부록 산과 들의 과일나무　　附 山野菓品

**32-1) 흰땃딸기**[地盆子, 지분자]¹　　地盆子

【행포지】² 흰땃딸기는 함경도에서 난다. 백두산 아래의 갑산(甲山)³·장진(長津)⁴ 등지에도 있다.

들에서 덩굴을 뻗어 자란다. 3월에 작고 흰 꽃을 피워서 5월에 열매가 익는다. 열매는 선홍(鮮紅)색이며, 그 모양은 뱀딸기[蛇莓]⁵와 비슷하다. 맛은 잘 익

【杏蒲志】地盆子生關北. 白頭山下甲山、長津等地亦有之.

蔓生原野. 三月開小白花, 五月實熟, 色鮮紅, 形如蛇莓, 味甜消如醲梨, 盛椀

흰땃딸기

흰땃딸기꽃(이상 정재민)

---

1 흰땃딸기[地盆子, 지분자]: 쌍떡잎식물 장미목 장미과의 여러해살이풀. 높은 산의 풀밭에서 자란다. 뿌리줄기는 약간 굵고 기는줄기가 나온다. 전체에 털이 있다. 잎은 뿌리에서 나오고 잎자루가 길며 세 장의 작은잎이 난다. 열매는 수과로 6~7월에 결실하며 꽃턱에 붙는다. 붉은색 육질이며 맛이 달다. 한국(제주·충북·평북·함북)·일본에 분포한다.
2 《杏蒲志》卷3〈種覆盆子附地盆子〉《農書》36, 187쪽).
3 갑산(甲山): 북한 양강도 갑산군 일대. 개마고원의 중심부로, 교통이 불편하고 바다에서 멀리 떨어져 있어서 특유의 풍토병이 있다. 삼수(三水)와 갑산(甲山)은 사람의 발길이 닿기 힘든 험한 오지를 의미하기도 한다. 실제로 이 두 곳은 우리나라에서 가장 험한 산골로, 조선 시대에 귀양지 중 하나였다.
4 장진(長津): 북한 함경남도 서북부에 위치한 군.
5 뱀딸기[蛇莓]: 장미과에 속한 여러해살이풀. 덩굴이 옆으로 뻗으면서 마디에서 뿌리가 내린다. 둥근 달걀

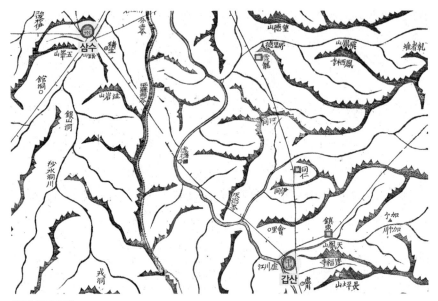

갑산(《대동여지도》)

은 배처럼 달아서 입에 살살 녹는다. 사발에 담아 안석 위에 두면 방 가득히 향기가 나니, 또한 기이한 과일이다. 갑산과 장진 이남에는 없다.

열매는 문드러지기 매우 쉬워 덩굴을 떠나면 하룻 밤을 지나 곧 물로 변한다. 그러므로 관찰사가 매번 얼음에 넣어 역마로 옮기게 한다. 하루 밤 하루 낮 동안 400리를 말로 달려야 함흥(咸興)[6]까지 도달할 수 있다. 함흥을 지나서는 옮길 방도가 없다.

토박이들은 이 즙에다 꿀을 섞고 보리미숫가루를 타서 마신다. 그러면 음식을 잘 소화시키고 폐를 맑게 해 주는 효과가 있다고 한다. 그러나 본성이

置几上, 香馥一室, 亦奇果也. 過甲山、長津以南無之.

其實最易消爛, 離藤, 經宿卽化爲水, 故觀察使每令照氷, 驛致之, 一日一夜馳四百里, 可達咸興. 過此則不可致矣.

土人取其汁和蜜, 調麵而飲之, 謂有消食淸肺之功. 然性過冷, 多食則剋脾也】

모양의 잎은 어긋나고 가장자리에 톱니가 있으며 뒷면에는 긴 털이 돋는다. 4~5월에 긴 꽃줄기에 노란 꽃이 하나씩 달리며, 열매는 지름 1센티미터 정도로 둥글고 붉다.

6  함흥(咸興) : 북한 함경남도 중남부에 있는 함흥시 일대.

지나치게 차기 때문에 많이 먹으면 비장(脾腸)을 상

하게 한다】

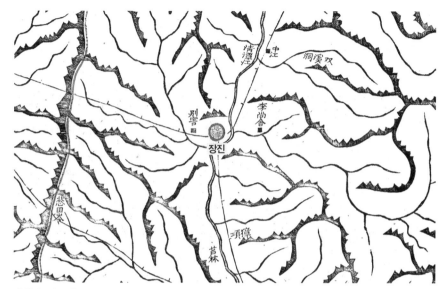

장진《대동여지도》

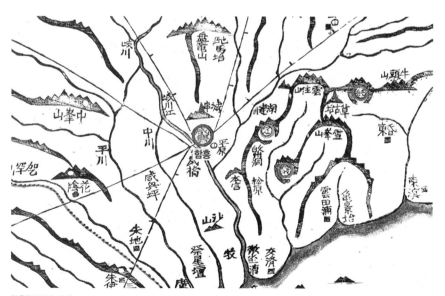

함흥《대동여지도》

## 32-2) 들쭉[豆乙粥, 두을죽][7]

【지봉유설】[8] 《사기(史記)》에서 "구장(蒟醬)은 서역에서 난다."[9]라고 하였다. 그런데 본초서를 살펴보면, "덩굴로 자란다. 열매는 오디와 비슷하며, 꿀에 재워 먹는다. 기주(夔州)[10]·영남(嶺南)[11]에 모두 있

## 豆乙粥

【芝峯類說】《史記》"蒟醬出西域". 按本草, "蔓生[1], 實如桑椹, 蜜藏食之. 夔州、嶺南皆有'云, 則不獨出

들쭉나무

들쭉나무꽃1

들쭉나무꽃2

들쭉1

7　들쭉[豆乙粥, 두을죽]:진달랫과의 낙엽 활엽 소관목. 줄기는 높이가 1미터 정도이고 암갈색이다. 잎은 어긋나고 달걀모양, 도란형, 타원형이고 단단하며, 뒷면은 흰색이다. 7월에 녹백색 또는 담홍색 꽃이 단지 모양으로 가지 끝에 피고, 열매는 둥근 장과(漿果)로 가을에 검게 익는다. 과실은 식용한다. 높은 산과 고원의 한대(寒帶)에 흔히 난다.

8　《芝峯類說》卷19〈食物部〉"果"(한국고전종합DB).

9　구장(蒟醬)은……난다:《史記》卷116〈西南夷列傳〉第56, 2994쪽.

10　기주(夔州):중국 사천성(四川省) 동부 기주시(夔州市) 일대.

11　영남(嶺南):중국의 오령(五嶺) 이남 지역. 광동성(廣東省)·광서성(廣西省) 일대.

[1]　生:저본에는 "性". 오사카본·《芝峯類說·食物部·果》에 근거하여 수정.

들쭉2

다."12라고 했다. 그렇다면 구장은 서역에서만 나는 것이 아니다. 우리나라 갑산 지역에는 민간에서 '들쭉'이라고 부르는 과일이 있다. 모양은 복분자와 비슷하다. 꿀에 담가 먹는다. 아마도 이 또한 구장(蒟醬)의 종류인 듯하다.

안 들쭉은 모양이 오미자와 비슷하지만 그보다 작다. 함경도의 여러 읍에 대부분 있다. 갑산에서만 나는 것은 아니다】

於西域矣. 我國甲山地有俗名"豆乙粥", 如覆盆子. 漬蜜食之, 疑亦蒟醬之類也.

按 豆乙粥, 形如五味子而小. 關北諸邑多有之, 非獨甲山也】

---

12 덩굴로……있다:《本草綱目》卷14〈草部〉"蒟醬", 874쪽.

### 32-3) 보리밥나무[菩提實, 보리실]13

【탐라지(耽羅志) 14 15 두 종류가 있다. 하나는 크기가 연밥만 하다. 가을에 열매를 맺었다가 겨울을 나고 봄이 되어서 익는다. 민간에서는 보리실이 설사를 치료한다고 한다】

菩提實

【耽羅志 有兩種, 一種大如蓮子, 秋結實, 經冬至春而熟. 俗謂治泄痢】

보리밥나무

보리밥나무꽃

보리밥나무열매1

보리밥나무열매2

---

13 보리밥나무[菩提實, 보리실] : 보리수나무과 보리수나무속에 속하는 상록 활엽 만경목 또는 관목. 중부 이남의 서해안과 남해안 해안가에서 자란다. 10~11월에 황백색의 꽃이 피고, 열매는 핵과로 타원형 또는 긴 타원형인데, 이듬해 4~5월에 붉게 익고, 길이 15~17밀리미터로 은백색의 인모가 퍼져 있다.

14 《耽羅志》〈濟州〉"土産" '菩提實'(국립중앙도서관본, 30쪽).

15 탐라지(耽羅志) : 1653년(효종 4) 제주목사 이원진(李元鎭, 1594~?)이 《동국여지승람》 및 《제주풍토록(濟州風土錄)》을 참고하여 편찬한 제주도 제주목(濟州牧)·정의현(旌義縣)·대정현(大靜縣)의 읍지.

시로미나무

시로미

32-4) 시로미[瀛洲實, 영주실]<sup>16</sup>

【탐라지】<sup>17</sup> 한라산(漢拏山)<sup>18</sup>에서 난다. 열매는 작고 흑색이며, 맛이 달다】

瀛洲實

【又 生漢拏山上. 實小黑而甘】

---

16 시로미[瀛洲實, 영주실] : 쌍떡잎식물 무환자나무목 시로미과의 상록 관목. 암고란(岩高蘭)·조이(鳥李)라고도 한다. 높은 산 정상에서 자란다. 높이 10∼20센티미터이다. 8∼9월에 자줏빛을 띤 검은색으로 익는다. 번식은 꺾꽂이·포기나누기·종자로 한다. 관상용으로 쓰며 열매를 식용한다.

17 《耽羅志》〈濟州〉 "土産" '瀛洲實'(국립중앙도서관본, 30쪽).

18 한라산(漢拏山) : 제주도의 중앙에 있는 산. 해발 1,950미터. 남한에서 가장 높은 산. 산의 정상에는 분화구였던 백록담(白鹿潭)이 있다. 다양한 식생 변화가 특징이며, 경관이 수려하여 국제적인 관광지가 되었다. 1996년에 유네스코 세계문화유산으로 지정되었다.

## 32-5) 녹각실(鹿角實)[19]

【탐라지[20] 나무는 자단(紫檀)[21]과 비슷하고, 잎은 적목(赤木)[22]과 같으며, 열매는 작고 그 색은 붉다. 맛은 달고 미끌미끌하여 먹을 만하다】

## 鹿角實

【又 樹如紫檀, 葉如赤木, 實小而色丹, 味甜滑, 可食】

---

19 녹각실(鹿角實) : 미상.
20 《耽羅志》〈濟州〉 "土産" '鹿角實'(국립중앙도서관본, 30쪽).
21 자단(紫檀) : 콩과에 속한 상록 활엽 교목. 높이는 10미터 이상 자라고, 잎은 3~5개의 작은 겹잎으로 어긋나며 넓은 타원형이다. 여름에 노란색 꽃이 피며 열매는 편평한 원형이다. 재목의 속 부분은 자줏빛이 나며 무늬가 아름다워 건축 및 가구재로 많이 쓰인다.
22 적목(赤木) : 소나뭇과에 속한 낙엽 교목. 높이는 대략 35미터이며, 가지가 수평으로 퍼지거나 밑으로 처진다. 꽃은 4월에 피고, 열매는 9월에 익는다. 재목은 결이 성기지만, 강하고 단단하며 무거워서 배를 만드는 재료로 쓰이거나 전신주, 광산의 갱목, 철도 침목 등으로 쓰인다.

## 32-6) 멀꿀[燕覆子, 연복자][23]

【제주풍토록】[24] 열매는 모과만 하다. 껍질은 붉으면서 검다. 껍질을 갈라보면 씨는 으름[林下夫人][25]씨와 비슷하지만 그보다 조금 크며, 맛도 그보다 조금 진하다. 대개 으름의 한 종류이다. 해남(海南)[26] 등의 바닷가에 더러 있다고 한다.

燕覆子

【濟州風土録】實大如木瓜, 皮丹黑, 剖之, 子如林下夫人而差大[2], 味亦差濃. 蓋林下夫人之一種也. 海南等邊海處或有之云.

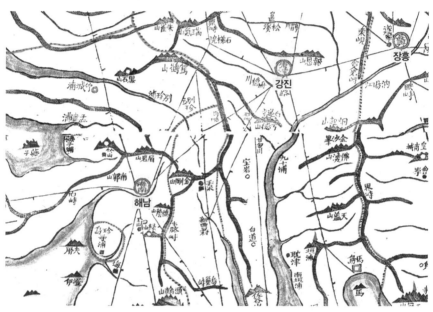

해남《대동여지도》

---

23 멀꿀[燕覆子, 연복자]: 으름덩굴과 멀꿀속의 상록성 덩굴식물. 2~4개의 꽃이 4~5월에 황백색으로 핀다. 열매는 장과로 달걀형 또는 타원형이며 10월에 붉은색으로 익는다. 열매살은 황색이고 으름덩굴보다도 맛이 좋다. 제주도와 남해안 지역에 분포한다.

24 《冲庵先生集》 卷4 〈文〉 "濟州風土録"《韓國文集叢刊》23 , 197쪽);《耽羅志》〈濟州〉 "土産" '燕覆子'(국립중앙도서관본, 32쪽).

25 으름[林下夫人]: 으름덩굴의 열매. 으름덩굴은 으름덩굴과에 속한 낙엽 활엽 덩굴나무이다. 길이 5미터 내외로 벋으며, 가지는 털이 없고 갈색이다. 잎은 다섯 개의 작은 잎으로 된 손꼴 겹잎이며 4~5월에 연한 자줏빛 꽃이 핀다. 열매는 타원형의 삭과(蒴果)로 맛이 좋다. 뿌리와 가지는 약으로 쓰인다.

26 해남(海南): 전라남도 해남군 일대.

2 大: 저본에는 "木". 오사카본·《耽羅志·濟州·土産》에 근거하여 수정.

멀꿀꽃

탐라지 [27] 병을 치료하는 사람들이 덩굴을 채취하여 목통(木通)[28] 대신 사용한다. 효과가 그보다 배로 뛰어나다. 또 본초서에서 "열매는 산낭(算囊, 산가지 등을 넣어 두는 작은 자루)과 비슷하다."라고 했다. 지금 민

耽羅志 醫者採其藤, 代木通用之, 功效倍勝. 又本草云"子如算囊", 今俗所謂燕覆子, 皆形彎曲而外面折

멀꿀잎과 열매

멀꿀열매살

---

27 《耽羅志》, 위와 같은 곳.

28 목통(木通):으름덩굴과에 속한 낙엽 활엽 덩굴나무. 길이 5미터 내외로 벋으며, 가지는 털이 없고 갈색이다. 열매는 타원형의 삭과(蒴果)로서 맛이 좋다. 뿌리와 줄기는 약으로 쓰인다.

으름암꽃

으름수꽃

으름열매1

으름열매2(이상 네이버 블로그 수락산 스마일)

간에서 말하는 멀꿀은 모두 모양이 굽어 있고, 바깥
면이 벌어진다. 그러므로 산낭과 같지 않다. 본초서
에서 말한 열매가 진짜 멀꿀인 듯하다】

裂, 不如算囊. 意此眞燕覆
子也】

만학지 권제2 끝

晚學志卷第二

3

# 만학지 권제 3
## 晩學志卷第三

임원십육지 25
林園十六志二十五

I. 풀열매류[蓏類, 라류]

수박 덩굴이 몇척으로 자란 후에 흙을 5~6척 깊이로 판다. 작은 독을 이 구덩이에 넣고 물을 가득 채운다. 흙이 붙은 큰 사초(莎草, 뗏장) 1장을 뒤집어 독을 북준다. 이 사초 위에 덩굴을 눕히고, 이어 덩굴을 똥거름흙으로 두껍게 덮는다. 덮고 남은 덩굴 끝 몇 촌만은 흙 밖에 있도록 하면 그 뿌리가 사초의 흙에서 독 속으로 뚫고 들어 가게 된다. 그러면 수박이 자라면서 물기를 촉촉이 머금어, 맺힌 열매의 크기가 버들고리만 하게 커진다. 크고 달며 상쾌한 맛이 보통의 수박과 다르다.《행포지》

- 1 -

# 풀열매류[蓏類, 라류]

## 蓏類

# 1. 참외[甜瓜, 첨과][1]

# 甜瓜

## 1) 이름과 품종

## 名品

일명 '감과(甘果)', '과과(果瓜)'이다.[2]

一名"甘果", 一名"果瓜".

【군방보[3] 일반적으로 큰 놈은 '과(瓜)'라 하고, 작은 놈은 '질(瓞)'이라 한다. 씨는 '렴(嗛)'이라 하고, 열매살은 '양(瓤)'이라 하고, 받침은 '환(環)'이라 하며, 꼭지는 '체(疐)'라 한다.

【群芳譜 凡瓜大曰"瓜", 小曰"瓞"[1]. 子曰"嗛", 肉曰"瓤", 跗曰"環", 蔕曰"疐".

왕정농서[4] 과류(瓜類)는 저마다 같지 않지만 그 쓰임에는 다음과 같이 2가지가 있다. ① 과일로 먹는 놈은 과과(果瓜, 과일용 오이류)로, 참외[甜瓜]·수박[西瓜]이 이것이다. ② 채소로 먹는 놈은 채과(菜瓜, 채소용 오이류)로, 호과(胡瓜)·월과(越瓜)[5]가 이것이다. 《예기(禮記)》〈곡례(曲禮)〉의 "천자를 위해 과(瓜)를 깎는

王氏農書[2] 瓜類不同, 其用有二: 供果者爲果瓜, 甜瓜、西瓜是也; 供菜者爲菜瓜, 胡瓜、越瓜是也.《禮記》"天子削瓜"及"瓜祭", 皆指果瓜也.

1 참외[甜瓜, 첨과]: 박과의 덩굴성 한해살이 식물. 풍석 서유구 지음, 임원경제연구소 옮김, 《임원경제지 정조지》 1, 풍석문화재단, 2020, 275~277쪽과 함께 참조 바람.

2 일명……과과(果瓜)이다: 《二如亭群芳譜》〈亨部〉"果譜" 4 '甜瓜'(《四庫全書存目叢書補編》 80, 450쪽)에 보인다.

3 《二如亭群芳譜》, 위와 같은 곳.

4 《王禎農書》〈百穀譜〉 3 "蔬屬" '甜瓜(黃瓜附)', 94쪽; 《本草綱目》 卷33 〈果部〉 "甜瓜", 1879쪽.

5 호과(胡瓜)·월과(越瓜): 오이의 명칭. 풍석 서유구 지음, 임원경제연구소 옮김, 《임원경제지 관휴지》 1, 풍석문화재단, 2022, 18~25쪽을 함께 참조 바람.

[1] 瓞: 저본에는 "瓜". 오사카본·규장각본·《二如亭群芳譜·亨部·果譜》에 근거하여 수정.

[2] 王氏農書: 오사카본에 "農政全書"로 썼다가 "王氏農書"로 교정한 흔적이 있다.

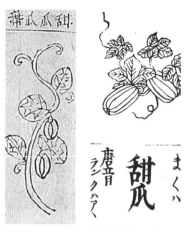

참외(《본초강목》)          참외(《왜한삼재도회》)

이"[6]와 〈옥조(玉藻)〉의 "과(瓜)로 제사에 올릴 때"[7]의
과는 모두 과과를 가리킨다.


증보산림경제 [8] 청색이나 백색이나 황색 줄무늬의
여러 품종이 있다. 민간에서는 이를 '진과(眞瓜, 참외)'
라 한다.


행포지 [9] 참외에는 모양이 짧고 작으면서 타원형이
고, 달고 무르면서 능금[柰]과 비슷한 품종이 있다.
민간에서는 이를 '사과외[沙果瓜]'라고 부른다. 사과

增補山林經濟 有靑、白、
黃斑③諸品, 俗謂之"眞瓜".


杏蒲志 甜瓜有一種短小
攏圓甘脆似柰. 俗謂之"沙
④果瓜". 沙果⑤者, 蘋果

6   천자를……이:《禮記正義》卷2〈曲禮〉上(《十三經注疏整理本》12, 76쪽).
7   과(瓜)로……때:《禮記正義》卷30〈玉藻〉(《十三經注疏整理本》14, 1071쪽).
8   《增補山林經濟》卷6〈治圃〉"甜瓜"(《農書》3, 401쪽). 원문과 출입이 많다.《증보산림경제》에는 "甜瓜多
    類, 而以皮肉靑綠, 或有金章, 或有蛙文."으로 되어 있다.
9   《杏蒲志》卷3〈總論果蓏〉"種甜瓜"(《農書》36, 190쪽).
③  斑 : 저본에는 "班". 오사카본에 근거하여 수정.
④  沙 :《杏蒲志·總論果蓏·種甜瓜》에는 "樝".
⑤  果 : 저본에는 "瓜". 오사카본·규장각본·《杏蒲志·總論果蓏·種甜瓜》에 근거하여 수정.

참외꽃

(沙果)는 빈과(蘋果)[10]이다. 또 색이 겉과 속 모두[11] 백    也. 又有色白[6]者, 曰"白檀
색인 사과가 있는데, 이를 '백단과(白檀瓜)'라 한다】    瓜"】

참외잎과 덩굴

참외(이상 네이버 블로그 수락산 스마일)

---

10 빈과(蘋果): 장미과 식물인 사과나무의 열매.
11 겉과……모두: 원문에는 없는 말이다. 《행포지》의 "피양구(皮瓤俱)"라는 표현을 반영하여 옮겼다.
⑥ 色白: 《杏蒲志·總論果蓏·種甜瓜》에는 "一種皮瓤極俱白味甘美".

## 2) 알맞은 토양

참외 재배에 좋은 밭은 팥을 심고 난 땅이 가장 좋고, 기장을 심고 난 땅이 그 다음이다. 팥이나 기장을 다 베면 밭을 갈고, 흙을 자주 엎어 준다. 《제민요술》[12]

참외는 해마다 땅을 바꾸어서 재배해야 한다. 그렇게 하지 않으면 열매가 적다. 《행포지》[13]

## 3) 심는 시기

2월 상순이 씨심기가 가장 좋은 시기이고, 3월 상순은 무난한 시기이며, 4월 상순은 너무 늦은 시기이다. 5월 상순이나 6월 상순에는 보관해 두었던 참외의 씨를 심을 수 있다 [농정전서] [14] 가을참외[秋瓜]는 열매가 작고, 속은 단단하므로 보관할 만하다].

5~6월에 만과(晩瓜, 가을참외)를 심는다. 《제민요술》[15]

입하(立夏, 양력 5월 5·6일경) 2~3일 전에 심는다. 《산림경제보》[16]

## 土宜

良田, 小豆底佳, 黍底次之. 刈訖卽耕, 頻翻轉之. 《齊民要術》

甜瓜宜歲易地. 不爾, 子少. 《杏蒲志》

## 時候

二月上旬種者爲上時, 三月上旬爲中時, 四月上旬爲下時. 五月、六月上旬, 可種藏瓜【農政全書 [7] 秋瓜小實中堅, 故可藏】.

五六月種晩瓜. 《齊民要術》

立夏前二三 [8] 日種. 《山林經濟補》

---

12 《齊民要術》卷2〈種瓜〉第14(《齊民要術校釋》, 155쪽).
13 《杏蒲志》卷3〈總論果蓏〉"種甜瓜"(《農書》36, 189쪽).
14 《農政全書》卷27〈樹藝〉"蓏部" '瓜'(《農政全書校注》, 670쪽).
15 《齊民要術》卷2〈種瓜〉第14(《齊民要術校釋》, 155~156쪽).
16 출전 확인 안 됨;《山林經濟》卷1〈治圃〉"種甜瓜"(《農書》2, 146쪽).
[7] 農政全書 : 오사카본에는 식별이 어려운 세 글자 "群芳譜"로 썼다가 "農政全書"로 고쳐 쓴 흔적이 있다.
[8] 二三 :《山林經濟·治圃·種甜苽》에는 "三四".

## 4) 심기와 가꾸기

일반적으로 씨를 심을 때는 먼저 물로 참외씨를 깨끗하게 씻고 소금을 섞는다【주 소금을 섞으면 참외가 죽을 수가 없다】. 먼저 호미를 눕혀 흙을 긁어 파서 마른 흙을 걷어 준다【주 긁어 파서 마른 흙을 걷어 주지 않으면 구덩이가 깊고 크더라도 늘 마른 흙이 섞이기 때문에 참외가 나지 않는다】.

그런 뒤에 구덩이에 북주되, 말통아가리(斗口)와 같은 크기로 한다. 참외씨 4개와 메주콩 3개를 흙무더기 옆쪽 해가 드는 곳에 넣는다【주 속담에 "참외씨를 황토 더미 위에 심는다."라 하였다】.

참외에 여러 개의 잎이 생기면 메주콩싹을 따 낸다【주 참외는 매우 약하여 싹이 홀로 지표면을 뚫고 나올 수 없다. 그러므로 메주콩으로 흙을 일으켜 주어야 한다. 참외싹이 나왔는데도 메주콩싹을 따내지 않으면 메주콩이 도리어 참외를 가려 참외가 무성해질 수 없다. 다만 메주콩줄기가 잘려 즙이 나오면 참외가 더욱 무성해진다. 그러므로 메주콩을 뽑지는 말아야 한다. 뽑으면 흙이 바짝 마른다】.

자주 김매 주면 열매가 많이 열리고, 김매 주지 않으면 열매가 없다【주 오곡이나 채소류, 과일류·풀열매류는 모두 이와 같다】.《제민요술》[17]

또 다른 심는 법은 다음과 같다. 좋은 땅에 먼저

種藝

凡下種, 先以水淨淘瓜子, 以鹽和之【注 鹽和則不能死】. 先臥鋤耬却燥土【注 不耬者, 坑雖深大, 常雜燥土, 故瓜不生】.

然後培坑, 大如斗口. 納瓜子四枚、大豆三個於堆旁向陽中【注 諺曰:"種瓜黃臺頭"】.

瓜生數葉, 掐去豆【注 瓜煜弱, 苗不能獨生, 故須大豆爲之起土. 瓜生不去豆, 則豆反扇瓜, 不得滋茂. 但豆斷汁出, 則更成良潤, 勿拔之, 拔之則土虛燥】.

多鋤則饒子, 不鋤則無實【注 五穀、蔬菜、果、蓏之類皆如此也】.《齊民要術》

又種法: 於良地中, 先種晚

---

17 《齊民要術》卷2〈種瓜〉第14(《齊民要術校釋》, 156쪽).

늦조[晩禾]18를 심는다【주 늦조는 땅을 기름지게 한다】. 익으면 베어 내어 조이삭을 취한다. 이는 그루터기를 자라게 하고자 해서이다.

가을에 밭을 간다. 밭가는 법은 쟁기의 날을 달지 않고 밭의 바깥쪽부터 시작하여 둥글게 안쪽으로 역방향으로 밭을 갈아 들어간다[逆耕, 역경].19 쟁기의 날을 달지 않고 갈면 조가 뽑혀 근두(根頭, 뿌리 위쪽 부분)가 나와도 죽지는 않는다.

봄에 땅이 풀리면 다시 순방향으로 밭을 간다[順耕, 순경]. 이때 또한 쟁기의 날을 달지 않고 흙을 뒤집어 다시 풀의 근두(根頭)가 나오게 한다. 밭을 다 갈고 난 후 로(勞)질을 하여 흙을 골라 매우 평평하게 해 준다.

올조(일찍 여무는 조) 심을 때 참외씨를 심는다. 씨를 심는 방법은 다음과 같다. 줄 배열을 곧게 하되, 2줄은 서로 조금 가깝게 하고, 2줄 바깥쪽은 서로 떨어지게 하여 중간으로 사람이 다닐 수 있게 만든다. 사람 다니는 길 바깥쪽에 다시 2줄을 서로 가깝도록 만든다. 이와 같이 차례를 지어 4개의 작은 인도마다 수레가 다니는 길 하나를 만든다.

일반적으로 1경(頃, 100묘)의 땅에 '십(十)'자모양의 큰 길을 터서 2대의 수레가 지날 수 있는 규모로 길

禾【注 晩禾令地膩】. 熟, 劋刈取穗, 欲令茇長.

秋耕之, 耕法, 弭縛犁耳, 起規逆耕. 耳弭則禾拔頭出而不沒矣.

至春釋, 復順耕, 亦弭縛犁耳翻之, 還令草頭出. 耕訖, 勞之, 令甚平.

種種⑨穀種之. 種法: 使行陣直, 兩行微相近, 兩行外相遠, 中間通步道, 道外還兩行相近. 如是作次第, 經四小道, 通一車道.

凡一頃地中, 須開十字大巷, 通兩乘車, 來去運輦.

---

18 늦조[晩禾]:《제민요술》의 '화(禾)'는 벼가 아니라 조이다.
19 밭가는……들어간다:밭을 좌측에서부터 우측으로 빙 두르며 갈아 나가는 밭갈이를 순경(順耕)이라 하고, 밭의 바깥쪽에서 중앙 쪽으로 갈아 들어가는 밭갈이를 역경(逆耕)이라 한다.《齊民要術校釋》, 159쪽 17번 주석과, 가사협 저, 최덕경 역주,《제민요술 역주》I, 세창출판사, 2018, 332쪽 주석을 참고하여 옮겼다.
⑨ 種:저본에는 "植".《齊民要術·種瓜》에 근거하여 수정.

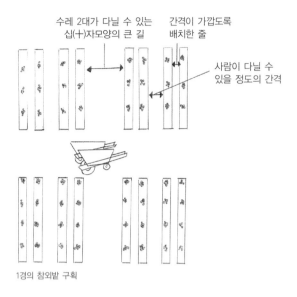

수레 2대가 다닐 수 있는 십(十)자모양의 큰 길

간격이 가깝도록 배치한 줄

사람이 다닐 수 있을 정도의 간격

1경의 참외밭 구획

을 낸다. 이 길로 왕래하며 손수레로 참외를 운반하게 한다. 그러면 참외는 모두 '십(十)'자모양의 길 가운데 모이게 된다.

참외가 나서 처음 꽃 필 때까지 반드시 3~4차례 충분히 김매 주어 풀이 나지 않게 한다. 풀이 나면 참외를 치게 하여 참외에 열매가 생기지 않는다. 김매는 법은 모두 조의 그루터기를 일으켜 곧게 서게 하는 식이다. 참외덩굴의 뿌리 아래 땅은 움푹 들어가게 하고 상하 사방 주위의 흙은 모두 높게 하여 가랑비가 올 때 물이 고일 수 있게 한다.

참외는 덩굴을 뻗을 때 모두 조의 그루터기를 타고 올라간다. 그러므로 조의 그루터기가 많으면 참외가 많고 조의 그루터기가 적으면 참외가 적다. 그

其瓜, 都聚在十字巷中.

瓜生, 比至初花, 必須三四遍熟鋤, 勿令有草生. 草生, 脅瓜無子. 鋤法, 皆起禾茇, 令直竪. 其瓜蔓本底, 皆令上下四廂高, 微雨時, 得停水.

瓜引蔓, 皆沿茇上. 茇多則瓜多, 茇少則瓜少. 茇多則廣蔓⑩, 廣則歧多, 歧多則

---

⑩ 廣蔓 : 저본에는 "不廣蔓".《齊民要術·種瓜》에 근거하여 삭제.

루터기가 많으면 덩굴이 넓게 뻗어나간다. 덩굴이 넓게 뻗어나가면 갈래덩굴이 많아진다. 갈래덩굴이 많으면 열매가 많다.

참외는 바로 이 덩굴이 갈래져 나온 부분에 난다. 갈래지지 않고서 피는 꽃은 모두 열매를 맺지 않는 꽃이라서 끝내 참외가 없다. 그러므로 덩굴이 조의 그루터기를 타고 오르게 하면 참외가 아래쪽으로 열린다. 《제민요술》[20]

먼저 휴전을 미리 여러 번 파되, 흙이 푹 삶아질 때까지 한다. 여기에 삭힌 똥거름을 한 층 더 덮어 준다. 또 흙을 뒤집어 써래[耙]로 평평하게 해 준다. 그런 뒤에 물을 충분히 준다. 씨를 부드러운 베로 감싼 다음 물로 습하게 한다. 베 안에서 싹이 나면 날씨가 맑은 날 한낮에 흙속에다 씨를 심은 다음 푸석푸석한 흙을 손가락 두 개의 두께로 덮는다.

매일 새벽 맑은 똥물을 준다. 싹이 무성하게 자라면 흙째 옮겨 심는다. 싹이 커서 왕성해지면 대나무칼로 뿌리와 밑동 사이를 벌려 보리 1알을 넣는다. 그러면 열리는 참외가 크고 오래 간다. 싹을 옮겨 심는 휴전은 손질하는 법이 위와 같다. 똥거름은 푹 삭혀서 잘게 해야 하고, 일체의 풀뿌리는 모두 제거해야 한다. 《군방보》[21]

饒子.

其瓜會是歧頭而生，無歧而花者，皆是浪花，終無瓜矣．故令蔓生於茇上，瓜懸在下．同上

預先將畦劚數遍，以土熟爲度，加熟糞一層．又翻轉，以耙耬平，水飮足，將子用軟布包裹，水濕．生芽出，天晴日中，種子於內，掩以浮土二指厚．

每晨以清糞水灌澆．俟苗長茂，帶土移栽．苗大發旺，用竹刀開其根跗間，納[11]大麥一粒，結瓜碩大而久．栽[12]苗之畦，修治與上同．糞要熟而細．一切草根須去盡．《群芳譜》

---

20 《齊民要術》卷2〈種瓜〉第14(《齊民要術校釋》, 156쪽).
21 《二如亭群芳譜》〈亨部〉 "蔬譜" 2 '黃瓜'(《四庫全書存目叢書補編》80, 335쪽).
⑪ 納 : 저본에는 "約". 오사카본·규장각본·《二如亭群芳譜·亨部·蔬譜》에 근거하여 수정.
⑫ 栽 : 저본에는 "裁". 오사카본·《二如亭群芳譜·亨部·蔬譜》에 근거하여 수정.

참외는 씨를 심기 1일 전에 사탕과 곶감의 살을 물에 담근다. 여기에 참외씨를 담갔다가 하룻밤 지난 뒤에 꺼낸다. 이를 심으면 참외맛이 좋다. 덩굴이 점점 자라면 뿌리 주위에 짚을 깔아 참외가 짚 위에 있게 한다. 너무 뻗어나가면 덩굴의 끝을 잘라 주어야 한다. 그렇지 않으면 줄기와 덩굴은 살지지 않는다. 《화한삼재도회》[22]

甜瓜下種前一日, 用沙糖及白柹肉漬水, 浸瓜子一宿[13] 取出, 種之則瓜味美. 其蔓稍長, 鋪稿稍於根邊, 使瓜在稿上. 甚延長則宜斷蔓末. 否則莖蔓不肥也. 《和漢三才圖會》

참외의 가운데 부분의 씨를 취하여 여기에 소금물을 준다. 구덩이를 파서 똥거름으로 북준다. 참외씨 심는 법은 대략 오이[黃瓜]씨 심는 법과 같다. 덩굴이 뻗어가면 바른 줄기만 남기고, 어지럽게 난 싹은 딴다. 또 빽빽하게 난 잎을 제거한다. 해가 비치고 바람이 통하면 열매가 많이 열리고 쉽게 익는다. 열매가 땅에 닿은 놈은 쉽게 썩으므로 밑에 마른 흙이나 와기조각을 깔아 주어야 한다. 《증보산림경제》[23]

取中央子, 鹽水澆. 穿坑壅糞. 下種之法略同黃瓜. 待引蔓時, 只留正榦, 摘去亂苗, 又除密葉. 日照風通, 則多結易熟. 結子臥地者易腐, 宜用燥土或瓦石鋪底. 《增補山林經濟》

---

22 《和漢三才圖會》卷90 〈蓏菜類〉 "甜瓜"(《倭漢三才圖會》10, 486쪽).
23 《增補山林經濟》卷6 〈治圃〉 "甜瓜"(《農書》3, 401쪽).
⑬ 一宿:《和漢三才圖會》에는 "於其水一宿".

## 5) 참외 구종법

참외를 구종(區種)[24]할 때 1묘(畝)[25]의 넓이에 24개의 구덩이를 만든다. 구덩이 직경을 3척, 깊이 0.5척이 되게 한다. 구덩이 1개에 1석의 똥거름을 주되, 똥거름을 흙과 섞어 그 비율이 반반이 되게 한다.

3두(斗)들이 독을 네 구덩이의 중앙에 묻고 독아가리 위쪽이 땅과 수평이 되게 한다. 독 속에 물을 담아 가득 차게 한다. 참외를 심을 때 독의 사면에 각각 참외씨 1개씩을 심고 와기로 독아가리를 덮는다. 물이 혹 줄어들면 그때마다 더 주어서 항상 가득 차게 한다.

### 區種瓜法

區種瓜, 一畝爲二十四科, 區方圓三尺, 深五寸. 一科用一石糞, 糞與土合和, 令相半.

以三斗瓦甕埋著科中央, 令甕口上與地平. 盛水甕中, 令滿. 種瓜, 甕四面各一子[14], 以瓦蓋甕口. 水或減, 輒增, 常令水滿.

직경 3척, 깊이 0.5척의 똥거름구덩이(24개)

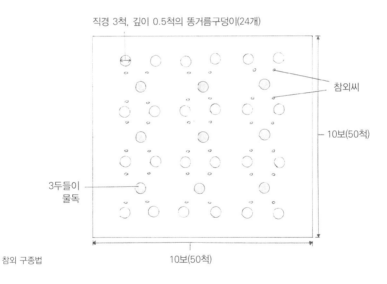

참외씨

10보(50척)

3두들이 물독

참외 구종법          10보(50척)

---

24 구종(區種): 구덩이를 파고 거름을 채워 넣은 후 종자를 구덩이에 파종하여 재배하는 농법. 일정 간격으로 구획하여 일정 거리를 두고 씨앗을 심는 일을 가리키기도 한다. 《임원경제지 본리지》권5 〈파종과 가꾸기(상)〉 "파종법"에 보인다.

25 묘(畝): 논밭 넓이의 단위. 고법에서의 1묘=100보², 1보=6척이며, 신법에서의 1묘=240보², 1보=5척이다. 《제민요술》에서는 고법이 아니라 신법을 썼다. 《임원경제지 본리지》권1 〈토지제도〉 "경묘법과 결부법" '과거와 현재의 묘법' 참조.

14 子: 저본에는 "字". 《齊民要術·種瓜》에 근거하여 수정.

씨심기는 늘 동지 후 90일에서 100일 사이에 한다. 또 염교[薤] 10뿌리를 독 주위에 빙 둘러 심되, 심어 놓은 참외씨 바깥쪽에 나도록 심는다. 5월에 참외가 익으면 염교를 뽑아 팔 수 있다. 그러면 참외 수확과 서로 겹치지 않는다.

또 참외밭에 팥을 심을 수 있다. 1묘당 0.4~0.5두의 팥을 심으면 그 잎을 팔 수 있다. 이 방법은 평지에 알맞다. 참외 수확으로 1묘당 만 전(錢)의 수입을 거둔다.《범승지서》[26]

참외 구종법: 6월 비온 뒤에 녹두씨를 심는다. 8월 중에 쟁기질하여 흙으로 녹두를 덮어서 죽인다. 10월에 또 한 번 흙을 뒤집고 곧 10월말에 참외씨를 심는다.

대체로 2보(步) 간격을 기준으로 구덩이 하나를 만든다. 구덩이의 크기는 동이의 아가리와 같이 하며, 깊이는 0.5척으로 한다. 흙으로 밭의 사방 주위를 북주어 채소휴전모양과 같이 만든다. 구덩이 바닥은 반드시 평평하고 반듯하게 해 주고, 발로 밟아 촉촉함을 보존하게 한다.

참외씨와 메주콩 각각 10알을 구덩이 속에 두루 펼쳐 놓고, 똥거름 0.5두로 덮어 준다【주 또한 고르고 평평하게 한다】. 또 흙 1두를 똥거름 위에 얇게 뿌리고, 다시 발로 살살 밟아 준다.

種常以冬至後九十日、百日種之. 又種薤十根, 令週廻甕, 居瓜子外. 至五月瓜熟, 薤可拔賣之, 與瓜相避.

又可種小豆于瓜中, 畝四五升, 其藿可賣. 此法宜平地. 瓜收畝萬錢.《氾勝之書》

區種瓜法: 六月雨後種菉豆, 八月中犂䅖殺之. 十月又一轉, 卽十月終種瓜.

率兩步爲一區, 坑大如盆口, 深五寸. 以土壅其畔, 如菜畦形. 坑底必令平正, 以足踏之, 令其保澤.

以瓜子、大豆各十枚, 遍布坑中, 以糞五升覆之【注亦令均平】. 又以土一斗薄散糞上, 復以足微躡之.

---

26 출전 확인 안 됨;《齊民要術》卷2〈種瓜〉第14(《齊民要術校釋》, 161쪽).

겨울에 큰 눈이 왔을 때는, 빨리 힘을 합하여 구덩이 위에다 눈을 밀어 큰 눈무더기를 만든다. 봄에 풀들이 날 때 참외도 나면 줄기와 잎이 살지고 무성한 모습이 보통 때와 다르다. 게다가 늘 습기가 있어서 가뭄에도 해가 없다.

5월이면 참외가 익는다【주 메주콩줄기를 따 주는 법과 참외밭 김매는 법은 보통의 법과 같다. 참외가 모두 나면 대개 따 주어야 한다. 구덩이 하나에 4그루면 충분하다】.《제민요술》[27]

또 다른 방법: 겨울에 참외씨 몇 알을 안이 따끈한 소똥 속에 넣는다. 소똥이 얼면 주워 모아서 음지에 둔다【주 참외 재배할 땅의 크기를 헤아려 그 크기에 충분한 양으로 기준을 삼는다】.

1월에 땅이 풀리면 밭을 갈고 소똥을 여기저기 놓는다. 대체로 사방 1보[2]마다 똥거름 1두를 주고 흙을 갈아 덮어 준다. 살지고 무성하며 일찍 익는 작황이 구종법에는 미치지 못하지만 또한 일반적으로 재배한 참외보다 훨씬 낫다【주 일반적으로 생거름을 땅에 주면 힘이 없다. 생거름이 삭힌 거름보다 많으면 땅이 조금 황폐해진다】.《제민요술》[28]

冬月大雪時, 速併力推雪于坑上, 爲大堆. 至春草生, 瓜亦生, 莖葉肥茂, 異于常者. 且常有潤澤, 旱亦無害.

五月瓜便熟【注 其掐豆、鋤瓜之法與常同. 若瓜子盡生, 則大槪宜掐去之, 一區四根則足矣】.《齊民要術》

又法: 冬天以瓜子數枚, 內熱牛糞中, 凍卽拾聚, 置之陰地【注 量地多少, 以足爲限】.

正月地釋卽耕, 逐場布之. 率方一步, 下一斗糞, 耕土覆之. 肥茂早熟, 雖不及區種, 亦勝凡瓜遠矣【注 凡生糞糞地無勢, 多于熟糞, 令地小荒矣】. 同上

27 《齊民要術》卷2〈種瓜〉第14(《齊民要術校釋》, 160~161쪽).
28 《齊民要術》卷2〈種瓜〉第14(《齊民要術校釋》, 161쪽).

## 6) 보호하기

참외 따는 법은 사람 다니는 통로에서 손을 뻗어 따야지, 밭에 마음대로 들어가 참외덩굴을 밟거나 뒤집어서는 안 되는 것이다【주 밟으면 줄기가 으깨지고, 뒤집으면 가늘어진다. 이 두 경우 모두 참외가 무성해지지 않고 덩굴도 일찍 죽게 된다】.

만약 다른 작물의 그루터기가 없는 곳에 참외씨를 심은 경우는 땅이 비록 좋더라도 싹이 자라면서 곧게 뻗기만 한다. 이리저리 휘감거나 갈라져 나는 덩굴이 많지 않기 때문에 참외가 적게 열린다.

만약 다른 작물의 그루터기가 없는 곳에 마른 섶가지를 수직으로 세워 주면 또한 득이 된다【주 일반적으로 마른 섶가지는 참외가 무성해지는 것을 방해하지 않는다】. 일반적으로 참외가 일찍 문드러지는 이유는 모두 발로 밟았거나 딸 때 덩굴을 조심스럽게 뒤집지 않았기 때문이다.

만약 참외의 생리대로 조심스럽게 보호하면서 재배하면 서리가 내려 잎이 말라야 마침내 열매가 시든다【주 이 법만 따른다면 굳이 조생종, 만생종, 중생종 이 세 종류의 참외를 따로 심을 필요가 없다】. 《제민요술》[29]

護養

摘瓜法, 在步道上引手而取, 勿令浪入踏瓜蔓及翻覆之【注 踏則莖破, 翻則成細, 皆令瓜不茂而蔓早死】.

若無茷而種瓜者, 地雖美好, 止[15]得長苗直引, 無多槃歧, 故瓜少子.

若無茷處, 竪乾柴亦得【注 凡乾柴草不妨滋茂】. 凡瓜所以早爛者, 皆由脚躡, 及摘時不愼翻動其蔓故也.

若以理愼護, 及至霜下葉乾, 子乃盡矣【注 但依此法, 則不必別種早、晚及三輩之瓜】.《齊民要術》

---

29 《齊民要術》卷2〈種瓜〉第14(《齊民要術校釋》, 159쪽).
[15] 止:《齊民要術·種瓜》에는 "正".

## 7) 치료하기

12월 납제사[臘時祀][30]를 지낼 때 제사에 사용된 산적포[炙䏽, 말린 산적 고기]【삽(䏽)은 소(所)와 갑(甲)의 반절이다】를 참외밭의 네 귀퉁이에 세우면 오이벌레[蟲]【함(蟲)은 호(胡)와 람(濫)의 반절이다. 참외 속의 벌레를 '함(蟲)'이라고 한다】를 제거한다.[31] 《사민월령》[32]

참외밭에 개미가 있으면 골수[髓]가 붙어 있는 소나 양의 뼈를 참외그루 좌우에 둔다. 여기에 개미가 붙으면 가져다 버린다. 버리기를 2~3차례 하면 개미가 없어질 것이다. 《제민요술》[33]

참외가 시드는 병[籠][34] 치료법: 아침 일찍 일어나 안개가 걷히기 전에 막대로 참외덩굴을 들고 참외뿌리 아래에다 재를 흩어 뿌린다. 1~2일이 지난 뒤에 다시 흙으로 그 뿌리에 북주면 벌레를 찾으려 해도

## 醫治

十二月臘[16]時祀炙䏽【所甲反】, 樹瓜田四角, 去蟲【胡濫反. 瓜中蟲謂之"蟲"】. 《四民月令》

有蟻者, 以牛羊骨帶髓者, 置瓜科左右, 待蟻附, 將棄之. 棄二三次, 則無蟻矣. 《齊民要術》

治瓜籠法: 早起, 霧未解, 以杖舉瓜蔓, 散灰於根下. 後一兩日, 復以土培其根, 則求無蟲矣. 同上[17]

---

30 납제사[臘時祀] : 동지 후 세 번 째 미일(未日)에 여러 신들에게 지내는 합사(合祀).

31 12월……제거한다 : 12월 납제사를 지내고 남은 산적포의 위쪽에 막대로 구멍을 내어 오이밭 모퉁이에 세워놓으면 벌레를 물리친다고 한다. 《齊民要術校釋》, 163쪽 9번 주석 참조.

32 《齊民要術》 卷2 〈種瓜〉 第14(《齊民要術校釋》, 161쪽).

33 《齊民要術》, 위와 같은 곳.

34 시드는 병[籠] : 벌레가 식물의 뿌리와 줄기를 갉아먹거나 병충해로 인해 줄기와 잎이 시드는 병이 '농(籠)'이다. 소금물을 주면 이 병을 예방한다고 하였다. 《齊民要術校釋》, 158쪽 10번 주석.

[16] 臘 : 오사카본에는 "납(蠟)은 납(臘)인 듯하다(蠟疑臘)."라는 두주가 있고, "蠟"으로 썼다가 "臘"으로 고친 흔적이 보인다.

[17] 治瓜籠法……同上 : 오사카본에는 이 기사가 아래의 "瓜中黃甲小蟲"으로 시작되는 《군방보》 기사 아래에 있고, 출전이 "齊民要術"로 달려 있다. 두주에 "치과농법(治瓜籠法)' 이하의 내용은 《군방보》의 위로 옮겨 적고, 《제민요술》은 '同上'으로 고쳐야 한다(治瓜籠法以下, 移書于《群芳譜》之上, 而《齊民要術》改以同上)."라고 적혀 있다.

벌레가 없을 것이다. 《제민요술》[35]

　참외 속에서 자라는 황갑소충(黃甲小蟲)[36]은 참외　　　瓜中黃甲小蟲喜食瓜葉, 宜
잎 먹기를 좋아한다. 이때는 참외를 면으로 된 두건　　以綿兜胃去. 《群芳譜》
으로 싸서 제거해야 한다. 《군방보》[37]

35 《齊民要術》卷2〈種瓜〉第14(《齊民要術校釋》, 156쪽).
36 황갑소충(黃甲小蟲) : 오이잎벌레. 오이나 참외 등 박과식물의 잎을 갉아먹는 황갈색의 작은 벌레. 수과(守
　瓜)라고도 한다.
37 《二如亭群芳譜》〈亨部〉"蔬譜" 2 '黃瓜'(《四庫全書存目叢書補編》80, 335쪽).

## 8) 주의사항

참외는 향기를 꺼린다. 사향노루향을 더욱 꺼리기 때문에 한 번 사향에 닿기만 해도 시들어 죽는다. 참외 옆에 파와 마늘을 심으면 사향의 피해를 막을 수 있다.《군방보》[38]

## 宜忌

瓜忌香. 尤忌麝香, 一觸之輒痿死. 瓜傍種葱、蒜, 能辟麝.《群芳譜》

## 9) 거두기

익지 않은 참외는 말린 물고기가시를 참외의 정수리에 꽂으면 꼭지가 떨어져 쉽게 익는다.《종수서》[39]

## 收採

甜瓜生者, 以鮝魚骨挿頂上, 則蒂落而易熟.《種樹書》

일반적으로 참외를 딴 다음 1~2일 밤을 묵힌 참외는 맛이 좋다. 따고서 오래된 참외는 속이 문드러져 맛이 좋지 않다. 여우와 갈가마귀는 참외 훔쳐 먹기를 좋아한다.《화한삼재도회》[40]

凡摘瓜[18]經一兩宿者, 味美, 摘經久者, 瓤爛, 味不美. 狐及鴉喜竊食之.《和漢三才圖會》

---

38 《二如亭群芳譜》, 위와 같은 곳.
39 《種樹書》卷下〈果〉(《叢書集成初編》1469, 54쪽).
40 《和漢三才圖會》卷90〈蓏菜類〉"甜瓜"(《倭漢三才圖會》10, 486쪽).
[18] 瓜:《和漢三才圖會·蓏菜類·甜瓜》에는 "熟瓜".

## 10) 종자 거두기

참외씨 거두어들이는 법: 해마다 항상 먼저 '어미덩굴(본덩굴)에서 가장 먼저 갈라져 나온 새끼덩굴의 참외[本母子瓜]'[41]를 취한다. 이 참외의 양쪽 끝을 잘라 버리고, 가운데 부분의 씨만을 취한다.

【주】 어미덩굴에서 가장 먼저 갈라져 나온 새끼덩굴은 참외덩굴에서 잎 몇 개가 나면 곧 열매를 맺는다. 열매도 다시 일찍 익는다.

어미덩굴의 중간쯤에서 나와 맺은 참외씨를 사용한 경우에는 덩굴이 2~3척 자란 후에 열매를 맺는다. 어미덩굴의 끝쪽에서 나와 맺은 참외씨를 사용한 경우에는 덩굴이 충분히 자란 후에 열매를 맺는다. 이 참외는 열매도 늦게 익는다.

일찍 익는 참외의 씨를 심으면 익기는 빠르지만 참외가 작다. 반면 늦게 익는 참외의 씨를 심으면 익기는 늦지만 참외가 크다. 참외 양끝의 씨를 버리는 까닭은 꼭지 쪽의 씨는 심으면 참외가 굽고 잘아지며, 대가리 쪽의 씨는 심으면 참외가 짧고 비틀어지기 때문이다.

일반적으로 참외는 널찍한 간격으로[42] 청흑색 줄무늬가 있는 놈이 좋다. 황백색이면서 줄무늬가 있는 것은 크기는 하나 맛이 나쁘다. 맛이 쓴 참외의

## 收種

收瓜子法: 常歲歲先取"本母子瓜", 截去兩頭, 止取中央子.

【注】本母子者, 瓜生數葉, 便結子, 子復早熟.

用中輩瓜子者, 蔓長二三尺, 然後結子. 用後輩子者, 蔓長足, 然後結子, 子亦晚熟.

種早子, 熟速而瓜小; 種晚子, 熟遲而瓜大. 去兩頭者, 近蔕子, 瓜曲而細, 近頭子, 瓜短而喎.

凡瓜, 落疏靑黑者爲美, 黃白及斑[19], 雖大而惡. 若種苦瓜子, 雖爛熟氣香, 其味

---

41 어미덩굴(본덩굴)에서……참외[本母子瓜]: 참외는 본덩굴(어미덩굴)에서 열매를 맺지 않고, 본덩굴에서 뻗어 나온 덩굴(새끼덩굴)에서 열매를 맺는다. 본모자과는 어미덩굴[母蔓, 본덩굴]의 뿌리 가까이에서 난 새끼덩굴[子蔓]에 가장 먼저 열리는 참외이다. 《齊民要術校釋》, 157쪽 1번 주석.

42 널찍한 간격으로: 원문의 "落疏"를 옮긴 것이다. 참외 껍질에 난 줄무늬의 간격이 넓은 것을 뜻한다. 《齊民要術校釋》, 158쪽 6번 주석.

[19] 斑: 저본에는 "班". 오사카본·규장각본·《齊民要術·種瓜》에 근거하여 수정.

씨를 심으면 비록 푹 익어 향기가 나더라도, 맛은 여전히 쓰다】《제민요술》[43]

참외씨 거두어들이는 또 다른 법: 참외를 먹을 때 좋은 씨를 취하여 여기에 곧 고운 겨를 섞는다. 이를 햇볕에 쬐어 말린 다음 두 손으로 비벼서 키질을 해 준다. 종자가 깨끗한 데다가 거두기가 **빠르다**. 《제민요술》[44]

猶苦也】《齊民要術》

又收瓜子法: 食瓜時, 美者收取, 卽以細糠拌之. 日曝向燥, 挼而簁[20]之淨而且速也. 同上

---

43 《齊民要術》卷2〈種瓜〉第14(《齊民要術校釋》, 155쪽).
44 《齊民要術》, 위와 같은 곳.
20 簁:《齊民要術·種瓜》에는 "簸".

## 2. 수박[西瓜, 서과]¹ 【부록 북과(北瓜)²】

西瓜【附 北瓜】

### 1) 이름과 품종

名品

일명 '한과(寒瓜)'이다.³

一名"寒瓜".

【본초강목⁴ 오대(五代)의 호교(胡嶠)⁵가 회흘(回紇)⁶을 함락하고 이 종자를 얻어 돌아왔기 때문에 '서과(西瓜)'라고 이름 붙였다. 또 그 본성이 차기 때문에 '한과(寒瓜)'라는 명칭이 있다.

【本草綱目 五代 胡嶠陷回紇, 得此種歸, 名曰"西瓜". 又以其性寒, 故有"寒瓜"之稱.

해동농서⁷ 우리나라의 민간에서는 '수호(水瓠)'라고 부른다. 이는 물이 많기 때문이다】

海東農書 東俗號爲"水瓠", 以其多水也】

---

1 수박[西瓜, 서과]: 쌍떡잎물 박목 박과의 덩굴성 한해살이식물, 또는 그 열매. 4,000년 전 이집트에서는 수박을 재배하였고, 시나이반도를 통하여 9세기에 인도로, 12세기에 중국으로, 15세기에 동남아시아로, 16세기에 한국 및 일본으로 전파되었다고 한다. 17세기에 수박은 유럽 전역에 퍼졌고, 아메리카 대륙에서도 재배가 확산되었다. 서과(西瓜)·수과(水瓜)·한과(寒瓜)·시과(時瓜)라고도 한다. 《이여정군방보》에서는 여기와 달리 "과보(果譜)"에 수박을 분류했다. 풍석 서유구 지음, 임원경제연구소 옮김, 《임원경제지 정조지》1, 풍석문화재단, 2020, 277~278쪽과 함께 참조 바람.
2 북과(北瓜): 수박의 한 종. 색은 희고 속은 붉으며, 씨는 수박보다 길고 좁다. 맛은 매우 달다.
3 일명 한과(寒瓜)이다: 《二如亭群芳譜》〈亨部〉 "果譜" 4 '西瓜'(《四庫全書存目叢書補編》80, 447쪽); 《本草綱目》卷33〈果部〉 "西瓜", 1884쪽에 보인다.
4 《本草綱目》卷33〈果部〉 "西瓜", 1884쪽.
5 호교(胡嶠): ?~?. 중국 5대(五代) 시대 사람으로, 회흘국을 정벌하였다. 저서로 《함로기(陷虜記)》가 있으나, 원본은 전해지지 않고 그 일부만 남아 있다.
6 회흘(回紇): 흉노(匈奴)의 후손들이 시베리아 바이칼호 연안에 자리 잡고 정착하여 만든 나라. 건국 이후 당과 관계가 매우 좋아 안록산(安祿山)과 사사명(史思明)의 난을 평정하도록 도왔으나 때로는 돌궐(突厥)과 함께 당에 위협이 되기도 하였다. 840년 키르기즈(kirgiz)에게 멸망당했다.
7 《海東農書》卷2〈瓜類〉 "西瓜"(《農書》9, 72쪽).

수박《본초강목》　　수박《왜한삼재도회》

## 2) 알맞은 토양

수박 심기에는 모래땅이 좋다.《사시찬요》[8]

수박에는 옆산에서 북풍을 막아 주는 땅이 좋다.《행포지》[9]

## 3) 심는 시기

수박은 2월 하순에 심어야 한다. 3월이면 너무

## 土宜

種西瓜, 宜沙地.《四時纂要》

西瓜宜傍山受北風之地. 《杏蒲志》

## 時候

西瓜, 須用二月下旬種. 若

수박덩굴과 수박

수박(이상 네이버 블로그 수락산 스마일)

---

8　출전 확인 안 됨;《農家集成》〈四時纂要抄〉《農書》1, 257쪽);《山林經濟》卷1〈治圃〉"種西苽"《農書》
2, 145쪽).

9　《杏蒲志》卷3〈總論果蓏〉"種西瓜"《農書》36, 190쪽).

늦다. 2월에 심은 수박은 5월이 되면 열매를 맺는다.《구선신은서》[10]

심기에는 무진일(戊辰日)[11]이 좋다.《군방보》[12]

지금 사람들은 입하 3~4일 전에 심는다.《산림경제보》[13]

## 4) 종자 고르기

가을에 좋은 수박을 골라 씨를 남긴다. 햇볕에 말린 다음 거두어 종자로 삼는다.《군방보》[14]

三月, 已遲. 二月者, 至五月結實.《臞仙神隱書》

種子, 宜戊辰日.《群芳譜》

今人立夏前三四日種.《山林經濟補》

## 擇種

秋月擇瓜之嘉者留子. 曬乾, 收作種.《群芳譜》

---

10 《臞仙神隱書》卷下〈二月〉"蒔種"(《四庫全書存目叢書》260, 44쪽). 단,《구선신은서》에서는 수박만을 특정하여 말한 것이 아니라 과류인 오이·가지·박 등 여러 종류를 들어 말하였다.

11 무진일(戊辰日) : 일진이 천간은 무(戊)이고 지지가 진(辰)인 날. 무(戊)는 대지나 산을 상징하고, 진(辰) 역시 대지나 용을 상징한다. 둘 다 흙의 기를 띠는 날이므로 초목을 심기 좋은 날로 꼽는다.

12 《二如亭群芳譜》〈亨部〉"果譜" 4 '西瓜'(《四庫全書存目叢書補編》80, 447쪽).

13 출전 확인 안 됨 ;《山林經濟》卷1〈治圃〉"種西苽"(《農書》2, 145쪽).

14 《二如亭群芳譜》〈亨部〉"果譜" 4 '西瓜'(《四庫全書存目叢書補編》80, 447쪽).

## 5) 심기와 가꾸기

수박은 심기가 참외 심는 법과 같다. 그루간 거리가 조금 듬성하도록 심어야 한다. 씨를 많이 심을 경우에는 푹 삶은 흙 위에 씨를 흩어 뿌리고 로(耮)질 하여 평평하게 고른다. 싹이 나온 후에 뿌리 아래에 흙을 북주어 토분(土盆)을 만든다.

수박이 커지게 하려면 1보 거리에 수박 1그루만 남기고, 1그루에는 수박 한 덩이만 남긴다. 나머지 덩굴에 핀 꽃은 모두 따버린다. 그러면 수박 크기가 3두(斗)들이 버들고리[栲栳]¹⁵만 해진다. 원 사농사 《농상집요(農桑輯要)¹⁶》¹⁷

씨 심는 법: 청명(淸明, 양력 4월 4·5일경)에 기름진 땅에 구덩이를 판다. 여기에 수박씨 4알을 넣는다. 싹이 나면 옮겨 심는다. 옮겨 심을 때는 서로 듬성하게 심어야 하고, 물주기는 자주 해야 한다. 《농정전서》¹⁸

구덩이를 넓고 크게 만들고, 모래흙을 삭힌 똥거름에 섞어 구덩이에 채워 넣는다. 여기에 종자 4~5개를 심는다. 4개의 잎이 나면 흙을 덮어 뿌리를 북준다. 이와 같이 3~4차례 하면 열매가 많고 그 크

## 種藝

西瓜, 種同瓜法. 科宜差稀. 多種者, 熟地垈頭上漫擲, 耮平. 苗出之後, 根下壅作土盆.

欲瓜大者, 一步留一科, 科止留一瓜. 餘蔓花皆搯去, 瓜大如三斗栲栳. 元司農司《農桑輯要》①

種法: 淸明時, 於肥地掘坑, 納瓜子四粒. 待芽出, 移栽. 栽宜稀, 澆宜頻. 《農政全書》②

作坑廣大, 莎土與熟糞和塡, 下種四五枚. 出四葉, 壅土培根, 如此三四度, 結子繁大. 《四時纂要》

---

15 버들고리[栲栳] : 버드나무가지로 엮어 만들어 물건을 담는 용기.
16 농상집요(農桑輯要) : 중국 원(元)나라 사농사에서 1273년에 편찬한 종합농서.
17 《農桑輯要》卷5〈瓜菜〉"西瓜"(《農桑輯要校注》, 171쪽).
18 《農政全書》卷27〈樹藝〉"蓏部"'西瓜'(《農政全書校注》, 674쪽).
① 農桑輯要 : 저본에는 "才農桑要". 오사카본에 근거하여 수정.
② 農政全書 : 오사카본에는 "王氏農書"로 썼다가 "農政全書"로 고친 흔적이 있다.

기가 크다.《사시찬요》[19]

김매기를 많이 하면 열매가 많다. 나머지 꽃을 따서 없애버리면 수박이 살지고 크다.《구선신은서》[20]

多鋤則饒子. 摘去餘花, 則瓜肥大.《臞仙神隱書》

수박을 심으려면 수박 심을 땅을 푹 삶기도록 갈아서 소똥거름을 준다. 청명이 되면 먼저 소주에 수박씨를 담갔다가 잠시 후 씨를 꺼낸다. 그런 다음 씨를 거르고 깨끗이 씻고는 재를 섞어 하룻밤 묵혀 둔다. 서로 6척씩 떨어지도록 하나의 얕은 구덩이를 판다. 여기에 똥거름을 흙과 섞어 씨를 묻는다. 구덩이 사방 둘레에는 푸석푸석한 흙을 남겨 둔다.

欲種, 瓜地耕熟, 加牛糞. 至淸明時, 先以燒酒浸瓜子, 少時取出, 漉淨, 拌灰一宿. 相離六尺, 起一淺坑, 用糞和土瘞之, 於四周中留鬆土.

씨를 구덩이 가운데에 심은 다음에는 다시 옮겨심어서는 안 된다. 그러면 수박은 쉽게 살아나고 맛이 달다. 끝의 덩굴이 6~7척 길이에 이르면 덩굴 끝의 중심을 따서 사방으로 덩굴이 뻗게 한다.《군방보》[21]

種子其中, 不得復移. 瓜易活而甘美. 頂蔓長至六七尺, 則摘其頂心, 令四傍生蔓.《群芳譜》

수박덩이를 커지게 하려면 줄기 접붙이는 법을 사용한다【안 줄기 접붙이는 법은《관휴지》에 상세하게 보인다[22]】.《증보산림경제》[23]

要顆大, 用接莖法【按 接莖法詳見《灌畦志》】.《增補山林經濟》

---

19 출전 확인 안 됨;《農家集成》〈四時纂要抄〉(《農書》1, 257쪽).
20 《臞仙神隱書》卷下〈二月〉"蒔種"(《四庫全書存目叢書》260, 45쪽);《山林經濟》卷1〈治圃〉"種西苽"(《農書》2, 146쪽).
21 《二如亭群芳譜》〈亨部〉"果譜" 4 '西瓜'(《四庫全書存目叢書補編》80, 447쪽).
22 줄기……보인다:《임원경제지 관휴지》권3〈풀열매류〉"박"'줄기 접붙이는 법'(풍석 서유구 지음, 임원경제연구소 옮김,《임원경제지 관휴지》2, 풍석문화재단, 2022, 63~66쪽)에 자세히 보인다.
23 《增補山林經濟》卷6〈治圃〉"西苽"(《農書》3, 400쪽).

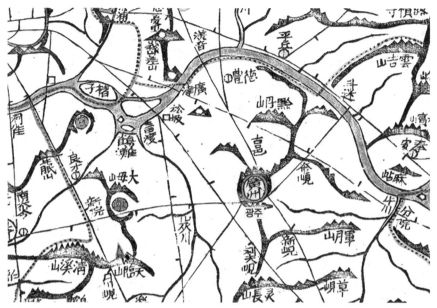

경기도 광주(《대동여지도》)

　수박은 광주(廣州)<sup>24</sup>산을 제일로 친다. 토지가 다르기 때문이 아니라 가꾸기가 제 방법을 얻었기 때문이다.

　그 법은 다음과 같다. 덩굴이 몇척 남짓 자랐을 때 덩굴이 뻗은 형세에 따라 호미로 흙을 파 고랑을 만든다. 고랑 가운데 덩굴을 눕힌다. 똥거름재를 흙과 섞어 북준다. 북주고 남은 덩굴 끝의 0.5척만 흙 밖으로 나오게 한다.

　열매가 맺히면 첫 열매를 따버린다. 그러면 다음 열매가 힘을 다해 덩굴 끝에서 솟아나온다. 다시 열

西瓜最稱廣州産, 非土地之異也, 蒔藝得其方也.

其法: 蔓長數尺餘, 順蔓之勢, 鋤土作溝, 臥蔓於溝中, 以糞灰和土壅之. 只餘蔓梢五寸出土外.

待結子, 摘去初結子, 則力迸于梢. 再結以後肥碩甘

---

24　광주(廣州): 경기도 광주시 경안동·쌍령동·송정동·회덕동·탄벌동·목현동·삼동·중대동·직동·태전동·장지동·역동목·동오포·읍초월읍·곤지암읍·도척면·퇴촌면·남종면·남한산성면·광남1동·광남2동 일대.

매가 맺힌 후에야 수박이 살찌고 크며 맛이 달다고
한다. 《행포지》[25]

수박 덩굴이 몇 척으로 자란 후에 흙을 5~6척
깊이로 판다. 작은 독을 이 구덩이에 넣고 물을 가
득 채운다. 흙이 붙은 큰 사초(莎草, 뗏장)[26] 1장을 뒤
집어 독을 북준다. 이 사초 위에 덩굴을 눕히고, 이
어 덩굴을 똥거름흙으로 두껍게 덮는다.

덮고 남은 덩굴 끝 몇 촌만은 흙 밖에 있도록 하
면[27] 그 뿌리가 사초의 흙에서 독 속으로 뚫고 들어
가게 된다. 그러면 수박이 자라면서 물기를 촉촉이
머금어, 맺힌 열매의 크기가 버들고리만 하게 커진
다. 크고 달며 상쾌한 맛이 보통의 수박과 다르다.
《행포지》[28]

美云.《杏蒲志》

西瓜蔓長數尺後, 掘土
五六尺, 安小甕滿貯水. 倒
覆帶土莎草一大張, 臥蔓
於莎上, 仍以糞土厚壅之.

只餘蔓梢數寸③, 則根自莎
土貫入於甕中. 長帶水潤,
結子如栲栳. 大甘爽異常.
同上

25 《杏蒲志》卷3〈總論果蓏〉"種西瓜"(《農書》36, 190~191쪽).
26 사초(莎草, 뗏장) : 무덤 손질용이나 정원용으로 가꾼 잔디.
27 흙……하면 : 《행포지》에는 원문의 "몇 촌(數寸)" 뒤에 "재외(在外)"가 있어 이를 반영하여 옮겼다.
28 《杏蒲志》卷3〈總論果蓏〉"種西瓜"(《農書》36, 191쪽).
③ 數寸 : 《杏蒲志·總論果蓏·種西瓜》에는 "數寸在外".

## 6) 보호하기

덩굴이 짧을 때는 면으로 만든 쓰개를 만들어 준다. 아침마다 개똥벌레를 잡는 이유는 이 벌레가 덩굴을 갉아 먹을까 염려해서이다. 무성해지면 굳이 그럴 필요가 없다. 《농정전서》[29]

## 護養

蔓短時, 作綿兜. 每朝取螢, 恐其食蔓. 待茂盛則不必.《農政全書》[4]

## 7) 주의사항

수박이 술기운을 얻거나 찰벼 가까이에 있으면 문드러지기 쉽다. 고양이가 수박을 밟으면 물러지기 쉽다. 《물류상감지》[30]

## 宜忌

西瓜得酒氣近糯米, 卽易爛. 猫踏之卽易沙.《物類相感志》

수박은 본성이 향기를 두려워한다. 사향을 더욱 꺼리므로 사향이 수박에 닿으면 결국 한 덩이도 거두지 못한다. 《군방보》[31]

性畏香, 尤忌麝. 麝觸之, 乃至一顆不收.《群芳譜》

## 8) 보관하기

수박을 보관할 때 해를 보게 해서는 안 된다. 해를 보면 싹이 난다. 《물류상감지》[32]

## 收藏

藏西瓜, 不可見日影, 見之則芽.《物類相感志》

수박은 높은 곳에 걸어 놓으면 거두어 두어도 상하지 않는다. 만약 수박 가까이서 빗자루질을 하면

西瓜懸高處, 收之不壞. 若當掃, 箒風時壞也.《古今

29 《農政全書》卷27〈樹藝〉"蓏部" '西瓜'(《農政全書校注》, 674쪽).

30 《物類相感志》〈果子〉(《叢書集成初編》1344, 21쪽);《增補山林經濟》卷6〈治圃〉"西苽"(《農書》3, 400쪽).

31 《二如亭群芳譜》〈亨部〉"果譜" 4 '西瓜'(《四庫全書存目叢書補編》80, 447쪽).

32 《物類相感志》〈果子〉(《叢書集成初編》1344, 19쪽);《說郛》卷22 下〈物類相感志〉"果子"(《文淵閣四庫全書》877, 294쪽).

④ 農政全書 : 오사카본에는 "王氏農書"로 썼다가 "農政全書"로 고친 흔적이 있다.

빗자루에서 생긴 바람을 맞을 때 상하게 된다.《고 금의통대전(古今醫統大全)》33

체(體)34를 갖추어 깨끗이 씻고 소금물에 담가 두면 신선함을 유지할 수 있다. 봄에 사용할 때 소금기를 뺀다.《산림경제보》35

## 9) 북과 재배하는 법

북과는 모양이 수박과 비슷하나 그보다 작다. 껍질은 색이 희고 두께가 매우 얇다. 속은 매우 붉다. 북과씨도 수박과 비슷하나 그보다 조금 작고 좁으면서 길다. 맛은 매우 달며 나는 때가 수박과 같다. 역시 수박의 다른 종류인 것으로 생각된다.《수시통고》36

《醫統》

具體淨洗, 浸鹽水則可留. 至春用時, 退鹽⑤.《山林經濟補》

## 種北瓜法

北瓜, 形如西瓜而小. 皮色白甚薄. 瓤甚紅. 子亦如西瓜而微小狹長. 味甚甘美, 與西瓜同時. 想亦西瓜別種也.《授時通考》

---

33 출전 확인 안 됨;《和漢三才圖會》卷90〈果部〉"蓏果類"'西瓜'(《倭漢三才圖會》10, 489쪽).
34 체(體): 꼭지를 떼버리지 않은 수박덩이를 의미하는 것으로 보인다.
35 출전 확인 안 됨.
36《授時通考》卷66〈農餘〉"果"'北瓜'(《文淵閣四庫全書》, 732, 950쪽).
⑤ 鹽: 저본에는 없음. 오사카본·규장각본에 근거하여 보충.

수박이 그려진 초충도(신사임당, 국립중앙박물관)

## 3. 포도나무[葡萄, 포도]<sup>1</sup>

葡萄

### 1) 이름과 품종

名品

일명 '사자앵도(賜紫櫻桃)', '초룡주(草龍珠)'이다.<sup>2</sup>

一名"賜紫櫻桃", 一名"草龍珠".

【본초강목】<sup>3</sup> 《한서(漢書)》<sup>4</sup>에는 '포도(蒲桃)'로 되어 있다.<sup>5</sup> 이것으로 술을 만들 수 있고, 사람들이 연회

【本草綱目】《漢書》作①"蒲桃". 可以造酒, 人醋飲之,

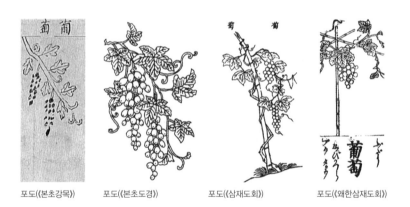

포도(《본초강목》)  포도(《본초도경》)  포도(《삼재도회》)  포도(《왜한삼재도회》)

---

1 포도나무[葡萄, 포도]: 포도과의 낙엽 활엽 덩굴성 나무인 포도나무의 열매. 원산지는 아시아 서부의 흑해 연안과 카프카 지방으로 알려져 있으며, 우리나라에는 고려 시대의 문집에서 그에 관한 기록이 보인다. 풍석 서유구 지음, 임원경제연구소 옮김, 위와 같은 책, 278~279쪽과 함께 참조 바람.

2 일명……초룡주(草龍珠)이다: 《二如亭群芳譜》〈亨部〉 "果譜" 1 '葡萄'(《四庫全書存目叢書補編》80, 385쪽)에 보인다.

3 《本草綱目》 卷33 〈果部〉 "葡萄", 1885쪽.

4 한서(漢書): 중국 후한(後漢)의 반고(班固, 32~92)가 82년 무렵에 완성한 역사서. 《한서(漢書)》 卷57 〈사마상여전(司馬相如傳)〉 제27 상, 653쪽에는 '앵도포도(櫻桃蒲陶)'로 되어 있다.

5 한서(漢書)에는……있다: 《前漢紀》 卷12 〈孝武三〉(《文淵閣四庫全書》303, 315쪽). 다만, 《前漢紀》의 포도(蒲桃)는 '포도와 복숭아'를 의미한다. 실은 바로 아래에 "대완국(大宛國) 왕의 치소(도읍)인 귀산성(貴山城)에서는 (중략) 포도와 목숙(苜蓿, 거여목)이 난다. 포도로 술을 담는다(大宛國王治貴山城, (중략) 出蒲萄苜蓿, 以蒲萄爲酒)."라는 내용이 보인다. 《본초강목》에 잘못 인용된 내용을 옮겨 적은 것으로 보인다.

① 作: 《本草綱目·果部·葡萄》에 근거하여 보충.

청포도(안산시 부곡동 바람들이농장에서 촬영)

포도(이상 임원경제연구소, 안성시 일죽면 송천리 조박사농원에서 촬영)

[醋]에서 이 술을 마시면 얼큰하게[酶然] 취하기 때문에 '포도(葡萄)'라고 이름 붙인 것이다. 모양이 둥근 포도는 '초룡주(草龍珠)'라 하고, 긴 포도는 '마유(馬乳, 말젖꼭지모양 포도)'라 하며, 흰 포도는 '수정포도(水晶葡萄)'라 하고, 검은 포도는 '자포도(紫葡萄)'라 한다. 서쪽 변두리 지역에는 또 알이 자잘한 포도가 있다.

則酶然而醉, 故名"葡萄". 其圓者名"草龍珠", 長者名"馬乳", 葡萄白者名"水晶葡萄", 黑者名"紫葡萄". 西邊又有瑣瑣葡萄'.

해동농서 우리나라산 포도에는 단지 자색·청색·흑색의 3가지 종류가 있다. 이중 자색 마유(馬乳)가 가장 좋다.

海東農書 我東之産只有紫、靑、黑三色, 而紫馬乳最佳.

포도나무(임원경제연구소, 안성시 일죽면 송천리 조박사농원에서 촬영)

2) 알맞은 토양

포도는 서풍을 좋아한다. 심을 때는 볕을 향하면서 서풍을 받는 곳으로 골라야 한다.《행포지》[6]

土宜

葡萄喜西風. 種之, 宜擇向陽受西風之地.《杏蒲志》

3) 심는 시기

춘분이 되면 곧 꺾꽂이를 해야 한다. 너무 늦으면 줄기에서 액[漿]이 흘러나와 뿌리가 될 부분을 손상시킨다.《농정전서》[7]

時候

須春分便揷. 太遲則有漿出, 損本.《農政全書》

6 《杏蒲志》卷3〈總論果蓏〉"種葡萄"(《農書》36, 183쪽).
7 《農政全書》卷30〈樹藝〉"果部"下'葡萄'(《農政全書校注》, 806쪽).

## 4) 심기와 가꾸기

2~3월에 포도나무덩굴을 잘라 기름진 땅에 꺾꽂이를 한다. 덩굴이 나면 덩굴을 시렁에 올린다. 뿌리 주변에 삶은 고기의 즙이나 똥거름물을 준다【안 포도는 똥거름 주는 것을 가장 꺼린다】. 열매가 열리면 번성한 잎을 잘라 제거한다. 그러면 포도가 비와 이슬을 맞아 살지고 커진다. 《편민도찬》[8]

정월말에 길이 4~5척의 어린 가지를 말아서 작은 뭉텅이를 만들되, 꽉 뭉쳐 둔다. 이에 앞서 땅을 손질하여 푸석푸석하게 한다. 비수(肥水, 짐승 뛰한 물처럼 기름진 물)를 준다. 가지를 심을 때는 두 마디만 밖에 나오도록 한다.

나중에 봄기운이 발동하면 싹들이 다투어 토하듯이 나온다. 흙속 마디는 가지를 잘 뻗을 수 없으니, 흙 밖으로 나온 두 마디에서 모두 싹을 낸다. 2년도 안 되어 성목이 된다. 시렁에 올려 준 포도의 크기는 대추만 하고 게다가 즙이 많다. 《계신잡지》[9]

포도는 대추나무 주변에 옮겨 심어야 한다. 봄에

## 種藝

二三月間截取藤枝, 揷肥地. 待蔓生, 引上架, 根邊以煮肉汁或糞水澆之【按葡萄最忌澆糞】. 待結子, 剪去繁葉, 則子得霑[2]雨露肥大.《便民圖纂》

正月末取嫩枝長四五尺者, 捲爲小圈令緊. 先治地令鬆. 沃之以肥. 種之止留[3]二節在外.

異時, 春氣發動, 衆萌競吐, 而土中之節不能條達, 則盡萃于出土二節, 不二年成大. 棚實大如棗, 且多液.《癸辛雜識[4]》[5]

葡萄, 宜栽棗樹邊. 春間

---

8 《便民圖纂》卷5〈樹藝類〉上 "種諸果花木" '葡萄', 51쪽.
9 《癸辛雜識》〈續集〉卷上 "種葡萄法"(《文淵閣四庫全書》1040, 79쪽).
[2] 霑:《便民圖纂·樹藝類·種諸果花木》에는 "承".
[3] 留:저본에는 "有". 오사카본·《癸辛雜識·續集·種葡萄法》에 근거하여 수정.
[4] 識:저본에는 "志".《癸辛雜識》에 근거하여 수정.
[5] 오사카본에는 이 기사를 처음에《농정전서》로 출처를 달았다가 나중에《계신잡지》로 바꾸면서 기사 내용을 대폭 수정한 흔적이 보인다.

대추나무를 뚫어 구멍 하나를 만든 뒤, 포도나무가 지를 당겨 대추나무구멍 속에 끼워 넣는다. 포도나 무가지가 자라서 대추나무구멍을 가득 채우면 포도 나무의 뿌리를 잘라버린다. 그러면 포도나무가지가 대추나무뿌리에 의지해서 살게 된다. 그러면 포도 의 열매살이 대추와 같아진다. 북쪽 지역에서는 모 두 이와 같이 심는다.《박문록》10

鑽棗樹作一竅, 引葡萄枝 從竅中過. 葡萄枝長, 塞 滿竅子, 斫去葡萄根, 托棗 根以生. 其肉實如棗. 北地 皆如此種.《博聞錄》

　엄지손가락굵기만 한, 살지고 왕성한 포도나무가 지를 구멍 있는 동이 바닥으로 뚫고 지나가도록 한 다. 이 가지를 동이 안에다 1척 높이가 되게 똬리를 틀어 두고, 흙으로 동이를 채워 원래의 시렁 아래에 놓는다. 때때로 물을 준다.

取肥旺枝如拇指大者, 從 有孔盆底穿過, 盤一尺于 盆內, 實以土放原架下, 時 澆之.

　가을에 뿌리를 내면 동이 바닥의 구멍으로 끼운 바깥쪽 가지를 절단한다. 동이에서 가지를 뺀 뒤 옮

候秋間生根, 從盆底外面 截斷, 另成一架. 澆, 用冷

포도(김재필)

포도송이(임원경제연구소, 파주시 파주읍 파주리에서 촬영)

---

10　출전 확인 안 됨;《農桑輯要》卷5〈果實〉“桃”(《農桑輯要校注》, 191쪽);《便民圖纂》卷5〈樹藝類〉上 “種諸果花木”‘葡萄’, 52쪽.

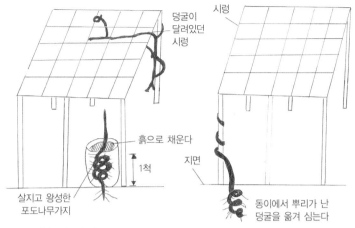

덩굴이 달려있던 시렁

시렁

흙으로 채운다

1척

살지고 왕성한
포도나무가지

지면

동이에서 뿌리가 난
덩굴을 옮겨 심는다

포도나무가지로 번식시키기

겨 심은 다음 별도로 하나의 시렁을 만들어 준다. 물을 줄 때는 차가운 육즙이나 쌀뜨물을 사용한다. 열매가 나왔을 때, 번성한 잎을 제거하고, 바람과 이슬을 맞게 하면 포도가 살지고 크다. 《군방보》[11]

肉汁或米泔水. 子生時, 去其繁葉, 使霑風露, 則結子肥大. 《群芳譜》

2~3월에 포도나무덩굴을 약 3척 정도 길이로 잘라 무[蘆菔]에 꽂는다. 이를 2척 정도 묻어 흙속에서 뿌리를 내게 하고, 나머지는 흙 밖에 있게 한다. 싹이 자라나면 포도나무덩굴을 끌어다 시렁에 올리고 쌀뜨물을 자주 준다. 《사시찬요》[12]

二三月間, 截取藤枝約長三尺許, 挿於蘆菔, 埋之二尺許, 在土中生根, 餘在土外, 候苗長, 引藤上架, 用米泔頻澆之. 《四時纂要》

또 다른 법: 포도나무가지 5~6척 정도를 취하여 양끝을 불로 지진다. 그런 다음 줄기 전체를 나란히

又法: 取枝五六尺許, 烙兩頭, 竝埋⑥之則笋生於枝

---

11 《二如亭群芳譜》〈亨部〉 "果譜" 1 '葡萄'(《四庫全書存目叢書補編》 80, 385쪽).

12 출전 확인 안 됨;《山林經濟》卷2〈種樹〉 "種葡萄"(《農書》 2, 187쪽).

⑥ 埋:《增補山林經濟·種樹·葡萄》에는 "深挿".

묻으면 순이 가지의 허리에서 날 것이다. 또 정(丁)자 모양 가지를 취하여 그 양끝을 묻으면 또한 순이 나는 효과가 빼어나다. 덩굴을 끌어다 남쪽을 향하게 해야 한다.《증보산림경제》[13]

포도는 그 덩굴을 잘라 꺾꽂이 한다. 물이나 거름을 주고 손질하는 일을 법대로 하면 3년이 지나 열매를 맺을 수 있다. 비록 큰 시렁에서 재배한 묵은 뿌리라도 이를 옮겨 심으면 반드시 3년을 기다려야 비로소 열매를 맺는다. 가지를 꺾꽂이 하는 방법은 다른 경우와 차이가 없다.《행포지》[14]

3년 이상 된 자색 마유(馬乳)의 뿌리를 큰 동이에 심는다. 동이아가리 둘레에 가는 대나무장대를 줄지어 심는다. 또 대나무를 얇고 가늘게 깎아서 층층으로 빙 두른다. 칡껍질로 이를 묶되, 세로줄과 가로줄이 서로 견고하게 묶이게 한다. 그제야 포도나무덩굴을 여기에 두른다.

덩굴줄기 얽기는 지금의 소나무 취병(翠屏)[15]을 얽는 법과 같이 한다. 아침저녁으로 부지런히 물을 주면 열매가 주렁주렁 열려 밖으로 늘어진다. 이는 참

腰矣. 又取丁字枝, 埋其兩頭亦妙. 引蔓宜向南.《增補山林經濟》

葡萄, 截藤枝挿之. 澆治如法, 三年可結子. 雖大棚宿根, 移種則必待三年始結子, 與挿枝無異.《杏蒲志》

取紫馬乳三年以上根, 種之大盆. 繞盆口, 列植細竹竿. 又削竹令薄而纖, 層層環繞, 以葛皮約之, 使經緯相固, 乃以葡萄藤枝圍繞.

縮結如今松屏縮結法. 早夜勤澆, 則實纍纍垂外. 眞定像草龍珠帳也. 同上

13 《增補山林經濟》卷3〈種樹〉"葡萄"(《農書》3, 187쪽).
14 《杏蒲志》卷3〈總論果蓏〉"種葡萄"(《農書》36, 183쪽).
15 취병(翠屏) : 수목의 가지를 틀어 올려 병풍처럼 만든 비취빛의 차폐시설. 정우진·심우경,〈취병(翠屏)의 조성방법과 창덕궁 주합루(宙合樓) 취병의 원형 규명〉,《文化財》제47권 제2호, 국립문화재연구소, 2014, 90쪽, 95쪽 취병 그림 참조.

묵포도도(황집중. 국립중앙박물관)

으로 초롱주장(草龍珠帳)[16]과 같다. 《행포지》[17]

포도씨의 크기는 팥알만 하다. 가늘고 작으며 매 우 자잘한 열매를 때때로 따서 힘이 분산되지 않게 해야 좋다. 《행포지》[18]

葡萄子大如小荳. 時摘去 其細小猥瑣者, 令力不分可 也. 同上

---

16 초롱주장(草龍珠帳) : 둥근 포도가 장막처럼 늘어져 있는 상태를 표현한 말. 중국 당(唐)나라 현종(玄宗) 때 승려 담소(曇霄)가 포도곡(葡萄谷)에서 노닐다가 포도를 먹고는 포도의 마른 덩굴 하나를 가져와서 자 기 절에 옮겨 심었다. 이것이 살아나서 덩굴이 대단히 넓게 뻗어 마치 유개(帷蓋, 장막)처럼 늘어지고, 그 열매 또한 구슬처럼 동그랬다. 이로 인해 열매가 무성하게 열려 늘어진 포도덩굴에 붙여진 이름이다.

17 《杏蒲志》卷3〈總論果蓏〉"種葡萄"(《農書》36, 183~184쪽).

18 《杏蒲志》卷3〈總論果蓏〉"種葡萄"(《農書》36, 184쪽).

## 5) 물주기와 거름주기

포도의 뿌리와 줄기는 그 가운데가 비어 서로 통한다. 저녁에 뿌리에 물을 주면 아침에 물이 그 줄기 속까지 스며들어 있다. 물 줄 때 쌀뜨물을 주어야 가장 좋다.《농정전서》[19]

고기 삶은 물을 주고 3일 후에는 반드시 맑은 물을 주어 기름기를 풀어 주어야 한다. 꿀물을 주면 열매가 달다.《산림경제보》[20]

포도는 조금 높게 북주어야 한다. 부드러우면서 물이 잘 빠지는 모래흙으로 두껍게 덮어 준다. 높이는 평지보다 1주척(周尺)[21]이 높게 한다. 포도그루에서 3~4척 떨어진 곳에 빙 둘러 두둑을 만들고 아침 저녁으로 쌀뜨물을 주면 열매가 많이 열린다. 평지에 물을 주는 방식에 비하여 몇 배를 거둘 수 있다.《행포지》[22]

澆壅

葡萄根莖, 中空相通. 暮漑其根, 至朝而水浸其中, 澆以米泔水最良.《農政全書》

煮肉水澆, 三日後必以淸水解之. 用蜜水澆則實甘.《山林經濟補》

葡萄, 宜培壅稍高, 以沙輒漏水之土厚壅之. 其高去平地周尺. 三四尺上作圍塍, 晨夕澆米泔, 則結子繁多. 視平地澆水者, 可倍焉篏焉.《杏蒲志》

---

19 《農政全書》卷30〈樹藝〉"果部"下 '葡萄'(《農政全書校注》, 806쪽).
20 출전 확인 안 됨;《山林經濟》卷2〈種樹〉"種葡萄"(《農書》2, 187쪽).
21 주척(周尺):자의 하나로, 그 기준은《주례(周禮)》에 규정되어 있다. 《본리지》국립중앙도서관본에 그려진 주척의 1/2 길이는 약 11.77cm(2배는 약 23.54cm), 고려대본은 약 11.47cm(2배는 약 22.94cm)이다. 곧 이것이 서유구가 고증해낸 주척의 길이다. 『中國科學技術史-度量衡卷』에서 제시한 주척의 길이는 23.1cm였으니, 국중본은 약 0.4cm, 고려대본은 약 0.16cm의 편차가 있다(풍석 서유구 지음, 정명현·김정기 옮김, 《임원경제지 본리지》1, 소와당, 2008, 75쪽 참조).
22 《杏蒲志》卷3〈總論果蓏〉"種葡萄"(《農書》36, 184쪽).

## 6) 보호하기

　포도는 덩굴로 뻗어간다. 본성이 스스로를 들 수 가 없기 때문에 시렁을 만들어 받쳐 준다. 그러면 잎 이 빽빽하고 그늘이 짙어 열을 피할 수가 있다.《제 민요술》[23]

　잎이 떨어진 후에 그 덩굴을 거두어 뿌리를 휘어 사리우고 위쪽에 짚둥구미를 덮는다. 겨울에 눈을 쓸어 그 위에 쌓는다. 봄에 눈이 녹으면 꺼내어 땅 에 눕혀 심는다. 5~6일이 지나 비로소 시렁에 올리 면 가지 1개도 시들지 않고 해를 마치도록 벌레가 없 다.《산림경제보》[24]

　10월 중에 뿌리에서 1보 정도 떨어진 곳에 구덩 이를 판다. 여기에 포도덩굴을 거두어서 말아 놓은 다음 모두 묻는다. 가지와 줄기 가까운 곳에 기장짚 을 얇게 덮어 두면 더욱 좋고, 기장짚이 없으면 흙으 로만 덮어 두어도 괜찮다. 흙은 습해서는 안 된다. 습하면 얼어버린다.

　2월 중에 도로 꺼내어 말아 놓은 덩굴을 펴서 시 렁에 올린다. 본성이 추위를 견디지 못하므로 묻지 않으면 죽는다. 세월이 오래되어 굵어진 뿌리와 줄

## 護養

葡萄蔓延, 性緣不能自擧, 作架以承之. 葉密陰厚可 以避熱.《齊民要術》

葉落後, 收其藤[7], 盤屈 根, 上覆以稿篅[8]. 冬月掃 雪堆積其上. 待春雪消, 取出臥地. 五六日始上架, 則一枝不枯, 終歲無蟲. 《山林經濟補》[9]

十月中去根一步許, 掘作 坑, 收卷葡萄, 悉埋之. 近 枝莖, 薄安黍穰, 彌佳, 無 穰直安土亦得. 不宜濕, 濕 則氷凍.

二月中還出, 舒而上架. 性 不耐寒, 不埋則死. 其歲久 根莖粗大者, 宜遠根作坑,

---

23 《齊民要術》卷4〈種桃·柰〉第34 "葡萄"(《齊民要術校釋》, 273쪽).
24 출전 확인 안 됨;《山林經濟》卷2〈種樹〉"種葡萄"(《農書》2, 187쪽).
[7] 藤:《山林經濟·種樹·種葡萄》에는 "枝條".
[8] 稿篅:《山林經濟·種樹·種葡萄》에는 "空石".
[9] 葉落後……山林經濟補:오사카본에는 이 기사가 저본의 '6) 보호하기' 항목 내의 맨 끝 기사인 "十月中…… 齊民要術注"의 앞에 배치되어 있다.

기는 뿌리에서 먼 곳에 구덩이를 만들어 줄기가 꺾이지 않게 해야 한다. 구덩이 바깥쪽에도 흙을 파서 기장짚과 함께 쌓아 덮어 준다. 《제민요술》주석[25]

勿令莖折. 其坑外處亦掘土, 竝穰培覆之.《齊民要術》注

겨울에 덩굴을 거두어 풀로 싸서 보호하면 얼어 손상되는 일을 막는다. 《편민도찬》[26]

冬月, 將藤收起, 用草包護, 以防凍損.《便民圖纂》[10]

---

25 《齊民要術》卷4〈種桃·柰〉第34 "葡萄"《齊民要術校釋》, 273쪽).
26 《便民圖纂》卷5〈樹藝類〉上 "種諸果花木", '葡萄', 51쪽.

[10] 冬月……便民圖纂 : 오사카본에는 이 기사가 두 번째에 배치되어 있고, 그 두주에 "'冬月' 이하는 '《제민요술》주석' 아래로 옮겨야 한다(冬月云云移《齊民要術》注下)."라고 되어 있다. 저본과 달리 여기 '6) 보호하기' 항목의 맨 뒤에 이 기사를 배치하라는 편집 지시이다. 여기서는 저본에 오사카본의 편집 지시가 잘못 이행된 사례가 있기도 하고 《편민도찬》이 《제민요술》 주석보다 나중에 저술된 점을 고려하여 오사카본의 편집 지시를 따랐다.

## 7) 주의사항

인분 주는 것을 꺼린다.《농정전서》[27]

감초를 못처럼 뾰족하게 만들어, 포도를 찌르면 바로 죽는다. 사향을 포도덩굴의 껍질 안에 넣으면 열매에서 향이 난다.《물류상감지》[28]

시렁 아래에 토란을 심으면 벌을 피할 수가 있다. 또한 장미가 옆에 있는 상황을 피한다.《산림경제보》[29]

포도가 막 익을 때는, 시체냄새와 월경 때 여자 몸의 냄새 및 일체의 더럽고 악한 냄새에 가까이 있게 되는 일을 피한다.《행포지》[30]

宜忌

忌澆人糞.《農政全書》

甘草作釘, 鍼葡萄則立死. 以麝香入葡萄皮內, 則實作香氣.《物類相感志》

架下種芋, 可以辟蜂. 又忌薔薇在傍.《山林經濟補》

方熟時, 忌近尸氣及月候女子及一切穢惡之臭.《杏蒲志》

포도도(이계호, 국립중앙박물관)

---

27 《農政全書》卷30〈樹藝〉"果部"下'葡萄'(《農政全書校注》, 806쪽).
28 《物類相感志》〈花竹〉(《叢書集成初編》1344, 23쪽);《說郛》卷22 下〈物類相感志〉"花竹"(《文淵閣四庫全書》877, 295쪽).
29 출전 확인 안 됨.
30 《杏蒲志》卷3〈總論果蓏〉"種葡萄"(《農書》36, 184쪽).

## 8) 보관하기

포도 보관하는 법: 포도가 아주 많이 익었을 때 포도송이 전체를 꺾어 취한다. 지붕 아래에 그늘진 구덩이를 만들고, 구덩이 안쪽 지면과 가까운 곳에 벽을 파서 구멍을 만든다. 이 구멍에 가지를 꽂고 다시 구멍을 다져 단단하게 하면 겨울이 지나도 변하지 않는다. 《농정전서》[31]

포도 중 새로 익은 것을 취하여 깨끗하게 닦아내고 통에 담는다. 이때 아래를 향하도록 드리우고 서로 닿지 않게 한다. 포도를 밀봉해서 높은 곳에 두어 바람과 습기를 막으면 한 해를 넘길 수 있다. 《화한삼재도회》[32]

포도를 겨울까지 남겨 두려면 포도시렁을 치우지 말고 다만 볏짚과 왕겨로 뿌리그루를 두텁게 덮어준다. 종이를 포도시렁 위쪽에 대서 포도를 감싼 다음 사람 손이 닿지 않도록 하면 동지 이전까지도 새것과 같다. 《행포지》[33]

## 收藏

藏葡萄法：極熟時，全房折取. 於屋下作蔭坑. 坑內近地鑿壁爲孔，揷枝於孔中，還築孔使堅，經冬不異也. 《農政全書》

葡萄取新熟者，拭淨盛桶，向下垂，不相捎. 密封在高處，以防風濕，則可超歲. 《和漢三才圖會》[⑪]

葡萄欲留至冬，勿輟架，但用稻稿、礱糠厚覆其根株. 用紙就架上，包裹其子，勿近人手，可至冬至前如新. 《杏蒲志》[⑫]

---

31 《農政全書》卷30〈樹藝〉"果部"下'葡萄'(《農政全書校注》, 807쪽).
32 《和漢三才圖會》卷90〈蓏果類〉"葡萄"(《倭漢三才圖會》10, 491쪽).
33 《杏蒲志》卷3〈總論果蓏〉"種葡萄"(《農書》36, 184~185쪽).
⑪ 葡萄取新熟者……和漢三才圖會：오사카본에는 이 기사의 두주에 《和漢三才圖會》 아래에 위의 '葡萄欲留' 운운한 조항을 써야 한다(《三才圖會》下, 書上葡萄欲留云云條)."라고 적혀 있다. 이 편집 지시대로 옮기면 저본의 기사 배치와 같아진다.
⑫ 葡萄欲留至冬……杏蒲志：오사카본에는 이 기사가 '보호하기' 항목의 맨 끝에 배치되어 있고, 그 두주에는 "'葡萄欲留至冬' 운운한 이 조항은 '보관하기' 류의 내용이니 《和漢三才圖會》 아래로 옮겨 적어야 한다(葡萄欲留至冬云云條, 移書于收藏類, 《和漢三才圖會》下)."라고 되어 있다.

# 4. 머루나무[山葡萄, 산포도]¹

山葡萄

## 1) 이름과 품종

名品

일명 '영욱(蘡薁)'이다.²

一名"蘡薁".

【당본초 ³⁴ 영욱은 덩굴로 자란다. 싹과 잎은 포도와 비슷하지만 그보다 작다】

【唐本草 蘡薁蔓生. 苗、葉與葡萄相似而小①】

머루나무덩굴

머루나무잎

---

1 머루나무[山葡萄, 산포도] : 포도과에 속하는 넌출성 낙엽식물. 풍석 서유구 지음, 임원경제연구소 옮김, 《임원경제지 정조지》1, 284쪽과 함께 참조 바람.

2 일명 영욱(蘡薁)이다 : 《本草綱目》卷33〈果部〉"蘡薁", 1886쪽에 보인다.

3 당본초(唐本草) : 중국 당(唐)나라 때 편찬한 최초의 관찬 본초서. 소경(蘇敬) 등 23명이 《본초경집주(本草經集注)》를 기초로 본초 114종을 보충하여 659년에 완성하였다. 《신수본초(新修本草)》·《영공본초(英公本草)》로도 불린다.

4 출전 확인 안 됨;《本草綱目》, 위와 같은 곳.

① 小 : 저본에는 "少". 오사카본·《本草綱目·果部·蘡薁》에 근거하여 수정.

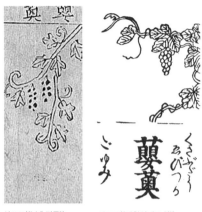

산포도(《본초강목》)　　산포도(《왜한삼재도회》)

## 2) 심기와 가꾸기

씨가 크고 맛이 단 머루나무를 골라 흙째로 옮겨
심는다. 시렁을 만들어 주거나 다른 나무들에[5] 의지
해 자라게 하면 가장 쉽게 무성해진다. 머루나무잎
의 그늘은 해를 가릴 수가 있고, 열매는 또한 먹을
수 있다. 《시경(詩經)》〈빈풍(豳風)·칠월(七月)〉에서 "6
월에 머루 먹네."[6]라 한 것이 곧 이것이다. 《증보산림
경제》[7]

擇子大味甘者, 帶土移栽[2],
或作架或緣樹, 最易繁茂.
陰可障日, 實亦可食.[3]
《豳》詩"六月食薁"卽此也.
[4] 《增補山林經濟》

---

5 　다른 나무들에 : 원문의 "수(樹)"를 옮긴 것이다. 《증보산림경제》에 "수간(樹間)"이라 되어 있어 이를 반영했다.
6 　6월에……먹네 : 《毛詩正義》〈豳風〉"七月"(《十三經注疏整理本》5, 589쪽).
7 　《增補山林經濟》卷3〈種樹〉"獼猴桃"(《農書》3, 189쪽).
[2] 栽 : 저본에는 "裁". 오사카본·규장각본·《增補山林經濟·種樹·山葡萄》에 근거하여 수정.
[3] 擇子大味甘者……實亦可食 : 이 부분은 《增補山林經濟》의 '다래[獼猴桃]' 항목의 내용이다. 바로 뒤의 '머
루[山葡萄]' 항목에는 "멀오. 심는 방법은 위 항목과 같다. 그 본성은 대략 진짜 포도와 같다. 즙을 짜 먹
으면 술을 깨도록 하고 사람의 몸을 보익한다(멀오. 種法上同. 其性略與眞葡萄同. 取汁醒酒, 益人)."라는
내용이 나온다. 여기의 설명을 반영하여 '다래' 항목의 내용을 적은 것이다.
[4] 豳詩……卽此也 : 《增補山林經濟·種樹·獼猴桃》에는 없음.

# 5. 다래나무[獼猴桃, 미후도][1]

獼猴桃

## 1) 이름과 품종

일명 '등리(藤梨)'이다.[2]

【본초강목[3] 모양은 배와 같고, 색은 복숭아[桃]와 같다. 원숭이[獼猴]가 먹기를 좋아하기 때문에 이렇게 이름 붙였다】

名品

一名"藤梨".

【本草綱目 其形如梨, 其色如桃, 而獼猴喜食故名】

다래나무(《본초강목》)

다래나무(임원경제연구소, 포천 국립수목원에서 촬영)

---

1 다래나무[獼猴桃, 미후도] : 다래나무과 식물인 낙엽 활엽 교목. 풍석 서유구 지음, 임원경제연구소 옮김, 《임원경제지 정조지》1, 284쪽과 함께 참조 바람.
2 일명 등리(藤梨)이다 : 《本草綱目》卷33〈果部〉"獼猴桃", 1887쪽에 보인다.
3 《本草綱目》, 위와 같은 곳.

## 2) 심기와 가꾸기

옮겨 심는 법은 앞 항목의 머루나무[蘡薁]와 같다.
《증보산림경제》4

種藝

栽①揷法同蘡薁.《增補山
林經濟》

## 3) 쓰임새

다래나무의 껍질로는 종이를 만들 수 있다. 《개
보본초(開寶本草)5》6

功用

獼猴桃皮堪作紙.《開寶②
本草》

다래나무꽃

다래나무

다래나무꽃

다래(정재민)

---

4　《增補山林經濟》卷3〈種樹〉"獼猴桃"(《農書》3, 1489).《增補山林經濟》와 달리 여기에서는 '머루(산포
　　도)' 항목을 '다래(미후도)' 항목 앞에 배치했다. 옮겨 심는 법은 실제로 《增補山林經濟》 '다래(미후도)' 항
　　목에 보인다.

5　개보본초(開寶本草) : 중국 송(宋)나라 문인이자 정치가인 이방(李昉) 등이 《개보신상정본초(開寶新詳定本
　　草)》를 교열 수정한 본초서(974). 모두 21권, 938종의 약물이 수재되어 있다. 보통 《개보본초》라 약칭한다.

6　출전 확인 안 됨;《本草綱目》, 위와 같은 곳.

①　栽 : 저본에는 "裁". 오사카본·규장각본에 근거하여 수정.

②　譜 : 저본에는 "實". 오사카본에 근거하여 수정.

## 6. 오미자나무[五味子, 오미자][1]

五味子

### 1) 이름과 품종

名品

【당본초[2]】 오미자의 껍질과 열매살은 달고 시며, 핵 속은 맵고 쓰다. 껍질, 열매살, 핵 속 모두에 짠 맛이 있다. 5가지 맛[五味]이 갖추어져 있기 때문에 이렇게 이름 붙였다.

【唐本草】 五味子皮肉甘酸, 核中辛苦[1], 都有醎味, 以其五味具故名.

오미자(《본초강목》)

오미자(《삼재도회》)

오미자(《왜한삼재도회》)

---

1 오미자나무[五味子, 오미자] : 오미자과의 낙엽 활엽 덩굴나무. 열매는 기침과 갈증 또는 땀과 설사를 멎게 하는 데에 쓰인다. 풍석 서유구 지음, 임원경제연구소 옮김, 《임원경제지 정조지》1, 282~283쪽과 함께 참조 바람.
2 《新修本草》卷17〈草部上品之下〉"五味子", 113쪽;《本草綱目》卷18〈草部〉"五味子", 1238쪽.
[1] 苦 : 저본에는 "甘".《新修本草·草部上品之下·五味子》·《本草綱目·果部·蓂藗》에 근거하여 수정.

오미자나무꽃

오미자나무(이상 임원경제연구소, 포천 국립수목원에서 촬영)

안 도은거(陶隱居)[3]는 고려(高麗)에서 나는 오미자가 천하제일이라고 했다.[4] 지금은 곳곳에서 난다. 함경도의 여러 주(州)에서 나는 오미자가 더욱 좋다】

按 陶隱居以高麗産者爲天下第一. 今處處有之, 而産關北諸州者尤良】

오미자1

오미자2(이상 김용술)

---

3  도은거(陶隱居) : 중국 남북조 시대 양(梁)나라 도사(道士)이자 의학가인 도홍경(陶弘景 456~536)으로 추정된다. 도홍경의 저서로는 《보궐주후백일방(補闕肘後百一方)》·《본초경집주(本草經集注)》·《양생연명록(養生延命錄)》 등이 있다.
4  도은거(陶隱居)……했다 : 《本草綱目》, 위와 같은 곳.

## 2) 심는 시기

초봄에 옮겨 심고, 8월에 열매를 거둔다.《증보
산림경제》[5]

## 3) 심기와 가꾸기

뿌리를 심으면 그해에 곧 왕성해진다. 2월에 씨를
심으면 다음해라야 곧 왕성해진다. 반드시 시렁에
끌어 올려서 뻗게 해야 한다.

【안】 진호자(陳淏子)[6]의《화경(花鏡)》[7]에 "오미자의
덩굴은 시렁이 아니면 뻗어 오를 수 없다. 혹 나무에
붙어서 자라게 해 주어도 좋다. 뿌리를 나누어 심으
면 그해에 곧 무성해진다. 씨를 심은 경우는 다음해
라야 비로소 무성해진다."[8]라고 했다. 그 설은 이시

## 時候

春初栽[2], 八月收實.《增
補山林經濟》

## 種藝

取根種之, 當年就旺. 若二
月種子, 次年乃旺. 須以架
引之.

【按】 陳淏[3]子《花鏡》云:
"五味子蔓, 非架不能引上.
或附木亦可. 分根種, 當年
卽盛. 子種者, 次年始盛",
其說與李氏合[4]】《本草綱

오미자열매1

오미자열매2

---

5 《增補山林經濟》卷6〈治圃〉"五味子"(《農書》3, 443쪽).

6 진호자(陳淏子):1612~?. 중국 청(淸)나라 원예학자. 저서로《화경(花鏡)》이 있다.

7 화경(花鏡):진호자가 70세가 넘어 완성한 원예서.

8 오미자의……무성해진다:《花鏡》卷5〈藤蔓類攷〉"五味子", 274쪽.

[2] 栽:저본에는 "裁". 오사카본·규장각본에 근거하여 수정.

[3] 淏:저본에는 "昊".《花鏡·藤蔓類攷·五味子》에 근거하여 수정.

[4] 合:저본에는 없음. 오사카본·규장각본에 근거하여 보충.

진의 설과 일치한다】.《본초강목》[9]

目》

## 4) 쓰임새

열매는 사람의 몸을 매우 보익한다. 여름에 섭취하면 더욱 적당하다. 과수원이나 채소밭에서 빠뜨릴 수 없는 품목이다.《증보산림경제》[10]

功用

其子甚益人, 夏月尤宜. 園圃中不可闕者也. [5]《增補山林經濟》

9  《本草綱目》卷18〈草部〉"五味子", 1238쪽.
10 《增補山林經濟》, 위와 같은 곳.
[5] 園圃……闕者也:《增補山林經濟·治圃·五味子》에는 없음.

## 7. 복분자나무[覆盆子]¹

覆盆子

### 1) 이름과 품종

名品

일명 '규(茥)', '결분(缺盆)', '삽전표(揷田藨)'이다.²

一名"茥", 一名"缺盆", 一名
"揷田藨".

【약록(藥錄)】³ ⁴ 열매가 동이를 뒤집어 놓은[覆盆]
모양과 비슷하기 때문에 이렇게 이름 붙였다.

【藥錄】 子似覆盆之形, 故
名.

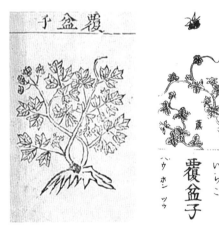

복분자《본초강목》    복분자《왜한삼재도회》

---

1 복분자나무[覆盆子]:장미과에 속하는 낙엽 활엽 관목, 또는 그 열매. 식용·약용으로 널리 사용되고 있다.
  풍석 서유구 지음, 임원경제연구소 옮김, 위와 같은 책, 283~284쪽과 함께 참조 바람.
2 일명……삽전표(揷田藨)이다:《本草綱目》卷18〈草部〉"覆盆子", 1243쪽에 보인다.
3 약록(藥錄):중국 삼국(三國) 시대 명의 이당지(李當之)가 저술한 의서.《이당지약록(李當之藥錄)》. 일실
  되었고 일부가《설부(說郛)》에 전한다. 이당지는 중국의 한나라 말기의 명의 화타(華佗, ?~208?)의 제자
  이다.
4 출전 확인 안 됨;《本草綱目》, 위와 같은 곳.

행포지 5 복분자나무의 종류에는 다음과 같이 4가지가 있다. 이시진(李時珍)은 "덩굴에 가시가 있고, 8~9월에 열매가 익으며, 색이 오적색(烏赤色, 검붉은색)인 것은 봉류(蓬蘽)이다. 덩굴이 봉류보다 작고, 4~5월에 열매가 익으며, 색이 오적색인 것은 복분(覆盆)이다. 덩굴이 봉류보다 작고, 4월에 열매가 익으며, 색이 앵두같이 홍색인 것은 표(蘽)이다. 나무 높이가 4~5척이며, 4월에 열매가 익고, 색이 홍색인 것은 산매(山苺)이다."6라고 하였다.

우리나라에서 나는 복분자에는 다만 복분·표·산매 이 몇 종류가 있으나 봉류는 보지 못했다.《산

杏蒲志 其種有四: 李時珍謂: "藤蔓有刺, 八九月實熟. 色烏赤者爲蓬蘽; 蔓小於蓬蘽, 四五月實熟, 色烏赤者爲覆盆; 蔓小於蓬蘽, 四月實熟, 色紅如櫻桃者爲蘽; 樹高四五尺, 四月實熟, 色紅者爲山苺."

我東之産獨有覆盆、蘽、山苺數種, 蓬蘽則未之見焉.

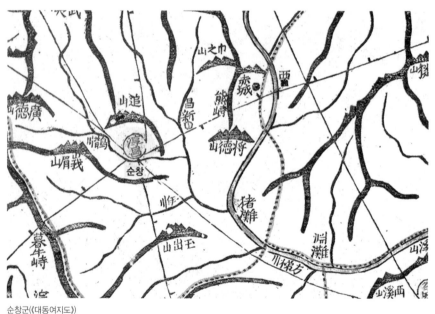

순창군《대동여지도》

---

5 《杏蒲志》卷3〈總論果蓏〉 "種覆盆子"(《農書》36, 185쪽).
6 덩굴에……산매(山苺)이다:《本草綱目》卷18〈草部〉 "覆盆子", 1243쪽;《本草綱目》卷18〈草部〉 "蓬蘽", 1242쪽.

순창 복분자1

순창 복분자2

순창 복분자 밭

복분자(이상 김용술, 순창군 쌍치면 시산리에서 촬영)

림경제》에서 "덩굴로 자라는 것이 복분이고, 나무로 자라는 것은 봉류이다."[7]라고 했으나, 이는 잘못이다. 전라도 순창군(淳昌郡)[8]에 한 품종이 있는데, 5~6월에 열매가 익고, 오흑(烏黑, 검정)색이며, 맛과 색이 모두 오디와 비슷하다. 그러나 이는 또한 본초서에 수록되지 않은 품종이다】

《山林經濟》謂"蔓生者爲覆盆, 樹生者爲蓬虆", 誤矣. 湖南淳昌郡有一種, 五六月實熟, 色烏黑, 味與色俱似桑葚. 此又本草之所未收也】

---

7  덩굴로……봉류이다:출전 확인 안 됨;《增補山林經濟》卷6〈治圃〉"覆盆子"(《農書》3, 441쪽).
8  순창군(淳昌郡):전라북도 순창군 순창읍·인계면·동계면·풍산면·금과면·팔덕면·쌍치면·복흥면·적성면·유등면·구림면 일대. 풍석 서유구는 1797년 순창 군수로 부임한 이력이 있다.

## 2) 알맞은 토양

복분자나무는 본성이 묵정밭[陳田]을 좋아한다. 이 과일을 심으려는 사람은 단지 흰모래흙[沙白]으로 된 맥류밭[麥田] 몇 묘(畝) 넓이를 골라 1~2년간 묵히고 개간하지 않는다. 그러면 땅에 가득 모두 복분자가 잘 자라므로[9] 번거롭게 모종하고 가꿀 필요가 없다. 《행포지》[10]

## 土宜

覆盆子, 性好陳田, 欲種此果者, 但擇沙白麥田數畝, 一二年陳廢不墾, 則撲地皆是, 毋煩蒔藝也.《杏蒲志》

## 3) 쓰임새

유우석(劉禹錫)[11]은 "순무에는 6가지 이로움이 있다(만청6리)."[12]라고 하였고 단성식(段成式)[13]은 "감에는 7가지 빼어남이 있다(시7절)."[14]라고 하였으며, 서광

## 功用

劉禹錫謂"蔓菁有六利", 段成式謂"栫有七絶"[1], 徐文定謂"甘藷有十三勝".

---

9 땅에……자라므로 : 아래 '3) 쓰임새' 조항의 5번째 이로움인 "撲地自生, 毋煩蒔藝, 五也."를 참고하여 옮겼다.

10 《杏蒲志》卷3〈總論果蓏〉"種覆盆子"(《農書》36, 185쪽).

11 유우석(劉禹錫) : 772~842. 중국 당나라의 관료이자 시인. 말년에는 백거이(白居易)와 시를 주고받았으며 그의 대표작《죽지사(竹枝詞)》는 중국 문학사에서 걸작으로 평가받는다. 저서로《유빈객문집(劉賓客文集)》·《외집(外集)》이 있다.

12 순무에는……있다(만청6리) :《劉賓客嘉話錄》(《叢書集成初編》2830, 6쪽);《農政全書》卷27〈樹藝〉"蓏部" '甘藷'(《農政全書校注》, 694쪽). 여기에 단 출전 중 하나인《유빈객가화록(劉賓客嘉話錄)》은 중국 당(唐)나라 강릉소윤(江陵少尹)이었던 위현(韋絢, 796~?)이 지은 책이다. 그 내용은 당시 강릉의 빈객이었던 시인 유우석에게서 들은 세상 이야기들을 적은 것이기 때문에 이시진의《본초강목》등 많은 책에서 유우석이《유빈객가화록》의 저자인 것으로 적었다.
   6가지 이로운 점은, 막 싹이 나왔을 때 생으로 먹을 수 있는 점, 잎이 펴지면 데쳐 먹는 점, 오래도록 잘 자라는 점, 버려도 아깝지 않게 흔한 점, 타지에서 돌아오면 쉽게 찾아서 채취할 수 있는 점, 겨울에도 뿌리가 있어 먹을 수 있는 점을 들었다.《관휴지》권2〈채소류〉"순무"(풍석 서유구 지음, 임원경제연구소 옮김,《임원경제지 관휴지》1, 풍석문화재단, 2022, 204~205쪽).

13 단성식(段成式) : 중국 당(唐)나라의 소설가·시인. 자는 가고(柯古). 문종(文宗) 때 교서랑(校書郎)에 임명되어 자기 집의 진귀한 책뿐만 아니라 궁중의 도서를 자유로이 열람할 수 있었다. 당시의 외교·정치비문(政治秘聞)·민간습속·과학 등의 내용을 다룬《유양잡조(酉陽雜俎)》를 저술했다. 시집 7권이 있었으나 지금은《전당시(全唐詩)》에 31수 남짓 전해지고 있을 뿐이다.

14 감에는……있다(시7절) :《酉陽雜俎》卷18〈廣東植類之三〉"木篇"(《叢書集成初編》277, 174쪽);《農政全書》卷27〈樹藝〉"蓏部" '甘藷'(《農政全書校注》, 694쪽).《만학지》권2〈과일류〉"감".《酉陽雜俎》에 의하면 감나무의 일곱 가지 훌륭한 점은, 오래 살고, 그늘을 만들어 주며, 새가 둥지를 짓지 않고, 벌레가 없으며, 서리 내린 잎이 볼 만하고, 좋은 감이 열리며, 낙엽이 두껍고 큰 점이다.

[1] 絶 :《酉陽雜俎·廣東植之三·木篇》에는 "德".

계(徐光啓)[15]는 "고구마에는 13가지 좋음이 있다(감저
13승)."[16]라고 하였다.

나는 복분자나무에도 대추를 능가하는 기호가
있다고 여겨 다음과 같이 말한 적이 있다. "복분자
에는 8가지 특이함이 있다(복분8기). ① 꽃은 백색이
고 열매는 홍색이므로 과수원이나 채소밭을 아름답
게 꾸밀 수 있다는 점이 첫째이다. ② 복분자 맛이
새콤달콤하면서 상큼하여 입을 즐겁게 하고 갈증
을 해소시켜 주는 점이 둘째이다. ③ 손님을 대접하
는 상에 올려 화제주(火齊珠, 밝그레한 옥의 일종)처럼 빨
갛게 상을 장식하는 점이 셋째이다. ④ 햇볕에 말려
가루 낸 다음 가루 음식을 만들어 먹을 수 있는 점
이 넷째이다.

余於覆盆亦有夐棗之嗜,
嘗謂: "覆盆有八奇. 花白
實紅, 可賁園圃, 一也; 甜
酸消爽, 悅口潤渴, 二也;
登諸賓豆, 火齊燁爍, 三
也; 曬曝屑之, 可作麨食,
四也;

⑤ 땅에 가득 저절로 자라므로 번거롭게 가꿀 필
요가 없는 점이 다섯째이다. ⑥ 북쪽 끝 지역과 남
쪽 끝 지역까지 도처에 나는 점이 여섯째이다. ⑦ 5
월에 열매를 맺기 때문에 과일이나 풀열매 중에 가
장 먼저 익는 점[17]이 일곱째이다. ⑧ 기운을 보익해
주고 눈을 밝게 하며, 오장을 조화롭게 하고 피부를
촉촉하게 하는 점이 여덟째이다."《행포지》[18]

撲地自生, 毋煩蒔藝, 五
也; 深北極南, 在處有之,
六也; 五月成實, 果、蓏中
最先熟, ② 七也; 益氣明
目, 和五臟澤肌膚, 八也."
《杏蒲志》

---

15 서광계(徐光啓) : 1562~1633. 중국 명(明)나라 정치가이자 학자. 서양의 발달된 농업기술을 중국에 소개했
다. 1606년 전후에 예수회 서양 선교사 마테오 리치(Matteo Ricci)에게서 천주교 세례를 받고, 천문·역학·
수학·과학·수리·화기 등 실용적인 서양 학문을 배웠다.

16 고구마에는……있다(감저13승) : 《農政全書》卷27〈樹藝〉 "蓏部" '甘藷'(《農政全書校注》, 694쪽). 13가지
좋은 점은 아래 '9. 고구마' 항목에 자세히 보인다.

17 5월에……점 : 《행포지》에서는 이 대신에 "조생종과 만생종이 성숙 시기가 서로 연달아 있기 때문에 과일이
나 풀열매 중에 가장 오랫동안 상에 올릴 수 있다는 점"이라고 했다. 원문은 교감 주석을 참조 바람.

18 《杏蒲志》卷3〈總論果蓏〉 "種覆盆子"(《農書》36, 186~187쪽).

② 五月……先熟 : 《杏蒲志·總論果蓏·種覆盆子》에는 "遲早相因果蓏中最可久供".

# 8. 마[薯蕷, 서여][1]

薯蕷

## 1) 이름과 품종

일명 '저서(藷藇)', '산약(山藥)', '옥연(玉延)'이다.[2]

名品

一名"藷藇", 一名"山藥", 一名"玉延".

【본초연의(本草衍義)[3] 서(薯)는 영종(英宗)[4]의 휘를 범하고, 여(蕷)는 당(唐)나라 대종(代宗)[5]의 이름을 범하므로 산약(山藥)이라고 고쳤다】

【本草衍義 薯犯英宗諱, 蕷犯唐代宗名, 故改爲山藥】

마《본초강목》

마(미주의 마(왼) 제주의 마(오))

마(영강군의 마(왼) 명주의 마(오), 이상 《본초도경》)

---

1 마[薯蕷, 서여]:외떡잎식물 백합목 마과의 덩굴성 여러해살이풀. 산우(山芋)라고도 한다. 풍석 서유구 지음, 임원경제연구소 옮김, 위와 같은 책, 280~281쪽과 함께 참조 바람.

2 일명……옥연(玉延)이다:《二如亭群芳譜》〈亨部〉 "蔬譜" 2 '山藥'(《四庫全書存目叢書補編》 80, 327쪽)에 보인다.

3 《本草衍義》 卷7 〈山藥〉, 47쪽.

4 영종(英宗):중국 북송(北宋)의 제 5대 황제. 재위 기간은 1063~1067이다. 본명은 종실(宗實)이었고, 황태자가 된 이후 조서(趙曙)로 개명했다. 이름이 서(曙)이므로 서여(薯蕷)라는 마의 명칭을 산약(山藥)으로 고쳤다.

5 대종(代宗):중국 당(唐)나라 제11대 황제. 재위 기간은 762~779이다. 이름이 예(豫)이므로 이와 같은 뜻의 글자[預]가 들어가는 서여(薯蕷)를 산약(山藥)으로 고쳤다.

마

마뿌리의 단면(파주시 금촌동 통일시장에서 촬영)

마씨

## 2) 알맞은 토양

흰모래땅[沙白地]에 적당하다. 《무본신서》[6]

土宜

宜沙白地. 《務本新書》

## 3) 심는 시기

마[山藥]를 심을 때는 한식(寒食) 전후가 적당하다. 《무본신서》[7]

時候

種山藥, 宜寒食前後. 《務本新書》

## 4) 종자 고르기

마는 열매를 종자로 삼으면 줄기가 매우 가늘게 자란다. 묵힌 뿌리의 대가리를 사용할 때는 또한 반드시 뿌리가 큰 놈이어야 사용할 수 있다. 일반적으로 뿌리줄기[種][8]를 고를 때는 그 껍질이 얇고 윤기가

擇種①

山藥用子作種, 生絕細. 有用宿根頭者, 亦須根大, 方可用. 凡擇種, 宜取皮薄光潤者. 若根毛粗勁, 種多不

---

6  출전 확인 안 됨;《農桑輯要》卷6〈藥草〉"薯蕷"(《農桑輯要校注》, 240쪽);《農政全書》卷27〈樹藝〉"蓏部"'山藥'(《農政全書校注》, 678쪽).

7  출전 확인 안 됨;《農桑輯要》, 위와 같은 곳;《農政全書》, 위와 같은 곳.

8  뿌리줄기[種]:마를 심을 때는 씨가 아니라 뿌리(또는 뿌리줄기)를 심는다. 그러므로 "마" 항목에서의 "종(種)"이나 "자(子)"를 씨앗이 아니라 뿌리(또는 뿌리줄기)로 옮겼다. 여기의 근(根)은 땅속에 있는 원주형 육질의 줄기로서 일반적으로 산약·산약두라고 불린다.

① 擇種:오사카본에는 이 항목의 내용이 '擇種'이라는 표제어 없이 아래 '種藝' 항목의《농정전서》기사 맨 끝에 배치되어 있다. 그리고 이 기사의 내용 끝에 앞의《농정전서》와 같다는 의미의 '同上'이라는 출전 표기가 되어 있다. 이 부분을 삭제하라는 표기가 있을 뿐 어디로 옮기라는 편집 지시는 안 보인다.

마잎

마덩굴(이상 임원경제연구소, 파주시 파주읍 파주리에서 촬영)

나는 놈을 취해야 한다. 뿌리털이 거칠고 뻣뻣한 뿌리는 심더라도 대부분 좋지 않다. 《농정전서》[9]

佳.《農政全書》

9  《農政全書》, 위와 같은 곳.

## 5) 심기와 가꾸기

마를 심을 때 구덩이의 길이는 10척 남짓으로 하고, 깊이와 너비는 각각 2척으로 한다. 잘 삭힌 소똥을 조금 넣고 흙과 섞어 1척 두께로 고르게 해 준다. 위쪽에 까끄라기와 가시가 있는, 살지고 긴 뿌리를 골라 밭의 단(段)마다 길이 0.3~0.4척으로 자른 뿌리를 물고기비늘처럼 가지런하게 구덩이 안에 눕힌다. 여기에 다시 소똥 섞은 흙을 0.5척 정도의 두께로 고르게 덮는다.

가물면 물을 주되, 또한 지나치게 축축하게 해서는 안 된다. 인분은 매우 피해야 한다. 싹이 자라면 높은 장대로 시렁을 만들어 받쳐 준다. 상강(霜降) 후 땅이 얼 때쯤이 되면 뿌리를 흙 밖으로 파서 노두(蘆頭)[10]를 따로 움 속에 보관했다가 다음해 봄에 심어서 얼어 손상되지 않게 한다. 《무본신서》[11]

산에 나는 마를 심으면 매우 왕성하게 번식한다. 봄에 묵은 뿌리의 대가리 부분(노두)을 취한다. 그리고 누런 모래에 소똥과 섞고 휴전을 만들어 심는다. 싹이 나면 대나무가지로 지지대를 만들어 주되, 그 높이는 1~2척이 되게 한다. 여름에 자주 물을 주면 그해에 먹을 수 있고, 매우 통통해서 좋다. 《도경본초》[12]

## 種藝

種山藥, 區長丈餘, 深、闊各二尺. 少加爛牛糞, 與土相和, 平均厚一尺, 揀肥長山藥上有芒刺者, 每段折長三四寸, 鱗次相挨, 臥於區內, 復以糞土均覆五寸許.

旱則澆之, 亦不可太濕. 頗忌大糞. 苗長, 以高梢扶架. 霜降後, 比及地凍出之外. 將蘆頭另窖, 來春種之, 勿令凍損.《務本新書》

山諸種之, 極有息. 春取宿根頭, 以黃沙和牛糞, 作畦種之. 苗生, 以竹梢[2]作援, 高一二尺[3]. 夏月頻漑之, 當年可食, 極肥美.《圖經本草》

---

10 노두(蘆頭):인삼이나 도라지, 마 따위의 뿌리 대가리에 붙은, 싹이 나는 부분.
11 출전 확인 안 됨;《農桑輯要》卷6〈藥草〉 "薯蕷"(《農桑輯要校注》, 240쪽).
12 《圖經本草》卷4〈藥部〉 上品 "薯蕷"(《本草圖經》, 87쪽).
[2] 梢:저본에는 "稍".《圖經本草·藥部·薯蕷》에 근거하여 수정.
[3] 高一二尺:《圖經本草·藥部·薯蕷》에는 "不得過一二尺".

큰 것은 뿌리 0.2척을 잘라 심으면 그해에 곧 종자로 쓸 뿌리줄기를 얻는다. 뿌리줄기를 거둔 후 겨우내 묻어 둔다. 2월초에 꺼내어 곧 심는다. 인분을 피한다. 가물면 물길을 터서 물을 준다. 이때 또한 너무 축축하게 해서는 안 된다. 소똥에 흙을 섞어 심어야 쉽게 무성해진다. 《지리경(地利經)13》14

민간에 전해오기를, 마를 심을 때 발로 눌러 주면 마뿌리가 사람의 발과 같은 모양이 된다고 한다. 《연북잡지(研北雜志)》15

산동(山東)에서 마 심는 법: 모래땅을 깊이 갈고 흙을 일으킨다. 구덩이를 깊이 2척으로 판다. 마른 똥거름을 흙과 각각 반씩 섞어서 구덩이에 채워 넣되, 채워 넣은 깊이가 1척이 되게 한다. 그 다음에는 부토(浮土, 지표층의 푸슬거리는 흙) 1척을 더하고, 발로 단단하게 밟아 준다.

1월 중에 휴전에 마를 심는다. 마의 싹이 올라오면 또 흙을 더하여 두께 0.2척으로 북준다. 싹이 1척으로 자라면 늘 물을 주되, 며칠에 한 번씩 준다. 싹이 자라면 시렁을 대어 마줄기를 일으켜 세운다.

봄여름에는 싹이 자라고 가을이 깊어지면 뿌리가 자란다. 뿌리는 아래로 뻗다가 단단한 흙을 만나

大者, 折二寸爲根種, 當年便得子. 收子後, 一冬埋之. 二月初, 取出便種. 忌人糞. 如旱, 放水澆, 又不宜太濕, 須是牛糞和土種, 卽易茂.《地利經》

俗傳山藥種時, 以足按之, 如人足.《研北雜志》

山東種薯法: 沙地深耕之, 起土. 坑深二尺. 用大糞乾者和土各半, 塡入坑, 深一尺. 次加浮土一尺, 足踐實.

正月中畦種. 薯苗生④, 又加土壅厚二寸. 候苗長一尺, 常用水灌, 數日一次. 苗長, 架起.

春夏長苗, 秋深卽長根. 根下行遇堅土卽大. 若土大

---

13 지리경(地利經): 미상.
14 출전 확인 안 됨;《農政全書》卷27〈樹藝〉"蓏部"'山藥'(《農政全書校注》, 687쪽).
15 《研北雜志》卷下(《文淵閣四庫全書》866, 597쪽).
④ 生: 오사카본·《農政全書·樹藝·蓏部》에는 "上".

면 커진다. 하지만 흙이 너무 단단하면 자라지 않는다. 부토의 두께가 너무 두꺼우면 뿌리가 길고 가늘어진다. 《농정전서》[16]

강남(江南)에서 마 심는 법: 강남에서도 모래땅을 사용한다. 1월이 다할 무렵 깊이 2척으로 밭 간다. 1보(步)[2]마다 인분 1석을 뿌린다. 인분이 마르면 갈아 엎고 써레로 흙을 곱게 부수고 두둑을 만든다. 두둑마다 서로 1척 남짓 떨어지도록 한다.

뿌리종자는 매우 큰 것이어야 한다. 뿌리줄기를 죽도로 0.1~0.2척 잘라 준다. 쇠칼로 절단하면 뿌리줄기가 쉽게 문드러진다. 뿌리줄기를 두둑에 펼쳐서 심는다. 이때 서로 간에 0.5~0.6척씩 떨어지도록 하고, 횡으로 눕혀 심는다. 흙을 0.2척 두께로만 덮어야지 너무 깊게 덮어 주어서는 안 된다. 심은 후에 물과 똥을 각각 반반씩 섞어서 준다. 1묘 넓이마다 인분 40석을 사용한다.

싹이 자라면 갈대나 가는 대나무로 시렁을 만들어 3그루씩 무리를 지어 준다. 풀이 나면 땅을 자주 갈고, 가물면 물을 자주 준다. 8~9월에 뿌리를 판다. 이때 휴전의 한쪽 끝에다 먼저 깊이 2척의 도랑을 판 다음 두둑의 흙을 점점 깎아 내면서 뿌리를 취한다. 《농정전서》[17]

實, 卽不長, 浮土太深, 卽長而細. 《農政全書》

江南種薯法: 亦用沙地. 正月盡, 耕深二尺. 每一步, 灌大糞一石. 候乾, 轉耕, 耙細作堎. 每堎相去一尺餘.
其種須極大者, 竹刀切作一二寸斷. 用鐵刀切易爛. 堎中布種, 每相去五六寸, 橫臥之. 入土只二寸, 不宜太深. 種後, 用水糞各半灌之, 每畝用大糞四十石.

苗長, 用葦或細竹作架, 三以爲簇. 有草, 數耕之; 旱, 數澆之. 八九月掘取根, 向畦一頭, 先掘一溝, 深二尺, 漸削去土取之. 同上

---

16 《農政全書》卷27〈樹藝〉"蓏部"'山藥'(《農政全書校注》, 688쪽).
17 《農政全書》, 위와 같은 곳.

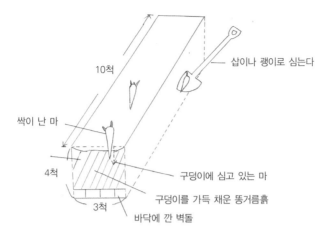

10척

싹이 난 마

4척

3척

삽이나 괭이로 심는다

구덩이에 심고 있는 마

구덩이를 가득 채운 똥거름흙

바닥에 깐 벽돌

마 심는 법

마 심는 법: 먼저 도랑 하나를 길이 10척 정도, 너비 3척 정도, 깊이 4척 정도로 판다. 바닥에 벽돌을 깔고 똥거름흙을 가득 채운 다음 물을 부어 안정시킨다. 마의 노두(蘆頭)를 흙에 꽂을 때 손으로 꽂지 말아야 한다. 그러면 마가 가늘고 길어진다. 삽이나 괭이로 심어 주면 마가 커진다. 반드시 매년 심는 사람을 바꾸어 심어야 한다. 《산거록(山居錄)[18]》[19]

種山藥法: 先掘一溝, 長丈許, 闊三尺許, 深四尺許. 底鋪磚, 用糞土塡滿, 水實定. 揷山藥蘆頭時, 勿用手揷則瘦長. 以鍬·钁下之則大. 須每年易人而種之. 《山居錄》

또 다른 법: 뿌리줄기가 익었을 때 거두어 곧 옮겨 심는다. 이때 기름진 흙에 심되, 마뿌리의 반만 흙속으로 들어가게 한다. 뿌리 전체를 흙에 묻으면 안 된다. 그러면 곧 문드러져 나지 못한다.

싹이 나면 깨진 동이나 독에 옮겨 심고, 기름진

又法: 子熟時, 收子便種. 只安肥土令半入土, 不得埋盡, 卽爛不生.

待苗生後, 移於破盆、甕

18 산거록(山居錄) : 중국 당(唐)나라 때 도사(道士) 왕민(王旻, ?~?)이 저술한 책. 식물 재배기술에 대한 내용을 담고 있는데, 중국 최초의 약초 재배법에 대해 서술한 전문적인 서적으로 평가된다.
19 출전 확인 안 됨 ; 《居家必用》 戊集 〈種菜類〉 "種山藥法" (《居家必用事類全集》, 188~189쪽).

모래흙을 소똥과 참깨대와 섞어 동이나 독 속의 흙에 채워 넣는다. 이때 흙의 깊이는 0.2~0.3척이 되도록 한다. 묻어 심고 2년이 지나면 마뿌리가 동이를 가득 채우게 된다. 굵은 뿌리를 심으면 그해에 뿌리를 취할 수 있다. 《산거록》[20]

흰 쌀알과 같이 성숙한 백색 뿌리를 골라 먼저 뿌리줄기를 거둔다. 3~5개의 구덩이를 만들되, 길이 10척, 너비 3척, 깊이 5척으로 한다. 그 아래에 빽빽하게 벽돌을 깐다. 구덩이 사면 바닥에서 1척 정도 되는 높이로 역시 벽돌을 모로 뉘어 대서 뿌리가 따로 옆면의 흙으로 뻗어 들어가는 것을 막는다. 흙으로 들어가면 뿌리는 곧 가늘어진다.

구덩이 만들기를 마치면 구덩이에 똥거름흙을 채워 넣는다. 그런 다음 3줄로 뿌리줄기를 심고 구덩이를 흙으로 가득 채운다. 싹이 나오면 시렁을 만들어 준다. 한 해가 지난 뒤에는 뿌리가 매우 굵어진다. 한 구덩이만으로도 1년을 버틸 만하다. 뿌리줄기는 길이 1척 이하로 절단하여 심는다. 《산거요술(山居要術)[21]》[22]

中, 著肥沙土和牛糞及油麻稭, 塡入盆、甕裏土中, 深三二寸. 埋之, 經二年滿盆, 若種麤根, 當年堪取. 同上

擇取白色根, 如白米粒成者, 先收子. 作三五所坑, 長一丈, 闊三尺, 深五尺, 下密布甎. 阬四面一尺許, 亦側[5]布甎, 防別入傍土中, 根卽細也.

作阬子訖, 塡糞土, 三行下子種之, 塡坑滿. 待苗出著架. 經年已後, 根甚麤. 一坑可支一年食. 根種者, 截長一尺已下種. 《山居要術》

---

20 출전 확인 안 됨;《居家必用》戊集〈種藥類〉"種薯蕷"(《居家必用事類全集》, 183쪽).
21 산거요술(山居要術) : 지금은 전해지지 않는 농서.《농정전서》에 그 내용의 일부가 전한다.
22 출전 확인 안 됨;《農桑輯要》卷6〈藥草〉"薯蕷"(《農桑輯要校注》, 240쪽);《사시찬요 역주》권2〈이월〉 "농경과 생활" '마 파종하기', 163~164쪽.
5 側:《사시찬요 역주·이월·농경과 생활》에는 "倒".

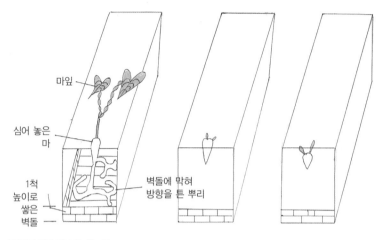

마잎

심어 놓은
마

1척
높이로
쌓은
벽돌

벽돌에 막혀
방향을 튼 뿌리

구덩이에 벽돌 깔고 마 심는 법

　춘사일(春社日)[23]에 털이 많고 흰 혹이 있는 묵은
뿌리를 죽도로 잘라 0.2척 길이의 뿌리덩이를 만든
다. 먼저 땅을 갈아 너비 2척, 깊이 3~4척의 도랑
을 만든다. 도랑의 길이는 임의로 정한다. 먼저 잡
스런 똥거름[亂糞]과 섶을 반반씩 채운다. 그 위에는
흙을 채운다.

　자른 마의 뿌리덩이를 흙속에 단단하게 묻은 다
음 그 위에 똥거름흙을 덮어 도랑과 수평이 되게 한
다. 때때로 물을 준다. 싹이 나면 대나무나 나뭇가
지로 시렁을 만들되, 높이가 3~4척이 되도록 한다.
그러면 그해에 마를 먹을 수가 있다. 3~4년 된 마는
뿌리가 크고 더욱 맛있다. 여름에는 자주 물을 주어
야 한다. 기름진 땅이 가장 적당하다. 매년 사람을

春社日取宿根多毛有白瘤
者, 竹刀截作二寸長塊. 先
將地開作二尺寬, 溝深
三四尺, 長短任意. 先塡
亂糞、柴一半, 上實以土.

將截斷山藥堅埋於中, 上
仍以糞土覆, 與溝平. 時澆
灌之. 苗生, 以竹或樹枝架
作援, 高三四尺.
當年可食, 三四年者根大
尤美. 夏月宜頻澆. 最宜
肥地. 每年易人而種. 宜牛

---

23　춘사일(春社日): 24절기 중 4번째 절기인 춘분(春分)을 전후로 가장 가까운 무일(戊日)이다. 2월 4일경인 입
　　춘과 3월 21일경의 춘분을 기준으로 정해진다. 이날 토지신에게 한 해의 풍년을 기원하며 제사를 지낸다.

바꾸어 심는다. 소똥과 깻묵이 적당하다. 그러나 인
분은 피한다.《군방보》[24]

糞、麻籸，忌人糞.《群芳
譜》

---

[24] 《二如亭群芳譜》〈亨部〉“蔬譜” 2 ‘山藥’(《四庫全書存目叢書補編》80, 328쪽).

## 6) 종자 거두기

마를 약에 넣을 때는 야생 마가 낫다. 밥상에 올리려면 집에서 심은 마가 좋다. 5~6월에 꽃이 피어 이삭이 되고, 꼬투리가 맺혀서 떨기가 된다. 꼬투리는 모두 세 모서리가 합하여 이루어지지만 단단하고 속씨가 없다.

열매씨는 따로 한쪽 곁에 맺힌다. 모양은 뇌환(雷丸)[25]과 비슷하다. 껍질의 색은 황토색이고 열매살은 희다. 삶아서 먹으면 달고 미끄러운 맛이 뿌리와 같다. 왕민(王旻)[26]의 《산거록(山居錄)》[27]에서 "일찍이 마[山芋]의 씨를 얻어서 먹어 보니, 뿌리보다 맛이 더욱 좋았다."[28]라고 하는 말이 곧 이것이다.

서리가 내린 후에 열매를 거두어 종자로 남긴다. 또는 봄에 뿌리를 캐어다 잘라 심으면 모두 난다. 《본초강목》[29]

## 收種

薯蕷入藥, 以野生者爲勝. 若供饌則家種者爲良. 五六月開花成穗[6]. 結莢成簇, 莢凡三稜合成, 堅而無仁.

其子別結于一旁, 狀似雷丸. 皮色土黃而肉白. 煮食甘滑, 與其根同. 王旻《山居錄》云"曾得山芋子, 食之, 更愈於根", 卽此也.

霜後收子留種, 或春月采根截種皆生.《本草綱目》

---

25 뇌환(雷丸) : 대나무뿌리에 기생하는 버섯. 모양은 토끼똥과 같다. 마른 뒤에 딱딱해지면 겉은 흑갈색이 되고 속은 흰색이다. 맛은 쓰고 벌레를 죽이는 효능이 있다.

26 왕민(王旻) : ?~?. 중국 당나라의 도사(道士). 태화선생(太和先生)으로 불리며, 낙양(洛陽) 청라산(靑羅山)에 살았다. 수련이 깊어 현종(玄宗)이 불렀을 때 흑발에 동안으로 30세가 안 되어 보였다고 한다. 그의 학문은 조카 왕무(王武)가 계승했다. 저서로《산거록(山居錄)》이 있다.

27 산거록(山居錄) : 왕민이 지은 초목서. 화훼와 약초 및 수목을 많이 재배하면서 그 경험을 바탕으로 쓴 책.

28 일찍이……좋았다 : 출전 확인 안 됨.

29 《本草綱目》卷27〈菜部〉"薯蕷", 1677쪽.

6 穗 : 저본에는 "實". 오사카본·《本草綱目·菜部·薯蕷》에 근거하여 수정.

## 7) 종자 보관하기

종자 보관하는 법: 남쪽 처마 아래 해를 향하고 바람을 피하는 곳에 움집을 깊이 2척으로 판다. 그 아래에 왕겨를 0.2~0.3척 깐다. 다음에 씨를 넣고 그대로 왕겨로 덮는다. 그 다음에 흙을 넣어 덮는다. 심을 때 파서 사용한다.《농정전서》[30]

## 8) 제조

마 건조시키는 법: 겨울에 베로 손을 감싼 다음 죽도로 마뿌리의 껍질을 깎아 제거한다. 이를 대나무체에 담아 처마의 바람이 통하는 곳에 두고 해를 보지 않게 한다. 하룻밤에 반이 마른다. 완전히 마르면 거둔다. 또는 배롱(焙籠)[31]에 두어 약한 불에 말려도 좋다.《본초연의》[32]

또 다른 법: 황색 껍질을 깎아 물에 담근다. 백반 가루를 조금 섞어 물속에 뿌려 넣는다. 하룻밤이 지나 깨끗이 씻어 점액질을 제거한 다음 불에 쬐어 말려 사용한다.《도경본초》[33]

## 藏種

藏種法: 于南簷下向日避風處, 掘土窖深二尺, 下用礱糠鋪二三寸. 次下種, 仍以礱糠蓋之. 次下土蓋之. 臨種時起用.《農政全書》

## 製造

乾山藥法: 冬月以布裹手, 用竹刀刮去皮. 竹篩盛, 置簷風處, 不得見日, 一夕乾五分. 候全乾, 收之. 或置焙籠中, 微火烘乾亦佳.《本草衍義》

又法: 刮去黃皮, 以水浸之. 糝白礬末少許入水中. 經宿, 淨洗去涎, 焙乾用.《圖經本草》

30 《農政全書》卷27〈樹藝〉"蓏部"'山藥'(《農政全書校注》, 688쪽).
31 배롱(焙籠): 화로 위에 대로 짠 통발모양의 도구를 엎어 놓고 베나 식재료 따위를 말리는 기구.
32 《本草衍義》卷7〈山藥〉, 47쪽.
33 《圖經本草》卷4〈草部〉"上品之下"'薯蕷'(《本草圖經》, 87쪽).

## 9) 자질구레한 말

마는 캐려고 할 때 말없이 캐면 얻는다. 반면 그 이름을 부르면 얻을 수 없다【안 이것은 산에서 캐는 법을 말한다】. 사람들 중에 마를 심어 재배할 경우, 심는 물건(도구)에 따라 마의 모양이 그것을 닮게 된다.《이원(異苑)[34]》[35]

## 瑣言[7]

薯蕷若欲掘取, 默然則獲, 唱名便不可[8]得【按 此言山中採掘之法】. 人有植之者, 隨所種之物而像之也.《異苑》

---

34 이원(異苑) : 유경숙(劉敬叔, ?~468?)이 지은 중국 육조(六朝) 송대(宋代)의 설화집. 명대(明代)에 다시 편집되었다. 당시의 인물들에 관한 기괴한 이야기, 민간에 전해지는 초자연적인 설화 및 불교설화 등이 기록되어 있다.

35 《異苑》 卷2《文淵閣四庫全書》1042, 506쪽).;《爾雅翼》 卷6〈釋草〉 "薯蕷"(《文淵閣四庫全書》222, 305쪽).

[7] 瑣言 : 오사카본에는 이 항목이 "收種" 항목 앞에 배치되어 있고, "맨 뒤로 옮겨 붙여야 한다(移付末端)."라는 두주가 있다. 이 표제어도 애초에는 "수채(收採)"로 적었다가 수정한 것이다.

[8] 可 : 저본에는 "同". 오사카본·《爾雅翼·釋草·薯蕷》에 근거하여 수정.

## 9. 고구마[甘藷, 감저][1]

甘藷

### 1) 이름과 품종

名品

일명 '산저(山藷)', '번저(番藷)', '주저(朱藷)', '홍산약(紅山藥)', '번서(番薯)'이다. 큰 것은 '옥침(玉枕)'이라 한다. 지금은 '적우(赤芋)'라고 한다. 민간에서는 '유구우(琉球芋, 오키나와 토란)'라고 하며, 또 '장기우(長崎芋, 나가사키 토란)'라 한다.[2]

一名"山藷", 一名"番藷", 一名"朱藷", 一名"紅山藥", 一名"番薯". 大者名"玉枕", 今云"赤芋". 俗云"琉球芋", 又云"長崎芋①".

【남방초목상】[3][4] 고구마는 마[薯蕷]의 종류이다. 혹 토란[芋] 종류라고도 한다. 뿌리와 잎은 또한 토란의 그것과 비슷하다. 뿌리의 크기는 주먹이나 사발만 하다. 찌거나 삶아서 먹는다. 맛은 마와 같다.

【南方草木狀】甘藷, 薯蕷之類, 或云芋類也. 根葉亦如芋, 根大如拳、甌. 蒸煮食之, 味同薯蕷.

【안】[5] 여기서 "뿌리와 잎은 토란의 그것과 비슷하다."라 하는 말은 아마 산저를 가리키는 듯하다. 지금

【按】此云"根葉如芋"者, 疑指山藷. 今番藷殊不類芋

---

1 고구마[甘藷, 감저] : 쌍떡잎식물 통화식물목 메꽃과의 여러해살이풀. 풍석 서유구 지음, 임원경제연구소 옮김, 《임원경제지 정조지》 1, 279쪽과 함께 참조 바람. 고구마 항목의 내용은 모두 서유구의 《종저보》의 내용과 일치한다.

2 일명……장기우(長山崎芋)라 한다 : 《和漢三才圖會》 卷102 〈柔滑菜〉 "甘藷"(《倭漢三才圖會》 12, 197쪽); 《種藷譜》 〈敍源〉 第1(《農書》 36, 437~438쪽)에 보인다.

3 남방초목상(南方草木狀) : 중국 진(晉)나라 혜제(惠帝, 재위 290~306) 때 대신을 역임한 혜함(嵇含)이 전래되어 온 남방 식물에 관한 내용을 소개한 책. 원본은 소실되어 전해지지 않으나, 여러 사료에 부분적으로 인용되고 있다.

4 출전 확인 안 됨 ; 《本草綱目》 卷27 〈菜部〉 "薯蕷", 1679쪽; 《種藷譜》 〈敍源〉 第1(《農書》 36, 435쪽).

5 여기를 포함하여 고구마 항목의 【안】은 모두 《종저보》에도 들어 있는 내용이다. 따라서 【안】의 출처 각주는 생략하고, 그 위의 출전 각주에 《종저보》의 쪽수를 부기했다. 이하도 마찬가지다.

① 長崎芋 : 저본에는 "長山崎芋". 《和漢三才圖會·柔滑菜·甘藷》에 근거하여 삭제.

번저(番藷)는 토란과 별로 같지 않다.　　　也.

<br>

이물지(異物志) 6 7 고구마는 교주(交州)8와 광주(廣州)9에서 난다. 뿌리는 토란과 비슷하고 또한 큰 덩어리가 있다. 덩어리가 크게는 거위알만 하고 작게는 달걀이나 오리알만 하다. 자색 껍질을 벗겨 내면 살진 속살이 비계처럼 순백색이다.

異物志 甘藷出交、廣. 其根似芋, 亦有巨魁. 大者如鵝卵, 小者如鷄鴨卵. 剝去紫皮, 肥肉正白如脂肪.

<br>

광지(廣志) 10 11 고구마는 토란과 비슷하고 교지(交趾)에서 난다.

廣志 甘藷似芋, 出交趾.

<br>

패사류편(稗史類編) 12 13 고구마는 주애(朱厓)14에서 난다.

영외(嶺外)15에 고구마가 많다. 그중에 깊은 산이나 깊은 골짜기에서 얻은 고구마가 있다. 이놈은 가지와 뿌리덩이가 연속되어 있고, 무게가 수십 근(斤)인 경우가 있다. 이는 맛이 매우 달고 향기로워 '옥침저(玉枕藷)'라고 한다.

稗史類編 甘藷生朱厓. 嶺外多藷, 間有發深山邃谷而得者, 枝塊連屬, 有重數十斤者, 味極甘香, 名"玉枕藷".

---

6　이물지(異物志) : 중국 남북조(南北朝) 시대 진기창(陳祈暢, ?~?)이 쓴 책. 자세한 사항은 미상.

7　《異物志》(《叢書集成初編》3021, 15쪽);《種藷譜》〈敍源〉第1(《農書》36, 435쪽).

8　교주(交州) : 현재의 광동(廣東), 광서(廣西), 월남(越南) 북부 지역 일대. 중국 한(漢)나라 때부터 당(唐)나라 때까지의 행정구역이었다.

9　광주(廣州) : 중국 광동성(廣東省)의 성도.

10　광지(廣志) : 중국 진(晉)나라 곽의공(郭義恭, ?~?)이 지은 역사지리서. 원서는 전하지 않으나 청(淸)나라 문인 황석(黃奭, 1809~1853)이 남아 있는 글을 편집하여 1책으로 간행했다.

11　출전 확인 안 됨 ;《種藷譜》, 위와 같은 곳 ;《廣群芳譜》卷16〈蔬譜〉"甘藷", 382쪽.

12　패사류편(稗史類編) : 미상.

13　출전 확인 안 됨 ;《種藷譜》〈敍源〉第1(《農書》36, 436쪽).

14　주애(朱厓) : 중국 광동성 남단 해남도(海南島)에 있었던 고대 국가.

15　영외(嶺外) : 중국의 대유령(大庾嶺)·월성령(越城嶺)·기전령(騎田嶺)·맹저령(萌渚嶺)·도방령(都龐嶺)의 오령(五嶺) 남쪽 지역을 총칭하는 말. 강서(江西)·호남(湖南)·광동(廣東)·광서(廣西)의 4성 사이에 있으며, 장강(長江)·주강(珠江)이 흐르는 지역의 분수령이다.

고구마(《왜한삼재도회》)

고구마(《식물명실고도》)

서광계 감저소 [16][17] 고구마에는 2종류가 있다. 일명 '산저(山藷)'는 민(閩)[18]·광(廣)[19] 지역에 본래 있었다. 그중에 일명 '번저(番藷)'에 대해서는 토박이들이 다음과 같이 전언했다. "근년에 어떤 사람이 해외에서 이 종자를 얻었다. 해외 사람들이 또한 이 종자를 가지고 그들의 국경을 벗어나지 못하게 금하였다. 그래서 이 사람은 고구마덩굴을 구하여 물 긷는 통의 새끼끈 속에 꼬아 넣어서 마침내 바다를 건널 수 있었다. 이로 인하여 고구마덩굴을 나누어 옮겨 심어 민(閩)·광(廣)의 경내에 대략 유통하게 되었다."

산저(山藷)와 번저(番藷) 이 2종류의 줄기와 잎은

徐玄扈 甘藷蔬 藷有二種. 其一名"山藷", 閩、廣故有之. 其一名"番藷", 則土人傳云:"近年有人, 在海外得此種. 海外人亦禁不令出境. 此人取藷藤, 絞入汲水繩中, 遂得渡海. 因此分種移植, 略通閩、廣之境也."

兩種莖葉多相類, 但山藷

---

16 감저소(甘藷疏):중국 명나라 정치가이자 학자인 서광계가 고구마 재배법과 활용법을 기록한 책. 《종저보》에서 가장 많은 분량으로 인용했다. 따라서 여기의 "고구마" 항목에서도 가장 많은 분량을 차지한다.

17 《農政全書》卷27〈樹藝〉"蓏部"'甘藷'(《農政全書校注》, 689쪽);《種藷譜》〈敍源〉第1(《農書》36, 436~437쪽).

18 민(閩):중국 복건성(福建省) 일대의 옛 지명. 본래는 월족(越族)에서 갈려 나온 소수민족의 하나를 지칭하던 이름이었으나, 이들이 지금의 복건성에 거주했던 데에서 의미가 확장되어 복건성을 지칭한다.

19 광(廣):중국 광동성(廣東省)과 광서성(廣西省) 일대.

대부분 서로 비슷하다. 다만 산저는 지지대[援]를 꽂거나 나무에 의지하게 해야 살지만, 번저는 땅에 덩굴을 뻗어 살아간다. 산저의 모양은 덩이가 층층이 나고, 번저의 모양은 둥글면서 길다. 맛은 번저가 매우 달고, 산저는 그보다 못하다. 대개 중국의 여러 책에서 말하는 저(藷)는 모두 산저이다.

마와 산저는 분명히 다른 2종류이고, 번저와는 또 다른 3종류이므로 모두 서로 전혀 비슷하지 않다. 안 우리나라에 전해진 고구마종자는 영종(英宗, 영조) 을유(乙酉, 영조41, 1765)년에 일본에서 처음으로 들어 왔다. 이 종자는 아마도 번저였을 것이다. 산저와 같은 품종은 아직 보지 못했다.

군방보 20 고구마는 모양이 둥글면서 길다. 꼬리와 머리가 모두 뾰족하다. 속살은 자색이고 껍질은 백색이다. 바탕의 결은 기름기가 있고 윤기가 난다. 맛은 달고 평이하다[平]. 큰 것은 잔이나 주먹만 하고 또 그 크기가 사발만 한 놈도 있다. 향은, 막 자랄 때는 목서[桂]21꽃향과 비슷하다. 익었을 때는 장미로(薔薇露)22향과 비슷하다. 줄기 하나가 뻗어나가 100개에 가까운 수십 개의 줄기가 되고, 그 줄기의

植援附樹乃生, 番藷蔓地生. 山藷形魁壘, 番藷形圓而長. 其味則番藷甚甘, 山藷爲劣耳. 蓋中土諸書所言藷者, 皆山藷也. ②

薯蕷與山藷, 顯是二種, 與番藷爲三種, 皆絶不相類. 按 我東傳種, 始于英宗乙酉來自日本, 蓋番藷也. 若山藷則未之見焉.

群芳譜 藷, 形圓而長, 本末皆銳. 肉紫皮白, 質理膩潤. 氣味甘平. 巨者如杯如拳, 亦有大如甌者.
氣香, 生時似桂花, 熟者似薔薇露. 一莖蔓延至數十百莖, 節節生根.

---

20 《二如亭群芳譜》〈亨部〉“蔬譜” 2 '甘藷'(《四庫全書存目叢書補編》80, 329쪽).
21 목서[桂]：쌍떡잎식물 물푸레나무과의 상록 대관목. 원문의 한자는 '계(桂)'이지만, 이는 현대의 계수나무를 가리키는 것이 아니라 목서(木犀)를 가리킨다.
22 장미로(薔薇露)：장미와 장미속 식물. 중국 광동성(廣東省)과 절강성(浙江省)에 분포한다. 사람의 가슴에 생긴 병을 치료하는 약재로 쓰인다.
② 《종저보》에는 여기서 한 칸을 띄웠다. 내용이 달라지기 때문이다. 실제로 인용문헌인 〈감저소〉에도 두 내용 사이에 다른 내용들이 적혀 있다. 편집방침상 원문에서 한 칸을 띄어 쓰면 원문과 번역문을 앞 단락에서 한 줄 띄웠으나, 《만학지》에서는 그렇지 않기에 단락만 바꾸었다.

마디마디에 알뿌리를 낸다.

<table>
<tr>
<td>

화한삼재도회 23 고구마는 유활채(柔滑菜)24에 속한다. 덩굴과 잎은 마와 같다. 처음 난 잎은 자색이다가 자라면 녹색이 된다. 다만 마와 같이 윤기가 나지는 않는다. 덩굴을 땅에 묻으면 곳곳에 뿌리를 낸다. 알뿌리의 길이는 0.4~0.5척, 둘레는 0.2~0.3척이다. 양끝은 좁다. 생으로 먹으면 담백하면서 달고, 올방개[烏芘]25의 맛이 난다. 삶아서 먹으면 호박맛이 난다.

유구국(琉球國)26에 많이 있다. 살주(薩州)27 및 비주(肥州)28와 장기(長崎)29에도 많이 심는다. 거위알이나 달걀처럼 둥근 덩어리는 색이 또한 선명하지 않다. 또한 황백색을 띠는 고구마는 매우 달고 맛이 좋다.

</td>
<td>

和漢三才圖會 甘藷屬柔滑菜. 蔓葉同薯蕷. 初生葉紫色, 長則綠色, 不如薯蕷潤津③. 其蔓埋地, 處處生根, 長四五寸④, 周二三寸, 兩頭窄. 生食之, 淡甘, 有烏⑤芘氣; 煮食, 有南瓜氣味,

琉球國多有之. 薩州及肥州、長⑥崎, 亦多種之. 其如鵝卵、鷄卵⑦圓者魁也, 色亦不鮮, 又有黃白色者, 甚甜美.

</td>
</tr>
</table>

---

23 《和漢三才圖會》卷102〈柔滑菜〉"甘藷"(《倭漢三才圖會》12, 198쪽);《種藷譜》〈敍源〉第1(《農書》36, 437~438쪽).

24 유활채(柔滑菜) : 잎이 부드럽고 미끄러운 채소류.

25 올방개[烏芘] : 현화식물문 사초과 여러해살이풀. 아래 13)번 항목에 나온다.

26 유구국(琉球國) : 현재 일본 오키나와현 일대에 위치했던 독립국. 유구국은 중국이나 일본, 동남아시아 등과의 중계무역으로 번성하였다. 여러 차례 일본의 침략을 받아 1879년에 일본에 강제로 병합되어 멸망하였다.

27 살주(薩州) : 현재 일본 가고시마[鹿兒島]현 서부에 지역.

28 비주(肥州) : 현재 일본 규슈 구마모토현[熊本縣] 지역.

29 장기(長崎) : 일본 나가사키[長坂]현 남부. 서피저(西彼杵)반도와 장기반도의 아래 부분에 위치한 지역.

③ 津 :《和漢三才圖會·柔滑菜·甘藷》에는 "澤".

④ 寸 : 저본에는 "尺".《和漢三才圖會·柔滑菜·甘藷》에 근거하여 수정.

⑤ 烏 : 저본에는 "鳥".《和漢三才圖會·柔滑菜·甘藷》에 근거하여 수정.

⑥ 長 :《和漢三才圖會·柔滑菜·甘藷》에는 "其根大抵長".

⑦ 卵 : 저본에는 없음.《和漢三才圖會·柔滑菜·甘藷》에 근거하여 보충.

강필리(姜必履)[30] 감저보(甘藷譜)[31][32] 고구마는 일본인들이 '고고이문과(古古伊文瓜)'라 부른다. 유구국에서는 '번가(番茄)'라 부른다. 대마도 사람들에게 들으니, 주애국(周厓國)에서 처음 생산되었다고 한다. 주애국의 민간에서는 고구마로 곡식을 대신하므로

甘藷譜 甘藷, 倭人呼爲 "古古伊文瓜", 琉球國呼爲 "番茄". 聞之對馬島人, 初産周厓國. 其俗以藷代穀, 禁不得出境.

고구마뿌리

고구마잎1

고구마잎2

수확한 고구마(이상 임원경제연구소, 파주시 파주읍 연풍리에서 촬영)

---

30 강필리(姜必履):1713~1767. 조선 후기 문신. 1763년 일본에 통신사(通信使)로 갔던 조엄(趙曮)이 대마도에서 고구마 종자를 가져왔는데, 1764년부터 동래부사(東萊府使)로 재직하고 있던 그는 고구마 재배를 권장하여 성과를 거두자, 《감저보(甘藷譜)》를 써서 고구마 보급에 힘썼다.

31 강필리 감저보(甘藷譜):강필리가 1766년에 저술한, 고구마의 재배·이용에 관한 책. 고구마 재배법을 소개한 우리나라 저술로는 최초이다. 서유구(徐有榘, 1764~1845)가 지은 《종저보(種藷譜)》 등에 인용되어 있으나, 원본은 일실되었다.

32 출전 확인 안 됨;《種藷譜》〈敍源〉 第1《農書》36, 438~440쪽).

국경 밖으로 나가지 못하게 금하였다.

여사국(呂私國)[33] 사람 중에 그 나라에 온 상인이 있었다. 그가 몰래 한 줄기를 훔쳐 돌아가서 마침내 남국(南國, 필리핀)에 두루 퍼뜨렸다. 여사는 곧 일본의 속국이라고 한다. 살펴보니, 주애(周厓)는 주애(朱厓)가 와전된 글자인 듯하다【안 여사(呂私)는 곧 여송(呂宋)이라는 글자가 와전된 것이다】.

有呂私國人之業商至彼者, 潛竊一莖以歸, 遂遍南國. 呂私卽日本屬國云. 按周厓疑朱厓之訛【按 呂私, 卽呂宋字訛也】.

---

33 여사국(呂私國) : 필리핀의 군도(群島) 북부에 있는 가장 큰 섬을 통치했던 나라. 여송국(呂宋國)이라고도 한다.

閩廣之境也兩種莖葉多相類但山藷植援附樹其
乃生蕃藷蔓地生山藷形魁壘蕃藷形圓而長其
者皆山藷也番藷甚甘山藷與山藷芳顯耳益二種與諸書所言諸三
味則番藷甚甘山藷也番藷甚番藷也
種皆自日本而未嘗有種則未始見英宗乙酉群芳
來自日本者如本末肯本銳有大紫如皮白質理膩潤香生時氣
藷藷形圓者如本末肯本銳有肉紫如皮白質理膩潤香生
味甘平戶者如蒿薇露一莖蔓延至數十百莖葉同節
節生桂花視者似蒿薇露一莖蔓延至數十百莖葉同
埋地處處生葉根紫色長四五則幾周二三寸兩頭窄其蔓生食
之薩州及肥州地長崎蒸食亦多種之其氣味如鵝卵鷄卵圓多者
魁也甘藷亦不鮮人國初入產亢業崖國至其俗者以藷代穀一莖葉
不得出境對馬島私人國初入產亢業崖商至其彼者以潛藷代穀一莖葉
以歸遠遍南國呂私即日本屬國云按周
崖怤朱崖之訊呂按呂私即書郎呂朱字訊也按周

甘藷

〔名品〕一名山藷一名番藷一名朱藷一名紅山藥一
名番薯大者名玉枕今云赤芋俗云琉球芋又云
長山崎芋也〔南方草木狀〕甘藷薯蕷之類或云芋類
味同薯蕷一〔按〕此云芋根如芋者蒸煮食之
藷殊不類芋也〔異物志〕甘藷出交廣其根似今番
亦有巨魁如鵞卵小者似鷄鴨卵剥去紫皮
肌肉正白如脂肪有重數十斤者味有發深山遂
史類編甘藷生朱崖〔廣志〕嶺外多藷聞有極甘香名
谷而得者甘藷連屬有重數十斤者味極甘香名
閩廣故有之其一名番藷疏藷則土人傳云其近一年有人藷
在海外得此種海外人亦禁不令此分種移過入略通
藤絞入汲水緶中遂得渡海因此分種移過人取藷

고구마 항목 첫 부분 오사카본1. 편집 지시가 전혀 없이 정서되어 있다.

肥亦肉正白如脂肪

亦有巨魁大者如鵝卵小者如雞鴨卵剝去紫褐皮

史類編甘藷生朱厓有枝塊連屬有重數十斤者味極甘香名山藷

廣志甘藷似芋出交趾紫褐

玉桃

閩廣故藷有之其一名番藷蔬藷則土人傳云近年有人

谷而得者枝塊連屬有重數十斤者味極甘香名山藷

徐玄扈曰甘藷則土人分種蔓後植暑通藷

在海外得此種兩種莖葉多相類但山藷形圓而長援附其樹

藤絞入人汲水絙海中遂得渡海因此令出種植而長其

乃生蔓莖之藷也兩地生山藷葉形魁壘類番藷但藷分種後植

閩廣之境也兩種藷蔓生地生山莖葉多相類番藷結實子繁如薯蕷

者皆山藷也曰嶺與山藷頴是中土藷與番藷書所言為三藷

味則番藷甚異番薯嶺與山藷傳種未之見焉英宗乙酉羣芳

来自曰今而長蓋藷者藷也若山藷東薯傳種未之見焉

譜甘藷味甘平形巨圓者如杯如拳亦有大紫皮顑者氣香潤氣時

節似桂花根花熟者漢三薇露會一莖蔓屬柔消菜蔓葉同節

埋藷地初生葉紫色長四五尺周二三寸藷蔓節節生根長食蔓

고구마 항목 첫 부분 고대본2

成置焙籠中微火烘乾亦佳 本草 又法刮去黃

皮以水浸之糝白礬末火許入水中經宿淨洗去

延焙乾用 圖經 本草

瑣言薯蕷若欲掘取嘿然則獲唱名便不同得[言山]

中採掘人有植之者隨所種之物而像之也 [苑異]

甘藷

[名品]一名山藷一名番藷一名朱藷一名紅山藥一

名番薯大者名玉桃今云赤芋俗云琉球芋又云

長山崎芋 [南方草本也] 甘藷根葉亦如芋根大如拳[凝]蒸煑食之類 或云芋之類

蒔味同薯蕷芋也 [按]此云根葉如芋者疑指山藷 今番 [異物志]甘藷出交廣其根似芋 今番

고구마 항목 첫 부분 고대본1(고려대 도서관 한적실)

## 2) 알맞은 토양

심는 곳은 모래밭이어야 하고, 매우 비옥하게 해
주어야 한다.

【안】 모래흙을 귀하게 여기는 까닭은 모래가 푸석
푸석하여 뿌리를 뻗기가 쉽기 때문이다. 그러나 흰
모래흙은 으레 대부분 비옥하지 않다. 이런 땅은 반
드시 거름에 의지해서 관리해야 한다. 만약에 거름
을 깔아 비옥함이 적당해지면 또 3번 밭 갈고 9번
써레질하여 토맥(土脈)을 성글성글하게 해 주면 굳은
땅이 푸석푸석 부드럽게 변한다. 이것이 이른바 흙
을 약하게 만든다는 것이다】서광계《감저소》[34]

우리나라(명나라) 동남쪽 바닷가의 높은 지역에는
당(塘, 제방)과 포(浦, 포구)가 곳곳에 많이 있다. 조수
가 모래진흙을 실어다 쌓으면 해마다 이를 준설해
준다. 그러면 준설해 준 흙이 양쪽 가에 쌓인다. 이
렇게 높은 땅에는 이미 벼를 심을 수가 없다.

목화[吉貝]를 심으면 또한 오랜 가뭄이 들 때 벌레
가 생긴다. 콩을 심으면 이익이 적고, 쪽을 심으면
본전이 많이 든다. 오직 고구마를 심으면, 새로 일
군 땅이 모두 조수의 모래흙인데다가 흙의 성질이
푸석푸석해서 고구마에 가장 적합하다. 이는 일반
적인 흙과 매우 다르다.

【안】 일반적으로 알덩이나 뿌리를 사용하는 채소

## 土宜

種須沙地, 仍要極肥.

【按】所貴乎沙土者, 其爲虛
鬆易行根也. 然沙白之土
例多不肥. 此須藉淤蔭而
治之. 苟淤蔭得宜, 又復三
耕九耰, 令土脈疏爽則疆
㙤化爲鬆頓, 所謂强土而
弱之也】徐玄扈《甘藷疏》

吾東南邊海高鄉, 多有橫
塘縱浦. 潮沙淤塞, 歲有
開濬. 所開之土積於兩崖.
此等高地, 旣不堪種稻.

若種吉貝, 亦久旱生蟲. 種
豆則利薄, 種藍則本重. 
惟用種藷, 則新起之土, 皆
是潮沙, 土性虛浮, 于藷最
宜, 特異常土.

【按】凡蔬蓏之用卵用根者,

---

34 《農政全書》卷27 〈樹藝〉 "蓏部" '甘藷'(《農政全書校注》, 689쪽); 《種藷譜》〈土宜〉第4(《農書》36, 
452~453쪽).

류나 풀열매류는 모두 푸석푸석하고 부드러운 모래 진흙땅을 좋아한다. 왜냐하면 뿌리가 뻗어나가기 쉽기 때문이다. 그러므로 지금 사람들은 무를 심을 때 호숫가나 강가에서 장마철에 새로 조성된 밭을 가장 귀하게 여긴다. 7월에 물이 빠질 때를 기다렸다가 무를 가꾸면 무가 번성하고 잘 번식하니, 다른 밭과는 매우 다르다.

皆喜沙泥鬆頓之地, 爲其易行根. 今人種萊菔, 最貴濱湖濱江潦泥往來之田. 待七月水退, 藝以萊菔, 則滋胤蕃息, 迥異他田.

내가 생각하기에, 고구마를 심을 때도 이러한 땅을 사용해야 한다. 심기 2~3개월 앞서 가장 높이 올라간 땅을 고르고 쌓인 모래흙을 돋우어 높은 두둑을 만든다. 두둑은 장마가 진 해에 물이 찼던 한계선에 견주어 이보다 1~2척 높게 만든다. 이 두둑 위에 씨고구마를 심는다.

余謂種藷亦宜用此地. 先於二三月, 擇最高仰處, 挑起淤泥, 作爲高埒. 視潦年水至之限, 令高一二尺, 種卵于埒上.

7월에 장마가 물러갔을 때 또 고구마덩굴을 잘라다가 낮은 땅에 넓게 꽂아 심으면 당연히 2배로 수확하게 될 것이다. 박제가(朴齊家)[35]의 《북학의(北學議)》[36]에서 "살곶이[箭串][37], 밤섬[栗島][38] 등지에서 고구마를 많이 심을 수 있다."[39]라 했으니, 이 말에서

七月潦收, 又剪藤, 廣挿于下之地, 則當得倍收. 朴齊家《北學議》云"箭串、栗島等地可多種藷", 亦有見乎此也】同上

---

35 박제가(朴齊家) : 1750~1805. 조선 후기에 청나라의 발달한 학문과 기술을 받아들이자고 주장한 북학파의 한 사람. 연암(燕巖) 박지원(朴趾源)을 스승으로 모시고 공부하였으므로 누구보다도 국내 상업과 외국 무역에 대한 이해가 깊었다. 저서로 《북학의(北學議)》가 있다.

36 북학의(北學議) : 박제가가 북경에 가서 청나라의 발달된 기술문명을 배우고 돌아와 1778년(정조 2)에 지은 책. 내·외 2편으로 구성되어 있다. 내편은 일상생활에 필요한 모든 기구와 시설에 대한 개혁론을 제시했다. 외편에는 농업기술의 개량과 국내 상업, 외국 무역의 이점 등을 담고 있다. 《임원경제지》의 주요 인용 문헌이다.

37 살곶이[箭串] : 서울시 성동구 뚝섬 일대.

38 밤섬[栗島] : 서울시 영등포구 여의도동에 있던 섬으로 전의감(典醫監) 소속의 약포(藥圃)와 뽕나무밭이 있었다. 1968년 폭파되어 사라졌다가 최근 다시 모래가 퇴적하여 철새도래지가 되었다.

39 살곶이[箭串]……있다 : 《北學議》〈進上本北學議〉 "種藷"(박제가 지음, 안대회 교감 역주, 《완역정본 북학의》, 돌베개, 2013, 461쪽).

도 이 사실을 알 수 있다】서광계《감저소》⁴⁰

어떤 사람이 "고구마는 본래 남쪽에서 생산되는 작물인데도 그대는 옮겨 심을 수 있다고 하셨소. 그렇다면 북경의 남쪽과 북쪽에서 변방 지역에까지 모두 심어 식량에 보탬이 될 수 있겠습니까?"라고 물었다.

나는 이렇게 답했다. "될 수 있습니다. 고구마는 봄에 심고 가을에 거두어들이는 작물로, 다른 곡식과 다르지 않소. 북경 변두리의 땅에 곡식 재배가 없어지지 않았는데, 어찌 고구마만 재배에 적당하지 않겠습니까?"

【안】지금 북경 사람들 사이에는 고구마 재배가

或問"藷本南産, 而子言可以移植, 不知京師南北, 以及諸邊, 皆可種之以助人食否?"

余曰: "可也. 藷春種秋收, 與諸穀不異. 京邊之地不廢種穀, 何獨不宜藷耶?"

【按】今燕京人種藷特盛.

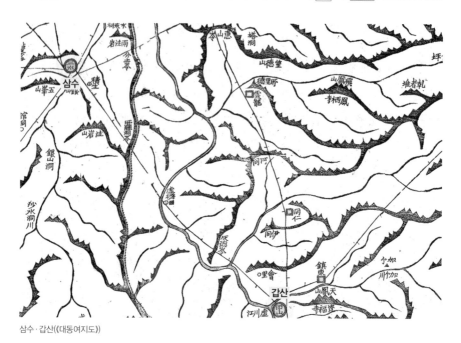

삼수·갑산(《대동여지도》)

40 《農政全書》卷27〈樹藝〉"蓏部"'甘藷'(《農政全書校注》, 691~692쪽);《種藷譜》〈土宜〉第4(《農書》36, 453~454쪽).

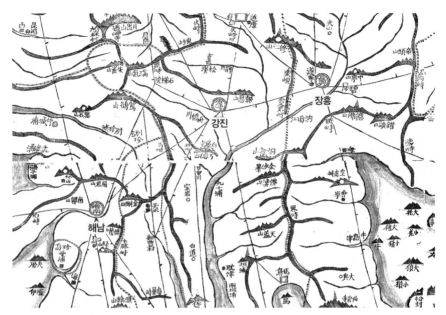

강진·해남(《대동여지도》)

특히 성행하고 있다. 고구마를 찌거나 구워 팔면 이익은 곡식이나 채소에서 얻는 이익과 같다. 북경보다 북쪽 지방인 심양(藩陽)[41] 같은 곳에서도 모두 더욱 그러하다고 한다. 서광계의 주장은 믿을 만하고 실제로 증거도 있다.

우리나라의 북쪽 끝에 있는 주와 군들의 북극고도(위도)는 41°로 심양과 서로 일치한다. 남으로는 강진(康津)[42]·해남(海南)[43]에서 북으로는 삼수(三水)[44]와

蒸煨貨之, 利肩穀菜, 更北如藩陽等地皆然云. 玄扈之論信而有徵矣.

我東深北州郡極高四十一度, 與藩陽相直. 南自康津、海南, 北至三水、甲山,

---

41  심양(藩陽) : 중국 요녕성(遼寧省)의 성도(省都).

42  강진(康津) : 전라남도 강진군 강진읍·군동면·칠량면·대구면·도암면·신전면·성전면·작천면·병영면·옴천면·마량면 일대.

43  해남(海南) : 전라남도 해남군 해남읍·삼산면·화산면·현산면·송지면·북평면·북일면·옥천면·계곡면·마산면·황산면·산이면·문내면·화원면 일대.

44  삼수(三水) : 함경남도 삼수군 간령리·개운성리·관동리·관서리·관평리·관홍리·광생리·동수리·령성리·룡복동리·반룡기리·번포리·삼곡리·신양리·신전리·신포동리·원동리·일자봉리·중평장리·천남리·청수리·풍덕리·회골리 일대. 압록강의 지류에 면하여 있고, 곡식·목재의 산지이다.

갑산(甲山)45에 이르기까지 모두 고구마를 심어 가꿀 수 있다. 혹자가 "풍토가 알맞지 않다[風土不宜, 풍토불의].'46라고 한다면 이는 편견이다}. 서광계《감저소》47

강남의 강 수위보다 낮은 밭[圩]은 고구마 재배에 적당하지 않다. 땅에 평상시에 쪽과 콩을 심었던 높은 땅과 같은 경우 고구마로 바꾸어 심으면 몇 배의 수확이 있다. 양자강 이북의 경우 흙은 더욱 높고 땅은 더욱 넓으니, 곧 그 이익이 백 배는 될 것이다. 서광계《감저소》48

작년에 일본에서 씨고구마를 구입하여 내부(萊府)49에 심어 보았다. 잘 되기도 하고 안 되기도 했다. 그 이유를 자세하게 살펴보니, 이는 오로지 흙의 성질이 단단한지 부드러운지 여부에 달려 있었다. 대체로 고구마는 푸석푸석한 흙을 좋아한다. 그래야만 비로소 뿌리가 뻗어나갈 수 있기 때문이다.

그러나 푸석푸석한 흙이 너무 깊은 곳까지 있으

皆可種藝. 或云"風土不宜"者方隅⑧之見也}. 同上

江南田圩下者, 不宜藷. 若高仰之地, 平時種藍種豆者, 易以種藷, 有數倍之獲. 大江以北, 土更高, 地更廣, 卽其利百倍矣. 同上

昨年購藷種于日本, 種之萊府, 或成或不成. 細察之, 專由土性硬頓之如何耳. 大抵藷喜鬆土, 始得行根.

然虛浮過深, 則其根但深

---

45 갑산(甲山):함경남도 갑산군 갑산면·동인면·산남면·진동면·회린면 일대. 개마고원의 중심부로, 교통이 불편하고 바다에서 멀리 떨어져 있다.

46 풍토가……않다:《왕정농서(王禎農書)》의 저자 왕정은 '풍토불의론(風土不宜)'을 배격해야 한다고 말했다. 전문은 풍석 서유구 지음, 임원경제연구 소 옮김, 《임원경제지 전공지》 2, 풍석문화재단, 2022, 84~87쪽을 함께 참조. 또한〈감저소〉의 저자 서광계도 이에 동의했고(풍석 서유구 지음, 정명현·김정기 옮김, 《임원경제지 본리지》 1, 소와당, 2008, 295~346쪽) 이 주장들을 서유구도 적극 받아들이며《임원경제지》여러 곳에서 강조했다.

47 《農政全書》卷27〈樹藝〉"蓏部"'甘藷'(《農政全書校注》, 693쪽);《種藷譜》〈土宜〉第4(《農書》 36, 455쪽).

48 《農政全書》, 위와 같은 곳;《種藷譜》, 위와 같은 곳.

49 내부(萊府):지금의 부산광역시 동래구(東萊區)를 포함한 영남의 동쪽 지방 전체. 동래부(東萊府)를 가리킨다.

⑧ 隅:저본에는 "偶". 오사카본·《種藷譜·土宜》에 근거하여 수정.

면 뿌리는 깊이 들어가기만 할 뿐 끝내 씨알을 맺지는 못한다. 반드시 푸석푸석한 흙의 0.5~0.6척 아래에서【안 이는 포백척(布帛尺)을 기준으로 말한 것이다】단단한 생토(生土)50를 만나야 한다. 그런 뒤에 뿌리가 더 이상 뚫고 들어갈 수가 없으면 비로소 뿌리의 기운이 맺혀 알이 주먹만 하게 굵어진다.

대마도(對馬島, 일본 나가사키현 쓰시마섬)의 고구마는 작은 것이 계란만 하고 큰 것이 거위알 만하다. 고구마 각각이 충실하게 찬 이유는 땅이 모두 밑에는 돌처럼 단단하지만 위에는 푸석한 흙이 조금 있어서 뿌리가 깊이 들어가지 못하고 맺혀서 알이 되었기 때문이다.

【안《산거요술(山居要術)》에 "참마를 씨 뿌리는 법은 다음과 같다. 3~5개의 구덩이를 만들고 그 아래에 빽빽하게 벽돌을 깐다. 구덩이 사면 바닥에 역시 벽돌을 대서 뿌리가 따로 옆면의 흙으로 뻗어 들어가는 것을 막는다."51라 했다. 이는 대개 그 뿌리가 가늘어질까봐 염려해서이다. 고구마를 심을 때도 또한 늘 이 법을 사용해야 한다】강필리《감저보》52

땅은 반드시 높고 평평하며, 양지쪽의 기름진 모래흙이 있는 곳에다 땅을 골라야 한다. 굳고 강한

入而已, 終不抱卵. 須於鬆土五六寸之下【按 此以布帛尺言】, 遇堅硬生土, 然後根不能鑽入, 始氣結磅礴如拳.

對馬島藷小如鷄卵, 大如鵝卵, 箇箇充實者亦由地⑨皆石确而上有浮土若干, 根不深入, 結而爲卵故也.

【按《山居要術》"種諸蕷法, 作三五所坑, 下密布甎. 四圍亦側布磚, 防根別入傍土." 蓋懼其根細也. 種藷, 亦當用此法】姜氏《甘藷譜》

擇地必於高平沙土膏腴向陽之處. 若堅剛之土則糞

---

50 생토(生土) : 이제까지 파 헤쳐진 적이 없는 흙.
51 참마를……막는다 : 출전 확인 안 됨;《農政全書》卷27〈樹藝〉"蓏部"'山藥'(《農政全書校注》, 688쪽).
52 출전 확인 안 됨;《種藷譜》〈土宜〉第4(《農書》36, 455~456쪽). 앞의 '8. 마[薯蕷, 서여]' 항목에 여기와 같은 내용이 나온다.
⑨ 地 : 저본에는 "此". 오사카본·《種藷譜·土宜》에 근거하여 수정.

땅인 경우는 거름을 주어 토맥을 부드럽고 느슨하게 해 주면 효과가 역시 빼어나다. 고구마의 본성은 습기를 싫어하므로 낮고 습한 땅만 피하면 된다. 김장순(金長淳)[53]《감저보(甘藷譜)[54]》[55]

之, 令土脈和緩亦妙. 藷性惡濕, 故只忌下濕之地耳.

<u>金氏《甘藷譜》</u>

---

53 김장순(金長淳) : ?~?. 조선 후기 농학자. 1763년(영조 39) 통신사 조엄(趙儼)이 대마도에서 고구마 종자를 들여왔으나 그 재배가 영남 지역에만 그치자, 김장순은 9년 동안의 연구 끝에 1813년(순조 13)에 이르러 선종한(宣宗漢)과 함께 다량의 고구마 종자를 기호 지방에 보급하기 시작하였다.

54 김장순 감저보(甘藷譜) : 김장순이 고구마 재배와 이용법에 관하여 1813년에 편찬한 농업서. 서문·범례·문답에 이어서 재배법, 먹는 법, 강필리《감저보》의 틀린 곳 논변의 순으로 기술되어 있다. 책 끝에는 아직 전래되지 않은 감자[北藷]에 대해서도 언급하였다. 서유구의《종저보(種藷譜)》에 대부분이 수록되어 있다.

55 출전 확인 안 됨 ; 《種藷譜》〈土宜〉第4《農書》36, 456~457쪽).

## 3) 심는 시기

고구마는 2월에 심는다.《남방초목상》[56]

씨고구마 보관하기는 반드시 상강(霜降) 전에 하고, 씨고구마 심기는 반드시 청명(淸明) 후에 해야 한다. 또 씨고구마의 반을 남겨 두었다가 곡우(穀雨) 후에 심어야 한다. 이는 청명 전후에는 아직 얇은 살얼음이 얼고 서리가 살짝 내리기 때문이다.

【안】 우리나라 경상도와 전라도 연해 지방에서는 청명 후에 심어야 한다. 한강 이남과 한강 이북의, 가까운 산간 고을에서는 곡우를 기다린 뒤에 심어야 한다. 이 시기가 대체로 서리가 확실하게 그치고 토맥이 부드러워진 뒤이기 때문이다】《감저소》[57]

고구마싹은 2~3월에서 7~8월까지 모두 심을 수 있다. 다만 맺히는 고구마알에 크기 차이가 있을 뿐이다.《감저소》[58]

일반적으로 고구마는 2~3월에 심을 경우에 고구마가 땅을 차지하는 넓이는 그루당 가로세로의 길이 각각 2.5보(步)[59]에 걸쳐 알이 두루 퍼진다. 4~5월에 심을 경우에는 땅넓이 가로세로의 길이 각각 2보에

時候

甘藷二月種.《南方草木狀》

藏種必於霜降前, 下種必於淸明後. 更宜留一半, 於穀雨後種之, 恐淸明左右, 尚有薄淩[10]微霜也.

【按】 我國嶺、湖南沿海地方當以淸明後種. 漢南、漢北近峽州郡當待穀雨後種, 大抵以霜信快止, 土脈融和爲後耳】《甘藷疏》

藷苗, 二三月至七八月, 俱可種, 但卵有大小耳. 同上

凡藷, 二三月種者, 其占地也, 每科方二步有半, 而卵徧焉. 四五月種者, 地方二步而卵徧焉; 六月種者, 地

---

56 출전 확인 안 됨;《種藷譜》〈種候〉第3(《農書》36, 450쪽).
57 《農政全書》卷27〈樹藝〉"蓏部"'甘藷'(《農政全書校注》, 691쪽);《種藷譜》, 위와 같은 곳.
58 《農政全書》卷27〈樹藝〉"蓏部"'甘藷'(《農政全書校注》, 692쪽);《種藷譜》, 위와 같은 곳.
59 보(步): 여기에서 1보=5척이다.
[10] 淩: 저본에는 "棱".《農政全書·樹藝·蓏部》에 근거하여 수정.

걸쳐 알이 두루 퍼진다. 6월에 심는 고구마는 땅 넓이 가로세로의 길이 각각 1.5보에 퍼진다. 7월에 심는 고구마는 땅넓이 가로세로의 길이 각각 1보에 걸쳐 알이 두루 퍼진다.

方一步有半; 七月種者, 地方一步而卵皆徧焉.

8월에 심을 경우에 땅넓이 가로세로의 길이 각각 3척 이내에서 고구마알을 얻을 수 있다. 하지만 알이 가늘고 작다. 고구마 심는 밀도는 대략 이를 기준으로 한다.

八月種者, 地方三尺以內, 得卵, 細小矣. 種之疏密, 略以此準之.

가로세로의 길이 각각 2보인 넓이로 심으면 1묘에 60그루가 된다. 가로세로의 길이 각각 1.5보인 넓이로 심으면 1묘에 106여 그루가 된다. 가로세로의 길이 각각 1보인 넓이로 심으면 1묘에 140그루가 된다. 가로세로의 길이 각각 3척인 넓이로 심으면 1묘에 960그루가 된다.[60]

方二步者, 畝六十科也; 方一步有半者, 畝一百六科有奇也; 方一步者, 畝一[11]百四十科也; 方三尺者, 畝九百六十科[12]也.

9월에 휴전에 고구마를 심는다. 그러면 젓가락이나 대추 같은 알이 생긴다. 이를 종자로 삼는다. 이는 송강(松江)[61]에서 고구마 심는 법이다. 북쪽 지방은 일찍 추워지므로 심는 시기를 1개월 일찍으로 해

九月畦種, 生卵[13]如箸如棗, 擬作種. 此松江法也, 北方早寒, 宜早一月算. 又在視天氣寒煖[14], 臨時斟

---

60 가로세로의……된다 : 이 단락에서 길이와 넓이 단위는 다음과 같이 환산된다. 1보=5척, 1묘=240보². 그러므로 가로세로 2보에 씨고구마 1개씩 심으면 1묘에 60그루를 심을 수 있다. 즉 "240보²÷(2보×2보)=60(그루)"과 같은 식이다. 또한 가로세로 1.5보에 1그루씩 심는 경우도 마찬가지이다. 즉 "240보²÷(1.5보×1.5보)=106.666……(그루)"이 되어 본문에서 "106여 그루가 된다."는 설명과 부합한다. 이 환산식에 의거하면, 가로세로 1보인 넓이에 140그루를 심을 수 있고, 가로세로 3척인 넓이에 960그루를 심을 수 있다고 한 본문은 잘못이다. 즉 가로세로 1보인 경우는, "240보²÷(1보×1보)=240(그루)"가 된다. 따라서 본문의 "140그루"는 "240그루"로 수정되어야 한다. 또 가로세로 3척인 경우는, "240보²÷(0.6보×0.6보)=666.666……(그루)"가 된다(3척=0.6보이다). 따라서 본문의 "960그루"는 "666여 그루"로 수정되어야 한다.
61 송강(松江) : 일본 주고쿠[中國] 지방 시마네현(島根縣)의 현청 소재지.
[11] 一 : 1묘=240보²으로 환산되는 점에 의거하여 "一"은 "二"가 되어야 한다. 자세한 설명은 번역문 각주 참조.
[12] 九百六十科 : 1묘=240보²으로 환산되는 점에 의거하여 "六百六十六科有奇"가 되어야 한다. 자세한 설명은 번역문 각주 참조.
[13] 生卵 : 《農政全書·樹藝·蓏部》에는 "卵生", 《種藷譜·傳種》에는 "生卵".
[14] 煖 : 저본에는 "煥". 《種藷譜·傳種》에 근거하여 수정.

아려야 한다. 또 날씨의 차가움과 따뜻함을 살펴 심
을 즈음에 시기를 잘 헤아리는 데 달려 있을 뿐이
다.《감저소》[62]

酌耳. 同上

서광계는 "춘분 후에 고구마를 심는다."[63]라고 했
고, 또 "고구마 심기는 반드시 청명 후에 해야 한
다."[64]라고 했다. 이는 모두 남쪽 지방에서 고구마를
심는 시기이다. 우리나라의 절기가 청명일 때는 서

徐玄扈云"春分後下種", 又
云:"下種, 必於淸明後".
此皆南方種候也. 我東節
候淸明時, 霜冷猶緊, 須待

고구마밭(임원경제연구소, 파주시 탄현면 대동리에서 촬영)

---

62 《農政全書》卷27〈樹藝〉"蓏部"'甘藷'(《農政全書校注》, 693쪽);《種藷譜》〈傳種〉 第2(《農書》36,
450~451쪽).
63 춘분……심는다:《農政全書》卷27〈樹藝〉"蓏部"'甘藷'(《農政全書校注》, 691쪽). 뒤의 '4) 종자 전하기'
첫 기사에 보인다.
64 고구마……한다:《農政全書》卷27〈樹藝〉"蓏部"'甘藷'(《農政全書校注》, 689쪽). 앞의 '3) 심는 시기' 둘
째 기사에 보인다.

리가 차서 흙이 여전히 부드러워지지 않는다. 그러므로 반드시 곡우가 되기를 기다렸다가 고구마를 심으면 된다.

【안 우리나라 전라도 연해 고을의 북극고도(위도)는 중국 강남(江南)의 북극고도와 겨우 1~2°만 차이난다. 그러나 강절(江浙)[65] 지역에서 심는 시기를 따라서는 안 된다. 다만 서울의 절기에 대략 맞추어 심는다】. 강필리《감저보》[66]

굳이 청명일과 곡우일에 얽매일 필요는 없다. 다만 서리가 걷히고 따뜻해질 때를 기다려 심으면 된다. 김장순《감저보》[67]

穀雨後下種可也.

【按 我東湖南沿海州郡極高, 與江南極高只爭一二度, 當用江浙種候不可, 但以漢陽節候槪之也】姜氏《甘藷譜》

不必拘於淸明、穀雨, 但待霜斂日和時下種可也. 金氏《甘藷譜》

---

65 강절(江浙) : 중국 강소성(江蘇省)과 절강성(浙江省).
66 출전 확인 안 됨;《種藷譜》〈種候〉第3(《農書》36, 451~452쪽).
67 출전 확인 안 됨;《種藷譜》〈土宜〉第4(《農書》36, 452쪽).

## 4) 종자 전하기

종자를 보관하는 데는 다음의 2가지 법이 있다.
① 하나는 '씨알 전하기[傳卵, 전란]'이다. 9~10월에 고구마의 씨알을 팔 때 뿌리에서 가까이에 먼저 난 씨알로 골라 손상되지 않도록 한다. 이를 연한 풀로 싸고 바람이 통하는 곳에 걸어 두어 음지에서 말린다. 이를 춘분 후에 심는다.

② 다른 하나는 덩굴 전하기[傳藤, 전등]이다. 8월 중에 뿌리에서 가까운 곳의 오래된 덩굴을 골라 길이 0.7~0.8척이 되도록 잘라 취한다【안 서광계의 《감저소》에서 말하는 척도는 모두 주척(周尺)이다】. 이렇게 자른 덩굴 7~8개씩을 작은 다발로 삼는다. 땅을 갈아 두둑을 만들고 덩굴다발을 부추 휴전법[畦韭法]68과 같이 옮겨 심는다.

1개월 남짓이 지나면 덩굴마다 마늘머리모양과 같은 작은 알을 낸다. 겨울에는 추위를 꺼려 하기 때문에 풀로 만든 용기로 조금 덮어 둔다. 다음해 봄이 되면 나누어 심는다. 원래의 씨알을 흙속에 두면 동지 후에 문드러지지 않는 알이 없다.

【안 여기에서 말한 씨알 전하기 법은 남쪽 지역이 좋고 북쪽 지역에는 좋지 않다. 북쪽 지역의 기후는 차갑기 때문에 노지에 알을 걸어 두어 바람이 들면 얼어 죽을 염려가 있다. 반면 덩굴을 잘라 휴종하는 법은 남쪽 지역과 북쪽 지역이 모두 좋다.

## 傳種

藏種有二法: 其一"傳卵". 于九十月間掘諸卵, 揀近根先生者, 勿令傷損. 用軟草苞之, 掛通風處, 陰乾, 至春分後, 種之.

其一"傳藤". 八月中揀近根老藤, 剪取長七八寸【按 玄扈《疏》所言尺度皆周尺也】. 每七八條作一小束, 耕地作埒. 將藤束栽種, 如畦韭法.

過一月餘, 卽每條下生小卵如蒜頭狀. 冬月畏寒, 稍用草器蓋, 至來春, 分種. 若原卵在土中者, 冬至後, 無不壞爛也.

【按 此所云傳卵之法, 宜南而不宜北. 北土氣寒, 露掛通風, 輒患凍死也. 若剪藤畦種之法, 南北俱宜, 然恐野鼠竄掘. 須四圍砌

---

68 부추 휴전법[畦韭法]:《임원경제지 관휴지》 권2 〈채소류〉 "부추[韭, 구]"(풍석 서유구 지음, 임원경제연구소 옮김, 《임원경제지 관휴지》 1, 147~150쪽)에 자세히 보인다.

그러나 들쥐가 숨어 들어와 씨알을 파낼까 염려된다. 그러므로 반드시 사방 주위에 돌을 쌓아 두되, 지금의 인삼 심는 법과 같이 한다.[69] 우엉씨[鼠粘子, 서점자]를 깔아 두어도 된다】《감저소》[70]

고구마뿌리는 지극히 부드럽고 연하여 흙속에 있으면 매우 쉽게 문드러진다. 그러므로 바람에 말려서 보관해야지, 흙속에 넣어 두어서는 안 된다. 또 얼음이 얼 정도의 추위를 견디지 못한다.

내가 민중(閩中)[71]의 씨고구마를 사서 북쪽으로 왔다. 그리고 가을에 덩굴 전하기법을 활용했다. 나무통 하나를 만들고, 그 속에 덩굴과 씨고구마를 옮겨 심었다. 봄에 나무통째로 가져와서 영(嶺)을 넘은 다음 나누어 심었더니, 모두 살아났다.

봄에 씨고구마를 가져올 때는, 뿌리 전하기 방식을 택하여 가지고 왔다. 때때로 덩굴 전하기 법으로 가져와 심었더니, 덩굴이 문드러지기도 하였고, 문드러지지 않는 경우에는 싹이 나는 시기 또한 더뎠다. 오직 뿌리를 달고 있는 것만이 힘이 좋아 쉽게 살아났다. 알도 매우 일찍 냈다. 《감저소》[72]

石, 如今種蔘之法, 而上鋪鼠粘子可也】《甘藷疏》

藷根極柔脆, 居土中甚易爛. 風乾收藏, 不宜入土, 又不耐氷凍也.

余從閩中市種北來, 秋時用傳藤法. 造一木桶, 栽藤種于中. 至春, 全桶携來, 過嶺分種, 必活.

春間携種, 卽擇傳根者持來. 有時傳藤或爛壞, 不壞者, 生發亦遲. 惟帶根者, 力厚易活, 生卵甚早也. 同上

69 지금의……한다 : 《임원경제지 관휴지》 권4 〈약초류〉 "인삼" '4) 심기와 가꾸기' 둘째 기사(풍석 서유구 지음, 임원경제연구소 옮김, 《임원경제지 관휴지》 2, 풍석문화재단, 2022, 116~117쪽)에 보인다.

70 《農政全書》 卷27 〈樹藝〉 "蓏部" '甘藷'(《農政全書校注》, 690쪽);《種藷譜》 〈傳種〉 第2《農書》 36, 439~440쪽).

71 민중(閩中) : 중국 한대(漢代)의 군(郡) 이름으로, 지금의 복건성[福建省]과 절강성([浙江省] 동남부.

72 《農政全書》 卷27 〈樹藝〉 "蓏部" '甘藷'(《農政全書校注》, 690쪽);《種藷譜》 〈傳種〉 第2《農書》 36, 440~441쪽).

씨고구마와 덩굴 보관하는 3가지 법: ① 상강 전에 집의 동남쪽이면서 서풍이 없고 동쪽 해가 드는 곳을 고른다. 볏짚을 바닥에 쌓는다. 볏짚은 가로세로 10척 남짓, 높이 2척 정도가 되게 한다.

그 위 사방 주위에 다시 볏짚을 쌓되, 높이 2척으로 하여 그 속을 비운다. 비운 곳은 가로세로 2척 정도로 볏짚을 두른다. 여기에 씨고구마를 두고 다시 볏짚을 덮는다.

대나무를 묶어 지지대[架]를 만든 다음 그 위에 대그릇을 덮어, 이 대그릇에 덮을 예정인 볏짚을 버티게 해 준다. 가로세로 10척에 깔았던 볏짚 위에 다시 볏짚을 높이 쌓아 덮는다. 이때 씨고구마가 바람을 맞거나 비나 눈이 들이치지 않을 정도까지 쌓고서 그친다.

② 볏짚을 바닥에 1척 남짓 깐다. 그 위에 풀 태

藏種三法: 其一: 以霜降前, 擇於屋之東南無西風有東日處, 以稻草疊基, 方廣丈餘, 高二尺許.

其上更疊四圍, 高二尺, 而虛其中, 方廣二尺許. 用稻穩襯之, 置種焉, 復用穩覆之.

縛竹爲架, 籠罩其上以支上覆也. 上用稻草高垜覆之, 度令不受風氣、雨雪乃已.

又一法: 稻穩[15]襯底一尺

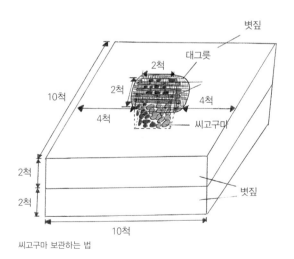

씨고구마 보관하는 법

---

15 穩: 저본에는 "隱". 오사카본·《農政全書·樹藝·蓏部》에 근거하여 수정.

운 재를 더하여 1척을 채운다. 그 속에 씨고구마를 두고 다시 재를 두텁게 덮어 준다. 그 위에는 볏짚을 매우 두텁게 비스듬히 덮어 준다.

餘, 上加草灰盈尺[16], 置種其中, 復以灰穢厚覆之, 上用稻草斜苫之, 令極厚.

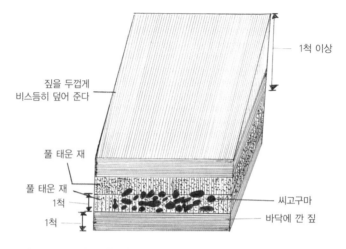

1척 이상

짚을 두껍게
비스듬히 덮어 준다

풀 태운 재

풀 태운 재
1척
1척

씨고구마
바닥에 깐 짚

볏짚과 재로 씨고구마 보관하는 법

③ 덩굴과 씨알을 함께 잘 둔다. 모두 문드러지지 않을 수 있지만 씨알이 덩굴보다 더 잘 견딘다. 이를 또 자기동이에다 8월에 옮겨 심는다. 상강이 되어 앞의 2가지 법과 같이 보관하면 또한 살아난다. 반면 땅광에 보관한 덩굴이나 씨알은 전부 문드러진다. 《감저소》[73]

二法: 藤卵俱合并安置, 俱得不壞, 而卵較勝. 又以磁盆於八月中移栽, 至霜降, 如前二法藏之, 亦活. 其窖藏者, 仍壞爛也. 同上

씨고구마와 덩굴을 보관하는 어려움 중 하나는 이것들이 습기에 약하다는 점이고, 또 하나는 동결

藏種之難, 一懼濕, 一懼凍. 入土, 不凍而濕; 不入

---

73 《農政全書》, 위와 같은 곳;《種藷譜》〈傳種〉第2(《農書》36, 441~442쪽).

[16] 尺 : 저본에는 "凡". 오사카본·규장각본·《農政全書·樹藝·蓏部》에 근거하여 수정.

에 약하다는 점이다. 흙속에 넣으면 얼지는 않지만 습하다. 흙속에 넣지 않으면 습하지는 않지만 언다.

앞의 2가지 법(앞 기사의 ①과 ②)은 결코 습기와 동결의 피해를 입지 않을 수 있게 한다. 이 때문에 씨고구마와 덩굴을 온전히 보관할 수 있다. 북쪽 땅의 경우는 바람이 세고 날씨가 추우므로 두터운 볏짚으로 덮어 준다. 이는 동결 피해에서 벗어나지 못할까 걱정되기 때문이다.

땅광 속은 습기가 도리어 적다. 이 때문에 아래 지방(남쪽 지방)에서는 그대로 땅광에 두어 보관하는 법을 쓴다. 나의 말대로 해 보되, 지역에 따라 가감해서 사용하기를 바란다. 《감저소》[74]

북쪽 지방에서 고구마 심기가 남쪽 지방인 민(閩)·광(廣)만 못한 이유는 단지 삼동(三冬, 10·11·12월)의 얼음 어는 추위에 종자 보관하기가 어렵기 때문일 뿐이다. 씨고구마의 동결 피해를 피하고자 하면 땅광 보관만 한 법이 없다.

내 고향(저자 서광계의 고향은 남쪽 지방인 송강부 상해현)에서 땅광에 보관할 때도 습기를 꺼리기 때문에 습기가 없도록 땅광을 판다. 그러므로 북쪽 지방의 지대가 높은 곳과 같은 경우는 땅을 10척 남짓 파야 습기의 피해를 입지 않는다. 땅광에 들여야만 동결 피해를 피해서 싹을 낼 수 있다.

그러므로 지금 경사(京師, 북경)에서 채소와 과일

土, 不濕而凍.

向二法令必不受濕與凍, 故得全也. 若北土, 風氣高寒, 卽厚草苫蓋, 恐不免氷凍.

而地窖中, 濕氣反少. 以是下方仍著窖藏之法, 冀因愚說, 消息用之. 同上

北方種藷, 未若閩、廣者, 徒以三冬氷凍留種爲難耳. 欲避氷凍, 莫如窖藏.

吾鄕窖藏, 又忌水濕. 若北方地高, 掘土丈餘, 未受水濕. 但入地窖, 卽免氷凍, 仍得發生.

故今京師窖藏菜果, 三冬

74 《農政全書》卷27〈樹藝〉"蓏部"'甘藷'(《農政全書校注》, 690쪽);《種藷譜》〈傳種〉第2(《農書》36, 442쪽).

을 땅광에 보관하면 삼동인데도 봄여름과 다름이 없다. 또한 일정한 법대로 불을 피워 겨울에도 꽃이 피고 라류(蘿類)열매를 맺게 하는 경우도 있다. 씨알과 덩굴을 보관하는 일은 강남보다 더욱 쉬운 것이다.

【안】 우리나라에서 씨알과 덩굴을 보관할 때, 한강 남쪽에서는 볏짚 덮어 보관하는 법[稻穩蓋藏法, 도은개장법]을 써야 한다. 한강 북쪽은 땅광에 보관하는 법[窖藏法, 교장법]을 써야 한다. 그러나 해당 지역 기후의 한난(寒暖)이나 토지의 습도를 살펴 그에 알맞게 융통해야지 한 가지 법에 얽매여서는 안 된다】《감저소》[75]

민(閩) 지방 사람의 말에 종자 보관하는 또 하나의 법이 있다. 상강 전에 오래된 고구마덩굴을 잘라서 종자로 삼는다. 먼저 큰 단지를 깨끗이 씻고 햇볕에 말리거나 불에 쬐어 말린다.

다음에는 덩굴을 잘라 햇볕에 7/10~8/10 정도로 말린다. 마른 볏짚껍질을 단지 안에 깔고 덩굴을 똬리처럼 틀어 볏짚 속에 둔다. 그런 다음에 볏짚껍질로 단지아가리를 막는다.

이에 앞서 땅을 파 구덩이를 만들어 둔다. 구덩이 속 습기의 정도를 헤아려 습기의 피해를 입지 않게 한다. 깊게는 2척 정도, 얕게는 땅과 수평이 되

之月, 不異春夏. 亦有用法煨熱, 令冬月開花結蘿者. 其收藏藷種, 當更易於江南耳.

【按】我東藏種, 漢南當用稻穩蓋藏法, 漢北當用窖藏法. 然須觀該地風氣寒暖、土地燥濕而變通之, 不可膠泥一法也】同上

復有一閩人說留種法: 於霜降前, 剪取老藤作種. 先用大罈洗淨, 曬乾或烘乾.

次剪藤, 曬至七八分乾. 用乾稻草殼襯罈, 將藤蟠曲, 置稻草中. 次用稻草殼塞口.

先掘地作坎, 量濕氣淺深, 令不受濕. 深或二尺許, 淺或平地. 先用稻草殼或礱

---

[75]《農政全書》卷27〈樹藝〉 "蘿部" '甘藷'(《農政全書校注》, 693~694쪽);《種藷譜》〈傳種〉第2(《農書》36, 442~443쪽).

게 구덩이를 판다. 그런 다음 먼저 볏짚껍질이나 왕겨를 바닥에 두께 0.2~0.3척으로 깐다. 이어서 단지를 거꾸로 그 위에 세운다. 다음에는 흙을 구덩이에 가득 채운다. 그 상태에서 단지 바닥 쪽의 흙을 높이 0.4~0.5척이 되도록 더 높이 쌓는다.

다음해 청명 후에 단지를 꺼내면 단지 속의 덩굴에는 싹이 이미 나 있을 것이다. 이 설은 여러 지방에서 모두 사용할 수 있을 듯하다. 그러니 앞의 법과 함께 알아야 한다. 《감저소》[76]

糠鋪底, 厚二三寸, 將罈倒卓其上. 次實土滿坎, 仍塡高, 令罈底土高四五寸.

至來年淸明後, 取起, 卽罈中已發芽矣. 是說, 疑諸方具可用, 幷識之. 同上

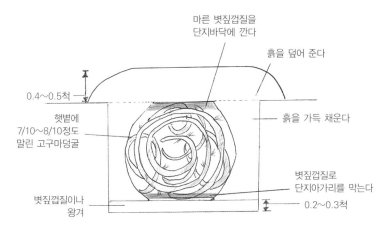

마른 볏짚껍질을
단지바닥에 깐다

흙을 덮어 준다

0.4~0.5척

햇볕에
7/10~8/10정도
말린 고구마덩굴

흙을 가득 채운다

볏짚껍질로
단지아가리를 막는다

0.2~0.3척

볏짚껍질이나
왕겨

고구마덩굴을 종자 삼아 보관하는 법

민중(閩中)에서 종자 보관하기를 할 때 덩굴과 씨알을 모두 햇볕에 7/10~8/10 정도로 말려 거둔다. 이후로는 남쪽 지역이든 북쪽 지역이든 고구마종자를 보관할 때는 모두 말린 종자를 사용해야 한다.

閩中藏種, 藤卵俱曬七八分乾收之. 向後, 南北收藏, 俱宜用乾者. 或半用不乾者雜試之.

76 《農政全書》卷27〈樹藝〉"蓏部"'甘藷'(《農政全書校注》, 691쪽);《種藷譜》〈傳種〉第2(《農書》36, 443~444쪽).

말리지 않은 덩굴이나 씨알을 반쯤 섞어 써보기도
한다.

【안】 김장순 《감저보》에서는 "종자를 말리면 말
라 죽으니, 어찌 이를 종자로 삼을 수 있겠는가?"[77]
라고 했다. 하지만 이는 반드시 그렇지만은 않을 듯
하다. 지금 과일이나 채소의 종자를 햇볕에 말렸다
가 해를 넘긴 뒤 흙속에 넣어도 생기가 넘친다. 그
렇다면 어찌 말리면 종자가 말라 죽는다고 말하겠
는가?

그러나 남쪽 지역 사람들이 반드시 말려서 보관
하는 까닭은 아마 습하여 썩는 피해를 염려하기 때
문일 것이다. 만약 습기를 멀리할 수 있다면 비록 말
리지 않더라도 괜찮다》《감저소》[78]

【按】 金氏《甘藷譜》謂: "乾
則枯死, 寧可作種?" 此恐
未必然. 今菓菜種子燥曝,
經年, 一入土中, 生意盎
然, 何謂乾便枯死乎.

然南人所以必須乾收者,
蓋懼濕敗也. 苟可以遠濕,
雖不乾, 亦可也】同上

다른 법: 상강 전에 뿌리에서 가까운 씨알 중에
조금 더 견실한 씨알을 그늘에서 말린다. 그런 다음
연한 풀을 각각의 씨알 사이에 두고서 별도로 연한
풀로 전체를 싼다. 이를 바람도 없고 따뜻하며 서리
와 눈을 멀리하면서 동결 피해가 없는 곳에 둔다.

【안】 이 법은 서광계가 말한 종자 보관하는 법 2
가지 중 첫째인 씨알 전하기 법과 서로 비슷하다. 하
지만 '연초각친(輭草各襯, 연한 풀을 각각의 씨알 사이에 둔
다)'이라는 4글자가 가장 관건이 될 만하다. 대개 고

一法: 霜降前, 取近根卵稍
堅實者陰乾. 以輭草各襯,
另以輭草裹之, 置無風和
暖, 不近霜雪, 不受冰凍
處.

【按】 此法, 與徐玄扈傳卵
法第一條相近, 而"輭草各
襯"四字爲得肯綮. 蓋藷卵
最忌相磨戞, 則輒壞爛也】

---

77 종자를……있겠는가: 출전 확인 안 됨.
78 《農政全書》卷27 〈樹藝〉 "蓏部" '甘藷'(《農政全書校注》, 691쪽);《種藷譜》〈傳種〉 第2(《農書》36,
443~444쪽).

구마의 씨알은 서로 마찰되는 것을 가장 꺼린다. 마
찰되면 곧 썩어 문드러지기 때문이다】《군방보》[79]

다른 법: 상강 전에 뿌리와 덩굴을 거두어 햇볕에
말린다. 부뚜막 아래에 깊이가 약 1.5~1.6척이 되
도록 땅광을 판다【안 《군방보》에서 말하는 척도는
모두 주척이다】. 먼저 왕겨 0.3~0.4척을 넣고, 다음
으로 뿌리와 덩굴을 놓는다. 그런 다음 그 위에 다
시 왕겨 0.3~0.4척을 더하고 흙으로 덮는다【안 부
뚜막 밑에 땅광을 파는 까닭은 동결과 습기를 가장
잘 막아 주기 때문이다. 지금 사람들이 파초뿌리를
보관할 때 대부분 이 법을 사용한다[80]】.《군방보》[81]

다른 법: 7~8월에 오래된 덩굴과 씨알을 나무통
이나 자기나 와기 속에 넣어 둔다. 상강 전에 빈 둥
구미에 옮겨 넣고, 왕겨를 부어 고구마 사이사이에
채운다. 그런 다음 햇볕이 들면서 불 가까운 곳에
둔다. 이를 춘분에 심는다.《군방보》[82]

9월 상강 전에 고구마를 캐서 흠 없이 좋은 알을
골라 종자로 삼는다. 햇볕이 드는 곳에 구덩이를 파
고 여기에 볏짚 및 메밀대를 깔아 준다. 또 황토를

《群芳譜》

一法: 霜降前, 收取根藤,
曝令乾. 於竈下, 掘窖約深
一尺五六寸【按《群芳譜》
所言尺度皆周尺也】. 先下
稻糠三四寸, 次置種, 其上
更加稻糠三四寸, 以土蓋
之【按 竈下掘窖, 最禦凍
濕. 今人藏芭蕉根, 多用此
法也】. 同上

一法: 七八月取老藤種, 入
木筩或磁、瓦器中, 至霜降
前, 置草篅中, 以稻糠襯,
置向陽近火處. 至春分後
種之. 同上

九月霜降前採取, 揀其完
好者作種子. 掘坑於向陽
之地, 鋪以稻草及蕎麥稭.

79 《二如亭群芳譜》〈亨部〉"蔬譜" 2 '甘藷'(《四庫全書存目叢書補編》80, 330쪽);《種藷譜》〈傳種〉第2(《農
書》36, 444~445쪽).
80 《관휴지》권2 〈채소류〉 "7. 생강" '7) 종자 보관하기'에 땅광(움집)에 보관하는 법이 보인다.
81 《二如亭群芳譜》〈亨部〉"蔬譜" 2 '甘藷'(《四庫全書存目叢書補編》80, 330쪽);《種藷譜》〈傳種〉第2(《農
書》36, 445쪽).
82 《二如亭群芳譜》, 위와 같은 곳;《種藷譜》〈傳種〉第2(《農書》36, 445~446쪽).

체로 쳐서 볏짚 및 메밀대와 고르게 섞고, 고구마종자를 그 위에 놓고 덮어서 보관하되, 종자가 서로 닿지 않게 한다. 짚거적으로 구덩이 위를 두텁게 덮어주어 비가 스며들거나 얼어 손상되는 일을 방지한다.《일본종저방(日本種藷方)[83]》[84]

고구마의 본성은 지극히 연하고 부드러워 조금이라도 얼면 바로 썩기 때문에 종자를 보관하기가 매우 어렵다. 혹자는 "땅광에 보관하면 썩지 않는다."라고 했다. 그러나 땅광에 시험해보니 또한 부패하거나 상하여 쓸 수가 없었다.

【안 땅광에 보관할 때는 먼저 그 땅의 습도를 살펴야 한다. 만약 낮고 습한 땅에 보관한다면 솜을 묶어 불길에 들어가는 일과 무엇이 다르겠는가? 이와 같으니, "땅광에는 보관할 수 없다."라는 설은 보편적인 논의가 아니다】강필리《감저보》[85]

다른 법: 상강 전에 껍질에 흠이 없고 살이 실한 고구마를 골라 깨끗이 씻는다. 마른 볏짚으로 둥구미를 짠다. 또 볏짚을 썰고 고구마종자와 섞어 둥구미 속에 담는다. 이를 사람들이 사는 따뜻한 집의 벽에 걸어 두면 겨울을 나도록 상하지 않을 수 있다.

又將黃土篩下攪和, 將諸種藏掩, 毋令相戛. 用稿苦厚覆坑上以防雨滲凍損.《日本種藷方》

諸性極輭脆, 少凍輒敗[17], 藏種最難. 或云"窖藏則不敗". 然試之亦腐傷, 不可爲也.

【按 窖藏, 當先觀其地燥濕. 苟藏之下濕之地, 何異束蘊而就焰也. 如是而曰"窖不可藏"則非通論也】姜氏《甘藷譜》

一法: 霜降前擇皮完肉實者, 洗淨, 以乾稻草編作苞篰. 又剉稻草和諸種, 藏於苞篰中, 掛人居煖屋壁上, 可經冬不傷. 皮雖小

---

83 일본종저방(日本種藷方) : 미상. 중국의 문헌으로 추측된다.
84 출전 확인 안 됨 ;《種藷譜》〈傳種〉第2(《農書》36, 446쪽).
85 출전 확인 안 됨 ;《種藷譜》, 위와 같은 곳.
[17] 敗 : 저본에는 "取". 오사카본·《種藷譜·傳種》에 근거하여 수정.

껍질이 비록 조금 말라도 무방하다. 지금의 토란종자 보관하는 법과 같다.[86] 강필리《감저보》[87]

다른 법: 질동이에 흙을 담아서 고구마알을 층층이 쌓고 빽빽하게 꽂는다. 그런 후 목판으로 동이의 밑을 받쳐서 따뜻한 집 안에 둔다. 동이 위의 흙이 마르면 새 흙으로 바꿔 준다. 그러면 또한 겨울을 나도록 썩지 않는다. 강필리《감저보》[88]

다른 법: 고구마종자를 깨끗이 씻고 깨끗한 항아리 속에 넣는다. 그 아가리를 단단히 봉한 다음 따뜻한 집 안에 둔다. 그러면 또한 겨울을 나도록 썩지 않는다.

【안 김장순《감저보》에서 "고구마종자는 물로 씻어서는 안 된다. 이는 고구마가 습기를 꺼리기 때문이다."[89]라고 했다. 그러나 고구마알을 깨끗이 씻었을 때는 바로 햇볕에 말리면 또한 해가 없다】강필리《감저보》[90]

먼 곳에서 종자를 구하여 올 때는 종자끼리 서로 닿는 것을 꺼린다. 서로 닿으면 껍질이 손상되기 때문이다. 또 종자들이 쌓여서 눌리는 것을 꺼린다.

乾, 亦無妨. 與今藏芋種法同. 同上

一法: 用瓦盆盛土, 以藷卵層疊密插, 以木板承盆底, 置煖屋中. 盆上土若乾燥, 易以新土, 亦經冬不敗. 同上

一法: 洗淨藷種, 納于淨潔缸中, 堅封其口, 置之煖屋中, 亦經冬不敗.

【按 金氏《甘藷譜》云: "諸種不可水洗, 爲其忌濕[18]也." 旣洗淨, 旋復晾乾, 則亦無害】同上

其自遠取種而來也, 忌相觸戞, 觸戞則皮損. 忌壓積, 壓積則氣蒸. 必用輭

---

86 《임원경제지 관휴지》권3〈풀열매류〉"8. 토란"에 종자 보관하는 법이 자세히 보인다.

87 출전 확인 안 됨;《種藷譜》〈傳種〉第2(《農書》36, 447쪽).

88 출전 확인 안 됨;《種藷譜》, 위와 같은 곳.

89 고구마종자는……때문이다: 출전 확인 안 됨;《種藷譜》, 위와 같은 곳.

90 출전 확인 안 됨;《種藷譜》, 위와 같은 곳.

18 濕: 저본에는 "溫". 오사카본·《種藷譜·傳種》에 근거하여 수정.

쌓여서 눌리면 수증기가 맺히기 때문이다. 그러므로 이때는 반드시 제주도 사람들이 밀감을 싸듯이 연한 풀로 서로 붙지 않게 종자들을 싸 준다. 그러나 또한 반드시 공기가 통하도록 해 주어야 한다. 강필리 《감저보》[91]

草相隔裹之, 如耽羅人裹柑, 然又必使疏通其氣. 同上

일반적으로 종자 보관할 때는 그 크기를 막론하고 새 씨알 중에 껍질에 흠이 없고 견실한 씨알로 고른다. 이에 앞서 질박하면서도 두꺼운 질항아리나 오지항아리를 물로 씻는다. 이를 다시 불에 쬐거나 햇볕에 말려 물기를 다 없앤다. 그러면 비로소 고구마종자를 여기에 저장한다.

凡藏種不論大小, 擇新卵皮完堅實者, 先用質厚瓦缸或瓮罈. 以水洗之, 復火烘或曬乾, 令水氣淨盡, 始貯諸種.

질기면서도 두꺼운 기름종이로 아가리를 여러 겹 봉한다. 이를 따뜻한 집 안에 두어 바깥 기운이 들어올 수 없게 한다. 강추위가 찾아오면 볏짚으로 항아리를 싸서 조금도 얼지 않게 한다. 얼면 반드시 상한다.

以堅厚油紙封口數重, 置諸煖屋內, 使外氣不得入. 當祁寒則以草稿裹缸, 勿令小凍, 凍則必敗.

또 다른 법: 땅광 10척 남짓에 서까래를 걸치고 거기에 거적을 덮어 지금 사람들이 사는 토굴처럼 만든다. 고구마를 그 속에 두면 또한 겨울을 나도 상하지 않는다.

又法: 窖地丈餘構椽苫蓋, 如今人所居土窟, 置諸種其中, 亦經冬不傷.

이상 2가지 법으로 보관한 고구마종자를 모두 6~7일에 한 번씩 점검해 본다. 혹 썩은 곳이 있으면 칼로 도려 내고, 도려 낸 곳을 불로 지진다. 그럼으로써 점점 부패가 다른 알들을 상하게 하지 않도록

已上二法俱於六七日一點閱, 或有腐敗處, 以刀刮去, 以火烙之, 勿令漸染敗群.

---

91 출전 확인 안 됨; 《種藷譜》〈傳種〉 第2 (《農書》 36, 448쪽).

한다.

대개 고구마의 본성은 추위에 약하고 습기를 싫어한다. 이 때문에 뿌리 하나가 부패하거나 상하면 그 즙이 옆 뿌리로 옮아 간다. 그렇게 점차적으로 전염되어 반드시 모두 상한 후에야 그친다. 하지만 반드시 날씨가 맑고 온화할 때를 골라 점검하면 괜찮다. 김장순《감저보》[92]

蓋藷性畏寒惡濕, 故一根腐傷, 則其汁傳染旁根, 次次漸染, 必盡壞而後已也. 然必擇日氣晴和時, 點閱可也. 金氏《甘藷譜》

얽혀서 자라고 있는 고구마덩굴

알고구마를 떼 낸 고구마뿌리줄기

무성히 자란 고구마잎

고구마 캐는 여인(이상 임원경제연구소, 파주시 파주읍 파주리에서 촬영)

---

92 출전 확인 안 됨;《種藷譜》〈傳種〉第2《農書》36, 448~449쪽).

고구마는 종자를 전할 때 습기와 동결을 꺼린다. 겨울에는 집 안에서 동이 속에 흙을 넣어 둔다 그리고 며칠 동안은 종자를 흙에 묻었다가 며칠 동안은 꺼내 놓는다. 이때 절대로 소홀히 처리하다가 모든 고구마가 일시에 상하지 않게 해야 한다.《북학의》[93]

甘藷傳種, 忌濕忌凍. 冬天屋裏置土於盆中, 埋之數日, 拔之數日. 切勿放過以致萬顆之一時壞了也.《北學議》

고구마는 종자를 보관하기가 가장 어렵다. 습하면 썩어 문드러져 죽고, 건조하면 말라 죽으며, 뜨거우면 훈증되어 죽고, 추우면 얼어 죽는다. 오직 콩 타작하는 마당에 쌓인 티끌처럼 습하지 않고 건조하지 않으며 뜨겁지 않고 차갑지 않아야 고구마종자를 보관할 수 있다.《행포지》[94]

甘藷最難藏種. 濕則爛死, 燥則枯[19]死, 熱則蒸死, 寒則凍死. 惟輾[20]豆場坌, 不濕不燥, 不熱不冷, 可藏藷種.《杏蒲志》

93 《北學議》〈進上本北學議〉"種藷"(박제가 지음, 안대회 교감 역주, 《완역정본 북학의》, 461~462쪽).

94 《杏蒲志》卷3〈總論果蓏〉"種甘藷"(《農書》36, 188쪽).

[19] 枯:《杏蒲志·總論果蓏·種甘藷》에는 "熯".

[20] 輾:《杏蒲志·總論果蓏·種甘藷》에는 "碾".

## 5) 심기와 가꾸기

12월에는 땅을 갈고 똥으로 거름준다. 춘분 후에 종자를 심는다. 이에 앞서 재와 썬 풀이나 소똥이나 말똥을 흙속에 섞어 준다. 그럼으로써 토맥을 느슨하게 해 주면 종자가 뿌리를 뻗을 수 있다. 땅을 2척 정도 깊이로 다시 간다.

고구마종자를 종자마다 길이 0.2~0.3척으로 잘라 심은 다음 흙으로 덮어 준다. 덮는 깊이는 0.5척 정도로 하여 대략 마 심는 법과 같이 한다.[95] 그루마다의 거리는 몇 척이 되게 한다.

【안 남쪽 지방의 기온은 따뜻하여 12월에도 밭을 갈 수 있다. 하지만 북쪽 지방의 흙의 경우는 가을에만 밭을 갈아야 한다】《감저소》[96]

인가에는 보통 빈터가 있기 마련이다. 그곳에는 모두 고구마를 심을 수 있다. 만약 땅이 모래흙이 아니면 섶이나 풀 태운 재를 많이 써서 보통 흙에 섞고 넣어 준다. 그러면 푸석푸석하기가 모래흙과 같아질 것이다. 그러므로 저잣거리의, 지대가 낮고 좁으면서 단지 몇 척 넓이밖에 안 되는 적은 땅일지라도 해를 볼 수 있는 곳이면 종자를 심어 1석 정도를 수확할 수 있다.

## 種藝

臘月耕地, 以大糞壅之, 至春分後下種. 先用灰及剉草或牛馬糞和土中, 使土脈散緩, 可以行根. 重耕地二尺許深.

將諸種截斷, 每長二三寸種之, 以土覆. 深半寸許, 大略如種薯蕷法. 每株相去數尺.

【按 南方氣暖, 可以臘月耕. 若北土只宜秋耕耳】《甘藷疏》

人家凡有隙地, 悉可種藷. 若地非沙土, 可多用柴草灰, 雜入凡土, 其虛浮與沙土同矣. 卽市井湫隘, 但有數尺地, 仰見天日者, 便可種得石許.

---

95 마……한다 : 앞의 '8. 마[薯蕷]' 항목 '5) 심기와 가꾸기'에 자세히 보인다.
96 《農政全書》卷27 〈樹藝〉 "蓏部" '甘藷'(《農政全書校注》, 689쪽);《種藷譜》〈耕治〉 第5(《農書》36, 457~458쪽).

심는 법: 똥거름을 흙과 섞어 햇볕에 말린다. 여기에 섶이나 풀 태운 재를 섞어 대나무로 짠 그릇에 넣고 법대로 고구마를 심는다.

【안 《행포지》에 표전법(俵田法)[97]이 있다. 일본인들은 볏짚을 짜서 곡식을 담는 용기를 '표(俵)'라고 한다. 우리나라의 민간에서는 이를 '공섬(空石, 빈 섬]이라고 한다. 이는 서광계가 말한 대나무로 짠 그릇에 고구마 심는 법[竹籠種藷法]과 서로 비슷하다.

대개 산골 마을의 밭이 없는 사람을 위해서 고안한 농법이다. 가난한 농가에서 대나무로 짠 그릇을 많이 얻기가 어려우면 단지 낡은 공섬[退俵]에다 심어도 괜찮다】《감저소》[98]

고구마밭은 반드시 똥거름 섞은 재를 많이 넣어 매우 기름지게 만들어야 한다. 그런 뒤에 고구마가 무성해지기를 바랄 수가 있다. 강필리《감저보》[99]

고구마밭에는 다음의 2종류가 있다. ① 하나는 '앙전(秧田, 못자리)'이다. 가을과 겨울에 밭을 갈았다가 다음해 청명 이후 곡우 전에 또 3~4차례 밭을 간다.

밭을 갈 때 위로 올라온 등마루의 흙으로 두둑을 만들되, 높이는 포백척(布帛尺)으로 1척이면 된다【안 이 아래 김장순《감저보》에서 말하는 척도는 모두

其法: 用糞和土, 曝乾, 雜以柴草灰, 入竹籠中, 如法種之.

【按 《杏蒲志》有俵田法. 日本人謂編稻稿盛穀曰 "俵", 我東俗名"空石", 與玄扈所言竹籠種藷法相似.

蓋爲狹鄕無田者設也. 貧窶之家如難多得竹籠, 只用退俵種之可也】同上

藷田, 必多入糞灰, 令極肥腴, 然後可責滋茂. 姜氏 《甘藷譜》

藷田有二: 一曰"秧田". 秋冬耕之, 明年淸明後穀雨前, 又耕三四次.
起脊作壟, 高可布帛尺一尺【按 此下《金氏譜》所言尺度皆用布帛尺】. 種藷壟

---

97 표전법(俵田法) : 섬전(籧田)에 농작물을 재배하는 법.
98 《農政全書》 卷27 〈樹藝〉 "蓏部" '甘藷'(《農政全書校注》, 693쪽);《種藷譜》〈耕治〉 第5(《農書》 36, 458쪽).
99 출전 확인 안 됨;《種藷譜》, 위와 같은 곳.

포백척을 사용한다】. 고구마를 심은 두둑에 싹이 나서 덩굴이 뻗어나가면 이를 잘라서 다른 밭에 꽂아 심는다. 이는 벼 심을 때 못자리[秧田, 앙전]가 있는 방식과 같다.

上苗生延蔓, 則剪斷移揷他田, 如稻之有秧田也.

② 다른 하나는 '종전(種田, 모 내는 밭)'이라 한다. 종전 역시 가을과 겨울에 밭을 갈았다가 다음해 5월 보름 전에 다시 3~4차례 밭을 간다. 이때는 굳이 깊이 갈 필요가 없다. 단지 처음 쟁기질할 때의 깊이까지면 된다. 밭을 햇볕에 말리고 거름 주는 공정은 법대로 한다.

一曰"種田". 亦秋冬耕之, 明年五月望前, 更耕三四次. 不必深耕, 只以一犁深爲度. 曬曝糞治, 如法.

다시 쇳날가래로 흙덩이를 모아 두둑을 만든다. 너비는 1.7~1.8척이면 된다. 그리하여 덩굴줄기를 잘라 옮겨 꽂을 밭을 갖춘다. 이는 벼 심을 때 논[移種田]이 있는 방식과 같다.

更以鐵刃枚聚墢作壟, 廣可一尺七八寸, 以備剪莖移揷, 如稻之有移種田也.

대체로 고구마가 좋은 알이 되는지는 전적으로 종전의 밭갈이가 제대로 되었는가에 달려 있다. 자주 밭을 갈아 준 데다 햇볕에 말려 거름을 잘 주었으면 토맥(土脈)이 부드러워진다. 이는 쟁기질하지 않은 생토(生土)와 매우 다르다. 그러므로 고구마뿌리가 흙속으로 잘 뚫고 들어갈 수가 있는 것이다.

大抵藷之成卵, 全在種田耕治之得宜. 旣屢耕之, 且曬曝糞治, 則土脈柔緩, 與不受犁生土迥異, 故諸根能鑽入於土中.

그러다 고구마뿌리가 생토에 닿으면 더 이상 뚫고 들어갈 수가 없어 마침내 기운이 맺혀 알이 충만하여 커지게 된다. 그러므로 처음 쟁기질할 때의 깊이까지면 된다고 말했던 것이다. 지나치게 깊게 땅을 갈면 뿌리가 가늘어진다. 김장순《감저보》[100]

及至生土, 乃不能鑽入, 遂磅礡碩大, 故以一犁深爲度, 過深則根細也. 金氏《甘藷譜》

---

[100] 출전 확인 안 됨: 《種藷譜》〈土宜〉 第4(《農書》 36, 458~459쪽).

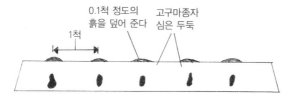

1척

0.1척 정도의
흙을 덮어 준다

고구마종자
심은 두둑

고구마종자 심기

앙전(秧田) 만들기를 법대로 했으면 고구마종자를 두둑에 가로로 심는다. 이어서 흙을 깊이 0.1척 정도로 덮는다. 그루마다의 거리 또한 1척까지로 한다.

심은 후 1개월 전후로 처음 싹이 난다. 줄기가 자라 적당한 길이가 되면 그제야 잘라서 옮겨 심는다. 고구마줄기가 너무 길어졌으면 줄기를 잘라 심더라도 살아난다. 김장순《감저보》[101]

2월에 재 및 썬 볏짚이나 소똥이나 말똥을 햇볕에 말린다. 이들을 잘게 부숴서 밭에 뿌린다. 그런 뒤 밭을 자주 푹 삶아 토맥을 부드럽고 느슨해지도록 힘쓰면 뿌리를 뻗어나갈 수 있다.

【안】 서광계는 다음과 같이 말했다. "오하(吳下)[102] 사람들이 유채 심는 법: 백로(白露, 양력 9월 8·9일경) 전 한낮에 진흙 붙은 풀뿌리를 김매어 뽑은 다음 햇볕에 말려 쌓는다. 이어 볏짚에 불을 붙여 풀뿌리를 태운다.

既治秧田如法, 將藷子橫種于壟上, 覆土, 深一寸許, 每科相去, 亦以一尺爲度.

種後一月左右始生芽. 待莖長合尺度, 乃剪斷移種. 藷子若太長, 則雖截斷種之亦生. 同上

二月用灰及剉稿或牛馬糞, 曬乾, 揉細撒田上, 屢耕熟治, 務令土脈細軟散緩, 可以行根.

【按】 徐玄扈言:"吳下人種油菜法:先于白露前, 日中鋤連泥草根, 曬乾成堆, 用穰草起火, 將草根煨過.

---

101 출전 확인 안 됨;《種藷譜》〈種栽〉第6(《農書》36, 462쪽).
102 오하(吳下):중국의 강소성(江蘇省)·안휘성(安徽省)·절강성(浙江省) 일대.

여기에 걸쭉한 똥을 대충 섞어 강바닥의 진흙과 같이 만든다. 그런 다음 다시 쌓고 그 꼭대기에 우물아가리와 같은 웅덩이를 만든다. 가을과 겨울에 걸쭉한 똥을 다시 3차례 준다. 이 똥거름재 섞은 진흙이 유채를 재배할 때 쓰는 덧거름이 된다.

다음해 9월에 땅을 2~3번 갈고 김매어 매우 부드럽게 한다. 앞의 똥거름재 섞은 진흙을 흙 위에 고르게 뿌린다. 납월에 또 걸쭉한 똥과 같이 만들어 뿌린다. 1월과 2월에 밭의 비옥함과 습도를 살펴 똥을 가감하여 덧거름을 4차례 준다. 순무 심는 법은 마땅히 이것을 본받아야 한다."[103]

내 생각에, 고구마줄기를 심을 때도 이 법을 사용해야 한다】《증보산림경제》[104]

일반적으로 씨고구마를 심을 때는 본 줄기와 접했던 곳이 위에 오고, 잔 수염뿌리가 있는 곳이 아래에 오도록 눕혀 심는다. 《증보산림경제》[105]

땅을 갈 때 등마루 흙을 1척 남짓이 되도록 일으킨 다음 종자를 등마루 흙 위에 심는다. 고구마뿌리를 매 단(段)마다 0.3~0.4척 길이로 자른다. 이를 심은 다음 흙을 0.5척 정도 깊이로 덮는다. 그루마다

約用濃糞攪和, 如河泥. 復堆起, 頂上作窩如井口. 秋冬間將濃糞再灌三次, 此糞灰泥爲種菜肥壅也.

到明年九月, 耕地再三, 鋤令極細. 用前糞灰泥均撒土面. 臘月又如濃糞. 正二月中視田肥瘦、燥濕加減. 糞壅四次. 種蔓菁法宜倣此."
余謂種藷子亦宜用此法】
《增補山林經濟》

凡種藷, 其本莖所接處居上. 其有細鬚處居下, 偃臥種之. 同上

耕地起脊尺餘, 種在脊上. 將藷根每段截三四寸長, 覆土深半寸許, 每株相去, 縱七八尺, 橫二三尺.《群

103 오하(吳下)……한다:《農政全書》卷28〈樹藝〉"蓏部"'藏菜'(《農政全書校注》, 731~732쪽).
104 출전 확인 안 됨:《種藷譜》〈耕治〉第5(《農書》36, 460쪽).
105 출전 확인 안 됨:《種藷譜》〈種栽〉第6(《農書》36, 461~462쪽).

거리는 세로로 7~8척, 가로로 2~3척이 되게 한다.    芳譜》
《군방보》106

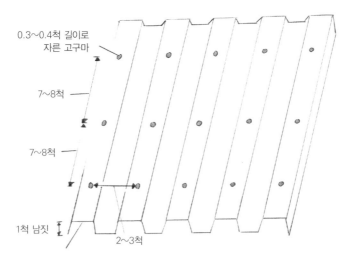

0.3~0.4척 길이로
자른 고구마

7~8척

7~8척

1척 남짓

2~3척

등마루에 고구마 심는 법

---

106《二如亭群芳譜》〈亨部〉"蔬譜" 2 '甘藷'(《四庫全書存目叢書補編》80, 330쪽).

## 6) 물주기와 거름주기

고구마줄기는 0.2~0.3척씩을 한 마디로 삼는다. 마디가 흙 위에 있으면 줄기를 내고, 마디가 흙 아래에 있으면 뿌리를 낸다.

심는 법: 줄기가 뻗어나갈 때를 기다려 흙으로 마디에 촘촘하게 북주어야 한다. 마디마다 줄기 3~5개를 얻을 수 있다. 하지만 흙을 얻지 못하면 모두 가지와 잎이 되어 마디 위에 겹겹이 포개지므로 무익함만 많을 뿐이다.

지금 심는 법과 비슷하게 매 그루를 두둑[畝]에 심을 때는 가로로는 서로의 거리가 0.2~0.3척, 세로로는 서로의 거리가 7~8척이 되도록 한다. 그리하여 덩굴이 뻗어나가고 마디에 북주기를 편하게 해 주면 심은 땅에서 두루 알을 얻을 것이다. 《감저소》[107]

고구마싹이 뻗어나가면 흙으로 마디에 북준다. 나중에 각 마디에서 뿌리를 대충 냈으면 본래의 마디와 연결된 곳을 잘라 각각의 뿌리가 되도록 한다. 그러면 싹의 힘을 분산시키지 않는다. 이것이 가장 중요한 법이다. 《감저소》[108]

고구마줄기가 뻗어나갈 때 반드시 3~4개의 마디까지만 잘라야 한다. 이 마디마디를 흙에 묻은 뒤에

澆壅

藷每二三寸作一節. 節居土上, 卽生枝, 節居土下卽生根.

種法: 待延蔓時, 須以土密壅其節. 每節可得三五枚, 不得土卽盡成枝葉, 層疊其上, 徒多無益也.

今擬種法, 每株居畝中, 橫相去二三尺, 縱相去七八尺, 以便延蔓壅節, 卽遍地得卵矣. 《甘藷疏》

藷苗延蔓, 用土壅節, 後約各節生根, 卽從其連綴處剪斷之, 令各成根, 苗不致分力. 此最要法. 同上

藷延蔓時, 必限三四節剪斷, 節節埋土, 然後每節之

---

107 《農政全書》卷27 〈樹藝〉 "蓏部" '甘藷'(《農政全書校注》, 691쪽);《種藷譜》〈壅節〉 第7(《農書》36, 462~463쪽).
108 《農政全書》卷27 〈樹藝〉 "蓏部" '甘藷'(《農政全書校注》, 692쪽);《種藷譜》〈壅節〉 第7(《農書》36, 463쪽).

매 마디의 아래에서 비로소 알이 생겨난다.

【안 서광계의 《감저소》에 근거하면 먼저 북주고 뒤에 자른다. 반면 강필리의 《감저보》에 근거하면 먼저 자르고 뒤에 북주어 묻는다. 이 2가지 법은 함께 시험해 보아야 한다. 그러나 서씨의 설이 강씨의 설에 비해 더 낫다】 강필리 《감저보》[109]

고구마밭에 거름을 줄 때는 말린 말똥이 가장 좋다. 없으면 썬 풀과 흰 재를 사용해도 괜찮다. 김장순 《감저보》[110]

싹이 나서 점점 뻗어나가면 날마다 줄기 근처의 흙을 김매 주어서 흙이 늘 부드럽고 푸석푸석하게 만든다. 그 상태로 줄기 아래에 북준다. 5월 이후에 큰 비가 올 때, 줄기가 뻗어나갔으면 반드시 날씨가 2~3일 맑아서 김매 준 흙이 하얗게 마를 때까지 기다렸다가 비로소 마디에 북줄 수 있다.

7~8일 후에 뿌리가 이미 내린 상태를 확인한 뒤에 매번 4마디 넘게 줄기를 잘라 준다. 뿌리가 커지면서 깊이 들어가 마디마다 알 3~5개를 얻을 수 있다. 《증보산림경제》[111]

下, 卵始胚胎耳.

【按 據徐氏之《疏》, 先壅而後斷; 據姜氏之《譜》, 先剪而後埋. 二法當並試之, 然徐說較勝】 姜氏《甘藷譜》

糞藷田, 乾馬糞最好. 無則用剉草、白灰亦可. 金氏《甘藷譜》

苗生漸蔓, 則逐日鋤耘近莖之土, 常令柔鬆以壅培莖下. 五月以後大雨時, 行必待晴二三日土白背, 始可壅節.

七八日後審已下根, 然後每越四節剪其莖, 則根大深入, 每節可得三五枚.《增補山林經濟》

109 출전 확인 안 됨;《種藷譜》, 위와 같은 곳.
110 출전 확인 안 됨;《種藷譜》〈耕治〉 第5(《農書》36, 460쪽).
111 출전 확인 안 됨;《種藷譜》〈壅節〉 第7(《農書》36, 463~464쪽).

## 7) 옮겨 꽂아 심기

덩굴이 나서 무성하게 자라면 줄기를 잘라 별도로 다른 곳에 꽂는다. 그러면 곧 살아난다. 이는 원래의 종자와 다르지 않다.《감저소》[112]

줄기 잘라 나누어 심는 법: 싹이 무성히 자라 줄기가 번성해지면 3척 이상으로 자란 줄기는 그 아래 부분을 자른 다음 자른다. 그런 다음 자른 줄기의 여린 끝부분 몇 촌을 제거한다. 이 줄기의 양끝을 흙속에 각각 0.3~0.4척 깊이로 묻는다. 줄기의 가운데 부분은 흙을 헤집어 눌러 둔다. 그러면 며칠지나 줄기가 뻗어나가게 될 것이다.《감저소》[113]

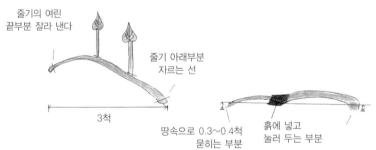

줄기의 여린
끝부분 잘라 낸다

줄기 아래부분
자르는 선

3척

땅속으로 0.3~0.4척
묻히는 부분

흙에 넣고
눌러 두는 부분

고구마줄기 잘라 나누어 심는 법

덩굴이 나고 무성해져서 싹이 10척 길이로 자라면 2척을 남겨 묵은 뿌리로 삼는다. 그 나머지는 세 잎씩 절단하여 한 단(段)으로 만든다.

## 移揷

俟蔓生盛長, 剪其莖, 另揷他處, 卽生, 與原種不異.《甘藷疏》

剪莖分種法: 待苗盛枝繁, 枝長三尺以上者, 剪下, 去其嫩頭數寸. 兩端埋入土各三四寸, 中以土撥壓之, 數日延蔓矣. 同上

俟蔓生旣盛, 苗長一丈, 留二尺作老根, 餘剪三葉爲一段.

---

112《農政全書》卷27〈樹藝〉"蓏部"'甘藷'(《農政全書校注》, 689쪽);《種藷譜》〈移揷〉第8(《農書》36, 464쪽).
113《農政全書》卷27〈樹藝〉"蓏部"'甘藷'(《農政全書校注》, 692쪽);《種藷譜》, 위와 같은 곳.

【안】고구마는 반드시 마디 1개에서 잎 1개를 낸다. 여기에서 "세 잎씩 절단하여 한 단으로 만든다."라고 한 말은 곧 세 마디까지 절단한다는 뜻이다.

일반적으로 고구마덩굴은 0.3~0.4척마다 마디 1개가 된다. 그러므로 세 마디의 길이를 셈해 보면 주척으로 1척에 지나지 않는다. 이는 너무 짧다는 느낌이 든다.

김장순의 《감저보》에서 "그 기운이 박약해서 알이 생기지 않는다."[114]고 지적한 말이 진실로 옳다. 아마도 '세 잎[三葉]'은 '3척(三尺)'이 되어야 할 듯하다】

이 싹들을 흙 위에 꽂는다. 옮겨 심은 싹마다의 거리는 1척이 되게 한다. 대략 2/3는 흙속에 들어가게 하고 1/3은 밖에 있게 하면 또 고구마를 낸다.

싹이 자라는 대로 그때그때 자르고, 이를 심는 대로 그때그때 난다. 그러면 뻗어나가는 기세가 원종자를 심었을 때의 기세와 차이가 없다. 일반적으로 옮겨 심을 때는 순방향[115]으로 심어야 한다. 만약 거꾸로 심으면 나지 않는다. 《군방보》[116]

줄기가 1.7~1.8척 자라면 0.3~0.4척을 남겨 묵은 뿌리로 삼는다. 칼로 나머지 1.3~1.4척을 자른 다음 부드러운 끝부분 0.1척을 잘라 낸다. 그러면 잘린 끝

【按】藷必一節生一葉. 此所云"剪三葉爲一段"者, 卽限三節剪取之謂也.

凡諸藤每三四寸作一節. 通計三節之長, 不過周尺一尺, 殊覺太短.

金氏《譜》斥其氣單薄不能生卵者良[21]是, 疑三葉當作三尺】.

插入土上, 每栽苗相去一尺. 大約二分入土, 一分在外, 卽又生藷.

隨長隨剪, 隨種隨生, 蔓延與原種[22]者不異. 凡栽, 須順栽. 若倒栽則不生. 《群芳譜》

俟莖長一尺七八寸, 留三四寸作老根, 以刀剪一尺三四寸, 斷去軟頭一寸, 則斷頭

---

114 그……않는다 : 출전 확인 안 됨.
115 순방향 : 원 덩굴에 붙어 있던 때의 위아래 방향을 가리킨다.
116 《二如亭群芳譜》〈亨部〉"蔬譜" 2 '甘藷'(《四庫全書存目叢書補編》80, 330쪽).
[21] 良 : 저본에는 "生". 오사카본에 근거하여 수정.
[22] 種 : 저본에는 "根". 오사카본·《二如亭群芳譜·亨部·蔬譜》에 근거하여 수정.

부분에서 흰 즙이 나오는데, 사람의 젖과 비슷하다.

곧 종전(種田)의 두둑에다 호미를 가지고 가로로 작은 고랑[畖]을 두둑 너비 끝까지 만든다. 이 고랑에 줄기를 눕혀서 심는다. 대개 두둑 너비 1.7~1.8척에 줄기 길이 1.2~1.3척이면 두둑 양끝은 각각 0.2~0.3척이 남는다. 그러므로 줄기 끝부분을 결코 밖으로 드러내지 않을 수 있다.

흙덮기는 잎이 나올 정도를 기준으로 삼는다. 줄기 하나는 동쪽에 머리를 두고, 서쪽에 꼬리를 두게 한다. 이웃하는 다른 한 줄기는 서쪽에 머리를 두고, 동쪽에 꼬리를 두게 한다. 그루마다 세로로 0.4~0.5척 서로 떨어지게 심는다. 양쪽으로 갈라진 한 줄기는 둘 중 한 가지를 잘라 따로 심는다. 김장순 《감저보》[117]

出白汁, 如人乳汁.

卽就種田壟上, 以鋤橫作小畖, 盡壟之廣, 臥莖于畖中而種之. 蓋壟廣一尺七八寸, 莖長一尺二三寸, 兩頭餘各二三寸, 恰可以不露梢尾矣.

其覆土則以吐葉爲準, 而一莖東首西尾, 一莖西首東尾. 每科縱相去四五寸, 其有一莖兩歧者, 則剪一枝另種. 金氏《甘藷譜》

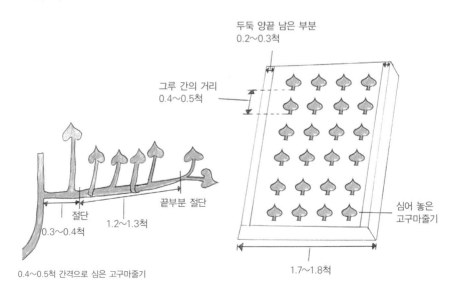

두둑 양끝 남은 부분
0.2~0.3척

그루 간의 거리
0.4~0.5척

끝부분 절단

심어 놓은
고구마줄기

절단

1.2~1.3척

0.3~0.4척

0.4~0.5척 간격으로 심은 고구마줄기

1.7~1.8척

---

117 출전 확인 안 됨;《種藷譜》〈移挿〉第8(《農書》36, 465~466쪽).

고구마의 본성은 쉽게 난다. 서로 5~10리 떨어진 먼 거리라도 줄기를 자르고 옮겨 꽂아 심을 수 있다. 다만 줄기와 잎을 볏짚으로 만든 공섬에 보관함으로써 뜨거운 햇볕에 시들어 상하지 않게 해야 한다. 그러면 고구마알이 맺히지 않는 경우가 없다. 김장순《감저보》[118]

일반적으로 곡식이나 채소를 옮겨 꽂아 심을 때는 반드시 비를 기다려야 한다. 하지만 오직 고구마는 그렇지 않다. 맑은 하늘에 뜨거운 햇볕이 내리쬐더라도 줄기를 자르고 옮겨 꽂아 심을 수 있다.

그러나 해가 기울어 폭염이 주춤하면 반드시 줄기와 잎이 말라 시들지 않게 해 주어야 만전을 기하는 게 된다. 대개 고구마알은 반드시 잎 아래의 마디에서 난다. 그러므로 잎 하나가 시들어 죽으면 그 아래에는 알을 맺을 수 없다. 김장순《감저보》[119]

앙전(秧田, 못자리)의 묵은 뿌리에서 줄기를 자른 후에는 또 새로운 줄기를 낸다. 그러면 1.7~1.8척으로 자라기를 기다려 다시 앞의 법대로 종전(種田)에 옮겨 꽂아 심는다.

줄기가 자라는 대로 그때그때 자르기를 2~3번 해 주다가 7월 초순이 되면 그친다. 7월이 지나면 줄기를 꽂아 심더라도 알을 맺지 못한다. 김장순《감

藷性易生, 雖相距五里、十里, 可以剪莖移揷. 但將莖葉貯之稿篅中, 勿令暘曝萎傷, 則蓂不成也. 同上

凡穀菜移揷, 必須待雨. 惟藷則不然. 雖烈日晴天, 亦可剪莖移揷.

然須待日斜炎退, 勿使莖葉乾枯, 乃爲萬全. 蓋藷卵必生於葉下之節. 一葉枯死, 則其下不得成卵也. 同上

秧田老根既剪之後, 又生新莖, 則待長一尺七八寸, 復依前法剪取, 移揷於種田.
隨長隨剪, 至再至三, 至七月初旬而止. 過七月則雖揷, 亦不抱卵矣. 同上

---

118 출전 확인 안 됨;《種藷譜》〈移揷〉第8(《農書》36, 466쪽).
119 출전 확인 안 됨;《種藷譜》〈移揷〉第8(《農書》36, 466~467쪽).

저보》[120]

종전에 옮겨 꽂아 심은 후 줄기가 2~3척 더 자라면 또한 줄기를 잘라 옮겨 꽂아 심는다. 줄기 자르기는 앙전에서 줄기 자르던 법과 같이 한다. 다만 앙전에서 줄기를 자를 때는 0.3~0.4척만을 남겼으나, 종전에서 줄기를 자를 때는 반드시 잎 2~3개를 남기고 잘라야 한다.

대개 앙전은 모종을 기르기 위한 곳이기 때문에 고구마알을 구하지 않는다. 그러므로 줄기 0.3~0.4척만 남겨도 묵은 뿌리에서 역시 새로운 모종을 낼 수 있다. 반면 종전은 오로지 고구마알만을 맺어야 한다. 그러므로 잎 2~3개를 남기지 않으면 고구마알을 내지 못한다.

종전에서 줄기 자르기는 5월 그믐 무렵부터 시작한다. 자라는 대로 그때그때 잘라 3번 줄기를 자르면 거의 7월 초순이 될 것이다. 이때가 지나면 줄기의 길이를 따지지 않고 모두 잘라서 옮겨 꽂아 심는다.

이는 옮겨 꽂아 심은 줄기에서 알을 구하기 위함이 아니다. 원 줄기의 기운이 밖으로 새어 나가지 않게 해서 힘이 뿌리로 가게 하기 위함이다. 옮겨 꽂아 심은 줄기에서 알을 내면 그 알은 겨우 마늘대가리만 하다. 이것은 남겨서 다음해의 종자로 삼아도 괜찮다.

種田移揷後, 待莖長數三尺, 亦剪莖移揷, 如秧田剪莖法. 而但秧田剪莖, 只留三四寸; 種田剪莖, 必留二三葉而斷之.

蓋秧田所以養秧而不責卵, 故只留三四寸, 老根亦可以更抽新秧矣. 種田專須抱卵, 故不留二三葉, 則不生卵也.

種田剪莖, 始自五月晦間, 隨長隨剪, 至三剪莖, 則恰至七月初旬矣. 過此以往, 不論莖之長短, 並剪斷移揷.
非以求卵於移揷之莖也. 欲使原莖氣不外泄, 而力迸于根也. 其移揷之莖生卵, 菫如蒜頭大. 此則留作明年之種可也.

---

120 출전 확인 안 됨;《種藷譜》〈移揷〉第8《農書》36, 467쪽).

【안】 종전의 너비와 길이는 앙전에 비해 10~20배가 좋다. 가령 1회차에 옮겨 꽂아 심을 때 땅의 1/10~2/10를 차지하면 나머지 8/10~9/10가 남는다. 앙전에서 줄기를 2~3번 잘랐으면 종전에서도 2~3번 잘라야 좋다】 김장순 《감저보》[121]

옮겨 꽂아 심은 초기에 볏짚을 짜서 거적을 만든다. 거적의 길이와 너비는 두둑의 척도를 기준으로 한다. 해가 나오면 거적으로 두둑을 덮어 내리쬐는 햇볕을 가린다. 해가 지면 거적을 말아서 이슬을 흠뻑 맞게 한다.

이와 같이 5~6일을 하면 시들어 말려진 잎이 각각 소생할 것이다. 심한 가뭄을 만나면 매일 황혼 무렵에 물을 져다 준다.

잎이 소생했다면 오래지 않아 잎 아래에 새싹을 낸다. 이 새싹 아래에서 바로 알을 맺을 것이다. 싹의 길이가 0.4~0.5척을 넘으면 6~7개의 잎만 남기고 그 순을 꺾어, 기가 밖으로 새어 나가지 않게 한다. 그러면 알을 1~2개나 3~4개만 맺어서 아래 부분까지 충실하게 알이 찬다.

반면 순을 꺾지 않으면 줄기 길이가 수십 척에 이르지만 그 아래에는 알을 맺지 않을 것이다. 순을 꺾었는데도 잎 사이에서 또 싹을 내면 한 잎만 남기고 꺾는다. 남긴 하나의 잎 사이에서 또 싹을 내면 또 하나의 잎만 남기고 꺾는다.

【按】 種田廣羡, 視秧田可十倍、二十倍. 假令初次移挿, 占地十之一二, 則餘八九分留. 待秧田再剪三剪, 種田再剪三剪可也】 同上

移挿之初, 編稻草作苫, 長廣準壟之尺度. 日出覆之以遮暘曝, 日入捲起以受露滋.

如是五六日, 則萎捲之葉箇箇蘇醒矣. 若遇亢旱, 每日黄昏時, 負水澆之.

葉既蘇醒, 則非久葉下吐出新芽, 新芽之下卽成卵矣. 芽長過四五寸, 卽留六七葉, 折其笋, 使氣不外泄, 則成卵或一二箇或三四箇, 到底充實.

不折笋則莖長至數丈, 而其下不成卵矣. 既折笋而葉間又生芽, 則只留一葉而折之. 所留一葉間又生芽, 則又留一葉而折之.

121 출전 확인 안 됨;《種藷譜》〈移挿〉第8(《農書》36, 467~468쪽).

이렇게 나는 대로 그때그때 꺾어 주면서 9월 초순이 되면 싹 또한 그리 무성해지지 않고 고구마알 거두는 절기에 가까워질 것이다. 김장순《감저보》[122]

앙전에서 7월 초순이 되어 줄기 자르기를 다하면 남아 있는 묵은 뿌리의 잎 사이에서 또 새싹을 낸다. 싹을 내는 대로 그때그때 꺾어 주기를 종전의 순 꺾는 법과 같이 한다. 김장순《감저보》[123]

隨生隨折, 至九月初旬, 則芽亦不甚盛, 而近於收卵之節矣. 同上

秧田, 至七月初旬, 剪莖旣盡, 則所留老根葉間又生新芽. 隨生隨折, 如種田折笋法. 同上

---

122 출전 확인 안 됨;《種藷譜》〈移揷〉第8(《農書》36, 468~469쪽).
123 출전 확인 안 됨;《種藷譜》〈移揷〉第8(《農書》36, 469쪽).

## 8) 덩굴 자르기

일찍 심어서 덩굴이 빽빽해지면 조심스럽게 살펴 교등(交藤)[124]을 제거해야 한다. 《감저소》[125]

줄기의 마디가 땅에 다 퍼졌으면 유등(游藤)[126] 내기를 기다렸다가 유등을 잘라 제거해야 한다. 《감저소》[127]

줄기의 마디가 이미 땅에 다 퍼져 땅이 더 이상 수용할 수 없는 줄기는 유등이다. 유등은 잘라 제거해야 한다. 《군방보》[128]

봄이나 여름에 뻗은 덩굴은 자르는 대로 그때그때 꼭 꽂아 심어야지 제거해서는 안 된다. 옛 설의 이른바 "유등을 잘라 제거해야 한다."라는 말은 대개 가을 이후 남은 덩굴을 가리키는 것이다. 강필리 《감저보》[129]

굳이 가을까지 기다릴 필요 없이 한여름이더라도 제거할 만한 유등이 있다. 이때는 앙전과 종전을 막론하고 여러 차례 순을 꺾어 준다. 그러면 마디 위에 마디를 냈어도 기가 크게 새 나간다. 줄기가 뻗어나간 밀도를 살펴 유등을 잘라 제거하면 알은 매우 충

## 剪藤

早種而密者, 宜謹視之, 去其交藤.《甘藷疏》

若枝節已遍, 待生游藤者, 宜剪去之. 同上

枝節已遍地不能容者, 卽爲游藤, 宜剪去之.《群芳譜》

春夏之藤, 正宜隨剪隨揷, 不宜去之. 舊說所謂"剪去游藤"者, 蓋指秋後剩藤也. 姜氏《甘藷譜》

不必待秋後, 雖深夏, 亦有游藤可去者, 毌論秧田與種田, 屢度折笋, 則節上生節, 亦太泄氣. 觀其疏密, 剪去游藤, 則卵甚充

---

124 교등(交藤) : 한여름에 무성히 뻗으면서 서로 복잡하게 얽힌 고구마덩굴.
125《農政全書》卷27〈樹藝〉"蓏部" '甘藷'(《農政全書校注》, 693쪽);《種藷譜》〈剪藤〉第9(《農書》36, 470쪽).
126 유등(游藤) : 땅에 안착하지 못하고 떠 있는 고구마줄기.
127《農政全書》卷27〈樹藝〉"蓏部" '甘藷'(《農政全書校注》, 691쪽);《種藷譜》, 위와 같은 곳.
128《二如亭群芳譜》〈亨部〉"蔬譜" 2 '甘藷'(《四庫全書存目叢書補編》80, 330쪽);《種藷譜》, 위와 같은 곳.
129 출전 확인 안 됨;《種藷譜》, 위와 같은 곳.

실해진다. 이것은 오직 마음과 눈의 노련한 판단에 달려 있을 따름이다.

【안 5~6월에 비가 자주 올 때에도 줄기를 자른다. 그런 뒤에 새싹들[句萌]이 훌쩍 자라 나란히 뻗어 나가기 때문에 덩굴이 땅에 닿지 못하게 된다.

그러면서 줄기들은 급속히 서로 얽히고설킨다. 이 때문에 옆줄기의 나머지 움싹들도 기운을 온전하게 받지 못한다. 이 줄기들을 잘라다 옮겨 꽂아 심어도 알을 내기가 쉽지 않다. 그렇다고 그냥 내버려 두면 공연히 기력만 분산시킨다. 이런 덩굴을 '교등(交藤)'이라 한다.

9월 이후에는 꽂아 심어 북준 줄기들이 이미 땅에 다 퍼졌다. 그런데도 새 움싹은 멈추지 않고 난다. 이 때문에 땅이 새 줄기들을 수용할 수 없다. 줄기들이 뜬[游] 채로 뻗어나가면서 땅에 붙을 곳이 없다 보니, 바람에 이리저리 흔들린다. 이런 덩굴을 '유등(游藤)'이라 한다.

유등은 한가을에만 있다. 교등은 삼복 때와 가을이 올 무렵에도 있다. 위에 적은 서광계의 《감저소》에 "일찍 심어서 덩굴이 빽빽해지면 그 교등을 제거한다."라고 했고, 또 "줄기의 마디가 땅에 다 퍼졌으면 유등 내기를 기다렸다가 유등을 잘라 제거한다."라고 했다. 이를 보면 서광계는 본래부터 유등과 교등을 나누어 말한 것이다】 김장순 《감저보》[130]

實. 此惟在心·目之巧耳.

【按 五六月之間雨澤頻, 仍剪, 後句萌焂爾駢茁, 蔓不及地.

遽相纏繆, 而旁莖餘蘗受氣不全. 移揷未易生卵, 置之徒分氣力, 是名"交藤".

九月以後揷壅旣遍, 而蘗芽未已, 地不能容, 游蔓無屬, 左右飄颻, 是名"游藤".

游藤惟深秋有之. 交藤雖伏秋之際亦有之. 玄扈《疏》曰: "早種而密者, 去其交藤." 又曰: "枝節已遍, 待生游藤者, 剪去之." 固已分言之矣】金氏《甘藷譜》

---

130 출전 확인 안 됨;《種藷譜》〈剪藤〉第9(《農書》36, 470~471쪽).

I. 풀열매류[蓏類, 라류]　569

나물용 고구마줄기　　　　　　　　　　　판매용 고구마(이상 정성섭·김복남)

## 9) 치료하기

고구마뿌리는 맛이 달다. 그러므로 흙속에서 벌
레 먹는 피해가 가장 큰 고충이다. 반드시 겨울에
2~3차례 밭을 갈아 먼저 벌레의 알을 죽여야 한다.
김장순 《감저보》[131]

醫治

藷根味甘, 故土中最苦蟲
蝕. 必冬耕二三次, 先殺蟲
卵. 金氏《甘藷譜》

고구마줄기를 수확 후, 알고구마 캐기 전의 고구마두둑(임원경제연구소, 파주시 파주읍 파주리에
서 촬영)

---

131 출전 확인 안 됨;《種藷譜》, 위와 같은 곳.

## 10) 거두기

고구마는 10월이 되어야 알을 다 맺는다.《남방
초목상》132

가을이나 겨울에 캐낸다. 고구마가 익지 않았든
익었든 간에, 캐서 찌기도 하고 삶기도 하여 마음대
로 사용한다.《감저소》133

알이 8~9월에 처음 나면 캐서 먹거나 내다 팔 수
있다. 필요 이상의 알은 바로 캐지 말고 흙속에 두
면 날마다 점점 커진다. 남쪽 지방에서는 동지가 되
었을 때, 북쪽 지방에서는 상강이 되었을 때 모두
캐야 한다. 그렇게 하지 않으면 고구마가 문드러져
썩을 것이다.《감저소》134

1~2차례 서리가 살짝 내린 뒤에 나무말뚝으로
캔다. 호미를 사용해서는 안 된다. 이는 호미가 뿌
리의 껍질을 상하게 하여 다음해에 종자로 삼지 못
할까 염려되기 때문이다.

【안】 서광계의《농정전서》에서 "강남에서 마 심
는 법: 휴전의 한쪽 끝에다 먼저 깊이 2척의 도랑을
판 다음 두둑의 흙을 점점 깎아 내면서 뿌리를 취

## 收採

甘藷, 至十月, 乃成卵.《南
方草木狀》

至秋冬, 掘起, 生、熟蒸煮
任用.《甘藷疏》

卵八九月始生, 便可掘食
或賣. 若未須者, 勿頓掘,
居土中, 日漸大. 南土到冬
至, 北土到霜降, 須盡掘
之, 不則爛敗矣. 同上

輕霜一二次後, 用木橛採
之, 不可用鋤. 恐觸傷根
皮, 不堪作明年種也.

【按】徐玄扈《農政全書》云:
"江南採薯蕷法: 向畦一
頭, 先掘一溝, 深二尺, 漸

---

132 출전 확인 안 됨:《種藷譜》〈收採〉第10(《農書》36, 471쪽).
133《農政全書》卷27〈樹藝〉"蓏部"'甘藷'(《農政全書校注》, 689쪽);《種藷譜》〈收採〉第10(《農書》36, 472쪽).
134《農政全書》卷27〈樹藝〉"蓏部"'甘藷'(《農政全書校注》, 692쪽);《種藷譜》, 위와 같은 곳.

한다."135라고 했다. 또 맹기(孟祺)136의《농상집요》에 "순무뿌리 캐는 법은 소쟁기로 밭을 갈아 거두는 것이다."137라고 했다. 이 2가지 법을 섞어서 시험해볼 만하다】김장순《감저보》138

削去土取之."又孟祺《農桑輯要》云:"採蔓菁根法, 牛犁耕出之."此二法可雜試之】金氏《甘藷譜》

고구마꽃1

고구마꽃2

---

135 강남에서……취한다:《農政全書》卷27〈樹藝〉"蓏部"'山藥'(《農政全書校注》, 688쪽). 앞의 '8. 마[薯蕷, 서여]' 항목 '5) 심기와 가꾸기' 6번째 기사에도 나온다.

136 맹기(孟祺):1230~1281. 중국 원(元)나라 관리이자 농학자.《농상집요》를 편찬한 인물 중 하나이다.

137 순무뿌리……것이다:《農桑輯要》卷5〈瓜菜〉"蔓菁"(《農桑輯要校注》, 176쪽).《관휴지》卷3〈순무〉"심기와 가꾸기"의 첫 번째 기사에 나온다.

138 출전 확인 안 됨;《種藷譜》〈收採〉第10(《農書》36, 472쪽).

## 11) 제조

생으로 먹거나, 쪄서 먹거나, 삶아 먹거나, 구워 먹을 수 있다. 쌀알처럼 잘게 잘라 햇볕에 말렸다가 거두어 죽을 쑤거나 밥을 지을 수 있다. 햇볕에 말렸다가 갈아 가루 낸 다음 떡을 만들 수 있다.

가루는 멥쌀산자[粳子]처럼 만들어 볶아 먹을 수 있다.[139] 가루로 환을 만들 수 있다. 그러면 진주사곡미(珍珠沙谷米)[140]와 비슷해서 술을 빚을 수 있다. 다만 식초와 같이 사용하는 것을 꺼린다. 《군방보》[141]

가루를 만들 때는 고구마뿌리를 가져다 거친 베로 껍질을 닦아 낸다. 그런 다음 물로 깨끗이 씻는다. 이를 물과 섞어 맷돌에다 잘게 갈아 물속에 넣는다. 떠 있는 찌꺼기를 일어 제거하고 맑게 가라앉은 고운 가루를 취한다. 이를 햇볕에 말리면 콩가루와 같다. 이 가루에 술과 물을 개어 환을 만들면 진주사곡미와 다름이 없다. 《군방보》[142]

製造

可生食, 可蒸食, 可煮食, 可煨食. 可切米曬乾, 收作粥飯. 可曬乾磨粉, 作餅餌.

其粉可作粳子, 炒煤子食. 取粉可作丸, 似珍珠沙谷米, 可造酒. 但忌與醋同用. 《群芳譜》

造粉, 取諸根, 粗布拭去皮, 水洗淨, 和水磨細, 入水中. 淘去浮查, 取澄下細粉. 曬乾, 同豆粉, 用此粉酒水作丸, 與珍珠沙谷米無異. 同上

---

139 가루는……있다 : 멥쌀산자와 고구마산자 만드는 법에 대해서는, 풍석 서유구 지음, 임원경제연구소 옮김, 《임원경제지 정조지》 2, 풍석문화재단, 2020, 140~141쪽을 참조 바람.

140 진주사곡미(珍珠沙谷米) : 중국 광서(廣西, 화남 지구 서부의 자치구) 북쪽 바닷가에서 생산되는 쌀. 보통 사곡미(沙谷米)라 한다. 지역에 따라 진주분(眞珠粉) 또는 진주미(珍珠米)라고도 불리기 때문에 이렇게 표현한 듯하다.

141 《二如亭群芳譜》〈亨部〉 "蔬譜" 2 '甘藷'(《四庫全書存目叢書補編》 80, 329쪽);《種藷譜》〈收採〉 第10(《農書》 36, 473쪽).

142 《二如亭群芳譜》, 위와 같은 곳;《種藷譜》〈收採〉 第10(《農書》 36, 474쪽).

고구마가루 만드는 법: 고구마알을 숫돌[砂石]<sup>143</sup>에 간다. 이를 깨끗하게 일고 물에 가라앉혔다가 가루를 취한다. 이는 지금의 생강가루 만드는 법과 같다. 혹 잘라 조각을 내서 햇볕에 말린 다음 이를 찧어 가루를 만들어도 괜찮다. 김장순《감저보》<sup>144</sup>

고구마가루는 오래되어도 부패하지 않는다. 가루를 꿀어 개어 다식(茶食)<sup>145</sup>으로 찍어 내거나, 찰벼가루와 섞어 떡을 만들거나, 밀가루나 메밀가루와 섞어 면을 만든다. 모두 색다른 맛이다.
【안】 고구마가루를 만들 때는 반드시 물로 일어 맑게 가라앉힌 가루를 취해야 한다. 햇볕에 말렸다가 찧어 가루 내면 곧 쌀겨의 맛이 난다】김장순《감저보》<sup>146</sup>

고구마를 햇볕에 말리고 잘라 멥쌀과 함께 밥을 지으면 맛이 달다. 게다가 오랫동안 배불러서 허기지지 않는다. 또 잘게 빻고 둥그렇게 빚어 콩죽에 넣고 새알심으로 삼아도 좋다. 김장순《감저보》<sup>147</sup>

造粉法: 取藷卵磨於砂石上, 淘澄取粉, 如今造薑粉法. 或切作片, 曬乾, 擣作屑亦可. 金氏《甘藷譜》

藷粉可經久不敗, 或和密印茶食, 或和糯米屑作餅餌, 或和小麥屑、蕎麥屑作麵, 俱爲異味.
【按】作藷粉, 必須水淘取澄粉. 其乾曝擣作屑者, 輒作糠粃氣味也】同上

甘藷曬切, 同粳米作飯, 味甘, 且久飽不飢. 又細碎之, 入豆粥作心亦佳.
同上

143 사석(砂石):모래가 뭉쳐서 단단히 굳어진 암석. 흔히 모래에 점토가 섞여 이루어진다. 건축 재료나 숫돌로 쓴다.
144 출전 확인 안 됨;《種藷譜》〈收採〉第10(《農書》36, 474~475쪽).
145 다식(茶食):밤가루·송화가루·콩가루·녹말가루·참깻가루 또는 볶아서 말린 멥쌀가루 등을 꿀에 반죽하여 무늬가 새겨진 다식판에 찍어 만든 음식. 과병(菓餅)이라고도 한다. 풍석 서유구 지음, 임원경제연구소 옮김, 《임원경제지 정조지》2, 102쪽, 108~115쪽을 참조 바람.
146 출전 확인 안 됨;《種藷譜》〈收採〉第10(《農書》36, 475쪽).
147 출전 확인 안 됨;《種藷譜》, 위와 같은 곳.

## 12) 쓰임새

남쪽 지방 사람들은 고구마를 주식으로 삼아 고
구마가 쌀의 몫을 담당한다. 《이물지》[148]

고구마는 남쪽 지방에서 쌀의 몫을 담당하므로
손님 접대에도 사용한다. 《광지》[149]

섬사람들은 농사를 업으로 삼지 않고, 오직 땅
을 파서 고구마만 심었다가 가을에 익으면 거두어들
인다. 고구마를 찌고 햇볕에 말린 후 쌀알처럼 잘게
잘라 고구마밥을 지어 먹는다. 이를 저장하여 기근
의 양식에 충당한다. 그러므로 이를 '저량(藷糧, 고구
마양식)'이라 한다.

북쪽 지방 사람들 중에 남쪽 지방에 온 사람들
은 더러 그릇에 소나 돼지의 생고기나 구운 고기 등
의 여러 재료를 그릇에 담고, 여기에 고구마를 메조
처럼 잘게 썰어 밥상에 올린다. 섬사람들이 100여
세까지 장수하는 이유는 고구마를 먹기 때문이다.
《패사류편》[150]

민(閩)·광(廣) 지방 사람들은 고구마를 수확하여
양식에 충당한다. 10월부터 이듬해 4월까지 양식으

## 功用

南人專食以當米穀. 《異物
志》

甘藷, 南方以當米穀, 賓客
亦設之. 《廣志》

海中人不業耕稼, 惟掘地,
種甘藷, 秋熟收之. 蒸曬,
切如米粒, 作飯食之, 貯之
以充飢, 是名"藷糧".

北方人至者, 或盛具牛豕膾
炙諸味, 以甘藷薦之, 若粳
粟然. 海中之人壽百餘歲
者, 由食甘藷故耳. 《稗史
類編》

閩、廣人收藷以當糧, 自十
月至四月, 麥熟而止. <u>東坡</u>

---

148 출전 확인 안 됨;《異物志》(《叢書集成初編》3021, 15쪽);《種藷譜》〈敍源〉第1(《農書》36, 477쪽).
149 출전 확인 안 됨;《種藷譜》〈功用〉第2(《農書》36, 477쪽).
150 출전 확인 안 됨;《種藷譜》, 위와 같은 곳.

로 쓰다가 보리가 익으면 그친다. 소식(蘇軾)[151]은 "해남(海南)에서는 고구마를 양식으로 삼는다. 그 비중은 거의 쌀의 6/10에 해당한다."[152]라 했다. 지금 해북(海北)에서도 그렇다. 《감저소》[153]

고구마가 나는 지방은 거주민들이 고구마로 반년의 양식에 충당한다. 민간에서 점차 더 많이 심는다. 이 때문에 쌀값이 참으로 폭등하는 데까지 이르지 않는다. 《감저소》[154]

옛 사람이 "순무에는 6가지 이로움이 있다."라고 했다. 또 "감에는 7가지 빼어남이 있다."라고 했다.[155]

나는 "고구마의 13가지 좋음[甘藷十三勝, 감저13승]."을 가지고 그들의 어법을 이어 말해 보겠다. ① 1묘의 땅에서 수십 석을 거두어들이는 점이 첫째이다. ②색은 희고 맛은 달기가 땅에 심는 여러 종류 중에서 특히 뛰어난 점이 둘째이다. ③ 사람들을 보익함에서 그 효과가 마와 같다는 점이 셋째이다.

云："海南以藷爲糧，幾米之十六."今海北亦爾矣.《甘藷疏》[23]

甘藷所在，居人便足半年之糧. 民間漸次廣種，米價諒可不至騰踊. 同上

昔人云"蔓菁有六利"，又云"柹有七絕."

余續之以"甘藷十三勝"：
一畝收數十石，一也. 色白味甘，于諸土種中，特爲夐絕，二也. 益人與薯蕷同功，三也.

---

151 소식(蘇軾)：1036~1101. 중국 북송(北宋)의 시인이자 학자, 정치가. 호는 동파(東坡). 아버지 소순, 동생 소철과 함께 당송팔대가(唐宋八大家)의 한 사람이다.

152 해남(海南)에서는……해당한다：《東坡全集》卷27〈東坡先生年譜〉"元符元年戊寅"《文淵閣四庫全書》1107, 48쪽).

153 《農政全書》卷27〈樹藝〉"蓏部"'甘藷'《農政全書校注》, 694쪽)；《種藷譜》〈功用〉第12《農書》36, 477~478쪽).

154 《農政全書》, 위와 같은 곳；《種藷譜》〈功用〉第12《農書》36, 478쪽).

155 옛……했다：앞의 언급은 유우석이 했고, 뒤의 언급은 단성식이 했다. 보다 자세한 내용은 위의 "7. 복분자" '3) 쓰임새'를 참조 바람.

23 오사카본에는 이 기사 앞에 "甘平無毒, 補虛乏益氣, 健脾胃强腎陰, 功同薯蕷.《本草綱目》"이라고 썼다가 지운 흔적이 있다.

④ 땅에 다 퍼져서 세대를 전하기 때문에 줄기를 잘라 종자로 삼으면 올해의 한 줄기가 다음해에 수백 묘에 심을 수 있게 번식한다는 점이 넷째이다. ⑤ 줄기와 잎이 땅에 붙어 마디마다 뿌리를 내리기 때문에 바람이나 비에 손상되지 않는 점이 다섯째이다. ⑥ 쌀과 같은 몫을 담당하여 흉년에도 재앙이 되지 않는 점이 여섯째이다.

⑦ 제사상에 올릴 수 있는 점이 일곱째이다. ⑧ 술을 빚을 수 있는 점이 여덟째이다. ⑨ 오랫동안 말려 보관했다가 가루를 내어 바로 떡을 만들면 엿이나 꿀을 사용하는 맛보다 나은 점이 아홉째이다.

⑩ 생으로든 익혀서든 모두 먹을 만한 점이 열째이다. ⑪ 땅을 적게 써도 이익은 많아 물 대는 벼농사보다 쉬운 점이 열한째이다.

⑫ 봄여름에 심고 초겨울에 거두어들일 때, 줄기와 잎이 매우 무성하기 때문에 풀도 나지 못한다. 그러므로 그 사이를 흙으로 북주기만 하면 김맬 필요가 없기 때문에 일손에 지장을 주지 않는 점이 열두째이다. ⑬ 뿌리가 깊은 흙에 박혀 있기 때문에 벌레가 싹을 다 먹어 치워도 오히려 다시 잘 나서, 벌레도 어찌 해 볼 수가 없는 점이 열셋째이다. 《감저소》[156]

잘라 낸 유등은 여전히 소와 양에게 먹이기에 알

遍地傳生, 剪莖作種, 今歲一莖, 次年便可種數百畝, 四也. 枝葉附地, 隨節作根, 風雨不能侵損, 五也. 可當米穀, 凶歲不能災, 六也.

可充籩實, 七也. 可以釀酒, 八也. 乾久收藏, 屑之旋作餠餌, 勝用餳蜜, 九也.

生熟皆可食, 十也. 用地少而利多, 易于灌漑, 十一也.

春夏下種, 初冬收入, 枝葉極盛, 草薉不容, 其間但須壅土, 勿用耘鋤, 無防農功, 十二也. 根在深土, 食苗至盡, 尙能復生, 蟲蝗無所奈何, 十三也. 同上

剪去游藤, 猶中飼牛羊. 同

156 《農政全書》 卷27 〈樹藝〉 "蓏部" '甘藷'(《農政全書校注》, 694쪽); 《種藷譜》 〈功用〉 第12(《農書》 36, 478~479쪽).

맞다.《감저소》[157]

뿌리를 캘 때 덩굴을 말아 따로 두었다가 소나양, 돼지에게 먹일 수 있다. 또는 햇볕에 말려 두었다가 겨울에 가축에게 먹여도 이들을 살찌게 할 수가 있다.《군방보》[158]

掘根時, 捲去藤蔓, 可飼牛、羊、豬. 或曬乾, 冬月喂, 亦能令肥腯.《群芳譜》

본성은 평(平)하고 따뜻하며, 독이 없어 비장과 위장을 건강하게 한다. 정력에 도움을 주고, 근골을 튼튼하게 하며, 다리 힘을 강건하게 하고, 혈을 보양하고, 화중(和中, 위장을 조화롭게 함)하여 백병을 치료한다. 수명을 늘린다. 먹으면 배고프지 않다. 김장순《감저보》[159]

性平溫, 無毒, 健脾胃. 益陽精, 壯筋骨, 健脚力, 補血和中, 治百病. 延年益壽, 服之不饑. 金氏《甘藷譜》

고구마잎은 본성이 평(平)하고, 맛이 싱겁다. 국끓이는 방법은 명아주잎국이나 콩잎국과 같다. 남쪽 지방 사람들은 고구마잎으로 임산부를 몸조리시킨다. 만약 햇볕에 말려 국을 끓이면 맛이 미역[山藿, 산곽]과 같다【안 고구마잎을 푹 쪄서 밥을 싸먹으면 향기와 맛이 곰취[熊蔬, 웅소]에 대적할 만하

葉, 性平, 味淡, 作羹與藜、藿同. 南人以救療産婦. 若曝乾作羹, 味與山藿同【按 甘藷葉, 蒸熟, 裹飯而茹, 香美可敵熊蔬】. 同上

---

[157]《農政全書》卷27〈樹藝〉"蓏部" '甘藷'(《農政全書校注》, 694쪽);《種藷譜》〈功用〉第12(《農書》36, 477~479쪽).

[158]《二如亭群芳譜》〈亨部〉"蔬譜" 2 '甘藷'(《四庫全書存目叢書補編》80, 330쪽).

[159]《種藷譜》〈功用〉第12(《農書》36, 479쪽).

[24] 오사카본에는 이 기사 아래에 "久食益人, 有謂性冷者非.《群芳譜》"라고 썼다가 지운 흔적이 있다.

다】.[160] 김장순《감저보》[161]

삶은 고구마

삶은 고구마 가른 단면

구운 고구마

구운 고구마 가른 단면(이상 정은진)

---

160 고구마잎은······만하다 : 이 단락은 전체가 풍석 서유구 지음, 임원경제연구소 옮김, 《임원경제지 정조지》
2, 249쪽에도 나온다.
161 출전 확인 안 됨 ;《種藷譜》〈功用〉第12(《農書》36, 480쪽).

## 13) 구황

고구마는 땅에 가득 퍼져서 세대를 전하기 때문에 줄기와 잎이 매우 무성하다. 고지대의 모래흙으로 된 밭에서 깊이 갈고 두텁게 북준다. 큰 가뭄에는 물을 길어다 주면 익지 않을까 하는 걱정이 없다. 민(閩)과 광(廣) 지방의 사람들은 고구마에 의지해서 기근을 구제하니, 그 이로움이 매우 크다.

가뭄 때를 고려한다면 이 고구마는 1묘에 수십 석을 거두어들인다. 그러므로 식구가 몇 사람인 집에서는 1묘만 심으면 된다. 가뭄의 재해가 심하더라도 우물물을 길어다 주면 한결같이 잘 익어 한 해를 마치도록 먹기에 충분하다. 《감저소》[162]

고구마를 심을 때는 높은 땅이 좋다. 가뭄을 만나면 강물을 끌어오거나 우물물을 길어다 물을 댈 수 있다. 지대가 낮은 물가 마을에서도 택지나 채소밭·과수원 중에 높은 곳이 있거나 평소에 뜰[場]을 만들어 채소를 심는 곳에 모두 고구마를 심으면 또한 물난리로 인한 흉년을 구제할 수가 있다. 《감저소》[163]

높은 곳에 고구마를 심었으면 수재를 구제할 수가 있다. 가뭄이 든 해에는 물을 얻고, 홍수가 든

## 救荒

番藷撲地傳生, 枝葉極盛. 若于高仰沙土, 深耕厚壅, 大旱則汲水灌之, 無患不熟. 閩·廣人賴以救飢, 其利甚大.

倘慮天旱, 則此種畝收數十石, 數口之家止種一畝. 縱災甚, 而汲井灌漑, 一至成熟, 終歲足食.《甘藷疏》

其種宜高地. 遇旱災, 可導河汲井灌漑之. 在低下水鄉, 亦有宅地·園圃高仰之處, 平時作場種蔬者, 悉將種藷, 亦可救水災也. 同上

其種既在高地, 可救水災. 若旱年得水, 潦年水退, 在

---

162 《農政全書》 卷27〈樹藝〉 "蓏部" '甘藷'(《農政全書校注》, 698쪽);《種藷譜》〈救荒〉第13(《農書》36, 480쪽).
163 《農政全書》 卷27〈樹藝〉 "蓏部" '甘藷'(《農政全書校注》, 692쪽);《種藷譜》〈救荒〉第13(《農書》36, 480~481쪽).

해에는 물이 잘 빠진다. 홍수가 7월 중기(中氣)[164] 이후에 있었다면 그 밭에는 결국 오곡을 가꾸기가 어렵다.

메밀을 심을 수 있지만 메밀은 또 수확이 적어 사람들에게 도움이 되지 않는다. 생각건대 이런 때에는 오직 고구마덩굴을 잘라 심으면 쉽게 나서 많이 거둔다. 《감저소》[165]

메뚜기가 해를 끼치면 남아 나는 초목이 없어서 갖가지 재해를 입는다. 이 피해가 가장 혹독하다. 메뚜기떼는 비바람과 같이 몰려와서는 모두 먹고 나면 떠나간다. 그러나 고구마만은 땅속에 있어 메뚜기떼가 먹어 치울 수 없다. 비록 줄기와 잎을 모두 다 먹어 치웠더라도 계속 자라므로 거두어들이는 데에는 무방하다.

메뚜기떼가 정말로 왔을 때는 많은 사람들의 힘을 모아 고구마밭의 흙을 더욱 파서 그 뿌리의 마디와 줄기를 두루 북준다. 그러면 메뚜기떼가 떠난 뒤에 더욱 쉽게 무성해진다. 그러므로 이 메뚜기도 해가 될 수 없다. 그러므로 농가에서 한 해라도 고구마를 심지 않아서는 안 된다. 이것이 실로 잡작물[雜植] 중에 제일 좋은 작물이고, 또한 구황작물의 으

七月中氣後, 其田遂不及藝五穀.

蕎麥可種, 又寡收而無益于人. 計惟剪藤種藷, 易生而多收. 同上

蝗蝻爲害, 草木無遺, 種種災傷, 此爲最酷. 乃其來如風雨, 食盡卽去, 惟有藷根在地, 蘼食不及. 縱令莖葉皆盡, 尙能發生, 不妨收入.

若蝗信到時, 能多幷人力, 益發土, 遍壅其根節枝榦, 蝗去之後, 滋生更易. 是蟲蝗亦不能爲害矣. 故農人之家不可一歲不種. 此實雜植中第一品, 亦救荒第一義也. 同上

---

164 중기(中氣) : 절기일을 월초로 삼는 절월력(節月曆)에서 월 중앙의 기(氣). 이에 대해 월초의 기를 절기(節氣)라고 한다. 예를 들면, 7월 중기는 처서(處暑)이고, 11월 중기는 동지이다.
165 《農政全書》 卷27 〈樹藝〉 "蓏部" '甘藷'(《農政全書校注》, 692쪽);《種藷譜》〈救荒〉 第13(《農書》 36, 481쪽).

뜸이다.《감저소》[166]

오땅[吳下][167] 지방에서는 목화[吉貝]를 심는다. 내가 살고 있는 지역의 바닷가와 연천(練川)[168]에는 더욱 많이 심어서 그 이익을 상당히 얻는다. 다만 이 목화는 바람과 조수를 매우 싫어한다.

매해 가을이 되어야 목화의 꽃과 열매를 낸다. 이때 바람과 비를 만나면 손상을 입는다. 큰바람이 분 뒤에 또 환풍(還風)【환풍이란 하루는 동남풍이 불고, 하루는 서북풍이 부는 식으로 부는 바람이다】을 맞으면 뿌리가 뽑히고 열매가 떨어져 수확이 크게 준다.

만약 목화 심는 땅에 고구마를 1/10~2/10만큼 심으면 바람과 조수라도 해를 끼치지 않는다. 이 고구마가 땅에 가득 퍼져서 덩굴을 이루면 바람도 그 위세를 떨칠 도리가 없다.《감저소》[169]

吳下種吉貝, 吾海上及練川尤多, 頗得其利. 但此種甚畏風潮.

每至秋間, 纔生花實, 一遇風雨, 便受其損. 若大風之後, 更遇還風【還風者, 一日東南, 一日西北之類也】, 則根撥實落, 大不入矣.
若將吉貝地種諸十之一二, 雖風潮, 不損. 此種撲地成蔓, 風無所施其威也. 同上

---

166《農政全書》卷27〈樹藝〉"蓏部"'甘藷'(《農政全書校注》, 692~693쪽);《種藷譜》〈救荒〉第13(《農書》36, 481~482쪽).
167 오땅[吳下]: 춘추 시대 오나라가 관할하던 땅. 지금의 강소성, 상해 대부분, 안휘성, 절강성, 강서성의 일부가 속한다.
168 연천(練川): 중국의 태호현(太湖縣, 지금의 안휘성 안경시에 해당) 부근 지역이다. 가흥(嘉興), 단양(丹陽), 오현(吳縣) 등이 이에 해당된다. 연당(練塘)이라고도 한다. 조수가 들어오는 지역이다.
169《農政全書》卷27〈樹藝〉"蓏部"'甘藷'(《農政全書校注》, 694쪽);《種藷譜》〈救荒〉第13(《農書》36, 482쪽).

## 14) 부록 감자[北藷, 북저][170]

근래에 함경도에서 전해 왔다. 잎은 무의 새잎과 비슷하지만, 그와 달리 가는 줄기와 싹은 무더기로 난다. 길이가 몇 척이 되면 위가 무거워져 땅으로 고개를 숙인다. 6~7월에 꽃이 피고 감자알을 맺는다. 꽃은 고추[番椒]꽃과 비슷하다. 감자알은 고욤[軟棗, 연조]과 비슷하다.

## 附 25 北藷

近自關北來. 葉似萊菔新生葉, 而細枝芽叢生. 長及數尺, 則上重而俛地. 六七月開花結實. 花似番椒花, 實似軟棗實.

감자의 줄기와 잎

감자꽃(파주시 파주읍 연풍리에서 촬영)

감자1

감자2(이상 임원경제연구소, 파주시 금촌동 통일시장에서 촬영)

---

170 감자[北藷, 북저]: 쌍떡잎식물 통화나물목 가지과의 여러해살이풀. 감자는 마령서(馬鈴薯)·하지감자·북감저(北甘藷)라고도 한다.
25 여기서부터 "고구마" 항목의 끝까지는 오사카본에 없음.

가을감자

가을감자잎. 11월에도 잎이 무성하다. 가을감자가 오히려 본문의 설명과 부합한다(이상 임원경제연구소, 보성군 회천면 영천리에서 촬영)

줄기가 고개를 숙여 땅에 붙을 때 곧 흙을 쌓아 묻으면 마디마다 감자알을 낸다. 감자알의 크기는 아이의 주먹만 하다. 또 그 감자알을 땅에 묻으면 역시 바로 알을 맺는다.

9~10월에 캐서 찌거나 삶으면 모두 먹을 수 있다. 고구마에 비해 특히 쉽게 무성해진다. 민간에서 "삼복에 감자줄기를 묻으면 쉽게 알을 낸다."고 전한다. 《행포지》[171]

方其枝俛而附地也, 輒堆土埋之, 則節節生卵. 卵大如小兒拳. 又取其實埋地, 則亦輒成卵.

九十月掘取蒸煮, 皆可食. 較番藷, 特易滋胤. 俗傳 "庚伏日埋枝, 則易生卵." 《杏蒲志》

---

171 《杏蒲志》卷3 〈總論果蓏〉 "種甘藷(附北藷)"(《農書》36, 189쪽).

## 15) 부록 땅콩[落花生, 낙화생][172]

덩굴과 줄기와 잎이 편두(扁豆)의 그것과 비슷하다. 꽃[花]이 피었다가 땅에 떨어질[落] 때 꽃이 하나 땅에 떨어지면 열매 하나가 맺힌다[生]. 모양은 향여(香薷, 마의 일종)와 유사하다. 역시 2월에 심는다. 푸석푸석한 흙을 좋아한다. 격년으로 비회(肥灰, 거름 섞은 재)를 사용하여 북준다. 그늘진 곳에 옮겨 심어야 한다.

가을이 끝날 무렵이나 겨울 초입에 거둔다. 서리를 맞지 않으면 맛이 쓴 점은 향여(香薷) 및 마[山藥, 산약]와 유사하다. 가정(嘉定)[173]의 바닷가 지방에서 나는 땅콩은 맛이 달고 평하다. 오장에 이롭고, 기를 내려 주며, 정신을 맑게 한다. 《증보도주공치부기서(重訂增補陶朱公致富奇書)[174]》[175]

### 附 落花生

藤蔓莖葉似扁豆. 開花落地, 一花就地, 結一果. 其形與香薷相類, 亦二月內種, 喜鬆土. 用隔年肥灰壅, 宜栽背陰處.

秋盡冬初取之. 若未經霜則味苦, 與香薷、山藥相類. 産嘉定瀕海之地, 味甘平, 利五臟, 下氣清神. 《增補致富奇書》

땅콩줄기

---

172 땅콩[落花生, 낙화생] : 남아메리카를 원산지로 하는 쌍떡잎 식물. 이판화군 장미목 콩과의 일종.

173 가정(嘉定) : 지금의 중국 상해시 가정구(嘉定區) 일대.

174 증보도주공치부기서(增補陶朱公致富奇書) : 중국 명(明)나라 말기의 문인 진계유(陳繼儒, 1558~1639)가 지은 유서인 《중정증보도주공치부기서(重訂增補陶朱公致富奇書)》를 가리키는 듯하다. 도주공(陶朱公)은 중국 춘추 시대 월(越)나라 관리 범려(范蠡)의 별칭이다. 그는 화식(貨殖)에 뛰어났기에 상왕(商王)으로 불렸다.

175 《重訂增補陶朱公致富奇書》 卷1 〈蔬部〉 "落花生"(《重訂增補陶朱公致富奇書》 上, 28쪽).

땅콩알뿌리

줄기에 달린 땅콩

수확한 땅콩(이상 파주시 파주읍 연풍리에서 촬영)

껍질 깐 땅콩(이상 임원경제연구소, 파주시 금촌동 통일시장에서 촬영)

땅콩은 초목 중에 덩굴로 자라는 종류이다. 심은 사람이 모래로 가지를 눌러서 눕혀 주면 덩굴 위에 꽃이 핀다. 꽃은 실모양으로 피지만 꼬투리를 맺지는 않는다. 꼬투리는 뿌리와 줄기 사이에서 따로 생긴다. 모래흙을 파서 꼬투리를 취한다.

꼬투리껍데기[殼] 길이가 0.1척 정도 되면 주름진 꼬투리 속에 3~4개의 열매가 있다. 모양은 누에콩[蠶豆, 잠두]176과 같다. 맛은 달고 맑으며, 산삼 맛이

落花生, 草木蔓生. 種者以沙壓橫其枝, 則蔓上開花. 花吐成絲, 而不能成莢. 其莢乃別生根莖間. 掘沙取之.

殼長寸許, 皺紋中有實三四. 狀如蠶豆. 味甘而淸, 微有蔘氣, 亦名"落花

---

176 누에콩[蠶豆, 잠두] : 콩과의 여러해살이풀의 일종. 누에콩에 대해서는 《本利志》 卷7 〈穀名攷〉 "陸種類" '蠶豆'(서유구 지음, 정명현·김정기 옮김, 《임원경제지 본리지》2, 소와당, 2008, 554쪽을 참조 바람.

조금 나서 또한 '낙화삼(落花蔘)'이라고 한다.

일반적으로 초목의 열매는 모두 꽃에 맺힌다. 땅콩만이 꽃은 꽃대로 피고 꼬투리는 꼬투리대로 맺는다. 꽃에서 꼬투리를 내지 않고 꼬투리에서 꽃꼭지를 내지 않으니, 또한 매우 특이하다.《남월필기(南越筆記)177》178

蔘".

凡草木之實皆成於花, 此獨花自花而莢自莢. 花不生莢, 莢不蔕花, 亦異甚也. 《南越筆記》

---

177 남월필기(南越筆記) : 중국 청(淸)나라 관리 이조원(李調元, 1734~1803)이 쓴, 지금의 광동성과 광서성 지역의 민속, 산천, 지형 등에 대한 기록.
178《南越筆記》卷15〈落花生〉《叢書集成初編》3127, 194~195쪽).

## 10. 연밥[蓮子, 연자][1]

### 1) 이름과 품종

일명 '우실(藕實)', '택지(澤芝)'이다.[2]

【본초강목】[3] 연밥은 '적(蓮)'이라고 한다. 적이 연방[房]에 있는 모습은 벌이 벌집에 있는 모양과 같다. 6~7월에 여린 연밥을 채취하여 생으로 먹으면 부드럽고 맛있다. 가을에는 연방이 마르고 열매가 흑색이 된다. 연밥은 돌과 같이 단단해서 '석련자(石

名品

一名"藕實", 一名"澤芝".

【本草綱目】 蓮子名"蓮". 蓮在房如蜂子在窠之狀. 六七月采嫩者, 生食脆美. 至秋房枯子黑, 其堅如石, 謂之"石蓮子".

연근(《본초강목》)

연(《본초도경》)

연밥과 연근(《식물명실도고》)

---

1 연밥[蓮子, 연자]:연의 열매. 풍석 서유구 지음, 임원경제연구소 옮김, 《임원경제지 정조지》1, 285~286 쪽과 함께 참조 바람.
2 일명……택지(澤芝)이다:《本草綱目》卷33〈果部〉"蓮藕", 1893쪽에 보인다..
3 《本草綱目》, 위와 같은 곳.

蓮子)'라고 한다.

　겨울부터 봄까지 연근을 파서 먹는다. 야생 연과　冬月至春, 掘藕食之. 野生
붉은 꽃 피는 연은 연밥의 양은 많지만 연근의 품등　及紅花者, 蓮多藕劣; 家種
이 떨어진다. 반면 집에서 재배하는 연과 흰 꽃이 피　及白花者, 蓮少藕佳也.
는 연은 연밥의 양은 적지만 연근의 품등이 좋다.

비아(埤雅) 4 연근은 그 생장이 달의 변화에 응한다.　埤雅 藕, 其生應月, 月生
달마다 마디 하나가 생긴다. 윤달을 만나면 곧 마디　一節. 遇閏輒益一節】
하나가 더 생긴다】

연방과 연밥

연밥이 들어 있던 연방(남양주시 진접읍 부평리 봉선사에서 촬영)

연근

연근 단면(이상 임원경제연구소, 파주시 금촌동 통일시장에서 촬영)

---

4　《埤雅》卷17〈釋草〉“藕”(《文淵閣四庫全書》222, 203쪽).

## 2) 알맞은 토양

《관자(管子)》에서 "오옥(五沃, 비옥한 토질)의 땅에서 연을 낸다."[5]라고 했다. 그러므로 심을 때는 땅심이 좋은 장토(壯土)가 적당하다. 그러나 장분(壯糞, 기름진 거름)을 많이 주어서는 안 된다. 장분은 오히려 열을 내서 연근을 손상시키기 때문이다. 《농정전서》[6]

土宜

《管子》曰: "五沃之土生蓮." 故栽宜壯土. 然不可多加壯糞. 反致發熱壞藕.《農政全書》

---

5 《管子》卷19〈地員〉第58《管子校釋》, 469쪽).
6 《農政全書》卷27〈樹藝〉"蓏部"'蓮'《農政全書校注》, 683쪽).

## 3) 심기와 가꾸기

연밥 심는 법: 8~9월에 단단하고 흑색인 연밥을 거두어 기와 위에 연밥 끝을 갈아 껍질을 얇게 한다. 도랑가의 흙을 잘 삭은 진흙으로 만들어 연밥을 봉한다. 이때 손가락 3개 두께만큼 하고, 길이는 0.2척이 되게 한다. 또 꼭지[蔕頭]쪽을 평평하면서 무겁게 하고 갈린 부분은 뾰족하게 봉한다.

진흙이 말랐을 때 연못 속에 던지면 무거운 꼭찌쪽이 아래로 가라앉아 연밥이 자연스럽게 두루 바르게 바닥에 박힌다. 그러면 껍질이 얇아 쉽게 살아나기 때문에 조금 지나면 곧 나온다. 갈지 않은 연밥은 껍질이 단단하면서 두텁기 때문에 짧은 시간에 살아날 수가 없다.

연근 심는 법: 초봄에 연근 마디의 머리 쪽을 판다.[7] 이를 물고기 키우는 연못의 진흙 속에 심으면 그해에 곧 연꽃이 핀다. 《제민요술》[8]

연못 연근의 경우 2월에 진흙 묻은 작은 연근을 연못의 얕은 물에 옮겨 심는다. 깊은 물에 심어서는 안 된다. 무성해지면 깊어도 무방하다. 똥이나 콩깻묵으로 북주면 더욱 무성해진다. 《왕정농서》[9]

## 種藝

種蓮子法, 八月、九月中, 收蓮子堅黑者, 于瓦上磨蓮子頭, 令皮薄. 取墐土作熟泥, 封之, 如三指大, 長二寸, 使蒂頭平重, 磨處尖銳.

泥乾時, 擲于池中, 重頭沈下, 自然周正. 皮薄易生, 少時卽出. 其不磨者, 皮旣堅厚, 倉卒不能生也.

種藕法: 春初掘藕根節頭, 著魚池泥中種之, 當年卽有蓮花.《齊民要術》

池藕, 二月間取帶[1]泥小藕, 栽池塘淺水中, 不宜深水. 待茂盛, 深亦不妨. 或糞或豆餠壅之則益盛.《王氏農書》

---

7  마디의……판다 : 연근 앞부분의 두세 마디를 판다는 뜻이다. 《齊民要術校釋》, 466쪽 주 '一'번 참조.

8  《齊民要術》 卷6 〈養魚〉 卷61(《齊民要術校釋》, 465쪽);《農桑輯要》卷6〈藥草〉"蓮藕"(《農桑輯要校注》, 239쪽).

9  출전 확인 안 됨;《農政全書》卷27〈樹藝〉"蓏部""蓮"(《農政全書校注》, 682쪽).

[1] 帶 : 저본에는 "蒂". 오사카본·《農政全書·樹藝·樹藝》에 근거하여 수정.

연을 심을 때는 반드시 진흙을 파 내고 생토(生土)에 연근을 심어야 한다. 진흙 속에 심으면 며칠 후에 수면에 모두 떠서 썩게 될 것이다. 《우산잡설(祐山雜說)[10]》[11]

種蓮, 必爬掘淤泥, 植根生土. 若植之淤泥中, 後數日, 悉浮水面, 成朽質矣. 《祐山雜說》

깊은 연못 속에 연근을 심을 때는 요새 연을 동이에 심는 법으로 심는다. 숯 담는 대상자[炭簍] 안에 횡으로 심은 다음 줄로 묶은 대상자를 연못의 바닥에 내린다. 삼오(三吳)[12] 사람들은 큰 연근[大藕]을 낮은 밭에 심는다. 그러면 가장 무성하다. 《농정전서》[13]

深池中種藕, 用今種盆荷法, 橫種炭簍內, 以繩放下水底. 三吳人用大藕于下田中種之, 最盛.《農政全書》

춘분 전에 옮겨 심으면 꽃이 잎 위로 나온다. 먼저 기름진 강바닥에서 채취하여 말린 진흙을 항아리에 절반 못 미치게 채운다. 갈대자리를 그 위에 놓아 사이를 띄운다. 그 위에 강바닥 진흙으로 0.5척 다져 평평하게 한다. 비가 오면 항아리를 덮어 준다. 진흙이 햇볕에 말려 조금 갈라지면 그제야 여기에 연근을 심는다.

대개 연근에서 줄기가 위로 자라 열매가 처음 비

春分前栽, 則花出葉上. 先將好壯河泥乾者, 少半[2]甕築實, 隔以蘆席. 上用河泥半尺築平. 有雨蓋之. 俟泥曬微裂, 方種.

蓋藕根上行, 遇實始生花

---

10 우산잡설(祐山雜說) : 중국 명(明)나라 풍여필(馮汝弼, 1498~1577)이 지은 잡기류의 서적. 풍여필의 호가 우산(祐山)이다.
11 《祐山雜說》〈種蓮〉.
12 삼오(三吳) : 소주(蘇州)를 이루는 세 지역. 즉 오군(吳郡), 오흥(吳興), 회계(會稽). 오(吳)는 중국의 소주(蘇州) 지역이다. 지금의 중국 화동(華東) 지구와 강소성(江蘇省) 동남부 지역과, 양자강의 삼각주 중부 지역에 걸쳐 있다.
13 《農政全書》卷27〈樹藝〉"蓏部"'蓮'(《農政全書校注》, 682쪽).
[2] 半 : 저본에는 "年". 오사카본·《農政全書·樹藝·樹藝》에 근거하여 수정.

로소 꽃을 피운다. 다음으로 연근 중 크고 세 마디가 손상된 곳이 없는 놈으로 골라 순리에 맞게 위에 펼쳐 놓는다. 큰 연근은 1개, 작은 연근은 2개를, 머리는 남쪽을 향하고 싹은 위를 향하게 한다.

유황가루 묻힌 종이를 비녀모양으로 꼬아 연근 마디를 1~2번 대충 감싼다. 잘게 자른 돼지털 약간을 다시 연근 마디에 놓아 둔다. 다시 기름진 강바닥 진흙[肥河泥]을 차례대로 0.4척 두께로 채운다. 이때 싹이 노출되지 않게 한다. 한낮에 볕에 말려 진흙이 다 갈라지고 나서야 강물을 조금 더해 줄 수가 있다.

먼저 물을 더해 줄 때는 네 손가락 너비만큼만의 깊이가 되게 해 준다. 연잎[擎荷]이 크게 펴지면 다시 강물을 준다. 여름에 들어설 때에야 물을 깊이 채워 준다. 이와 같이 심으면 그해에 꽃이 피고 게다가 연도 무성해진다. 《군방보》[14]

也, 次將藕壯大三節無損者, 順鋪在上. 大者一枝, 小者二枝, 頭向南, 芽朝上.

用硫黃研碎紙撚簪柄, 粗纏藕節一二道. 再用剪碎猪毛少許, 安在藕節. 再用肥河泥, 次第填四寸厚, 芽勿露. 日中曬, 淤泥迸裂, 方可少加河水.

先加水, 止[3]可四指深, 候擎荷大發, 再加河水. 交夏水方可深, 如此種則當年有花, 且茂盛. 《群芳譜》

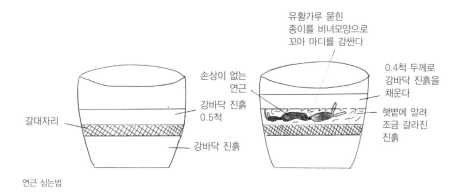

유황가루 묻힌 종이를 비녀모양으로 꼬아 마디를 감싼다

손상이 없는 연근

강바닥 진흙 0.5척

갈대자리

강바닥 진흙

0.4척 두께로 강바닥 진흙을 채운다

햇볕에 말려 조금 갈라진 진흙

연근 심는법

---

14 《二如亭群芳譜》〈亨部〉"果譜" 4 '荷'(《四庫全書存目叢書補編》80, 459쪽).
③ 止 : 저본에는 "上". 오사카본·《二如亭群芳譜·亨部·果譜》에 근거하여 수정.

## 4) 치료하기

연못의 물은 연이 잠기게 가득 채워서는 안 된다. 연이 잠기면 연잎이 반드시 검게 썩기 때문이다. 이때는 반드시 즉시 물을 빼야 한다. 《증보산림경제》[15]

醫治

池水勿滿浸. 蓮葉必腐黑, 須卽去水. 《增補山林經濟》

## 5) 주의사항

연은 동유(桐油)를 매우 꺼린다. 《거가필용》[16]

宜忌

蓮極畏桐油. 《居家必用》

연[荷]은 칡을 꺼린다. 연이 있는 못에 칡을 빠뜨리면 연이 더이상 번식하지 못한다. 혹자는 "연못가에 칡을 심으면 연도 무성하지 않다."라고 한다. 《산림경제보》[17]

荷忌葛, 蓮池沈葛, 則絶種. 或云:"池邊種葛, 蓮亦不盛." 《山林經濟補》

## 6) 보관하기

좋고 살지며, 희고 연한 연근을 그늘지고 습한 곳에 묻으면 오래되어도 새것과 같다. 멀리 가지고 가려 할 때는 진흙으로 연근을 감싸면 상하지 않는다. 《비아》[18]

收藏

好肥白嫩藕, 埋陰濕地, 可經久如新. 欲致遠, 以泥裹之則不壞. 《埤雅》

## 7) 쓰임새

연밥은 가루를 내어 밥을 지을 수 있다. 몸을 가볍게 하고, 기운을 더해 주어 사람을 강건하게 한다. 연근은 갈증을 그치게 하고 혈(血)을 흩어 준다.

功用

蓮子可磨爲飯, 輕身益氣, 令人彊健. 藕止渴散血, 服之不可闕者. 《王氏農書》

---

15 《增補山林經濟》卷4〈養花〉"蓮"(《農書》3, 232쪽).

16 《居家必用》〈戊集〉"種藥類"'種蓮法'(《居家必用事類全集》, 192쪽).

17 출전 확인 안 됨;《增補山林經濟》, 위와 같은 곳.

18 《埤雅》卷14〈釋木〉"柘"(《文淵閣四庫全書》222, 179~180쪽);《廣群芳譜》卷66〈果譜〉"蓮", 1555쪽.

그러므로 복식(服食, 약 되는 음식 먹는 일)하는 데 빠뜨
릴 수 없는 재료이다.《왕정농서》[19]

## 8) 자질구레한 말　瑣言

전하는 말에 도토리가 물에 떨어져 연이 된다고
했다.《유양잡조》[20]

相傳橡子落水爲蓮.《酉陽
雜俎》

계란 1개에다 작은 구멍 1개를 낸 다음 흰자와
노른자를 제거한다. 연밥을 계란껍질 속에 가득 채
운다. 종이 3~4겹을 구멍에 풀로 붙인다. 이를 닭
이 품게 한다. 계란을 품던 닭이 둥우리 밖으로 나
오면 계란을 가져다 따뜻한 곳에 둔다.

用鷄子一枚, 開一④小孔,
去靑黃. 將蓮子塡滿, 紙糊
孔三四層, 令鷄抱之. 鷄
出, 取放暖處.

닭이 더 이상 품지 않을 때에 천문동(天門冬)[21]가
루·유황을 기름진 진흙이나 술지게미와 함께 섞어

不抱時, 用天門冬末, 硫黃,
同肥泥或酒罎泥安盆底栽

연근 단면(임원경제연구소, 파주시 금촌동 통일시장에서 촬영)

연꽃(네이버 블로그 수락산 스마일)

---

19 《王禎農書》〈蓏屬〉 "蓏屬" '蓮藕', 105쪽.
20 《酉陽雜俎》卷19〈廣東植類之三〉 "草篇"(《叢書集成初編》277, 155쪽).
21 천문동(天門冬) : 백합과의 여러해살이풀. 뿌리를 약재로 쓰며, 이뇨·강장·항균 효과가 있다.《관휴지》권4
〈약초류〉 "천문동" 참조.
④ 用鷄子一枚開一 : 저본에는 없음. 오사카본·규장각본·《二如亭群芳譜·亨部·果譜》에 근거하여 보충.

연꽃(이우형)

동이 바닥에 놓고 연밥을 심는다. 술을 물과 섞어 주면 동전모양으로 꽃이 핀다. 《군방보》[22]

연밥은 그 뾰족한 끝을 갈아서 얇게 만든 다음 쪽물 우리는 항아리 속에 담가 놓는다. 다음해 청명에 이를 가져다 심으면 청색 연꽃이 핀다. 《군방보》[23]

之. 用酒和水澆, 開花如錢. 《群芳譜》

蓮子磨薄尖頭, 浸靛缸中. 明年清明, 取種, 開青花. 同上[5]

---

22 《二如亭群芳譜》〈亨部〉 "果譜" 4 '荷'(《四庫全書存目叢書補編》80, 459쪽).
23 《二如亭群芳譜》, 위와 같은 곳.
⑤ 用鷄子一枚……同上 : 오사카본에는 이 부분이 '瑣言' 항목이 있는 곳에 커다란 찌지에 적혀서 끼워 있다. 그리고 이 찌지의 맨 끝에는 "《유양잡조》 아래에 한 자 띄워서 쓴다. '자질구레한' 말 항목에 속한다(書《酉陽雜俎》下跳一字. 瑣言條)."라고 적혀 있다.

# 11. 마름[菱, 능][1]

菱

## 1) 이름과 품종

名品

일명 '지(芰)', '수율(水栗)', '사각(沙角)'이다.[2]

一名"芰", 一名"水栗", 一名
"沙角".

【본초강목】[3] 잎이 갈라지면서[支] 퍼지기 때문에 글자가 지(支)를 따른다. 잎의 각(角)이 매우 모났기 [稜] 때문에 능(菱)이라고 한다. 오안빈(伍安貧)[4]의《무

【本草綱目】 其葉支散, 故字從支. 其角稜峭, 故謂之菱. 伍[1]安貧《武陵記》"以

마름(《본초강목》)

마름(《본초도경》)

---

1 마름[菱, 능] : 쌍떡잎식물 마름과의 한해살이풀. 풍석 서유구 지음, 임원경제연구소 옮김,《임원경제지 정조지》1, 286~288쪽과 함께 참조 바람.

2 일명……사각(沙角)이다 :《二如亭群芳譜》〈亨部〉"果譜" 4 '芰'(《四庫全書存目叢書補編》80, 459쪽)에 보인다.

3 《本草綱目》卷33〈果部〉" 芰實", 1901쪽.

4 오안빈(伍安貧) : ?~?. 중국 남조(南朝) 양(梁)나라 무릉(武陵) 사람. 박학했으나 벼슬을 사양하고《무릉기(武陵記)》를 편찬했다.

[1] 伍 : 저본에는 "王".《本草綱目·果部·芰實》에 근거하여 수정.

마름꽃 마름열매

릉기(武陵記)》[5]에 "잎이 삼각이나 사각인 것을 지(芰)
라 하고, 두 개의 각을 가진 것을 능(菱)이라 한다."[6]
라 했고, 《춘추좌씨전(春秋左氏傳)》[7]에 "굴도(屈到)[8]가
지(芰, 세발마름)를 즐겨 먹었다."[9]라 한 것이 곧 이것이
다. 《이아》에서는 '궐미(厥攗)'라고 했다[10]】

三角、四角者爲芰, 兩角者
爲菱,《左傳》"屈到嗜芰",
卽此也.《爾雅》謂之"厥
攗"】

마름 잎자루의 굵은 부분은 공기 주머니로, 물 위에 뜰 수 있
도록 해 준다(이상 네이버 블로그 수락산 스마일)

---

5　무릉기(武陵記) : 오안빈이 편찬한, 양(梁)나라 무릉(武陵) 지역의 역사와 풍속을 기록한 책으로 추정된다.

6　잎이⋯⋯한다 : 출전 확인 안 됨.

7　춘추좌씨전(春秋左氏傳) : 공자(孔子)가 지은 중국 노(魯)나라의 역사서인 《춘추(春秋)》를 공자의 제자인
　좌구명(左丘明)이 주해한 책.

8　굴도(屈到) : 중국 춘추전국 시대 초(楚)나라 막오(莫敖)를 지낸 사람.

9　출전 확인 안 됨;《國語》卷17〈楚語〉上《文淵閣四庫全書》406, 151쪽).

10　이아⋯⋯ 했다 :《爾雅注疏》卷8〈釋草〉"蔆"《十三經注疏整理本》24, 297쪽).

## 2) 알맞은 토양

세발마름[芰]이나 마름[菱]은 호수나 큰 못이 있는 곳이면 있다. 마름은 진흙 속에 떨어지면 가장 쉽게 난다.《본초강목》[11]

## 3) 종자 고르기

들마름[野菱, 야릉]과 집마름[家菱, 가릉]이 있다. 집마름을 못에 심으면 잎과 열매가 모두 크다.《본초강목》[12]

## 4) 심기와 가꾸기

가을에 열매가 흑색으로 익었을 때 거두어서 못 바닥에 흩어 놓으면 저절로 난다.《제민요술》[13]

심는 법: 중양절(9월 9일) 후에 묵은 마름열매를 바구니에 담아 강물 속에 담근다. 2~3월에 싹이 나면 물의 깊이에 따라 길이가 약 3~4척 정도로 자란다. 대나무 1개를 깎아 화통(火通)[14]의 아가리모양으로 만든다. 여기에 묵은 마름을 끼우고 고정시켜 못 바닥에 꽂는다. 똥거름을 줄 때는 큰 대나무로 쳐서 대나무마디 부분을 통과하게 하면서 주입시킨다. 《농정전서》[15]

土宜

芰、菱, 有湖濼處則有之. 菱落泥中, 最易生發.《本草綱目》

擇種

有野菱、家菱. 家菱種于陂塘, 葉、實俱大.《本草綱目》

種藝

秋上子黑熟時, 收取, 散着池中, 自生.《齊民要術》

種法: 重陽後取老菱角用籃盛, 浸河水內. 待二三月發芽, 隨水淺深, 長約三四尺許, 用竹一根削作火通口樣, 箝住老菱, 挿入水底. 若澆糞, 用大竹打通節注之.《農政全書》

11 《本草綱目》, 위와 같은 곳.

12 《本草綱目》卷33〈果部〉"芰實", 1901~1902쪽.

13 《齊民要術》卷6〈養魚〉第61 "葡萄"(《齊民要術校釋》, 465쪽).

14 화통(火通): 불을 불 때 사용하는 죽통.《農政全書校注》, 704쪽 주 69번 참조.

15 《農政全書》卷27〈樹藝〉"蓏部""菱"(《農政全書校注》, 683쪽).

## 5) 물주기와 거름주기

여름에 똥거름물을 잎에 주면 열매는 더욱 살지고 맛있다. 《본초강목》[16]

## 6) 주의사항

일반적으로 수생 과일류를 심을 때는 소똥만 준다. 동유(桐油)는 매우 꺼린다. 동유가 든 병이나 항아리를 못 속에 던져 놓으면 수생 과일류는 다 죽는다. 《고금의통대전(古今醫統大全)》[17]

## 7) 쓰임새

열매가 부드러울 때 벗겨서 먹으면 껍질은 무르고 열매살은 맛있다. 쇠면 찌거나 삶아서 먹는다. 시골사람들은 열매를 햇볕에 말린 다음 쌀처럼 잘게 저며서 밥·죽·떡·과줄을 만든다. 그 줄기도 햇볕에 말려 거두었다가 쌀을 섞고 밥을 지어 흉년을 난다. 마름은 대개 못에서 짓는 농사의 이로운 작물이다. 《본초강목》[18]

부드러운 줄기는 또한 나물로 무칠 수 있다. 《농정전서》[19]

## 澆壅

夏月以糞水澆其葉, 則實更肥美.《本草綱目》

## 宜忌

凡種水果, 只以牛糞, 大忌桐油. 若桐油瓶罐投池中, 卽水果絶死.《古今醫統》

## 功用

嫩時剝食, 皮脆肉美. 老則蒸煮食之. 野人暴乾, 剁米爲飯、爲粥、爲饎、爲果. 其莖亦可暴收, 和米作飯以度荒歉. 蓋澤農有利之物也.《本草綱目》

莖之嫩者, 亦可爲菜茹.《農政全書》

---

16 《本草綱目》卷33〈果部〉"芰實", 1902쪽.
17 출전 확인 안 됨;《和漢三才圖會》卷91〈果部〉"水果類"'芰'(《倭漢三才圖會》10, 505쪽).
18 《本草綱目》卷33〈果部〉"芰實", 1902쪽.
19 《農政全書》卷27〈樹藝〉"蓏部"'菱'(《農政全書校注》, 684쪽).

# 12. 가시연[芡, 검][1]

芡

## 1) 이름과 품종

名品

일명 '계두(鷄頭)', '안훼(雁喙)'이다.[2]

一名"鷄頭", 一名"雁喙".

【도경본초】[3] 밑동의 모양은 닭머리나 기러기머리와 유사하기 때문에 이렇게 이름 붙였다.

【圖經本草】 其苞形類鷄雁頭故名.

【본초강목】[4] 흉년[儉歉]을 넘길 수 있기 때문에 '검(芡)'이라고 한다. 《장자(莊子)》에서는 '계옹(鷄雍)'[5]이라 했

【本草綱目】 可濟儉歉, 故謂之"芡". 《莊子》謂之"鷄

가시연《본초강목》     가시연《본초도경》     가시연《식물명실도고》

---

1 가시연[芡, 검]:쌍떡잎식물 미나리아재비목 수련과의 한해살이풀. 풍석 서유구 지음, 임원경제연구소 옮김, 《임원경제지 정조지》1, 288~289쪽과 함께 참조 바람.
2 일명……안훼(雁喙)이다:《二如亭群芳譜》〈亨部〉"果譜" 4 '芡實'(《四庫全書存目叢書補編》80, 473쪽)에 보인다.
3 《圖經本草》卷16〈果部〉"鷄頭實"(《本草圖經》, 534쪽).
4 《本草綱目》卷33〈果部〉"芡實", 1902쪽.
5 《莊子》〈雜篇〉"徐無鬼" 14(《莊子今注今譯》, 660쪽).

가시연꽃　　　　　　　　　　가시연열매(이상 네이버 블로그 수락산 스마일)

고, 《관자(管子)》에서는 '난릉(卵菱)'[6]이라 했다.

양웅(楊雄)[7]의 《방언(方言)》에서는 "초(楚)의 남쪽 지역에서는 '계두(鷄頭)'라고 한다. 유주(幽州)와 연주(燕州)에서는 '안두(雁頭)'라고 한다. 서주(徐州)·청주(靑州)·회(淮)·사(泗) 지방에서는 '검자(芡子)'라고 한다. 줄기는 '위(薓)'라고 하고 '역(菦)'이라고도 한다."[8]라고 했다】

雍", 《管子》謂之"卵菱".

楊雄《方言》云: "南楚謂之 '鷄頭'. 幽、燕謂之'雁頭'. 徐、靑、淮、泗謂之'芡子'. 其莖謂之'薓', 亦曰'菦'"】

---

6　《管子》卷14〈五行〉第41(管子校釋》, 365쪽).
7　양웅(楊雄) : B.C. 53~A.D. 18. 중국 한(漢)나라 성도(成都) 사람. 문장으로 이름이 났으며, 학자로서 각 지방의 언어를 집성한 《방언(方言)》, 《역경(易經)》에 기본을 둔 철학서 《태현경(太玄經)》과 《논어(論語)》의 문체를 모방한 수상록 《법언(法言)》 등을 저술하였다.
8　초(楚)의……한다 :《輶軒使者絕代語釋別國方言》3(《文淵閣四庫全書》221, 300쪽).

## 2) 심기와 가꾸기

8월 중에 캐서 열매를 쪼개어 씨를 취한다. 연못에 흩어 놓으면 저절로 난다. 《제민요술》[9]

심는 법: 가을에 익었을 때 쇤 씨를 거둔다. 이를 부들로 짠 보로 싸서 물속에 담근다. 3월에 얕은 물속에 흩어 뿌린다. 잎이 수면에 뜨면 깊은 물에 옮겨 심는다. 이때 그루마다 5척 정도 떨어지게 한다【안 《군방보》에는 2척으로 되어 있다[10]】.

이에 앞서 깻묵이나 콩깻묵을 강바닥의 진흙과 고루 뒤섞어 둔다. 심을 때는 못에 갈대를 꽂아 심을 곳을 표시해 둔다. 심은 지 10여 일 후에 그루마다 강바닥의 진흙 3~4사발씩 북준다. 《농정전서》[11]

## 種藝

八月中採取, 劈破取子. 散着池中, 自生. 《齊民要術》

種法: 秋間熟時, 收取老子, 以蒲包包之, 浸水中. 三月間撒淺水內. 待葉浮水面, 移栽深水. 每科離五尺許【按《群芳譜》作二尺】. 先以麻餠或豆餠, 拌均河泥. 種時, 以蘆挿記根處, 十餘日後, 每科用河泥三四碗壅之. 《農政全書》

---

9 《齊民要術》卷6〈養魚〉第61 "葡萄"《齊民要術校釋》, 465쪽).
10 군방보에는······있다:《二如亭群芳譜》〈亨部〉"果譜" 4 '芡實'(《四庫全書存目叢書補編》80, 473쪽).
11 《農政全書》卷27〈樹藝〉"蓏部" '芡'(《農政全書校注》, 684쪽).

### 3) 보관하기

가시연[鷄頭]열매를 거두어 햇볕에 말린 다음 병에 넣고 종이로 덮는다. 이를 다시 땅속에 묻는다. 《물류상감지》[12]

### 4) 쓰임새

가시연으로 가루를 만들면 식량을 대신할 수 있다. 공수(龔遂)[13]가 발해(渤海)[14] 태수를 지낼 때 백성들에게 가을과 겨울 동안에 마름과 가시연을 더욱 많이 보관하기를 권장했다.[15] 이는 대개 마름과 가시연이 주린 배를 채울 수 있다는 뜻이다. 연한 줄기를 '경(葰)'이라고 한다. 사람들은 줄기를 따서 나물로 무쳐 먹는다. 《왕정농서》[16]

### 收藏

收鷄頭曬乾, 入瓶, 紙蒙了, 復埋之地中. 《物類相感志》

### 功用

鷄頭作粉, 可以代糧. 龔遂守渤海, 勸民秋冬益畜菱、芡. 蓋謂其能充飢也. 其莖之嫩者名爲"葰". 人採爲菜茹. 《王氏農書》

---

12 《物類相感志》〈果子〉(《叢書集成初編》1344, 19쪽); 《說郛》卷22 下〈物類相感志〉"果子"(《文淵閣四庫全書》877, 294쪽).
13 공수(龔遂): ?~?. 중국 전한 선제(B.C. 74~B.C. 49) 때에 발해군 태수를 지냈다.
14 발해(渤海): 698년부터 926년까지 한반도 북부와 만주·연해주에 존속하며 남북국을 이루었던 고대국가.
15 공수(龔遂)……권장했다: 출전 확인 안 됨.
16 《王禎農書》〈葕屬〉"葕屬" '芡', 106쪽;

# 13. 올방개[烏芋, 오우][1]

## 1) 이름과 품종

일명 '부자(凫茈)', '발제(荸臍)', '지율(地栗)'이다.[2]

【본초강목[3] 올방개는 뿌리가 토란[芋]과 비슷하
고 색은 검다[烏]. 오리[凫]가 먹기를 좋아하기 때문
에 《이아》에서는 '부자(凫茈)'라고 했다. 나중에는 결
국 와전되어 '발제(荸臍)'가 되었다. 아마도 절운(切韻)[4]

名品

一名"凫茈", 一名"荸臍",
一名"地栗".

【本草綱目】 烏芋, 其根如
芋而色烏也. 凫喜食之, 故
《爾雅》名"凫茈". 後遂訛爲
"荸臍". 蓋切韻凫、荸同一

올방개(《본초강목》)

올방개(《본초도경》)

올방개 땅속줄기

---

1 올방개[烏芋] : 외떡잎식물 택사과 여러해살이풀. 물밤이라고 하는 올방개의 땅속줄기로는 묵을 만들어 먹
는다.

2 일명……지율(地栗)이다 :《二如亭群芳譜》〈亨部〉"果譜" 4 '荸臍'(《四庫全書存目叢書補編》80, 476쪽)에
보인다.

3 《本草綱目》卷33〈果部〉"烏芋", 1905쪽.

4 절운(切韻) : 반절에 의하여 한자의 음을 나누는 것.

에서는 부(朇)와 발(䣩)이 동일한 자모관계여서 음이 서로 가깝기 때문에 그런 듯하다.

字母, 音相近也.

얕은 논에서 난다. 그 싹은 3~4월에 흙에서 난다. 하나의 줄기가 곧게 올라갈 뿐 가지와 잎이 없다. 뿌리는 흰 덩이줄기이다. 가을이 지난 후에 알맹이를 맺는다. 그 크기는 산사(山査, 아가위)나 밤만 하지만 배꼽 부분[臍]에서는 털이 모여 있고 줄줄이 아래로 늘어지게 나면서 진흙바닥으로 들어간다】

生淺水田中, 其苗三四月出土. 一莖直上, 無枝葉. 其根白蒻, 秋後結顆, 大如山査·栗子而臍有聚毛, 纍纍下生入泥底】

올방개1

올방개2(이상 정재민)

## 2) 알맞은 토양

기름진 밭에 옮겨 심으면 굵기가 파나 부들과 비슷하다. 높이는 2~3척이다. 오(吳) 지방 사람들은 비옥한 밭에 심는다. 《본초강목》[5]

## 3) 심는 시기

심을 때는 곡우날이 적당하다. 《군방보》[6]

3월에 심는다. 서리가 내린 후에는 싹이 시든다. 겨울과 봄에 파서 거둔 다음 과줄을 만든다. 《본초강목》[7]

## 4) 종자 고르기

야생하는 올방개는 흑색이고 작으며, 먹으면 수분이 많다. 재배하는 올방개는 자색이고 크며, 먹으면 털이 많다. 《본초강목》[8]

## 5) 심기와 가꾸기

심는 법 : 1월에 종자를 남기되, 종자는 크고 바른 것을 고른다. 싹이 나면 진흙이 든 항아리 속에 묻는다. 2~3월에 다시 논에 옮겨 심는다.

싹이 무성해지면 소서(양력 7월 7·8일경) 전에 나누어 심는다. 이때 그루마다 5척 정도 떨어지게 한다.

土宜

肥田栽者, 麤近葱、蒲, 高二三尺. 吳人以沃田種之. 《本草綱目》

時候

種宜穀雨日. 《群芳譜》

三月下種, 霜後苗枯, 冬春, 掘收爲果. 《本草綱目》

擇種

野生者黑而小, 食之多澤; 家種者紫而大, 食之多毛. 《本草綱目》

種藝

種法 : 正月留種, 種取大而正者. 待芽生, 埋泥缸內. 二三月間復移水田中. 至茂盛, 于小暑前分種, 每科離五尺許. 冬至前後起

---

5 《本草綱目》, 위와 같은 곳.
6 《二如亭群芳譜》, 위와 같은 곳.
7 《本草綱目》, 위와 같은 곳.
8 《本草綱目》, 위와 같은 곳.

동지 전후에 흙을 일으켜 엎는다. 김매거나 써레질 하는 법은 벼심기에서의 그것과 같다. 《농정전서》[9]

之. 耘盪與種稻同. 《農政全書》

## 6) 물주기와 거름주기

콩깻묵이나 똥거름으로 모두 북줄 수 있다. 《농정전서》[10]

### 澆壅

豆餠或糞, 皆可壅之. 《農政全書》

짚신을 풀어헤쳐 올방개를 북돋우면 올방개가 매우 무성해진다. 《농정전서》[11]

破草鞋壅, 烏芋甚盛. 同上

## 7) 쓰임새

생으로 먹든 삶아서 먹든 모두 좋다. 《본초강목》[12]

### 功用

生食、煮食皆良. 《本草綱目》

---

9 《農政全書》卷27〈樹藝〉"蓏部"'烏芋'(《農政全書校注》, 685쪽).
10 《農政全書》, 위와 같은 곳.
11 《農政全書》, 위와 같은 곳.
12 《本草綱目》, 위와 같은 곳.

## 14. 소귀나물[慈姑, 자고][1]

慈姑

### 1) 이름과 품종

名品

일명 '하부자(河鳧茈, 강올방개)', '백지율(白地栗)'이
다.[2]

一名"河鳧茈", 一名"白地
栗".

【본초강목[3] 뿌리 1개에서 해마다 12개의 씨가
나는 모습이 자애로운 어미[慈姑]가 여러 자식에게
젖을 물리는 것과 비슷하다. 그러므로 이와 같이 이
름 붙였다. 검고(茨菰)라고 되어 있는 것은 잘못이다.

【本草綱目】一根, 歲生十二
子, 如慈姑之乳諸子, 故以
名. 作茨菰者非.

소귀나물(《본초강목》)  소귀나물

---

1  소귀나물[慈姑, 자고] : 외떡잎식물 소생식물목 택사과의 여러해살이풀. 풍석 서유구 지음, 임원경제연구소
옮김, 《임원경제지 정조지》 1, 289~290쪽과 함께 참조 바람.
2  일명……백지율(白地栗)이다 : 《二如亭群芳譜》〈亨部〉"果譜" 4 '慈姑'(《四庫全書存目叢書補編》 80, 476
쪽)에 보인다.
3  《本草綱目》 卷33 〈果部〉"慈姑", 1906쪽.

|당본초|4 잎은 가위처럼 생겼고, 줄기는 어린 부들
과 비슷하다. 작고 흰 꽃이 피고, 꽃술은 짙은 황색
이다. 5~6월에 잎을 따고, 1~2월에 뿌리를 캔다】

|唐本草| 葉如剪刀, 莖似嫩
蒲. 開小白花, 蕊深黃色.
五六月採葉, 正二月採根】

---

4　출전 확인 안 됨;《本草綱目》卷33〈果部〉"慈姑", 1906쪽.

## 2) 알맞은 토양

밭은 기름져야 가장 좋다.《농정전서》[5]

## 3) 심는 시기

소귀나물은 3월에 싹을 낸다. 청색 줄기의 속이 비어 있다. 서리가 내린 후에 잎이 시들면 뿌리줄기가 비로소 뭉쳐서 맺힌다. 겨울과 초봄에 파서 과줄을 만든다.《본초강목》[6]

## 4) 심기와 가꾸기

심는 법: 미리 섣달에 어린 싹을 꺾어다가 논에 꽂아 심는다. 다음해 4~5월에 벼 모내기법[揷秧法, 삽앙법]과 같이 심는다. 그루마다 1.4~1.5척 정도 떨어지게 한다.《농정전서》[7]

## 5) 제조

반드시 잿물에 삶아 껍질을 제거한 뒤에 먹어야 한다. 그래야 입이 아리고 목을 찌르는 통증이 생기지 않는다.《본초강목》[8]

## 6) 쓰임새

부드러운 줄기도 데쳐서 먹을 수 있다. 또한 즙으

土宜

田最宜肥.《農政全書》

時候

慈姑, 三月生苗. 靑莖中空. 霜後葉枯, 根乃練結. 冬及春初掘以爲果.《本草綱目》

種藝

種法: 預於臘月間, 折取嫩芽, 揷於水田. 來年四五月, 如揷秧法種之. 每科離尺四五許.《農政全書》

製造

須灰湯煮熟, 去皮, 不致麻澀戟咽也.《本草綱目》

功用

嫩莖亦可煠食. 又取汁, 可

---

5 《農政全書》卷27〈樹藝〉"蓏部"'慈姑'(《農政全書校注》, 686쪽).
6 《本草綱目》卷33〈果部〉"慈姑", 1906~1907쪽.
7 《農政全書》, 위와 같은 곳.
8 《本草綱目》卷33〈果部〉"慈姑", 1907쪽.

로 분상(粉霜)[9]이나 자황(雌黃)[10]을 제조할 수가 있다.　　　制粉霜、雌黃.《本草綱目》
《본초강목》[11]


만학지 권제3 끝　　　　　　　　　　　　　　　晚學志卷第三

---

9　분상(粉霜) : 염초(焰硝)·소금·백반 등을 넣어 만든 하얀 가루약재.
10　자황(雌黃) : 비소와 유황의 화합물. 선명한 황색을 띤다. 주로 약용이나 안료로 사용된다. 자황으로 약을 만들 때 이 즙을 사용하는 듯하다.
11　《本草綱目》卷33〈果部〉"慈姑", 1907쪽.

# 저자 및 교정자 소개

## 저자

### 풍석(楓石) 서유구(徐有榘, 1764~1845)

본관은 달성(대구), 경기도 파주 장단이 고향이다. 조선 성리학의 대가로서 규장각 제학, 전라 관찰사, 수원 유수, 이조 판서, 호조 판서 등 고위 관직을 두루 역임했다. 그럼에도 서명응(조부)·서호수(부)·서형수(숙부)의 가학에 깊은 영향을 받아, 경학이나 경세학보다는 천문·수학·농학 등 실용학문에 심취했다. 그 결과 조선시대 최고의 실용백과사전이자 전통문화콘텐츠의 보고인 《임원경제지》 113권을 저술했다.

벼슬에서 물러나 있는 동안에는 고향인 임진강변 장단에서 술 빚고 부엌을 드나들며, 손수 농사짓고 물고기를 잡으면서 임원(林園)에서 사는 선비로서 가족을 건사하고 덕을 함양하는 데 필요한 전반적인 실용 지식을 집대성했다. 이를 위해 조선과 중국, 일본의 온갖 서적을 두루 섭렵하여 실생활에 필요한 각종 지식을 체계적으로 수집하는 한편, 몸소 체험하고 듣고 관찰한 내용을 16분야로 분류하여 엄밀하게 편찬 저술하기 시작했다.

서유구는 실현 가능한 개혁을 추구하는 조정의 최고위 관료였고, 농부이자 어부, 집 짓는 목수이자 원예가, 술의 장인이자 요리사, 악보를 채록하고 거문고를 타는 풍류 선비이자 전적과 골동품의 대가, 전국 시장과 물목을 꿰고 있는 가문 경영자이자 한의학과 농학의 대가였다.

전라 관찰사 재직 때에 호남 지방에 기근이 들자 굶주린 백성들을 위해 《종저보》를 지어 고구마 보급에 힘쓰기도 했던 서유구는, 당시 재야나 한직에 머물렀던 여느 학자들과는 달랐다. 그의 학문은 풍석학(楓石學), 임원경제학(林園經濟學)이라 규정할 만한 독창적인 세계를 제시했던 것이다.

늙어 벼슬에서 물러나 그동안 모으고 다듬고 덧붙인 엄청난 분량의 《임원경제지》를 완결한 그는 경기도 남양주 조안면에서 82세의 일기를 다했다. 시봉하던 시사(侍史)가 연주하는 거문고 소리를 들으며 운명했다고 한다.

## 교정자

### 추담(秋潭) 서우보(徐宇輔, 1795~1827)

서유구의 아들로, 모친은 여산 송씨(宋氏, 1769~1799)이다. 자는 노경(魯卿), 호는 추담(秋潭)·옥란관(玉蘭觀)이다. 서유구가 벼슬에서 물러난 1806년부터 1823년에 회양부사로 관직에 복귀하기 전까지, 약 18년 동안 부친과 임원에서 함께 생활하며 농사짓고 물고기를 잡는 한편, 《임원경제지》의 원고 정리 및 교정을 맡았다. 요절했기 때문에 《임원경제지》 전 권을 교정할 수 없었지만, 서유구는 《임원경제지》 113권의 권두마다 "남(男) 우보(宇輔) 교(校)"라고 적어두어 그의 기여를 공식화했다. 시문집으로 《추담소고(秋潭小藁)》가 있다.

# 🌿 임원경제연구소

임원경제연구소는 고전 연구와 번역, 출판을 주요 목적으로 하는 사단법인이다. 문사철수(文史哲數)와 의농공상(醫農工商) 등 다양한 전공 분야의 소장학자 40여 명이 회원 및 번역자로 참여하여, 풍석 서유구의 《임원경제지》를 완역하고 있다. 또한 번역 사업을 진행하면서 축적한 노하우와 번역 결과물을 대중과 공유하기 위해 관련 전문가 및 단체들과 교류하고 있다. 연구소에서는 번역 과정과 결과를 통하여 '임원경제학'을 정립하고 우리 문명의 수준을 제고하여 우리 학문과 우리의 삶을 소통시키고자 노력한다. 임원경제학은 시골살림의 규모와 운영에 관한 모든 것의 학문이며, 경국제세(經國濟世)의 실천적 방책이다.


## 번역, 교열, 교감, 표점, 감수자 소개

### 번역

**차영익(車榮益)**

경상남도 사천시 출신. 고려대 중어중문학과를 졸업하고 한림대 태동고전연구소에서 한학을 공부했다. 고려대 대학원에서 중국고전문학으로 석사와 박사를 마쳤다. 석사와 박사논문은 《蘇軾 經論연구》와 《蘇軾의 黃州시기 문학연구》이다. 《임원경제지》 중 《전어지》를 교열했다. 다른 옮긴 책으로 《순자 교양 강의》·《리링의 주역강의》가 있고, 지은 책으로 《당시사계, 봄을 노래하다》(공저), 《당시사계, 여름을 노래하다》(공저), 《당시사계, 가을을 노래하다》(공저)가 있다.


**정명현(鄭明炫)**

광주광역시 출신. 고려대 유전공학과를 졸업하고, 도올서원과 한림대 태동고전연구소에서 한학을 공부했다. 서울대 대학원 '과학사 및 과학철학 협동과정'에서 전통 과학기술사를 전공하여 석사와 박사를 마쳤다. 석사와 박사논문은 각각 〈정약전의 《자산어보》에 담긴 해양박물학의 성격〉과 《서유구의 선진농법 제도화를 통한 국부창출론》이다. 《임원경제지》 중 《본리지》·《섬용지》·《유예지》·《상택지》·《예규지》·《이운지》·《정조지》·《보양지》·《향례지》·《전어지》·《전공지》·《예원지》·《관휴지》를 공역했다. 또 다른 역주서로 《자산어보 : 우리나라 최초의 해양생물 백과사전》이 있고, 《임원경제지 : 조선 최대의 실용백과사전》을 민철기 등과 옮기고 썼다. 현재 임원경제연구소 소장으로, 《임원경제지》 번역 사업에 참여하고 있다.

### 최시남(崔時南)

강원도 횡성 출신. 성균관대학교 유학과(儒學科) 학사 및 석사를 마쳤으며 동대학원 박사과정을 수료했다. 성균관(成均館) 한림원(翰林院)과 도올서원(檮杌書院)에서 한학을 공부했고 호서대학교에서 강의를 했다. IT회사에서 조선시대 왕실 자료와 문집·지리지 등의 고문헌 디지털화 작업을 했다. 현재 임원경제연구소 팀장으로 근무하며 《섬용지》·《유예지》·《상택지》·《예규지》·《이운지》·《정조지》·《향례지》·《전공지》·《관휴지》를 공역했고, 《보양지》·《전어지》·《예원지》를 교감·교열했다.

교열, 교감, 표점

### 김용미(金容美)

전라북도 순창 출신. 동국대 철학과를 졸업하고, 고전번역원 국역연수원과 일반연구과정에서 한문 번역을 공부했다. 고전번역원에서 추진하는 고전전산화 사업에 교정교열위원으로 참여했고, 《정원고사(政院故事)》·《모시정의(毛詩正義)》 공동번역에 참여했다. 현재 임원경제연구소 연구원으로 근무하며 《유예지》·《이운지》·《정조지》·《예원지》·《관휴지》를 공역했고, 《보양지》·《향례지》·《전어지》·《전공지》를 교감·교열했다.

## 이두순(李斗淳)

서울대학교 농과대학을 졸업하고 일본 교토(京都)대학에서 박사학위를 받았다. 호는 하상(夏祥)이다. 2002년 한국농촌경제연구원에서 선임연구위원으로 퇴직한 후 개인 취향의 글을 쓰고 있다. 농업관련 연구서 외에《호박씨와 적비》(2002),《한시와 낚시》(2008),《기후에 대한 조선의 도전, 측우기》(2012),《수변의 단상》(2013),《고전과 설화속의 우리 물고기》(2013),《은어》(2014),《농업과 측우기》(2015),《평역 난호어명고》(2015),《신역 자산어보》(2016),《우해이어보와 다른 어보들》(2017),《연꽃의 여인, 연희》(2017),《문틈으로 본 조선의 농업과 사회상》(2018),《초부유고, 늙은 나무꾼의 노래》(2019),《견지낚시의 역사와 고증》(2019),《낚시를 읊은 우리 옛 시》(2020),《농촌의 노래, 농부의 노래》(2020)와 같은 책을 썼다.

## 이동인(李東麟)

충청남도 세종 출신. 청주대 역사교육과에서 꿈을 키웠고, 한림대 태동고전연구소에서 한학을 공부했다. 서울대 국사학과에서 석사학위를 받았으며, 한국학중앙연구원 한국사학과 박사과정을 수료했다.《임원경제지》중《섬용지》·《예규지》·《상택지》·《이운지》를 공역했다.

## 박종우(朴鍾宇)

서울 출신. 고려대 국어국문학과를 졸업하고, 동 대학원에서 한국한문학 전공으로 석사와 박사과정을 마쳤다. 저서로《한국한문학의 형상과 전형》이 있고, 역서로《국역 용성창수집》,《반곡 정경달 시문집》등이 있다.《임원경제지》중《전어지》2를 공역했다. 현재 고려대 민족문화연구원 선임연구원으로 재직하고 있다.

## 김태완(金泰完)

충청북도 청원 출신. 서울시립대학교에서 조선시대를 공부했고, 현재 한국외국어대학교에서 문화콘텐츠 관련 공부 중이다. 서울여자대학교, 덕성여자대학교, 한국외국어대학교, 광운대학교 등에서 역사를 가르치다가 수원화성박물관을 개관하는 데 일조했고, 부천문화재단의 교육·옹기·활박물관에서 근무했었다. 《임원경제지》 중 《본리지》, 《정조지》, 《섬용지》, 《전어지》 등의 번역 및 교열에 참가했었다.

### 조영렬(曺榮烈)

경기도 여주 출신. 고려대 국어국문학과를 졸업했고, 태동고전연구소(지곡서당)에서 한문을 공부했다. 고려대대학원에서 일본문학 박사과정을, 선문대대학원에서 국문학 박사과정을 수료했다. 현재 선문대 인문미래연구소 연구원이다. 《임원경제지》 중 《전어지》 1을 공역했다. 옮긴 책으로 《요시카와 고지로의 중국 강의》·《주자학》·《새로 읽는 논어》·《독서의 학》·《공자와 논어》 등이 있다.

### 이태원(李泰沅)

경상남도 의령 출신. 서울대 생물교육과와 동대학원을 졸업하고, 성남시, 광양시 도시생태현황도 GIS 구축사업 연구원, 차세대 과학 교과서 개발위원으로 활동했다. 현재 세화고등학교 생명과학 교사로 재직 중이다. 《임원경제지》 중 《전어지》를 교열했다. 옮긴 책으로는 《지구 속은 어떻게 생겼을까?》가 있고, 지은 책으로 《현산어보를 찾아서》(5권)가 있다.

감수

정재민(국립수목원 정원식물자원과)

교감·표점·교열·자료조사

임원경제연구소

## 🏔 풍석문화재단

(재)풍석문화재단은 《임원경제지》 등 풍석 서유구 선생의 저술을 번역 출판하는 것을 토대로 전통문화 콘텐츠의 복원 및 창조적 현대화를 통해 한국의 학술 및 문화 발전에 기여함을 목적으로 설립되었다.

재단은 ①《임원경제지》의 완역 지원 및 간행, ②《풍석고협집》, 《금화지비집》, 《금화경독기》, 《번계시고》, 《완영일록》, 《화영일록》 등 선생의 기타 저술의 번역 및 간행, ③풍석학술대회 개최, ④《임원경제지》 기반 대중문화 콘텐츠 공모전, ⑤풍석디지털자료관 운영, ⑥《임원경제지》 등 고조리서 기반 전통음식문화의 복원 및 현대화 사업 등을 진행 중이다.

재단은 향후 풍석 서유구 선생의 생애와 사상을 널리 알리기 위한 출판·드라마·웹툰·영화 등 다양한 문화 콘텐츠 개발 사업, 《임원경제지》 기반 전통문화 콘텐츠의 전시 및 체험교육 등을 목적으로 하는 서유구 기념관 건립 등을 추진 중이다.


**풍석문화재단 웹사이트 및 주요 연락처**

**웹사이트**

풍석문화재단 홈페이지 : www.pungseok.net

출판브랜드 자연경실 블로그 : https://blog.naver.com/pungseok

풍석디지털자료관 : www.pungseok.com

풍석문화재단 음식연구소 홈페이지 : www.chosunchef.com


**주요 연락처**

**풍석문화재단 사무국**

주　　소 : 서울 서초구 방배로19길 18, 남강빌딩 301호

연락처 : 전화 02)6959-9921 팩스 070-7500-2050 이메일 pungseok@naver.com

**풍석문화재단 전북지부**

연락처 : 전화 063)290-1807 팩스 063)290-1808 이메일 pungseokjb@naver.com

**풍석문화재단우석대학교 음식연구소**

주   소 : 전북 전주시 완산구 향교길 104

연락처 : 전화 063-291-2583 이메일 zunpung@naver.com

**조선셰프 서유구**(음식연구소 부설 쿠킹클래스)

주   소 : 전북 전주시 완산구 향교길 104

연락처 : 전화 063-291-2583 이메일 zunpung@naver.com

**서유구의 서재 자이열재**(풍석 서유구 홍보관)

주   소 : 전북 전주시 완산구 향교길 104

연락처 : 전화 063-291-2583 이메일 pungseok@naver.com

## 풍석문화재단 사람들

| | |
|---|---|
| 이사장 | 신정수 ((前) 주택에너지진단사협회 이사장) |
| 이사진 | 김윤태 (우석대학교 평생교육원장)<br>김형호 (한라대학교 이사)<br>모철민 ((前) 주 프랑스대사)<br>박현출 ((前) 서울시농수산식품공사 사장)<br>백노현 (우일계전공업그룹 회장)<br>서창석 (대구서씨대종회 총무이사)<br>서창훈 (우석재단 이사장 겸 전북일보 회장)<br>안대회 (성균관대학교 한문학과 교수)<br>유대기 (공생사회적협동조합 이사장)<br>이영진 (AMSI Asia 대표)<br>진병춘 (상임이사, 풍석문화재단 사무총장)<br>채정석 (법무법인 웅빈 대표)<br>홍윤오 ((前) 국회사무처 홍보기획관) |
| 감사 | 홍기택 (대일합동회계사무소 대표) |
| 재단 전북지부장 | 서창훈 (우석재단 이사장 겸 전북일보 회장) |
| 사무국 | 박시현, 박소해 |
| 고문단 | 이억순 (상임고문)<br>고행일 (인제학원 이사)<br>김영일 (한국AB.C.협회 고문)<br>김유혁 (단국대 종신명예교수)<br>문병호 (사랑의 일기재단 이사장)<br>신경식 (헌정회 회장)<br>신중식 ((前) 국정홍보처 처장)<br>신현덕 ((前) 경인방송 사장)<br>오택섭 ((前) 언론학회 회장)<br>이영일 (한중 정치외교포럼 회장)<br>이석배 (공학박사, 퀀텀연구소 소장)<br>이수재 ((前) 중앙일보 관리국장)<br>이준석 (원광대학교 한국어문화학과 교수)<br>이형균 (한국기자협회 고문)<br>조창현 ((前) 중앙인사위원회 위원장)<br>한남규 ((前) 중앙일보 부사장) |

## 《임원경제지·만학지》 완역 출판을 후원해 주신 분들

㈜DYB교육  ㈜우리문화  ㈜래오이경제  ㈜도원건강  Artic(아틱)  ㈜벽제외식산업개발
㈔인문학문화포럼  ㈜오가닉시  ㈜우일계전공업  ㈜청운산업  ㈜토마스건축사무소
굿데이영농조합법인  눈비산마을  대구서씨대종회  문화유산국민신탁  엠엑스(MX)이엔지
옹기뜸골  홍주발효식품  푸디스트주식회사  한국에너지재단  강성복  강윤화  강흡모  계경숙
고경숙  고관순  고옥희  고유돈  고윤주  고혜선  공소연  곽미경  곽유경  곽의종  곽정식
곽중섭  곽희경  구도은  구자민  권경숙  권다울  권미연  권소담  권순용  권정순  권희재
김경용  김근희  김남주  김남희  김대중  김덕수  김덕숙  김도연  김동관  김동범  김동섭
김두섭  김문경  김문자  김미숙  김미정  김병돈  김병호  김복남  김상철  김석기  김선유
김성건  김성규  김성자  김 솔  김수경  김수향  김순연  김영환  김용대  김용도  김유숙
김유혁  김은영  김은형  김은희  김익래  김인혜  김일웅  김재광  김정기  김정숙  김정연
김종덕  김종보  김종호  김지연  김지형  김창욱  김태빈  김현수  김혜례  김홍희  김후경
김 훈  김흥룡  김희정  나윤호  노창은  류충수  류현석  문석윤  문성희  민승현  박낙규
박동식  박록담  박미현  박민숙  박민진  박보영  박상용  박상일  박상준  박석무  박선희
박성희  박수금  박시자  박영재  박용옥  박용희  박재정  박종규  박종수  박지은  박찬교
박춘일  박해숙  박현영  박현자  박현출  박혜옥  박효원  배경옥  백노현  백은영  변홍섭
서국모  서봉석  서영석  서정표  서주원  서창석  서청원  석은진  선미순  성치원  손민정
손현숙  송상용  송원호  송은정  송형록  신나경  신동규  신미숙  신영수  신응수  신종출
신태복  안순철  안영준  안철환  양덕기  양성용  양인자  양태건  양휘웅  염정삼  오미환
오민하  오성열  오영록  오영복  오은미  오인섭  오항녕  용남곤  우창수  유미영  유영준
유종숙  유지원  윤남철  윤명숙  윤석진  윤신숙  윤영실  윤은경  윤정호  이건호  이경근
이경제  이경화  이관옥  이광근  이국희  이근영  이기웅  이기희  이남숙  이동규  이동호
이득수  이명정  이범주  이봉규  이상근  이선이  이성옥  이세훈  이순례  이순영  이승무
이영진  이우성  이원종  이윤실  이윤재  이인재  이재민  이재용  이정란  이정언  이종기
이주희  이진영  이진희  이천근  이 철  이태영  이태인  이태희  이현식  이현일  이형배
이형운  이혜란  이효지  이희원  임각수  임상채  임승윤  임윤희  임재춘  임종태  임종훈
자원식님  장상무  장영희  장우석  장은희  전명배  전영창  전종욱  전치형  전푸르나  정갑환
정경숙  정 극  정금자  정명섭  정명숙  정상현  정성섭  정소성  정여울  정연순  정연재
정영미  정영숙  정외숙  정용수  정우일  정정희  정종모  정지섭  정진성  정창섭  정태경
정태윤  정혜경  정혜진  조규식  조문경  조민제  조성연  조숙희  조은미  조은필  조재현

조주연  조창록  조헌철  조희부    주석원  주호스님 지현숙 진묘스님 진병춘  진선미  진성환
진인옥  진중현  차영익  차재숙  차흥복  채성희  천재박  최경수  최경식  최광현  최미옥
최미화  최범채  최상욱  최성희  최승복  최연우  최영자  최용범  최윤경  최정숙  최정원
최정희  최진욱  최필수  최희령  탁준영  태경스님 태의경 하영휘  하재숙  한문덕  한승문
함은화  허문경  허영일  허 탁  현승용  홍미숙  홍수표  황경미  황재운  황재호  황정주
황창연  그 외 이름을 밝히지 않은 후원자분